KB119000

청소년복지의 이해

YOUTH WELFARE

정규석 · 김영미 · 김지연 · 현안나 공저

학지사

3판 머리말

『청소년복지의 이해』 2판이 출판된 지도 벌써 6년이 지났다. 그동안 청소년을 둘러싼 사회환경과 청소년복지정책과 사업에 많은 변화가 있었다. 이러한 변화를 모두 다 담을 수는 없었지만 중요한 변화는 놓치지 않고 반영하고자 노력하였다. 또한 이전 책에서 다루지 못한 새로운 청소년 이슈도 포함하여 청소년복지 교재로서의 완성도를 높이고자 하였다.

3판에서 수정되거나 보완된 주요 내용들을 정리해 보면 다음과 같다. 첫째, 청소년복지 관련 주요 법률 제 · 개정 내용과 여성가족부, 교육부 등 각 부처의 청소년복지정책과 사업을 현행화하였다. 둘째, 복합적인 어려움을 겪는 청소년이 증가함에 따라 사례관리의 중요성이 커졌고, 이를 반영하여 제4장 '실천적 접근'에서 '청소년 사례관리'라는 절을 신설하여 다루었다. 셋째, 최근 우리 사회의 마약 범죄 급증과 맞물려 청소년 마약 범죄도 급증함에 따라 제6장 '청소년과 정신건강'에서 청소년 약물중독도 추가하여 다루었다. 넷째, 우리 사회에 새롭게 부각되고 있는 이슈인 청소년부모와 가족돌봄청년을 포함하기 위해 제9장 '청소년과 가족'에 두 개의 절을 신설하여 다루었다. 다섯째, 청소년 유해환경의 중요성을 고려하여 제12장의 제목을 '청소년과 유해환경'으로 변경하고 유해환경으로부터 청소년을 보호하기 위한 방안에 초점을 두어 서술하였다. 여섯째, 이주배경 청소년 집단의 다양성을 반영하여 제13장 다문화청소년을 '이주배경 청소년'으로 변경하고 다문화청소년, 중도입국 청소년, 탈북배경 청소년으로 구분하여 서술하였다.

 3판에서는 네 명의 저자가 함께했다. 제1장 청소년의 이해, 제2장 청소년복지의 이해, 제7장 청소년과 성, 제10장 청소년과 학교, 제14장 청소년복지의 발전방향과 과제는 정규석 교수가, 제3장 이론적 접근, 제6장 청소년과 정신건강, 제13장 이주배경 청소년은 김영미 교수가, 제4장 실천적 접근, 제5장 정책적 접근, 제9장 청소년과 가족은 김지연 박사가, 제8장 청소년과 일, 제11장 청소년과 문화, 제12장 청소년과 유해환경은 현안나 교수가 각각 집필하였다.

 이 책의 3판이 나오기까지 힘이 되어 준 고마운 분이 많다. 먼저, 제자들에게 고마운 마음을 전한다. 제자들의 피드백이 많은 도움이 되었다. 그리고 3판의 출판을 위하여 수고해 주신 학지사의 김진환 대표이사님과 이수연 선생님을 비롯한 편집부 여러 선생님께도 감사드린다.

 저자들이 바라는 것은 우리 청소년 모두가 부모의 능력과 상관없이 자신들의 소질과 재능을 발휘하며, 자유롭게 미래를 꿈꾸고, 그 꿈에 도전하며, 자신의 꿈을 실현해 갈 수 있는 세상을 만드는 것이다. 이러한 세상에서 청소년은 자유와 행복을 만끽할 수 있을 것이며, 우리 사회의 행복도 증진될 것이다.

2024년 6월
저자를 대표하여 정규석 씀

1판 머리말

 이 책이 나오기까지 꽤 오랜 시간이 걸렸다. 본격적인 집필에 앞서 책의 내용을 구상하고 집필 팀을 구성하였으며, 청소년복지론 교재로서 적합한 내용을 갖추기 위해 기존의 청소년복지론 서적을 분석하고 참고 자료를 수집하여 집필하는 데 수년이 걸렸다. 꽤 오랫동안 정성을 기울였기 때문에 이 책의 출판은 저자들에게 큰 의미로 다가온다.

 이 책은 청소년복지를 배우고 가르치는 모든 분을 위한 책이다. 이 책은 교재용으로 집필되었기 때문에 종합적인 내용을 담고 있으며, 청소년복지에 대한 기본적 이해를 향상시키는 데 도움이 될 것이다. 한 사람의 저자가 청소년복지의 모든 분야에 정통하기는 힘들다. 그런 면에서 세 명의 저자가 함께 집필을 한 것이 큰 힘이 되었다. 또한 결과물을 생각해 보았을 때도 세 명의 저자가 각자의 세부 전공 분야를 잘 살려 주었기 때문에 더욱 풍부한 내용을 담은 책을 집필할 수 있었다.

 이 책은 전체 4부로 구성되어 있다. 제1부에서는 청소년복지의 기초를 다루고 있고, 제2부에서는 청소년복지의 접근방법에 대해 논의한다. 제3부에서는 청소년복지의 다양한 실천영역을 살펴보고, 제4부에서는 우리나라 청소년복지가 나아가야 할 방향과 해결해야 할 과제를 제시한다.

 제1부 청소년복지의 기초에서는 청소년과 청소년복지의 이해를 다룬다. 청소년에 대한 깊이 있는 이해 없이는 청소년에게 적합한 복지를 구상하기 힘들다. 청소년복지가 다른 복지 분야와 차별성을 갖고 청소년복지로서의 고유한

특성을 갖기 위해서는 청소년에 대한 깊이 있는 이해에 기초해야 한다. 제2부 청소년복지의 접근방법에서는 청소년복지의 근간이 되는 이론, 실천적 접근의 주요방법, 우리나라 청소년복지정책의 주요 내용 및 관련 법과 청소년복지행정을 다룬다. 제3부 청소년복지의 실천영역에서는 정신건강, 성, 일, 가정, 학교, 문화, 지역사회, 다문화 영역을 포함한 다양한 영역에서 청소년들이 경험하고 있는 문제와 이에 대한 종합적인 해결책을 살펴본다. 끝으로 제4부 청소년복지의 발전방향과 과제에서는 보편적 복지의 확대 및 내실화와 개발적 접근의 강화라는 방향하에 청소년복지정책 추진체계의 정비와 청소년 참여의 활성화 등 여덟 가지 과제를 논의한다.

　　제1장 청소년의 이해, 제2장 청소년복지의 이해, 제7장 청소년과 성, 제10장 청소년과 학교, 제14장 청소년복지의 발전방향과 과제는 정규석 교수가, 제3장 이론적 접근, 제6장 청소년의 정신건강, 제9장 청소년과 가정, 제13장 다문화청소년은 김영미 교수가, 제4장 실천적 접근, 제5장 정책적 접근, 제8장 청소년과 일, 제11장 청소년과 문화, 제12장 청소년과 지역사회 보호는 김지연 박사가 각각 집필하였다.

　　이 책이 나오기까지 힘이 되어 준 고마운 분들이 많다. 저자들의 부모님, 배우자, 자녀들의 사랑과 지지가 있었기에 이 책을 완성할 수 있었다. 항상 함께하고 힘이 되어 주는 그들에게 마음을 담아 고마움을 표한다. 또한 저자들의 동료와 제자들에게도 감사한 마음을 전한다. 동료들의 이해와 제자들의 지지가 큰 힘이 되었다. 이 책의 출판을 위해 애써 주신 학지사의 김진환 사장님, 김은석 부장님, 이호선 선생님을 비롯한 편집부 여러 선생님에게도 감사드린다.

　　저자들이 바라는 것은 모든 청소년이 건강하게 자라고 행복한 모습으로 사는 것이다. 청소년들이 행복하면 우리 사회도 더욱 행복해질 것이다.

2013년 8월
저자를 대표하여 정규석 씀

![차례 로고] 차례

제1부
청소년복지의 기초

제2부
청소년복지의 접근방법

제3부
청소년복지의 실천영역

제1부

청소년복지의 기초

제1장

청소년의 이해

청소년에 대한 깊이 있는 이해 없이는 청소년에게 적합한 복지를 기획 · 실천하기 힘들다. 이 장에서는 청소년 발달이론, 청소년기의 특성, 청소년을 둘러싸고 있는 사회적 환경을 중심으로 청소년에 대한 깊이 있는 이해를 도모한다.

1. 청소년의 개념

청소년기를 의미하는 'adolescence'는 '성인기로 성장하다'라는 의미의 'adolescere'로부터 유래한 라틴어이며, 모든 사회에서 청소년기는 미성숙한 아동기에서 성숙한 성인기로 이동하는 성장의 시기로 이해된다. 또한 청소년기는 신체적 · 인지적 · 심리적 · 사회적 변화의 과정이다. 즉, 청소년은 신체적으로 성숙하여 생식능력을 갖추게 되고, 인지적으로도 성숙하여 더 나은 의사결정을 할 수 있게 되며, 더 독립적이 되고, 자신의 미래에 대한 관심을 더 갖게 된다. 그러나 청소년기의 시작과 끝이 언제이며 그 경계가 무엇인가에 대한 견해는 학자에 따라 다르다. 〈표 1-1〉에는 아동기와 청소년기, 청소년기와 성인기를 구분하는 다양한 경계가 제시되어 있다(Steinberg, 2005).

생물학자들은 사춘기의 시작과 완성에 초점을 두는 반면, 법학자들은 법률에 정해진 연령구분에 관심을 가지며, 교육학자들은 학년이 다른 학생들 간의 차이에 주의를 기울일 것이다. 어느 경계가 정확한 것인지에 대하여 논의하기보다는 청소년기를 미성숙한 상태에서 성숙한 상태로 변화해 가는 일련의 발달과정으로 보는 것이 바람직하다.

청소년기는 과거에 비해 상당히 연장되었는데, 이는 아동이 신체적으로 더 빨리 성숙하여 청소년기의 시작은 빨라진 반면, 20대 중반까지 직장과 결혼생활에 진입하지 못한 사람이 많아져 청소년기의 종결이 늦어졌기 때문이다. 이러한 변화를 감안하면 청소년기는 10세 정도에서 시작하여 20대 초반에 끝나는 것으로 생각할 수 있다.

| 표 1-1 | 청소년기를 구분하는 다양한 경계

관점	청소년기의 시작	청소년기의 끝
생물학적	사춘기의 시작	생식능력을 갖춤
정서적	부모로부터의 탈애착 시작	독립된 정체성의 획득
인지적	향상된 사고능력의 출현	향상된 사고능력의 통합
대인관계적	부모로부터 또래관계로 관심이 이동하기 시작함	또래와의 친밀성을 위한 능력이 계발됨
사회적	성인의 일과 가족 및 시민으로서의 역할을 감당하기 위한 훈련의 시작	성인으로서의 완전한 지위와 특권을 획득
교육적	중학교 입학	공식 교육을 마침
법적	청소년 지위의 획득	성인 지위의 획득
시간적	청소년으로 인정하는 나이에 이름 (예: 10세)	성인으로 인정하는 나이에 이름 (예: 22세)
문화적	통과의례를 위한 훈련기간에 들어감	통과의례를 마침

출처: Steinberg (2005), p. 6.

대부분의 사회과학자와 실천가는 청소년기를 초기 청소년기, 중기 청소년 기, 후기 청소년기로 구분한다(Steinberg, 2005). 청소년기를 보내는 10여 년 동 안 심리적·사회적으로 큰 변화가 일어날 수 있기 때문에 청소년기를 몇 개의 하위단계로 구분하는 것이 바람직하다고 보기 때문이다. 청소년기의 하위단 계별 연령범위를 살펴보면, 초기 청소년기는 10세에서 13세 정도로, 중기 청 소년기는 14세에서 17세 정도로, 후기 청소년기는 18세에서 22세 정도로 구 분한다.

이 외에도 청소년의 연령범위와 관련하여 다양한 기준이 존재한다. 청소년 연령에 대한 법적 기준을 살펴보면 「청소년 기본법」에는 청소년의 연령이 9세 이상 24세 이하로 규정되어 있다. 일반적으로 아동은 초등학생 정도의 연령 에 해당되는 자로, 청소년은 중·고등학생 정도의 연령에 해당되는 자로 인식 되는 것에 비해 「청소년 기본법」의 연령규정은 초등학교 고학년 학생부터 일 반적인 대학생 나이에 해당되는 자를 포함하기 때문에 그 범위가 매우 넓다고 할 수 있다. 한편, 「청소년 보호법」에서는 청소년을 만 19세 미만의 자로 규정 하면서 만 19세에 도달하는 해의 1월 1일을 맞이한 자를 청소년에서 제외하 고 있다. 즉, 청소년을 연 나이 19세 미만인 자로 규정한다. 「청소년 보호법」 상의 상한 연령이 「청소년 기본법」의 상한 연령에 비해 낮은 이유는 법의 목 적에 따라 청소년의 연령을 다르게 규정할 필요가 있기 때문이다. 즉, 「청소 년 기본법」은 청소년육성을 목적으로 하므로 폭넓은 연령층을 포괄하고자 하 는 반면, 「청소년 보호법」은 청소년을 유해한 환경으로부터 보호하는 것을 목 적으로 하므로 보호가 필요한 대상으로 제한한다. 또한 청소년 연령규정과 관 련된 다른 법률을 살펴보면 「아동복지법」에서는 18세 미만인 자를 아동으로, 「민법」은 19세 미만인 자를 미성년자로, 「형법」은 14세 미만인 자를 형사미성 년자로, 「소년법」은 19세 미만인 자를 소년으로 각 법의 목적에 따라 다르게 규정되어 있다.

이 책에서는 청소년을 '아동기와 성인기의 중간단계에 있는 자로서 신체 적·인지적·심리적·사회적으로 성숙해 가는 과정에 있는 자'로 정의하고자 하며, 「청소년 기본법」의 연령규정을 준용하여 9세 이상 24세 이하의 연령층을 포괄하고자 한다.

2. 청소년 발달이론

'청소년기의 발달은 생물학적 변화에 어느 정도 영향을 받으며, 환경에 어느 정도 영향을 받는가' 하는 질문에 대한 대답은 이론적 관점에 따라 다르다. 어떤 이론가는 청소년기는 생물학적 요인에 의해 결정된다고 보는 반면, 다른 이론가는 환경적 요인에 의해 결정된다고 본다. 또 어떤 이론가는 이러한 양극단의 중간에 자신의 위치를 설정한다. 주요 청소년 발달이론으로는 생물학적 이론, 정신분석이론, 인지발달이론, 학습이론, 생태학적 이론을 들 수 있는데 생태학적 이론은 후속되는 내용에서 살펴볼 것이므로, 여기에서는 생태학적 이론을 제외한 네 가지 이론을 검토하고자 한다.

1) 생물학적 이론

청소년기 동안에 뚜렷한 신체적 변화가 발생한다는 점에 대해서는 논쟁의 여지가 없지만 생물학적 이론(biological theory) 혹은 생물사회학 이론은 청소년 발달의 원동력으로서, 특히 사춘기의 호르몬과 신체적 변화를 강조한다. 대표적인 생물사회학 이론가로는 청소년기에 관한 과학적 연구의 아버지로 알려진 홀(G. S. Hall)을 들 수 있다(Steinberg, 2005).

진화론의 창시자 다윈(C. Darwin)으로부터 큰 영향을 받았던 홀은 개인의 발달이 인간 종의 발달과 유사하다고 믿으며, 발생반복이론(theory of recapitulation)을 주창하였다. 그는 인류의 발달이 원시사회에서 문명사회로 발달하여 왔듯이, 개인의 발달에서 유아기는 진화과정의 원시시대와 동일하며 청소년기는 문명사회로의 진화 시기로 보았다. 홀은 개인의 발달이 주로 개인이 가지고 있는 생물학적 요인과 유전적 요인에 의해 결정되며, 환경에는 거의 영향을 받지 않는다고 보았다.

홀은 청소년기를 불가피한 질풍노도의 시기(period of storm and stress)로 명명했으며, 피할 수 없는 생물학적 변화인 사춘기의 호르몬 변화가 청소년 개인과 청소년 주위의 사람들에게 대변동을 가져온다고 믿었다. 따라서 사춘기에 호르몬 변화로 어려움을 겪는 청소년들을 관리하는 방법을 마련하는 것이 사회가 할 수 있는 최선이라고 보았다.

많은 연구를 통해 과학자들은 더 이상 청소년기를 선천적인 질풍노도의 시기라고 생각하지는 않으나, 생물학적 요인이 청소년의 발달에 중요한 영향을 미친다는 것을 받아들이고 있다. 최근의 생물사회학 연구는 청소년기의 개인적 차이에 대한 유전적 기초뿐만 아니라 청소년 행동의 사회생물학적 기초를 탐색하고 있다.

2) 정신분석이론

정신분석이론(psychoanalytic theory)은 청소년기에 대한 연구에 큰 영향을 미쳤다. 프로이트(S. Freud)는 정신분석이론을 인간의 성격, 정서 등 심리사회적 발달과정을 설명하는 데 적용하였으며, 에릭슨(E. Erikson)은 프로이트의 전통을 이어받으면서도 인간발달을 보다 폭넓은 관점에서 살펴보았다. 프로이트와 에릭슨은 공통적으로 인간의 생존을 위한 기본욕구와 이를 충족시켜 주거나 억압하는 사회적 요인 간의 갈등과 그 극복과정을 통해 나타나는 성격구조를 중시한다. 그러나 내적 갈등과 극복과정을 설명하는 과정에서 어느 요인을 강조하느냐에 따라 관점을 달리한다. 프로이트는 성욕이나 공격욕 등 인간의 본능적이고 무의식적인 욕구를 강조하는 반면, 에릭슨은 이러한 욕구를 충족시키거나 억압하는 사회적 요인을 강조하고 있다. 이러한 점에서 프로이트의 이론은 심리성적 이론(psychosexual theory)이라 부르는 반면, 에릭슨의 이론은 심리사회적 이론(psychosocial theory)이라 부른다(송명자, 2008).

(1) 프로이트의 심리성적 이론

프로이트는 발달을 발달과정에서 나타나는 심리성적 갈등의 맥락에서 이해하였다. 그는 성적 에너지인 리비도(libido)가 집중적으로 표출되고 만족을 얻는 신체부위의 변화에 따라 심리성적 발달단계를 구순기(oral stage), 항문기(anal stage), 남근기(phallic stage), 잠재기(latency stage), 성기기(genital stage)의 다섯 단계로 구분하였다. 각 단계에서 리비도가 추구하는 욕구가 적절히 충족될 때 아동은 정상적인 성격발달을 이룰 수 있으나, 리비도가 심하게 억압되거나 좌절되면 그 신체부위의 욕구에 고착된다고 보았다(송명자, 2008). 심리성적 이론에서는 홀의 견해처럼 청소년기를 격변기로 본다. 프로이트에 따르면, 사춘기의 호르몬 변화는 잠재기로 불리는 이전 심리성적 발달단계에서 형성되었던 심적인 균형을 뒤흔들어 놓는다. 사춘기의 호르몬 변화가 성적 욕구를 크게 증가시키기 때문에 청소년은 무의식 속에 묻혀 있었던 이전의 심리성적 갈등이 되살아나는 것을 경험하게 된다. 청소년기의 가장 큰 도전은 이러한 갈등을 해결하기 위한 심적 균형을 회복하는 것이다(Steinberg, 2005).

(2) 에릭슨의 심리사회적 이론

에릭슨은 프로이트와는 다르게 심리성적 갈등보다는 심리사회적 갈등에 초점을 두었다. 프로이트가 본능적 충동에 의해 지배되는 원욕(id)의 발달을 강조한 반면, 에릭슨은 생각, 정서, 행동을 조절하는 자아(ego)의 발달을 강조하였다(Steinberg, 2005). 에릭슨은 변화하는 욕구를 충족시키고자 환경과 접촉하는 과정에 아동이 경험하는 위기(crisis)와 극복과정을 성격발달의 주요인으로 보고 발달단계를 8단계로 구분하였다. 욕구가 충족되는 긍정적 경험과 좌절되는 부정적 경험이 교차하는 과정 속에서 자아양식은 일종의 위기를 경험하게 되며, 만일 긍정적 경험의 비율이 부정적 경험의 비율보다 높으면 위기는 긍정적으로 극복되며 아동은 긍정적 성격으로 발달하게 되나, 반대의 경우 부정적 성격을 낳게 된다(송명자, 2008; Crain, 1992).

① 제1단계: 신뢰성 대 불신감(sense of trust vs. distrust, 0~1세)

이 시기에 부모로부터 적절한 보살핌을 받아 기본적인 욕구가 충족된 아동은 신뢰감을 형성하지만, 욕구 좌절로 인한 부정적인 경험이 많은 아동은 근원적인 불신감을 갖게 된다. 이 시기에 형성된 기본적 신뢰성 또는 불신감은 일생을 통해 지속되며, 다음 단계의 성격발달에 직접적인 영향을 미친다. 그러나 아동은 신뢰와 불신을 모두 경험해야 한다. 신뢰만 경험한다면 너무 속기 쉬운 아이가 될 것이기 때문이다. 따라서 불신과 신뢰를 구별하는 것을 배우기 위해서라도 적당한 수준의 불신을 경험해야 할 필요가 있다. 중요한 것은 불신보다는 신뢰의 경험을 더 많이 쌓고 이를 통해 희망, 즉 좌절과 실망에도 불구하고 미래에 좋은 것이 성취될 것이라는 기대를 형성하는 것이다.

② 제2단계: 자율성 대 수치심과 회의감(sense of autonomy vs. shame and doubt, 1~3세)

이 시기에는 신체적 · 생리적 성숙에 의해 아이들이 걸을 수 있게 되고, 세상을 탐색하기 시작한다. 혼자서 먹기를 주장하고 그래서 주변을 엉망으로 만들며, "내가" 또는 "아니요."라는 언어 표현을 통해 자율성을 나타낸다. 한편, 부모는 아이가 사회적으로 적절하게 행동하도록 훈련을 한다. 예를 들면, 부모는 아이가 대소변을 제대로 가리지 못할 때 수치심을 갖게 만들면서 훈련을 하고, 또한 모든 일에 "아니요."라고 말하지 않도록 교육한다. 자율성의 시작은 생리적 성숙, 즉 서고, 손을 움직이고, 항문근육을 조절할 수 있게 되는 것으로부터 오는 반면, 수치심과 회의감은 사회의 기대나 압력에 대한 자각으로부터 온다. 수치심이란 다른 사람이 보기에 자신이 좋아 보이지 않는다는 느낌이며, 회의감이란 자신에게 그렇게 힘이 있지 않으며 다른 사람이 자신을 통제할 수 있다는 느낌이다. 바람직한 상태는 너무 많은 자율성을 잃지 않고, 사회의 규제에 적응할 수 있게 되는 것이다. 따라서 이 시기에는 과도한 통제보다는 자율성을 잃지 않도록 교육하는 것이 중요하며, 이 시기의 위기를 잘 극복하면 의지, 즉 자기절제뿐만 아니라 자유롭게 선택할 수 있는 결단력을 형성하게 된다.

③ 제3단계: 주도성 대 죄의식(sense of initiative vs. guilt, 3~6세)

이 시기의 아동은 자신의 활동을 계획하고, 목표를 세우며, 이를 달성하고자 노력한다. 목표지향적이며 또한 경쟁적인 성향을 보인다. 얼마나 높이 블록을 쌓을 수 있는지, 얼마나 높이 점프할 수 있는지를 시도해 보고, 또래집단과 더불어 놀이 활동에 참여하면서 주도성에 의한 자기주장이 나타나며, 경쟁에 몰입하기도 한다. 이 시기에 아동들은 자기주도적 행동 가운데 사회적으로 금지된 것도 존재한다는 것을 발견하면서 '싸움 금지'와 같은 죄의식을 일으키는 사회적 금지령을 내면화하게 된다. 이러한 죄의식은 사회 적응을 위해 필요하지만, 한편으로는 주도성을 억제한다. 부모들은 권위적인 방식보다는 민주적인 양육방식으로 아동이 주도성을 확립하는 것을 도울 수 있으며, 이 시기의 위기를 잘 극복하면 강한 목적의식, 즉 죄의식에 의해 손상되지 않은 가치 있는 목표를 계획하고 추구하는 용기를 갖게 된다.

④ 제4단계: 근면성 대 열등감(sense of industry vs. inferiority, 6~11세)

이 시기는 아동기 자아성장의 결정적인 단계로서 중요한 인지적·사회적 기술, 즉 읽고, 쓰고, 말하고, 셈하고, 또래와 어울리는 기술을 학습하는 시기다. 아동들은 학교에서 부과하는 여러 과제를 성실하게 수행하는 과정에서 근면성을 획득하게 되며, 이러한 근면성을 통하여 전 생애에서 중요성을 갖는 과업성실성을 갖게 된다. 이 시기의 아동들이 학교에서나 가정에서 자신에게 주어진 일에 적절한 성취감을 느끼지 못하면 열등감에 빠져들게 되므로, 아동을 격려하며 재능을 북돋아 주는 교사나 부모의 역할이 매우 중요하다. 이 위기를 잘 극복하면 유능감, 즉 과도한 열등감에 의해 손상되지 않은 업무수행에 필요한 지식이나 기술을 가지고 있다는 확신을 형성하게 된다.

⑤ 제5단계: 정체성 대 정체성 혼미(identity vs. identity diffusion, 청소년기)

이 시기는 자아정체성을 확립하는 시기다. 자아정체성이란 자신의 존재, 사회에서의 자신의 위치에 대한 생각을 말하며, 자신의 능력, 역할, 선호에 대한 생각, 전반적 가치관, 사회관, 인생관을 포함한다. 즉, 청소년은 주어진 권위에 순종하던 데서 벗어나서 내적으로 스스로 확신하는 독특한 자기 모습을 찾기 위해 고민하게 된다. 이 과정에서 "나는 누구인가?" "인생은 무엇인가?" 등의 질문을 하면서 해답을 얻기 위해 노력한다. 그러면서 자기의 모습을 희미하게나마 깨닫게 되고 자신의 삶에 대한 방향 감각을 갖게 된다. 정체성 혼란을 극복하고 자신의 정체성을 확립하고자 하는 청소년에게 사회는 여러 가지 역할과 행동양식을 시험해 볼 수 있도록 허용해야 하며, 또한 적절한 진로지도가 필요하다. 만약 청소년기에 자아정체성 위기를 성공적으로 극복하지 못한 개인은 부정적 정체성을 갖게 되어 비행과 같은 부적응적 행동을 보일수 있으며, 성인기의 발달과업도 제대로 성취하기 어렵게 된다. 이 시기의 위기를 잘 극복하면 충성심, 즉 자신이 자유롭게 결정한 것을 지속적으로 지킬수 있는 능력을 형성하게 된다.

청소년기 이후의 단계에는 제6단계인 친밀성 대 고립감(초기 성인기), 제7단계인 생산성 대 침체성(장년기), 제8단계인 통합성 대 절망감(노년기)이 있다.

3) 인지발달이론

발달을 이해함에 있어 프로이트와 에릭슨이 정서적·사회적 발달에 초점을 둔 반면, 피아제(J. Piaget)는 사고 혹은 인지의 발달에 초점을 두었다. 인지발달이론으로 더 잘 알려진 피아제는 1932년 『아동의 도덕적 판단(The moral judgment of the child)』을 통해 개인의 인지발달 수준에 따라 도덕적 판단이 달라진다고 주장하는 최초의 도덕성 발달이론을 제시하였다. 피아제로부터 학문적 영향을 많이 받은 콜버그(L. Kohlberg)는 피아제의 도덕성 발달이론을 정교화하여 자신의 도덕성 발달이론을 확립하게 된다(허혜경, 김혜수, 2002). 다음에서는 피아제의 인지발달이론과 콜버그의 도덕성 발달이론에 대해 살펴보기로 한다.

(1) 피아제의 인지발달이론

피아제는 인간은 출생하여 청소년기까지 성장하면서 질적으로 구분되는 4단계의 인지발달단계를 통과하게 되며, 각 단계에서 나타나는 사고와 추론의 특징을 이해하면 그 시점에서의 전반적 발달을 보다 더 잘 파악할 수 있을 것이라고 믿었다(송명자, 2008; 정옥분, 2004).

① 감각 운동기(sensorimotor stage, 0~2세)

감각 운동기는 주로 행동을 통해 세계를 이해하는 시기로서, 감각기능과 운동기능이 발달된다. 잡기, 빨기, 보기 등과 같은 단순한 반사기능에서 잡기-빨기 도식, 잡기-보기 도식과 같은 다양한 감각 운동적 도식으로, 다양한 감각 운동적 도식에서 의도적·체계적 행동으로 발달되며, 대상영속성과 표상이 형성된다.

② 전조작기(preoperational stage, 2~6세)

전조작기가 되면 아동의 언어가 급격히 발달하고 상징적으로 사고하는 능력도 증가한다. 그러나 전조작기는 완전한 지적 사고를 하기 이전 단계로서 자기중심적 사고, 일의 과정보다는 눈에 보이는 결과에 초점을 맞추는 직관적 사고를 보이는 시기다. 여기서 조작이란 말은 여러 사건과 상황들을 논리적으로 관련지어 사고한다는 뜻으로, 전조작기는 논리적인 조작을 아직 하지 못한다는 의미다. 자기중심적 사고란 타인의 생각, 감정, 지각, 관점 등이 자신의 것과 동일하다고 가정하는 사고양상을 말하며, 직관적 사고란 대상이나 상황이 갖는 단 한 가지의 가장 현저한 지각적 속성으로 그 대상이나 상황의 성격을 판단하는 사고양상을 말한다.

③ 구체적 조작기(concrete operational stage, 6~12세)

구체적 조작기에는 자기중심성에서 탈피하고 관계성을 이해할 수 있으며, 한 차원에서의 변화가 다른 차원에서의 변화와 상쇄됨을 이해하는 보존개념을 획득하게 되고, 유목화·서열화가 가능하다. 그러나 이 단계의 아동들은 어떤 문제를 해결할 때 인식의 구체적인 경험에 제한되는 경향을 보인다.

④ 형식적 조작기(formal operational stage, 12세 이후)

형식적 조작기의 청소년들은 구체적인 경험을 통한 사고에서 탈피하여 성인과 같은 논리적·추상적·가설적·조합적 사고양상을 나타낸다. 즉, 구체적인 경험을 넘어서서 보이지 않는 모든 가능한 것에 대하여 생각하고, 원리를 찾으며, 이론을 형성한다.

이러한 사고능력의 증가로 청소년들은 "나는 누구인가?"와 같은 추상적인 질문을 할 수 있게 된다. 또한 청소년들은 더 이상 자신의 부모가 절대적인 존재가 아니라는 사실을 알게 되며, 부모와 다른 의견을 관철하려는 행동을 보이기도 하는데, 이러한 행동은 인지능력의 발달로 인한 자연스러운 결과라 볼 수 있다.

그러나 유의해야 할 점은 모든 청소년이 이와 같은 사고를 할 수 있는 것은 아니며, 청소년기의 형식적 조작사고를 촉진시키기 위해서는 논리적으로 사고하고 탐색할 수 있는 기회를 보다 많이 제공하는 체계적인 교육환경이 필요하다.

(2) 콜버그의 도덕성 발달이론

콜버그는 피아제의 도덕성 발달이론을 발전시켜 3수준 6단계의 도덕성 발달이론을 확립하였다(송명자, 2008; 허혜경, 김혜수, 2002). 콜버그 이론의 가장 큰 특징은 도덕성 발달이 인지발달 수준에 따라 그 수준과 단계가 결정된다는 것이다.

① 수준 1: 전인습적 수준(preconventional level)

전인습적 수준에서는 자아중심적이며 사회의 규칙이나 기대를 잘 이해하지 못하는 수준의 도덕적 판단을 한다. 이 수준은 다음의 두 단계로 나뉜다.

● 단계 1: 처벌과 복종 지향

결과에 의해 옳고 그름을 결정하며, 처벌을 피하기 위하여 규칙에 순응하거나 힘이 있는 사람에게 무조건 복종하는 것이 도덕적 가치를 지닌다.

● 단계 2: 도구적 상대주의 지향

자신이나 타인의 욕구를 도구적으로 충족시키는 것이 옳은 행위이며, 인간관계는 시장 원리와 유사하다. 진정한 정의나 관용보다는 서로의 등을 긁어 주는 것과 같이 자신에게 돌아오는 이익을 생각하는 수단적인 호혜성의 수준에 그친다.

② 수준 2: 인습적 수준(conventional level)

인습적 수준에서는 타인의 입장을 고려하게 되어 가족, 사회, 국가의 기대를 유지하는 것 자체가 그 결과와는 무관하게 가치를 지닌다.

● 단계 3: 대인 간 조화 또는 착한 소년-소녀 지향

이 단계에서 옳은 행동은 타인을 기쁘게 하거나 도와주며, 타인으로부터 인정을 받는 것이다. 심리적인 인정 여부에 관심이 있으며, 착해짐으로써 타인의 인정을 얻는다. 이 단계에서부터 사회적 규제를 수용하며, 의도에 의해 행위의 옳고 그름을 판단하기 시작한다.

● 단계 4: 법과 질서 지향

이 단계에서는 자신이 속한 사회의 법과 규범에 따라 도덕적 판단을 한다. 권위자를 존중하고 사회적 질서를 유지하는 것이 옳은 행동이다.

③ 수준 3: 후인습적 수준(postconventional level)

후인습적 수준에서는 집단의 권위를 행사하는 사람들과는 무관하게 도덕적 가치와 원리를 지향하고자 한다.

● 단계 5: 사회적 계약 지향

개인의 권리를 존중하고 사회 전체가 인정하는 기준을 준수하는 것이 옳은 행위다. 사회적 약속은 대다수 성원의 보다 나은 이익을 위해 항상 바뀔 수 있는 것으로 판단되며, 이전 단계와 달리 도덕적 융통성을 가진다.

● 단계 6: 보편적인 윤리적 원리 지향

옳은 행동은 자신이 선택한 윤리적 원리와 일치하는 양심에 의해 결정된다. 이 원리는 구체적인 규율이 아닌 인간의 존엄성, 정의, 사랑, 공정성에 근거를 둔 추상적이며 보편적인 행동지침이다.

콜버그는 도덕성 교육의 방향 제시에 큰 공헌을 하였다. 콜버그의 도덕성 발달이론이 청소년기의 도덕성 함양과 관련하여 주는 시사점 두 가지는 다음과 같다(허혜경, 김혜수, 2002). 첫째, 부모는 도덕적인 역할모델로서 중요한 기능을 하므로, 애정적이면서도 도덕적인 기준을 명확히 제공하여 자녀를 적절히 통제하는 것이 필요하다. 청소년이 가지고 있는 도덕적 규준과 부모의 것이 다를 때에는 논리적으로 설명해 주는 것이 도덕성 발달에 긍정적인 영향을 미친다. 둘째, 가정에서 또는 학교에서 가상적이거나 실제적인 도덕적 문제에 대해 토론하는 기회를 가짐으로써 도덕성 향상을 촉진할 수 있다.

4) 학습이론

정신분석이론이나 인지발달이론에서는 생물학적 변화와 환경적 요구 간의 상호작용을 강조하는 반면, 학습이론은 행동이 발생하는 환경을 강조한다. 학습이론가들은 청소년기를 특별한 발달시기로 간주하지 않으며, 인간행동의 기본과정은 다른 시기의 과정과 청소년기의 과정이 동일하다고 본다. 그러나 학습이론가들은 청소년이 살고 있는 구체적 환경이 청소년의 행동에 어떻게 영향을 미치는지에 대한 이해를 도움으로써 청소년 발달연구에 매우 큰 영향력을 발휘해 왔다. 학습이론은 행동주의이론과 사회학습이론으로 구분할 수 있다(Steinberg, 2005).

(1) 행동주의이론(behavior theory)

행동주의이론가들은 청소년 행동의 주요 영향요인으로서 강화(reinforcement)와 처벌(punishment)을 강조한다. 이러한 견해의 주창자는 스키너(B. F. Skinner)로서 그의 조작적 조건형성이론은 심리학에 지대한 영향을 미쳤다. 조작적 조건형성이론에서 강화는 어떤 행동이 또 발생할 가능성을 높이는 과정을 말하는 반면, 처벌은 어떤 행동이 다시 발생할 가능성을 낮추는 과정으로 정의된다. 이러한 관점에서 볼 때, 청소년의 행동은 청소년이 경험하는 다양한 강화와 처벌의 결과다. 예를 들면, 학교에서 잘하려고 노력하는 청소년은 과거에 이러한 행동에 대해 강화를 받았거나 혹은 이렇게 행동하지 않았을 때 처벌을 받았기 때문에 그렇게 행동한다고 본다.

(2) 사회학습이론(social learning theory)

밴듀라(A. Bandura)와 같은 사회학습이론가들 또한 청소년이 행동을 학습하는 방법을 강조한다. 그러나 행동주의이론가와는 대조적으로 모델링(modeling)과 관찰학습(observational learning)의 과정에 더 많은 비중을 둔다. 즉, 청소년은 환경요인의 강화와 처벌뿐만 아니라 주위에 있는 것들을 관찰하고 모방함으로써 행동하는 방법을 학습한다고 주장한다. 사회학습이론은 부모의 자녀양육방법과 친구들의 영향 혹은 압력에 청소년이 어떻게 영향을 받는지 설명하는 데 크게 기여했다.

3. 청소년기의 특성

1) 신체적 변화

청소년기에는 신체 발달이 매우 빠르게 진행되어 신장, 체중, 골격에 현저한 변화가 생기며, 성적 성숙이 촉진된다. 이러한 변화로 청소년들은 자신의 신체에 지대한 관심을 갖게 되며, 고민에 빠지기도 한다(정옥분, 2004; 허혜경, 김혜수, 2002).

(1) 신장, 체중, 골격의 변화

청소년기가 되면 신장과 체중이 급격히 성장하는데, 이것을 청소년기 성장급등(adolescent growth spurt)이라고 한다. 그중 신장의 성장급등은 사춘기의 가장 특징적인 신체발달 현상이다. 대체로 성장급등 현상은 3~4년 정도 지속되며, 여성이 남성보다 2~3년 정도 더 일찍 시작한다. 따라서 여성의 경우 10, 11세 정도에 성장급등 현상이 나타나는 반면, 남성의 경우는 12, 13세 정도에 시작된다.

신체 성장의 성차로서 두드러지게 나타나는 현상은 남성은 어깨뼈가 커지고 엉덩이에 비해 어깨가 넓어지며 몸통에 비해 다리가 길어지는 반면, 여성은 어깨가 좁고, 골반 부위와 엉덩이가 넓어지며 몸통에 비해 다리가 짧아진다. 또한 여성은 사춘기 동안 지속적으로 신체의 지방질이 증가되기 때문에 둥근 외모를 갖게 되는 반면, 남성은 체지방을 잃게 되어 모가 난 외모를 갖게 된다.

신체적 변화는 신체의 다른 부위에서도 나타난다. 얼굴 모양이 둥근형에서 길쭉한 형태로 변화하며, 코가 길어지고 입이 커져 얼굴 윤곽이 달라진다.

외적인 신체 변화와 함께 신체 내부에서도 변화가 일어난다. 즉, 소화기관, 심장, 폐의 크기도 증가한다.

(2) 성적 변화

사춘기 변화의 주요인은 호르몬이며, 뇌와 내분비계에서 일어나는 일련의 복잡한 작용에 의해 성적 발달이 이루어진다. 뇌의 시상하부는 화학물질을 분비하여 뇌하수체를 조절하며, 뇌하수체는 생식선과 부신피질을 자극하는 호르몬을 분비하고 그 결과 생식선과 부신피질이 각각 호르몬을 분비한다. 생식선에서 분비되는 성 호르몬은 남녀 간의 성차를 나타내는 데 기여하며, 사춘기 동안에는 시상하부가 뇌하수체로 하여금 생식선에 영향을 주는 호르몬이 더 많이 만들어지게 한다.

사춘기의 성적 발달을 이해하는 데 중요한 성 호르몬으로는 안드로겐(androgen)과 에스트로겐(estrogen)이 있다. 안드로겐은 주요 남성 호르몬이고 에스트로겐은 주요 여성 호르몬이다. 주요 남성 호르몬인 안드로겐 중에서도 테스토스테론(testosterone)이 남성의 사춘기 발달에 결정적인 역할을 한다. 테스토스테론은 남성의 고환과 음경을 발달시키고 정자의 생산이 가능하도록 만들며, 변성, 수염, 체모 등이 나타나게 한다. 남성은 10세에서 18세 사이에 성적 성숙이 이루어지며 사정을 할 수 있는 능력이 그 지표가 된다. 반면, 주요 여성 호르몬인 에스트로겐 중 에스트라디올(estradiol)이 여성의 성적 발달에 큰 기여를 한다. 에스트라디올은 유방과 여성의 생식기관인 자궁과 질의 발달을 자극한다. 여성은 9세에서 16세 사이에 성적 성숙이 이루어지는데, 성적 성숙의 표시는 초경으로 나타난다.

(3) 신체적 변화와 신체상

급격한 신체적 변화를 겪는 청소년들은 자신의 신체에 대해 지대한 관심을 갖게 되며, 신경과민이 되기도 한다. 신체상(body image)은 자신의 신체에 대한 느낌이나 생각을 말하는데, 신체적 변화가 급격히 일어나는 청소년기에 신체상이 왜곡되기 쉽다. 청소년이 어떠한 신체상을 형성하는가는 신체적 매력에 대한 사회문화적 규준에 의해 강력한 영향을 받는다. 일반적으로 여성이 남성보다 더 부정적인 신체상을 갖고 있다. 여성들은 자신의 체중, 체형을 불만족스러워하며, 자신의 외모를 부정적으로 평가한다. 특히 체중에 민감하여 대부분의 여성이 더 날씬해지기를 원하는데, 이는 우리 사회가 여성의 매력에 대해 가지고 있는 신체상을 반영한 것이다. 반면, 남성들은 여성에 비해 긍정적인 신체상을 갖고 있는 편이지만 좀 더 근육질이 되기를 원하기도 한다. 일반적으로 신체상은 자아존중감과 정적인 상관을 갖는다. 자신의 신체에 만족하는 청소년은 자신에 대해 긍정적인 느낌과 생각을 갖게 된다.

2) 인지적 변화

(1) 청소년기 사고의 특징

피아제에 따르면 청소년기는 형식적 조작사고가 발달하는 단계다. 형식적 조작사고는 추상개념을 사용할 수 있고, 가설을 설정할 수 있으며, 조합적 사고가 가능하고, 관련 변인을 연결할 수 있으며, 사고과정에 대해 사고(metacognition)할 수 있는 능력을 포함한다(허혜경, 김혜수, 2002).

아동의 사고가 구체적이고 관찰 가능한 사건이나 현상에 제한되어 있는 것과 대조적으로 청소년은 사물이 눈앞에 존재하든 존재하지 않든 그 사물에 대해서 생각할 수 있다. 이러한 추상적 사고의 영역은 정치, 철학, 종교, 사랑 등으로 확대된다.

또한 구체적 조작기에 해당되는 아동의 사고가 경험적-귀납적(empirico-inductive)인 반면, 청소년의 사고는 가설적-연역적(hypothetico-deductive)인 특징을 갖는다. 아동의 경우, 어떤 문제 상황에 놓이게 되면 과거의 문제해결 경험을 토대로 문제를 해결하려고 하나, 청소년은 무엇이 가능한가에 대한 추론을 통하여 가설을 도출함으로써 문제를 해결하고자 한다. 가능성에 대해 체계적으로 추론할 수 있는 능력은 과학적인 문제해결 상황에서뿐만 아니라, 논쟁이나 토론 상황에서도 타인의 주장이나 견해를 일방적으로 수용하기보다는 다른 시각이나 자신의 입장에서 평가하는 형태로 나타난다.

조합적 사고와 관련 변인을 연결할 수 있는 능력도 청소년기 사고의 중요한 특징이다. 조합적 사고란 어떤 문제에 직면했을 때, 가능한 모든 해결책을 논리적으로 생각함으로써 문제해결에 이르게 되는 사고를 말하며, 문제해결을 위해서는 가능한 모든 변인 간의 관련성을 이해하고 연결시켜 사고하는 능력을 필요로 한다.

청소년기 사고의 또 다른 특징으로 사고과정에 대해 사고할 수 있는 능력을 들 수 있다. 사고과정에 대한 사고란 자신의 인지적 과정에 대해 생각하는 것을 말한다. 사고과정에 대한 사고를 통하여 청소년은 아동에 비해 자신의 사고를 보다 잘 통제하며, 자신의 정서에 대해 더 많이 생각하고, 타인이 자신을 어떻게 생각할까에 대해 생각한다.

(2) 청소년기 자아중심성

형식적 조작사고의 발달로 청소년은 자신의 생각뿐만 아니라 다른 사람의 사고 또한 체계화할 수 있게 된다. 그러나 청소년기의 급격한 신체적·정서적 변화로 인하여 자신의 외모, 정서, 생각에 사로잡히게 되어 자신의 독특한 세계와 타인의 보편적인 세계를 구분하지 못한다. 따라서 청소년들은 자신이 특별한 존재이며 우주의 중심이라고 믿을 만큼 강한 자아중심성을 보이게 된다. 청소년기 자아중심성으로 나타나는 특성은 상상적 관중(imaginary audience)과 개인적 우화(personal fable)의 개념으로 설명할 수 있다(정옥분, 2004; 허혜경, 김혜수, 2002).

상상적 관중은 자신이 타인의 집중적인 관심과 주의의 대상이 되고 있다고 생각하는 것이다. 다른 사람들이 자신을 관심의 초점으로 생각한다고 믿기 때문에 다른 사람들은 관중이고, 실제로는 그(녀)가 관심의 초점이 아니라는 의미에서 상상적이다. 청소년들은 상상적 관중을 즐겁게 하기 위해 많이 애쓰고, 타인이 알아차릴 수 없는 작은 실수에도 힘들어한다. 청소년들은 종종 자기비판적이면서도 자주 자기도취에 빠진다.

개인적 우화는 청소년이 자신은 매우 특별한 존재이므로 자신의 감정이나 경험세계가 다른 사람과 근본적으로 달라 다른 사람들이 이해할 수 없을 것이라고 생각하는 것이다. 청소년이 자신을 특별하게 생각한다는 의미에서 개인 적이고, 비현실적 생각이라는 의미에서 우화다. 개인적 우화가 심해지면 자기 존재의 영속성과 불멸성을 믿게 됨으로써 음주운전, 폭주, 마약 등 위험한 행동에 빠져들 위험성이 있다.

3) 심리사회적 변화

에릭슨(1968)은 일관성 있는 정체성을 확립하는 문제가 청소년기의 주요 심리사회적 위기라고 보았다. 정체성이란 자신이 누구인지, 어디를 향해 가고 있는지에 대하여 형성된 생각을 말하며, 정체성 발달연구에 가장 큰 영향을 미친 사람이 바로 에릭슨이다. 그는 '정체성 대 정체성 혼란'의 성공적 해결은 개인이 이전 발달단계의 심리사회적 위기를 어떻게 극복했는지에 달려 있으며, 신뢰, 자율성, 주도성, 근면성이 형성되어 있지 않으면 일관성 있는 정체성을 형성하는 것이 힘들다고 보았다. 또한 정체성 위기를 어떻게 극복하는지가 성인기의 위기극복에 영향을 미칠 것이라고 보았다. 균형 잡히고 일관성 있는 정체성을 확립하는 과정은 지적 · 정서적으로 힘든 과정이다. '정체성 대 정체성 혼란'의 위기를 극복하는 열쇠는 청소년과 다른 사람들과의 상호작용인데, 중요한 다른 사람들의 반응은 청소년의 정체성 발달에 영향을 미친다. 청소년의 정체성은 청소년과 사회 간의 상호인식의 결과로 볼 수 있다.

에릭슨은 현대사회에서 정체성을 확립해 가는 과정에는 이전 사회보다 복잡한 요소가 작용하며, 이러한 복잡함 때문에 심리사회적 유예기(psychosocial moratorium)가 필요하다고 보았다. 심리사회적 유예기란 청소년의 자기발견을 위해 과도한 책임과 의무를 면제해 주는 기간을 말하며, 현대의 많은 사회에서는 청소년이 오랫동안 학교에 머물면서 자신의 미래에 대해 심각하게 생각할 시간을 갖게 한다. 심리사회적 유예기 동안 청소년은 다양한 경험과 역할을 탐색해 볼 수 있다. 유예기가 없다면 청소년이 가능한 선택과 대안에 대한 탐색을 할 수 없고, 이는 정체성 발달에 장애를 가져온다.

정체성을 성공적으로 확립하지 못할 때 정체성 혼란(identity diffusion 또는 identity confusion), 정체성 유실(identity foreclosure), 부정적 정체성(negative identity)의 문제가 나타난다. 정체성 혼란은 비일관적인, 연결되지 않은, 미완성의 자아상을 말한다. 정체성 혼란은 자신이 누구인지 이해하지 못하는 약한 수준부터 정신질환을 보이는 심각한 수준에 이르기까지 다양한 특성을 보인다. 정체성 유실은 건강한 정체성을 형성하기 위한 탐색과 실험의 기간인 심리사회적 유예기를 거치지 않고 조기에 어떤 역할에 전념하여 그것을 자신의 정체성으로 여기는 상태를 말한다. 부정적 정체성을 가졌다는 것은 청소년이 부모나 공동체가 보기에 바람직하지 않은 정체성을 형성한 상태를 말한다.

마샤(J. Marcia)는 에릭슨의 이론을 바탕으로 직업, 이념(가치와 믿음), 대인관계에서의 정체성 탐색에 초점을 두고 탐색(exploration)과 헌신(commitment)이라는 두 개념을 적용하여 정체성 수준을 〈표 1-2〉와 같이 네 가지로 분류하였다(Marcia, 1976).

| 표 1-2 | 마샤의 네 가지 정체성 수준 분류

구분		헌신	
		있음	없음
탐색	있음	정체성 성취	정체성 유예
	없음	정체성 유실	정체성 혼란

정체성 성취는 정체성 위기와 탐색의 과정을 거친 후 자신의 역할에 헌신하고 있는 수준이며, 정체성 유예는 정체성 위기와 탐색의 과정에 있는 수준이다. 정체성 유실은 정체성 위기와 탐색의 과정 없이 자신의 역할에 헌신하고 있는 수준이며, 정체성 혼란은 정체성 위기와 탐색의 과정에 있지도 않고, 자신의 역할에 헌신하고 있지도 않은 수준이다.

정체성 발달에 대한 연구는 전반적으로 에릭슨의 이론적 관점을 지지한다. 그러나 대부분의 연구는 정체성 발달의 대부분이 초기 혹은 중기 청소년

기에 일어나기보다는 후기 청소년기 혹은 초기 성인기에 일어남을 보여 준다
(Steinberg, 2005).

4. 청소년의 사회적 환경

브론펜브레너(Bronfenbrenner, 1979)가 주창한 인간발달에 관한 생태학적
관점에 따르면, 발달이 이루어지는 환경이나 맥락에 대하여 살펴보지 않고는
발달을 제대로 이해할 수 없다. 청소년 발달에 영향을 미치는 중요한 환경요
소로는 가족, 또래집단, 학교, 대중매체를 들 수 있다.

1) 가족

청소년의 신체적·인지적·사회적 성숙이 초기 청소년기의 가족체계에 불
균형을 초래한다. 즉, 가족 내 청소년의 영향력이 증대되어 가족관계의 변화
가 일어나고, 불평등한 상호작용의 관계에서 좀 더 평등한 상호작용의 관계로
변화되어 가족체계에서 일시적으로 혼란의 시기를 경험한다(Steinberg, 2005).
그러나 청소년기 자녀를 둔 가족이 질풍노도의 경험을 할 것이라는 전형적인
믿음과는 달리 청소년과 부모 간에 정서적 거리감이 적다는 것을 과학적 연
구가 보여 준다. 소수의 청소년과 부모는 심각한 관계문제를 겪지만, 대부분
의 청소년은 부모와 정서적으로 가까우며, 부모의 판단을 존중하고, 부모가
자신을 사랑하고 돌보고 있다고 믿으며, 부모에 대한 존경심을 가지고 있다
(Steinberg, 2001: Steinberg, 2005에서 재인용).

바움린드(D. Baumrind)에 따르면, 청소년을 향한 두 가지 측면의 부모행동
이 매우 중요한데, 하나는 부모의 반응(parental responsiveness)이고 다른 하
나는 부모의 요구(parental demandingness)다(Maccoby & Martin, 1983). 부모의
반응은 부모가 자녀의 욕구를 받아들이고 지지하는 방식으로 반응하는 정도

를 말하고, 부모의 요구는 부모가 자녀에게 성숙하고 책임 있는 행동을 기대
하고 요구하는 정도를 말한다. 부모의 반응과 부모의 요구라는 두 가지 개념
을 적용한 네 가지 자녀양육방식 분류는 자녀에 대한 부모행동의 영향을 이해
하는 데 매우 중요한 역할을 한다. 네 가지 자녀양육방식은 〈표 1-3〉과 같다
(Maccoby & Martin, 1983).

┃표 1-3┃ 부모의 반응과 요구 개념을 적용한 자녀양육방식 분류

구분		부모의 요구	
		높음	낮음
부모의 반응	높음	권위적	허용적
	낮음	독재적	방임적

출처: Maccoby & Martin (1983), p. 39.

　권위적(authoritative) 부모는 따뜻하나 엄격하다. 그들은 자녀들의 행동기
준을 정하나 자녀의 발달욕구와 능력에 맞는 기대를 가진다. 그들은 자율성
과 주도성의 발달에 높은 가치를 두나, 자녀의 행동에 궁극적인 책임을 진다.
권위적 부모는 자녀를 합리적으로 다루며 훈육문제에 관해 자녀와 함께 종
종 토론하고 설명한다. 독재적(authoritarian) 부모는 복종과 순응에 높은 가치
를 둔다. 그들은 벌을 가하며, 물리적인 훈육방법을 선호하는 경향이 있다. 독
재적 부모는 자녀가 부모가 정한 규칙과 기준을 질문 없이 받아들여야 한다
고 믿기 때문에 자녀와의 의사소통이 원활하지 않다. 그들은 독립적인 행동
을 격려하지 않으며, 오히려 자녀의 자율성을 제한하는 경향이 있다. 허용적
(indulgent) 부모는 수용적이고, 자애로우며, 훈육방식은 수동적이다. 그들은
자녀에게 많은 자유를 허용하고 어떻게 행동하라고 거의 요구하지 않는다.
허용적 부모는 통제가 자유에 대한 침해로서 자녀의 건강한 발달을 방해한다
고 믿는 경향이 있다. 허용적 부모는 적극적으로 아이들의 행동을 형성하기
보다는 자신을 자녀가 사용할 수 있는 자원으로 보는 경향이 있다. 방임적
(neglecting, indifferent) 부모는 자녀와 상호작용하는 데 들여야 하는 시간과

에너지를 최소화하기 위하여 애를 쓴다. 그들은 자녀가 무엇을 하는지, 어디에 가는지 거의 알지 못하며 자녀의 학교경험, 친구관계에 대해 관심이 없고, 자녀와 거의 대화하지 않으며, 의사결정 시 자녀의 의견을 거의 고려하지 않는다. 방임적 부모는 자녀의 발달에 무엇이 좋은지에 관한 믿음에 따라 자녀를 양육하기보다는 부모 중심적으로 그들 자신의 욕구와 관심에 따라 가정생활을 구조화한다.

일반적으로 권위적 가정에서 양육된 청소년들이 독재적·허용적·방임적 가정에서 양육된 청소년보다 심리사회적으로 더 건강하다. 권위적 가정에서 양육된 청소년들이 더 책임감 있고, 자기확신이 있으며, 적응을 더 잘하고, 더 창조적이며, 호기심이 더 많고, 사회적 기술이 더 좋으며, 학교에서 더 성공적이다. 대조적으로 독재적 가정에서 양육된 청소년은 더 의존적이고, 더 수동적이며, 사회적 기술이 모자라고, 자기확신이 더 낮으며, 지적 호기심이 적다. 허용적 가정에서 양육된 청소년은 종종 덜 성숙하고, 책임감이 부족하며, 또래에게 더 순응적이고, 지도력을 갖지 못한다. 방임적 가정에서 양육된 청소년은 종종 충동적이고 비행, 성적 활동, 약물행위에 가담할 경향성이 높다(Steinberg, 2005).

2) 또래집단

또래집단이란 비슷한 연령에 있는 구성원들의 모임을 말한다. 청소년기에는 또래와 함께 보내는 시간이 점점 증가하며, 부모보다도 또래집단이 더 큰 영향력을 발휘하게 된다. 청소년기 또래집단의 주요 특성을 살펴보면 다음과 같다(허혜경, 김혜수, 2002; Steinberg, 2005). 첫째, 자율성을 지닌다. 아동기의 활동은 성인에 의해 조직되고 운영되는 반면, 청소년들은 성인의 감독 없이 또래들과 상호작용하며 자신들끼리 하는 활동을 선호한다. 둘째, 부모보다도 더 큰 애착의 대상이 된다. 청소년들은 비슷한 신체적·인지적·심리사회적 변화를 겪는 다른 청소년들과 함께함으로써 위안을 얻는다. 또래집단은 애정과 동정과 이해의 근원이며, 부모로부터의 자율성과 독립을 얻기 위한 지지자다. 셋째, 상호작용의 증가다. 대부분의 청소년은 또래와 함께 활동하고 생각과 의견을 나누기를 원한다. 친밀한 친구관계를 형성하고자 하는 것은 청소년기에 일어나는 일반적인 현상이며, 이러한 성향은 안정된 또래집단을 형성하고 유지하게 만들며, 집단 구성원 간의 상호 유사성을 증진한다. 넷째, 이성 간 교류의 증가다. 청소년기에는 아동기와는 달리 이성 또래와 보내는 시간이 점점 더 증가한다.

또래집단은 청소년의 심리사회적 발달에 매우 중요한 역할을 한다. 또래관계에서의 문제는 청소년기와 성인기의 여러 가지 심각한 정서 및 행동문제와 관련되어 있다. 또래관계에서 어려움을 겪는 청소년들은 상대적으로 학업성취도가 낮고, 학업을 중단할 가능성이 높으며, 학습장애를 겪고, 비행을 저지를 확률과 정신건강상의 어려움을 겪을 가능성이 높다(Savin-Williams & Berndt, 1990: Steinberg, 2005에서 재인용).

또한 또래는 정상적인 심리사회적 발달을 촉진하는 데 중요한 역할을 한다. 또래는 전적으로 지지적이고 긍정적인 역할을 하는 것은 아니고, 전적으로 역기능적인 역할을 하는 것도 아니며, 복합적인 역할을 한다(Brown, 2004). 또래집단 속에서 청소년들은 다른 역할과 모습을 시도할 수 있으며, 집에서 보다 훨씬 더 쉽게 다른 정체성을 실험해 볼 수 있다. 또래집단에서의 경험은 자율성의 발달에도 매우 중요하다. 또래들과 성숙된 관계를 가짐으로써 부모와의 관계도 더 성숙되고 독립적으로 변한다. 또한 또래집단은 청소년들이 자신의 선택에 대해 감독하고 통제할 성인이 없는 상황에서 의사결정능력을 시험할 수 있는 환경을 제공한다(Hill & Holmbeck, 1986: Steinberg, 2005에서 재인용).

3) 학교

학교는 청소년들이 활동할 수 있는 시간의 대부분을 보내는 장으로서, 청

소년들의 인지발달과 심리사회적 발달에 큰 영향을 미친다. 학교의 구조보다
는 학교 분위기(school climate)가 더 큰 영향력을 발휘하는데, 교사의 학생과
의 상호작용방식, 수업시간 사용방식, 학생에 대한 교사의 기준과 기대와 같
은 학교 분위기의 다양한 측면이 청소년의 학습과 성취에 중요한 영향력을 갖
는다(Rutter, 1983; Steinberg, 2005).

학생들은 학교가 그들의 욕구에 반응적(responsive)이고, 그들에게 요구적
(demanding)일 때 성취와 참여 수준이 높다. 긍정적인 학교 분위기, 즉 교사
들이 지지적이면서도 엄격하고, 행동과 학업에 대한 명확한 기준을 유지하는
학교에서 학생들이 학교와 강한 유대감을 갖고, 심리적 안녕감이 높으며, 긍
정적인 성취동기를 가지고, 학업성취 수준이 높으며, 문제가 적고, 출석률이
높으며, 비행률이 낮고, 친구관계가 지지적이다(Eccles, 2004; Ryan & Patrick,
2001; Way & Pahl, 2001).

청소년들의 심리사회적 발달에 대한 학교의 영향에 대해서는 덜 알려
져 있는데, 대부분의 학교는 심리사회적 발달을 촉진하도록 구조화되어 있
지 않다. 대부분의 학교는 순응과 복종에 과도하게 초점을 맞추고 있고, 독
립성과 자율성에 대한 초점이 결여되어 있다(Friedenberg, 1967). 그러나 어
떤 학교에서는 청소년들이 학업뿐만 아니라 그들 자신, 다른 사람과의 관계
및 사회에 대해서도 배울 기회를 제공한다. 성인들은 학교를 평가할 때 청
소년의 인지 및 진로발달에 기여하는 정도를 기준으로 평가하지만, 청소년
들은 학교를 친구와 어울리는 주요한 장으로 여긴다. 학교는 청소년들에게
인지발달을 위한 장일뿐만 아니라 심리사회적 발달을 위한 중요한 장이다
(Steinberg, 2005).

4) 대중매체

청소년들은 활동 시간 중 많은 시간을 대중매체와 함께하고 있으며, 이로
인하여 대중매체는 청소년들의 삶에 매우 큰 영향력을 발휘하고 있다. 여기에

서는 대중매체 중 가장 큰 영향력을 발휘하고 있는 텔레비전과 인터넷을 중심으로 그 영향력을 살펴보고자 한다.

대중매체가 청소년의 발달에 미치는 영향을 조사한 많은 연구는 텔레비전의 영향력에 대해 조사하였으며, 청소년들의 폭력, 성행위, 약물사용에 미치는 영향을 파악하는 데 초점을 맞추었다. 이 연구들은 텔레비전의 폭력적 이미지에 반복적으로 노출되는 것이 청소년의 공격적 행동을 증가시키며, 이전 폭력행동, 가족 수입, 이웃의 폭력, 부모의 교육수준 등 관련 변수를 통제한 연구에서도 청소년들의 공격적 행동을 증가시킨다고 보고하였다(Johnson, Cohen, Smailes, Kasen, & Brook, 2002). 또한 성행위와 약물사용에 관한 이미지에 반복적으로 노출되는 것도 청소년의 성행위와 약물사용에 관한 태도와 신념에 부정적 영향을 미친다고 말한다(Roberts, Henriksen, & Foehr, 2004).

정보화 시대에 살고 있는 현대의 청소년들에게 인터넷은 텔레비전보다도 더 큰 영향력을 발휘하고 있다. 한국지능정보사회진흥원(2023)의 인터넷 이용 실태조사에 따르면, 2022년 기준 10대 청소년의 96.7%가 하루에 1회 이상 인터넷을 이용하는 것으로 나타났으며, 10대의 인터넷 이용시간은 주 평균 24.3시간으로 하루 평균 3시간 이상 인터넷을 이용하고 있었다. 이처럼 청소년들이 인터넷에 많이 노출되어 있으므로 인터넷이 청소년 발달에 미치는 영향에 주의를 기울일 필요가 있다. 인터넷이 청소년에게 미치는 긍정적 영향은 인터넷을 통해 다양한 정보를 접함으로써 세상에 대한 이해의 폭을 넓힐 수 있으며, 효과적인 학습을 위한 도구로 활용함으로써 지식 및 학습능력이 향상될 수 있다는 것이다. 반면, 인터넷의 부정적 영향으로는 시력 및 체력 저하와 같은 신체 건강상의 문제, 공격성·충동성 등의 심리·정서적 문제, 학교부적응 문제, 사이버 비행 및 현실 비행을 들 수 있는데, 이러한 부정적 영향은 주로 인터넷 과다사용으로 인한 것이다(김순규, 2009).

1. 아동과 청소년, 청소년과 성인은 어떻게 구분되는지 토의해 보자.

2. 다양한 청소년 발달이론에서 제시하는 청소년기의 뚜렷한 특성에 대해 토의해 보자.

3. 최근 정보화기기의 급속한 발달은 청소년의 성장과 발달에 어떠한 영향을 미치는지 토의해 보자.

참고문헌

김순규(2009). 인터넷 사용이 청소년의 학교생활 부적응에 미치는 영향. 청소년학연구, 16(1), 1-22.

송명자(2008). 발달심리학. 서울: 학지사.

정옥분(2004). 발달심리학: 전생애 인간발달. 서울: 학지사.

한국지능정보사회진흥원(2023). 2022년 인터넷이용실태조사.

허혜경, 김혜수(2002). 청년발달심리학. 서울: 학지사.

Bronfenbrenner, U. (1979). *The ecology of human development*. Cambridge, MA: Harvard University Press.

Brown, B. (2004). Adolescents' relationships with peers. In R. Lerner & L. Steinberg (Eds.), *Handbook of adolescent psychology* (pp. 363-394). New York: Wiley.

Crain, W. (1992). *Theories of development: Concepts and applications*. Englewood Cliffs, NJ: Prentice Hall.

Eccles, J. (2004). Schools, academic motivation, and stage-environment fit. In R. Lerner & L. Steinberg (Eds.), *Handbook of adolescent psychology* (pp. 125-153). New York: Wiley.

Erikson, E. (1968). *Identity: Youth and crisis*. New York: Norton.

Friedenberg, E. (1967). *Coming of age in America*. New York: Vintage Books.

Johnson, J., Cohen, P., Smailes, E., Kasen, S., & Brook, J. (2002). Television viewing and aggressive behavior during adolescence and adulthood. *Science, 295,* 2468-2471.

Maccoby, E., & Martin, J. (1983). Socialization in the context of the family: Parentchild interaction. In E. M. Hetherington (Ed.), *Handbook of child psychology: Socialization, personality, and social development* (Vol. 4, pp. 1-101). New York: Wiley.

Marcia, J. (1976). Identity six years later: A follow-up study. *Journal of Youth & Adolescence, 5,* 145-150.

Roberts, D., Henriksen, L., & Foehr, U. (2004). Adolescents and media. In R. Lerner & L. Steinberg (Eds.), *Handbook of adolescent psychology* (pp. 487-521). New York: Wiley.

Rutter, M. (1983). School effects on pupil progress: Research findings and policy implications. *Child Development, 54,* 1-29.

Ryan, A., & Patrick, H. (2001). The classroom social environment and changes in adolescents' motivation and engagement during middle school. *American Educational Research Journal, 38,* 437-460.

Steinberg, L. (2005). *Adolescence.* New York, NY: McGraw-Hill.

Way, N., & Pahl, K. (2001). Individual and contextual predictor s of perceived friendship quality among ethnic minority, low-income adolescents. *Journal of Research on Adolescence, 11,* 325-349.

제2장

청소년복지의 이해

　이 장에서는 청소년복지에 대한 전반적 이해를 도모한다. 청소년복지의 정의에 대한 학자들의 다양한 견해를 고찰하고, 아동의 권리에 관한 국제협약과 청소년헌장을 중심으로 청소년의 권리도 살펴본다. 또한, 청소년복지를 추진함에 있어 고려해야 할 원칙과 우리나라 청소년복지 발달과정뿐만 아니라 외국의 청소년복지 발달과정에 대해서도 알아본다.

1. 청소년복지의 개념

　청소년을 둘러싼 사회적 환경이 변화함에 따라 청소년복지의 필요성이 점점 증대되어 왔다. 가족구조의 핵가족화와 여성의 취업 증가 및 이혼 증가로 인한 가정의 자녀양육기능의 약화, 과도한 입시경쟁의 장이 되어 버린 학교, 산업화 · 지식정보화 사회로의 변화에 따른 청소년 유해환경의 증가로 인하

여 청소년문제는 심각한 양상을 띠게 되었고, 이러한 문제를 해결하기 위해서
국가와 사회의 개입이 필요하게 되었다.

청소년복지는 청소년을 대상으로 하는 사회복지의 한 분야다. 사회복지는
영어로 'social welfare'인데, 이는 'social'이라는 형용사와 'welfare'라는 명사
의 합성어다. 복지 'welfare'라는 말은 웹스터(webster) 사전에 따르면 행운, 행
복, 안녕 혹은 번영의 상태라는 의미와 도움이 필요한 사람에게 돈 혹은 필요
한 것을 제공하는 것이라는 의미를 가지고 있다. 즉, 복지는 인간생활의 이상
상태를 의미하는 개념인 동시에 그 이상의 상태를 지향하는 실천활동까지 포
함하는 개념으로 볼 수 있다(장인협, 오정수, 1993). 따라서 사회복지란 사회구
성원의 행복을 추구하기 위한 실천적 활동으로 정의할 수 있으며, 청소년복지
는 청소년의 행복을 추구하기 위한 실천적 활동으로 정의할 수 있다.

청소년복지의 개념을 보다 구체적으로 살펴보면, 학자에 따라 다양하게 정
의되어 왔음을 알 수 있다. 장인협과 오정수(1993)는 청소년복지를 아동복지
와 구분하지 않고 아동 · 청소년복지로 혼합하여 사용하면서, 아동 · 청소년
복지를 사회 구성원으로서의 아동과 청소년의 기본적인 욕구를 충족시키고
건전한 성장과 발달을 도모하기 위하여 여러 가지 활동을 가능케 하는 공적인
방법과 절차로 정의하였다. 청소년복지는 대상범위에 따라 좁게 혹은 넓게 정
의될 수 있다. 좁은 의미의 청소년복지란 요보호청소년 혹은 문제청소년을 대
상으로 하는 복지를 말한다. 즉, 구조적으로나 기능적으로 부적절한 양육환경
에서 자라는 청소년이나, 발달상의 장애 혹은 정서 · 행동문제를 가진 청소년
을 대상으로 하는 복지다. 넓은 의미의 청소년복지란 요보호청소년뿐만 아니
라 일반청소년을 포함한 모든 청소년을 대상으로 하는 복지를 말한다. 김성
이, 조학래, 노충래와 신효진(2010)은 넓은 의미에서 청소년복지를 다음과 같
이 정의하였다. "청소년복지는 대상 집단이 요보호청소년과 같이 특정 집단
에만 국한되는 것이 아니라 일반청소년 및 청소년의 생활에 가장 직접적인 영
향을 미치는 가족까지 포함하고 있으며, 청소년에 대한 직접적 서비스뿐만 아
니라 간접적으로 제공되는 모든 정책과 제도를 포함하는 광범위한 개념이다.

또한 청소년복지는 기본적 욕구의 충족을 넘어서 주체적인 삶을 위해 이들의 발달과 기능을 최적으로 촉진ㆍ발휘할 수 있도록 보장하고 서비스 제공의 주체도 민간 및 정부기관의 모든 서비스를 포함하고 있다."(p. 67)

유사한 맥락에서 이봉주(2008)는 청소년복지를 청소년보호와 청소년육성을 포괄하는 개념으로 보고, 보호와 육성이 상호보완적임을 강조한다. 즉, 위험으로부터 청소년을 보호함으로써 청소년의 건전한 발달을 지향하는 청소년육성을 보완하고, 청소년육성을 통하여 청소년을 위험으로부터 적극적으로 보호할 수 있으므로, 청소년복지를 청소년을 대상으로 한 문제의 예방 및 해결, 청소년의 능력계발, 유해환경으로부터의 보호 및 건전한 발달을 지원하기 위한 환경조성을 포함하는 개념으로 본다. 노혁(2010)은 적극적인 측면에 초점을 두고, 청소년복지를 다음과 같이 정의하였다. "청소년복지는 청소년의 올바른 성장과 발달에 목적을 두고, 이를 위해서 공동의 노력과 참여를 전제로 이루어져야 한다. 지식정보화 사회에서 청소년들에게 일정의 사회적 역할과 책임을 부과하며, 동시에 현재 청소년의 삶을 이해하여 보다 나은 여건을 마련해 주고 미래에 보다 좋은 환경에서 생활할 수 있도록 복지를 통해 자립기반과 자기계발을 할 수 있는 능력과 기회를 마련해 주는 제반의 복지활동이다."(p. 34)

앞에서 논의된 청소년복지에 대한 학자들의 다양한 정의를 종합하여 보면 청소년복지에 대한 정의는 청소년복지의 대상, 청소년복지의 목표 및 초점, 청소년복지의 접근방법을 포함한다. 대상은 요보호청소년과 일반청소년을 포함한 모든 청소년이며, 목표 및 초점은 기본적 욕구의 충족, 문제의 해결 및 예방, 신체적ㆍ인지적ㆍ정서적ㆍ사회적으로 건강한 성장과 발달, 능력계발, 유해환경으로부터의 보호 및 건강한 발달을 지원하기 위한 환경조성에 있으며, 접근방법은 사회의 정책적ㆍ실천적 활동이다. 이러한 요소를 종합하면, 청소년복지는 요보호청소년과 일반청소년을 포함한 모든 청소년을 대상으로 하여 기본적 욕구를 충족시키고, 청소년문제를 해결하고 예방하며, 신체적ㆍ인지적ㆍ정서적ㆍ사회적으로 건강한 성장과 발달을 촉진하고, 능력을 계발

하며, 유해환경으로부터 보호하고 건강한 발달을 지원하기 위한 환경을 조성
하는 정책적·실천적 활동으로 정의될 수 있다.

2. 청소년의 권리

국제사회에서 청소년의 권리는 아동의 권리 차원에서 논의되어 왔다. 국제
사회에서 통용되는 아동의 나이는 18세 미만인데, 이러한 연령기준은 청소년의
연령과 중첩되며, 이러한 중첩현상은 국내의 아동과 청소년의 연령구분에서도
마찬가지다. 다음에서는 아동의 권리에 관한 국제협약(Convention on the Rights
of the Child)과 청소년헌장을 중심으로 청소년의 권리를 살펴보고자 한다.

1) 아동의 권리에 관한 국제협약

(1) 아동의 권리에 관한 국제협약의 형성배경

20세기에 들어오면서 청소년권리에 관한 국제적인 논의가 활발해졌다(하
승수, 2008). 먼저, 제1차 세계대전과 같은 전쟁으로 수많은 아동이 기아, 질
병, 영양실조 등으로 고통받는 현실 속에서 아동권리에 관한 최초의 국제적
선언인 '아동권리선언(Declaration of the Rights of the Children)'이 작성되었다.
'제네바선언'으로도 불리는 이 선언은 1924년 11월 26일 국제연맹(League of
Nations) 총회에서도 채택되었다. 이 선언은 전문과 5개 조항으로 구성되었는
데, '아동에게 최상의 것을 제공할 의무'를 명시하고, 아동의 기본적인 생존을
위해 필요한 것에 초점을 맞추고 있다. 아동권리선언은 이후 이루어지는 국
제조약 제정의 출발점이 되었다는 점에서 큰 의미를 지닌다.

제2차 세계대전 당시 발생한 대량학살과 인권침해 행위로 인하여 국제사
회는 인권보장을 위한 노력을 기울이게 되었고, 그 결과 1948년 12월 10일
에 유엔총회에서 '세계인권선언(The Universal Declaration of Human Rights)'이

채택되었다. 전문과 30개조로 이루어진 이 선언에는 시민적·정치적 권리와 경제적·사회적·문화적 권리에 대한 내용이 담겨 있다. 이러한 보편적 인권을 위한 노력과 함께 아동·청소년 인권에 대한 논의도 심화되어 1959년 11월 20일 유엔총회에서 제네바선언의 내용을 확대·보완하고 세계인권선언의 정신을 아동에게 반영한 '유엔아동권리선언(UN Declaration on the Rights of the Child)'이 채택되었다. 전문과 10개조로 구성된 이 선언에서는 아동을 보호의 대상이 아닌 인권의 주체로 인식하여 진일보한 모습을 보인다.

1960년대부터는 법적 구속력이 없는 선언에 그쳤던 인권 관련 선언들을 법적 구속력이 있는 국제조약으로 발전시키려는 움직임이 본격화되었다. 이러한 배경하에서 1989년 11월 20일 유엔총회에서 아동의 권리에 관한 국제협약이 채택되고, 1990년 9월 2일 20개 국가가 협약을 비준함으로써 이 협약이 발효되었다. 우리나라도 1991년 11월 20일 이 협약을 비준하였으며, 이는 일반적으로 승인된 국제법규로서 국내법과 같은 효력을 가지게 되었다.

(2) 아동의 권리에 관한 국제협약의 내용

아동의 권리에 관한 국제협약은 전문과 54개 조항으로 구성되어 있으며, 아동의 생존권, 보호권, 발달권 및 참여권을 종합적·체계적으로 제시한 것이다(Save the Children Korea, 1999: 이혜원, 2006에서 재인용). 첫째, 생존권은 아동이 생명을 유지하고 기본적인 삶을 누리는 데 필요한 권리다. 아동권리국제협약에서는 모든 아동이 생명에 관한 고유의 권리를 가지고 있음을 인정하고, 가능한 한 최대한도로 아동의 생존과 발전을 보장하여야 함이 규정되어 있다. 또한 질병 치료와 건강 회복을 위한 시설을 사용할 수 있는 권리, 사회보험을 포함한 사회보장제도의 혜택을 받을 권리 등이 규정되어 있다.

둘째, 보호권은 아동이 모든 형태의 신체적·정신적 폭력, 상해나 학대, 유기나 유기적 대우, 성적 학대를 포함한 혹사나 착취, 고문이나 기타 모든 형태의 잔혹하거나 비인간적이거나 굴욕적인 대우나 처벌, 경제적 착취, 위험하거나 아동의 교육에 방해되거나 아동의 건강이나 신체적·지적·정신적·도덕적·사회적 발전에 유해한 노동의 수행으로부터 보호받을 권리를 말한다. 이러한 권리를 보호하기 위하여 국가가 모든 입법적·행정적·사회적·교육적 조치를 적절하게 취하여야 할 것 또한 규정되어 있다.

셋째, 발달권은 아동의 건강한 신체적·인지적·정서적·사회적 발달과 아동의 잠재력 실현을 위한 권리다. 이와 관련하여 아동권리국제협약에는 아동의 사상·양심 및 종교의 자유에 대한 권리, 아동의 사회적·정신적·도덕적 복지와 신체적·정신적 건강의 향상을 목적으로 하는 정보와 자료에 대한 접근권, 신체적·지적·정신적·도덕적·사회적 발달에 적합한 생활수준을 누릴 권리를 가지고 있음이 규정되어 있다. 또한 교육, 휴식과 여가, 놀이와 오락활동, 문화생활과 예술에 참여할 수 있는 아동의 권리가 명시되어 있다.

넷째, 참여권은 아동이 자신의 견해를 자유롭게 표현하고, 자신에게 영향을 미치는 모든 문제에 관해 발언할 수 있는 권리를 말한다. 이와 관련하여 아동에게 영향을 미치는 모든 사법적·행정적 절차에서 직접적으로 또는 대표자나 적절한 기관을 통하여 진술할 기회가 주어져야 함이 규정되어 있으며, 표현의 자유, 결사의 자유와 평화적 집회의 자유에 대한 권리를 명시하고 있다.

2) 청소년헌장에 명시된 청소년의 권리

청소년헌장에서도 대한민국 청소년이 누려야 할 권리가 명시되어 있다. 청소년헌장은 1990년 5월에 제정되었으며, 1998년 10월에 청소년의 주체적 삶과 자율성 및 참여를 강조하는 내용으로 개정되었다(공계순, 박현선, 오승환, 이상균, 이현주, 2019). 청소년헌장은 전문과 청소년의 권리에 관한 12개 조항 및 청소년의 책임에 관한 9개 조항으로 구성되어 있다. 청소년헌장에 명시된 청소년의 권리는 정신적·신체적으로 균형 있게 성장할 권리, 차별받지 않을 권리, 폭력으로부터 보호받을 권리, 사적인 삶의 영역을 침해받지 않을 권리, 표현의 자유에 대한 권리, 건전한 모임을 만들고 활동할 권리, 배움을 통한 자아실현의 권리, 일할 권리와 직업을 선택할 권리, 여가를 누릴 권리, 문화·예술

청소년헌장

　　청소년은 자기 삶의 주인이다. 청소년은 인격체로서 존중받을 권리와 시민으로서 미래를 열어 갈 권리를 가진다. 청소년은 스스로 생각하고 선택하며 활동하는 삶의 주체로서 자율과 참여의 기회를 누린다. 청소년은 생명의 가치를 존중하며 정의로운 공동체의 성원으로 책임 있는 삶을 살아간다. 가정, 학교, 사회 그리고 국가는 위의 정신에 따라 청소년의 인간다운 삶을 보장하고 청소년 스스로 행복을 가꾸며 살아갈 수 있도록 여건과 환경을 조성한다.

청소년의 권리

1. 청소년은 생존에 필요한 기본적인 영양, 주거, 의료, 교육 등을 보장받아 정신적·신체적으로 균형 있게 성장할 권리를 가진다.
1. 청소년은 출신, 성별, 종교, 학력, 연령, 지역 등의 차이와 신체적·정신적 장애 등을 이유로 차별받지 않을 권리를 가진다.
1. 청소년은 물리적 폭력뿐만 아니라 공포와 억압을 포함하는 정신적인 폭력으로부터 보호받을 권리를 가진다.
1. 청소년은 사적인 삶의 영역을 침해받지 않을 권리를 가진다.
1. 청소년은 자신의 생각과 느낌을 자유롭게 펼칠 권리를 가진다.
1. 청소년은 자유로운 의사에 따라 건전한 모임을 만들고 올바른 신념에 따라 활동할 권리를 가진다.
1. 청소년은 배움을 통해 진리를 추구하고 자아를 실현해 갈 권리를 가진다.
1. 청소년은 일할 권리와 직업을 선택할 권리를 가진다.
1. 청소년은 여가를 누릴 권리를 가진다.
1. 청소년은 건전하고 다양한 문화·예술 활동에 자유롭게 참여할 권리를 가진다.
1. 청소년은 다양한 매체를 통하여 자신의 삶에 필요한 정보에 접근할 권리를 가진다.
1. 청소년은 자신의 삶과 관련된 정책결정 과정에 민주적 절차에 따라 참여할 권리를 가진다.

> ### 청소년의 책임
>
> 1. 청소년은 자신의 삶을 소중히 여기며 자신이 선택한 삶에 책임을 진다.
> 1. 청소년은 앞 세대가 물려준 지혜를 시대에 맞게 되살려 다음 세대에 물려줄 책임이 있다.
> 1. 청소년은 가정 · 학교 · 사회 · 국가 · 인류공동체의 성원으로서 자기와 다른 삶의 방식도 존중할 줄 알아야 한다.
> 1. 청소년은 삶의 터전인 자연을 소중히 여기고 모든 생명과 더불어 살아간다.
> 1. 청소년은 통일시대의 주역으로서 평화롭게 공존하는 방법을 익힌다.
> 1. 청소년은 남녀평등의 가치를 배우고 이를 모든 생활에서 실천한다.
> 1. 청소년은 가정에서 책임을 다하며 조화롭고 평등한 가족문화를 만들어 간다.
> 1. 청소년은 서로에게 정신적 · 신체적 폭력을 행사하지 않는다.
> 1. 청소년은 장애인을 비롯한 소외받기 쉬운 사람들과 더불어 살아간다.

활동에 참여할 권리, 정보에 접근할 권리, 정책결정 과정에 참여할 권리를 포함한다.

3. 청소년복지의 원칙

청소년의 건강한 성장과 발달을 촉진하고, 능력을 계발하며, 유해환경으로부터 보호하고 건강한 발달을 지원하기 위한 환경을 조성하는 정책적 · 실천적 활동을 펼칠 때 고려해야 할 원칙으로는 포괄성의 원칙, 보편성과 선별성의 원칙, 개발적 기능의 원칙, 전문성의 원칙, 참여의 원칙이 있다(장인협, 오정수, 1993; 홍봉선, 남미애, 2018).

1) 포괄성의 원칙

청소년복지가 효과적 · 효율적으로 수행되기 위해서는 청소년복지 고유영역의 정책과 실천만으로는 부족하다. 청소년의 활동 · 보호 · 복지를 중심으로 하되 가족, 보건, 복지, 장애인 정책 및 실천 등과 연계되어야 하며, 교육, 노동, 교정 정책과 실천을 포괄할 수 있어야 한다. 이러한 포괄성의 원칙을 적용하기 위해서는 청소년정책의 총괄 · 조정 기능을 강화해야 할 것이다(이광호, 2008).

2) 보편성과 선별성의 원칙

청소년복지의 수행에 있어 보편주의 원칙과 선별주의 원칙이 모두 적용될 수 있다. 보편주의는 모든 청소년에게 급여나 서비스를 제공하는 것을 말하는 반면, 선별주의는 빈곤가정의 청소년이나 장애청소년과 같이 일정한 범주에 해당되는 요보호청소년에게 급여나 서비스를 제공하는 것을 말한다. 청소년복지는 요보호청소년과 일반청소년 모두를 대상으로 하므로 요보호청소년을 위한 특별지원뿐만 아니라 모든 청소년을 대상으로 하는 예방적 · 개발적 서비스가 제공되어야 할 것이다.

3) 개발적 기능의 원칙

요보호청소년 혹은 일반청소년에 대한 복지는 사회의 인적 자원을 보호하고 개발하는 기능을 하게 된다. 청소년의 능력을 계발함으로써 청소년의 개인적 자립뿐만 아니라 사회 발전에도 기여할 수 있을 것이다. 개발적 기능을 강화하기 위해서는 직업적 능력향상을 위한 직업교육, 문화역량을 향상시키기 위한 문화적 지원, 시민의식 정립을 위한 교육 등이 이루어져야 할 것이다(노혁, 2010).

4) 전문성의 원칙

청소년복지는 청소년기에 대한 과학적 이해에 근거한 전문적 정책과 활동으로 이루어져야 한다. 청소년기는 아동기나 성인기와는 구별되는 독특한 특성을 가진 시기다. 이 시기는 부모로부터 독립하여 동성 및 이성과 친밀한 관계를 형성하며 진로를 준비하는 독특한 발달단계이므로 이러한 청소년기의 발달과업에 대한 과학적 이해에 근거하여 발달과업을 성공적으로 수행할 수 있도록 지원하는 전문적 개입이 이루어져야 한다.

5) 참여의 원칙

청소년복지는 아동복지와는 달리 청소년이 수동적 존재가 아닌 적극적인 사회 구성원의 역할을 할 수 있도록 도와야 하며, 이 과정에서 청소년 참여는 핵심적인 요소다. 청소년 참여는 청소년이 자기 삶에 영향을 주는 의사결정에 참여하게 하고, 관심 있는 사안에 대해 행동할 수 있도록 권한을 부여하는 모든 활동을 의미한다. 청소년은 참여를 통해 역량, 자아존중감, 사회적 기술, 시민성 등을 향상시킬 수 있다(이상희, 2008).

4. 청소년복지의 발달과정

1) 우리나라 청소년복지 발달과정

우리나라의 청소년복지는 아동복지와 미분화된 상태에서 발달되어 오다가 청소년보호대책위원회의 설치(1964)로 아동복지와 구분되는 청소년복지 영역이 설정되고 「청소년육성법」이 제정(1987)되면서 청소년복지 영역이 확립되었다(이용교, 2006). 우리나라 청소년복지의 발달과정에 대한 시기 구분은 학자에 따라 상이한데, 이용교(1999)는 청소년복지 관련 법이나 제도의 변화를 기준으로 세 시기로 구분하고 있다. 첫째는 해방 후부터 「아동복리법」이 제정된 1961년까지를 청소년복지의 맹아기로, 둘째는 1962년부터 「청소년육성법」이 제정된 1987년까지를 청소년복지의 도입기로, 셋째는 1988년부터 현재까지를 청소년복지의 전개기로 구분한다. 이광호(2008)는 청소년에 대한 사회적 인식과 정책추진 내용에 따라 2007년까지의 청소년복지를 두 단계로 구분하였다. 첫 번째 단계는 '청소년보호대책위원회'를 설치하고 본격적인 청소년대책에 착수하기 시작한 '64년 체제'이고, 두 번째 단계는 청소년문제에 대한 종합적이고 체계적인 대책으로 '청소년문제 개선 종합대책 세부추진 계획'이 추진되기 시작한 '85년 체제'다. 한편, 이혜원, 김성천, 오승환, 이태수와 정익중(2009)은 정책 패러다임의 변화를 기준으로 세 시기로 구분하였다. 1960~1970년대를 선별주의 국가개입 태동기로, 1980~1990년대를 보편주의 국가개입 확대기로, 2000~2008년을 조정과 통합의 시기로 구분하였다. 다음에서는 앞의 연구를 토대로 우리나라 청소년복지 발달과정을 선별주의적 청소년복지 시기(1960~1970년대), 보편주의적 청소년복지 도입기(1980~1990년대), 보편주의적 청소년복지 확대기(2000년 이후)로 구분하여 살펴보고자 한다.

(1) 선별주의적 청소년복지 시기(1960~1970년대)

청소년에 대한 국가개입이 시작되고 청소년복지 관련 법인 「아동복리법」(1961)과 「미성년자보호법」(1961)이 제정되었다. 「아동복리법」은 보호를 요하는 아동에 대한 정의를 명확히 하면서 보호를 요하는 아동의 연령을 13세 이하에서 18세 미만으로 상향시키고, 아동복지에 대한 국가의 책임을 명시하였다. 보호를 요하는 아동은 보호자로부터 유실, 유기 또는 이탈된 아동, 건전한 출생을 기할 수 없는 아동 등으로 제한하였다. 「미성년자보호법」은 만 20세 미만에 해당되는 미성년자의 흡연, 음주, 기타 선량한 풍속을 해치는 행위를 금지하고, 미성년자의 보호에 필요한 사항을 규정함으로써 청소년의 보호와 선도를 도모하였다.

두 법에서 나타난 청소년에 대한 국가적 관심은 1964년 국무총리 소속하에 청소년보호대책위원회를 설치함으로써 확대되었다. 이는 해방 이후 산발적으로 추진해 왔던 청소년문제에 대한 부분적 대응을 벗어나 청소년에 관한 종합시책의 수립, 시행과정에서의 관련 행정기관과 단체와의 협력 및 조정, 청소년보호 · 육성과 관련된 범국민 운동전개나 시설 및 단체 지원 등의 필요에 의한 것이었다.

또한 이 시기에 근로청소년의 복지에 대한 관심이 증가되었다. 1977년에 일반학교에 야간특별학급이 부설되고 산업체 부설학교가 개설됨으로써 근로청소년에게 중등교육의 기회가 제공되었다. 이 사업은 산업체에게는 고용안정을 제공하고 근로청소년에게는 공부할 수 있는 기회를 갖게 하는 이중 목적을 가졌지만, 배움을 갈망하는 근로청소년에게 매우 의의 있는 사업이었다. 또한 근로청소년의 건전한 여가생활을 위하여 공단지역에 근로청소년회관을 건립하고, 주거욕구를 충족시키기 위하여 근로청소년 임대아파트를 건립하였다. 이 시기의 청소년복지에 대한 정책적 관심은 요보호청소년의 복리증진과 일부 문제청소년의 선도와 보호로 정리될 수 있다.

(2) 보편주의적 청소년복지 도입기(1980~1990년대)

「아동복리법」은 1981년에 「아동복지법」으로 명칭이 변경되면서 요보호아동뿐만 아니라 일반아동을 포함한 모든 아동의 복지를 보장하는 내용으로 개정된다. 즉, 「아동복지법」의 개정을 통해 기존의 '요보호아동과 사후대책 중심'에서 '모든 아동과 예방 중심'으로 정책이 변화하기 시작하였다.

또한 1980년대에 과외금지(1980년 7월), 통행금지 해제와 중 · 고등학생 교복과 두발 자율화(1982년 1월) 등의 조치가 시행되면서 청소년문제가 일부 문제청소년에 국한되지 않고 많은 일반청소년에게까지 확산되었고, 청소년대책이 일부 문제청소년에 대한 대응이 아니라 일반청소년에 대한 사전예방과 건전육성으로 확대되어야 한다는 사회적 인식이 형성되었다. 더욱이 1980년

대 초반 학생범죄의 증가, 소년 강력범의 급증으로 인하여 청소년문제에 대한 기존의 단편적인 문제별 대응이 아닌 체계적이고 종합적인 정책의 필요에 대한 사회적 공감대가 형성되어 청소년문제개선 종합대책 세부추진계획(1985년 3월 20일)이 청소년대책위원회의 심의 · 의결로 확정 · 시행되었다.

이러한 정책적 관심은 1987년 11월에 의결된 「청소년육성법」에 따라 법적 기반을 갖게 되었다. 「청소년육성법」은 청소년정책의 영역을 설정하고 이를 담당할 수 있는 행정체계를 확립하게 하였다. 정부는 체육부에 청소년국을 설치하고(1988), 시 · 도에 가정복지국 청소년과를 설치하였으며, 매년 청소년 육성을 위한 가정 · 학교 · 사회의 각 영역에 걸친 종합계획을 수립 · 시행하도록 하였다. 「청소년육성법」의 핵심내용은 청소년단체의 지원과 청소년 시설의 설치 · 운영에 관한 것이었으며, 청소년시설을 청소년 전용시설과 청소년 이용시설로 구분하였다. 이후 「청소년 기본법」(1991)에서는 청소년시설이 청소년수련시설로 변경되었고 수련시설이 아닌 전용시설과 이용시설은 법적 지원과 감독의 대상에서 제외되었다. 「청소년육성법」과 「청소년 기본법」 모두에서 청소년복지시설은 소홀히 다루어졌는데, 다만 「청소년 기본법」에서 한국청소년상담원, 시 · 도 청소년종합상담실, 시 · 군 · 구 청소년상담실에 관한 사항을 규정하였다. 이후 「청소년 기본법」의 개정을 통하여 청소년자원봉사센터, 청소년쉼터 등에 대한 규정이 포함되었다. 1997년에는 「청소년 보호법」이 제정되어 청소년에게 유해한 매체물, 유해한 약물, 유해한 업소 등의 유해한 환경으로부터 청소년을 보호하려는 시책이 강구되었다.

또한 「생활보호법」의 개정(1982)은 저소득층 청소년의 복지증진에 크게 기여하였다. 「생활보호법」의 개정으로 보호의 종류가 기존의 네 가지 보호(생계보호, 의료보호, 해산보호, 장제보호)에 교육보호와 자활보호가 추가되었으며, 교육보호의 대상자가 중 · 고등학생이기 때문에 저소득층 청소년이 실질적인 혜택을 받았다. 중학교와 고등학교의 입학금과 수업료를 면제해 주는 교육보호는 저소득층 청소년의 교육욕구 충족에 크게 기여하였다.

이 시기의 정책방향은 요보호청소년의 보호 및 문제청소년에 대한 선도 중심에서 탈피하여 모든 청소년의 건전육성 중심으로 전환되었다. 청소년문제에 대한 사후대처보다는 사전예방을 강조하고, 모든 청소년을 위한 시설, 프로그램, 지도자 등 인프라 구축을 통해 다양한 활동 기회를 제공하고, 청소년에게 유해한 사회환경을 개선하고자 노력하였다. 그러나 이 시기의 주요 서비스는 여전히 요보호적이고 선별적인 성격에 머무르고 있었다.

(3) 보편주의적 청소년복지 확대기(2000년 이후)

유엔아동권리위원회의 1, 2차 권고에 따라「아동복지법」의 대폭적인 개정(2000)이 이루어졌고 이를 통해 아동의 학대와 안전에 대한 대책이 강화되고 시설이 전문화될 수 있는 계기가 마련되었다. 또한 그동안 분리되어 운영되어 왔던 청소년 육성정책과 보호정책을 통합하는 국가청소년위원회의 출범(2004)과「청소년 기본법」을 지원하기 위한「청소년활동 진흥법」과「청소년복지 지원법」의 제정(2004)을 통하여 청소년복지는 확대기를 맞게 되었다. 참여정부가 들어서면서 2004년 12월 17일 정부혁신 · 지방분권위원회는 청소년육성과 청소년보호의 이원화된 청소년행정조직을 통합하기로 결정하고, 문화관광부 청소년국과 국무총리 소속 청소년보호위원회로 분리되었던 청소년행정조직을 국무총리 소속의 국가청소년위원회로 일원화함으로써 새로운 청소년복지정책을 펼쳐 나아갈 제도적 기반을 마련하였다.「청소년활동 진흥법」은 청소년의 균형 있는 성장을 위한 수련활동 · 교류활동 · 문화활동 등 다양한 형태의 청소년활동을 적극적으로 진흥하는 토대가 되고 있으며,「청소년복지 지원법」은 사회적 · 경제적 지원을 통하여 청소년이 정상적인 삶을 영위할 수 있는 기본적인 여건을 조성하는 기반이 되고 있다. 또한, 2014년에는「학교 밖 청소년 지원에 관한 법률」이 제정되어 전국적으로 학교 밖 청소년지원센터가 설치되었고 이를 통하여 학교 밖 청소년들에게 상담지원, 교육지원, 직업체험 및 취업지원, 자립지원 등의 프로그램과 서비스를 제공하고 있다.

국가청소년위원회 이후 청소년정책은 보건복지부를 거쳐 2010년 3월부터 여성가족부가 담당하고 있다. 그러나 현 시기 역시 청소년복지를 담당하는 부서 위상의 취약성, 행정전달체계의 부실, 관련 예산의 부족 및 체계적인 정책 추진 기반의 미형성 등의 문제점을 갖고 있다.

2) 외국의 청소년복지 발달과정

외국의 청소년복지 발달과정을 산업화 이전 시기, 근대 산업사회 시기, 현대 산업사회 시기로 구분하여 살펴보고자 한다.

(1) 산업화 이전의 청소년복지

산업화 이전의 사회구조는 장원제도로 대표되는 엄격한 신분계급사회였으며, 이러한 사회구조에서 청소년은 낮은 사회적 지위에 처해져서 열악한 처우를 받았다. 이 시기에 청소년은 소유물로 취급당했으며, 노동력과 군사력의 차원에서만 존재가치를 인정받았다. 한편, 1601년에 영국에서 「구빈법」을 제정함으로써 요보호청소년에 대한 국가의 책임을 최초로 규정하였다. 「구빈법」에는 빈곤가정의 청소년을 위해 위탁보호제도와 도제제도를 마련하였는데, 위탁보호는 가정적 분위기에서 안정된 생활을 할 수 있게 해 주었으며 도제제도는 의식주 등의 기본적인 욕구 충족뿐만 아니라 직업적 능력을 길러 자립할 수 있도록 도왔다. 그러나 청소년의 노동력이 착취당하고, 인권이 침해되는 문제도 적지 않게 발생하였다(장인협, 오정수, 1999: 공계순 외, 2019에서 재인용).

(2) 근대 산업사회의 청소년복지

근대 산업사회에 접어들면서 장원제도로 대표되던 이전의 사회구조는 급속히 붕괴되고 도시인구가 급증하면서 빈곤, 실업, 노사문제, 주택문제 등의 새로운 사회문제들이 발생하기 시작했다. 이 시기의 청소년복지와 관련된 최대의 관심사는 청소년의 수용보호와 노동문제였다. 청소년의 수용보호와 관련하여 성인과 혼합 수용하던 것에서 벗어나 아동 및 청소년을 분리하여 보호하기 시작했으며, 19세기 후반부터는 시설로부터 아동 및 청소년을 구출하는 운동으로서의 위탁가정 운동이 전개되었다(장인협, 오정수, 1993). 한편, 공장에 고용되어 장시간 노동을 해야 하는 청소년을 보호하기 위하여 청소년의 노동을 규제하는 많은 법이 제정되었다(표갑수, 2000). 1802년 「옥면공장 등의 도제의 건강 및 품성을 위한 법률」을 통해 세계 최초로 연소공장노동자의 노동시간을 규제하고, 최소 수준의 위생과 교육을 보장하고자 하였다. 1819년에는 「공장법」을 제정하여 취업연령을 최저 9세로 정하고, 9세 이상 16세 미만의 아동 및 청소년은 하루 12시간의 노동시간을 초과할 수 없도록 규정하였다. 이후 1833년에 「공장법」을 개정하여 9세 미만 아동의 노동을 금지했고, 9세 이상 13세까지의 아동 및 청소년에게는 주당 48시간, 하루 최고 9시간으로 노동시간을 제한하여 아동 및 청소년을 보호하였다.

(3) 현대 산업사회의 청소년복지

20세기에 들어서면서 청소년권리에 관한 국제적인 움직임이 활발해졌다(하승수, 2008). 전술하였듯이 1924년의 아동권리선언에서 출발하여 1989년 11월 20일에 '아동권리에 관한 국제협약'이 유엔총회에서 만장일치로 채택되었다. 또한 유엔은 1985년을 '세계 청소년의 해'로 선언하고 청소년이 인류의 미래를 형성하는 데 참여하는 것의 중요성을 강조했으며, 세계 청소년의 해 10주년인 1995년에 21세기를 대비한 '2000년 이후를 향한 세계 청소년 행동 프로그램'이 마련되었다. 이 프로그램은 청소년과 교육, 청소년과 고용, 청소년과 기아 · 빈곤, 청소년과 건강, 청소년과 환경, 청소년과 약물남용, 청소년과 일탈 행위, 청소년과 여가 활용, 청소년과 소녀 및 젊은 여성 집단, 청소년의 참여로 이루어져 있으며 유엔 청소년정책의 핵심을 이루고 있다. 이 '2000년 이후를 향한 세계 청소년 행동 프로그램'에 의거해 1998년에는 포르투갈 리스본에서 열린 제1회 청소년 관계 장관 회의가 열렸으며, '청소년 정책과 프로그램에 관한 리스본 선언'이 채택되었다. 이 회의에서 국가나 지방의 청소년 정책, 계획, 행동계획의 수립 · 실행 · 평가에 청소년의 능동적 기여를 보장하고,

사회의 모든 영역과 국가·지역·국제적 차원의 정책결정 과정에 청소년들이 능동적으로 참여할 수 있도록 보장하였다(김영지, 전성민, 오선민, 2002: 하승수, 2008에서 재인용).

토의문제

1. 청소년복지란 무엇인지 토의해 보자.
2. 청소년의 권리를 보장하기 위해서는 어떤 노력이 필요하다고 생각하는지 토의해 보자.
3. 청소년복지 발달과정에서 나타난 흐름은 무엇이라고 생각하는지 토의해 보자.

참고문헌

공계순, 박현선, 오승환, 이상균, 이현주(2019). 아동복지론(5판). 서울: 학지사.

김성이, 조학래, 노충래, 신효진(2010). 청소년복지학. 서울: 양서원.

노혁(2010). 청소년복지론. 경기: 교육과학사.

이광호(2008). 새로운 아동청소년정책 통합과 발전과제에 대한 제언: 생애 주기적 접근에 의한 사회적 지지 체계의 재설계 관점에서. 청소년복지연구, 10(2), 49-72.

이봉주(2008). 청소년복지의 개념과 실천방법. 이혜원, 이봉주, 김혜래, 오승환, 정익중, 하승수, 이지수, 하경희, 김성천, 이상희, 심한기, 최은미. 청소년권리와 청소년복지(pp. 143-162). 서울: 한울.

이상희(2008). 청소년 참여와 인권 교육. 이혜원, 이봉주, 김혜래, 오승환, 정익중, 하승수, 이지수, 하경희, 김성천, 이상희, 심한기, 최은미. 청소년권리와 청소년복지(pp. 105-139). 서울: 한울.

이용교(1999). 청소년복지. 한국청소년학회 편. 청소년학총론(pp. 281-303). 서울: 양서원.

이용교(2006). 디지털청소년복지. 서울: 인간과 복지.

이혜원(2006). 아동권리와 아동복지. 서울: 집문당.

이혜원, 김성천, 오승환, 이태수, 정익중(2009). 아동청소년정책 패러다임의 전환. 한
　　국아동복지학, 28, 73-100.

장인협, 오정수(1993). 아동・청소년복지론. 서울: 서울대학교출판부.

장인협, 오정수(1999). 아동・청소년복지론(2판). 서울: 서울대학교출판부.

표갑수(2000). 아동 청소년 복지론. 서울: 나남.

하승수(2008). 청소년권리의 개념과 발전 과정. 이혜원, 이봉주, 김혜래, 오승환, 정익
　　중, 하승수, 이지수, 하경희, 김성천, 이상희, 심한기, 최은미. 청소년권리와 청소
　　년복지(pp. 73-103). 서울: 한울.

홍봉선, 남미애(2018). 청소년복지론(제5판). 경기: 공동체.

제2부

청소년복지의
접근방법

제3장

이론적 접근

이 장에서는 청소년복지의 토대가 되는 이론적 접근들을 소개한다. 우리는 이론적 관점에 근거해서 청소년의 특성과 능력을 이해하고, 그들의 이슈를 파악할 수 있다. 이론적 관점은 우리가 청소년의 욕구와 문제를 어떻게 규정하고, 무엇을 사정하고, 어떤 개입목표를 설정해야 하며, 어떤 개입방법과 프로그램을 누가 어떤 방식으로 실시해야 하는가에 대한 방향을 제공한다. 이 장에서는 이론적 접근으로 생태체계적 접근, 임파워먼트 접근, 적응유연성 접근, 인지행동이론, 해결중심이론을 살펴본다. 이러한 접근들은 명확하게 구별되는 특성들이 있지만, 공통적으로 청소년의 능력과 잠재력, 능동성, 자원, 변화 가능성에 초점을 두면서 문제해결과정에서 청소년의 적극적 참여를 강조한다.

1. 생태체계적 접근

1) 생태체계적 접근의 개념과 특성

브론펜브레너(Bronfenbrenner)는 인간 발달에 영향을 미치는 사회환경을 이해하기 위해 생태학적 체계이론을 정립하였으며, 생태체계적 접근은 이 이론에 근간을 둔다. 생태체계적 접근에 따르면, 인간은 자신을 둘러싼 환경 그리고 환경 속의 다양한 요소와 지속적으로 상호작용하면서 발달한다. 생태체계적 접근은 인간을 환경과의 끊임없는 상호작용 속에서 적응하는 진화적이고 능동적인 존재로 보며, 인간의 행동을 다양한 환경체계와의 관계 속에서 이해한다(Rothery, 2007).

브론펜브레너는 환경체계를 서로 연결되어 층위를 형성하고 있는 것으로 설명하면서, 위계적 수준에 따라 미시체계(microsystems), 중간체계(mesosytems), 외체계(exosystems), 거시체계(macrosystems)로 구분하였다. 미시체계는 개인의 일상적 환경 또는 근접 맥락에서 경험하는 대인관계 유형으로, 가정과 학교, 또래집단 등이 있다. 중간체계는 개인을 포함한 둘 이상의 미시체계 간 연결 혹은 상호관계를 의미한다. 외체계는 개인과 직접적인 상호작용은 하지 않으나 미시체계에 간접적으로 영향을 미치는 사회환경을 말하며, 부모의 직장, 지역사회기관, 대중매체 등을 포함한다. 거시체계는 미시체계와 중간체계, 외체계에 포함된 모든 요소에 문화적 환경까지 포함한 개념으로 그 사회의 문화, 신념체계, 생활양식 등과 관련 있다(Bronfenbrenner, 1994).

생태체계적 접근에서 인간의 적응(accommodation)이란 환경에 대한 수동적 적응이 아니라 환경과 적합한 관계를 유지하기 위한 인간의 적극적인 노력을 의미한다. 적응과정은 인간의 내재적 힘과 생태체계적 환경의 힘에 의한 상호의존적인 과정이다. 저메인과 기터맨(Germain & Gitterman, 1996)은 생태체계적 관점을 근거로 생활모델(life model)을 제시하면서 이 개념을 더욱 구체화하였다. 즉, 생활모델에서는 클라이언트를 내적 동기와 잠재력, 강점을 가진 존재로 이해하고, 실천과정을 클라이언트와의 파트너십을 통해 진행한다. 또한 클라이언트의 개인적 능력과 사회적 자원을 개발하여 환경체계에 영향을 미치고, 클라이언트가 효과적인 대처전략을 갖게 함으로써 클라이언트와 환경체계 간의 조화 수준을 향상시키는 데 중점을 둔다(Rothery, 2007).

생태체계적 접근의 또 다른 주요 특성은 인간과 환경의 상호작용에 대해 다차원적이고 순환적인 관점을 적용한다는 것이다. 생태체계적 관점에서 환경체계 내의 모든 구성원은 상호교류적인 영향을 공유하며 밀접하게 상호연관되어 있다. 따라서 인간의 모든 행동과 문제는 단선적(linear) 원인이라기보다는 순환적(circular) 원인과 과정에 의해 발생한다. 이와 관련하여, 저메인과 기터맨(1996)은 다차원적이고 순환적인 원인론을 사회복지실천에 적용하여 클라이언트 문제해결을 위한 다차원적인 개입방법과 상호교류 접점(interface)과 관련된 다양한 실천영역을 제시하였다(김동배, 2003; Payne, 2005; Rothery, 2007).

또한 페인(Payne, 2005)은 생태체계적 접근의 장점을 다음과 같이 요약하였다.

- 내적인 사고와 감정보다는 사람들 사이의 상호관계와 다양한 환경체계와의 상호작용을 강조한다.
- 일부 심리학 이론은 정상(normality)과 이상(deviance)에 집중하지만, 생태체계적 접근은 동일 목표를 성취할 수 있는 대안적인 방법의 가능성을 강조한다. 이것은 인간행동과 사회환경을 이해하는 데 다양성을 요구하므로 스티그마(stigma)를 감소시킨다.
- 포괄적이고, 통합적이며, 전인적(holistic)이기 때문에 개인과 집단, 지역사회를 대상으로 개입하며, 특정한 개입방법만을 강조하지 않고 다양한 체계에 영향을 줄 수 있는 다양한 실천방법을 제공한다.
- 단선적이고 결정론적인 인과론 대신에 다차원적이고 순환적인 인과론을 강조한다. 즉, 환경체계가 얼마나 다양한 방법으로 상호작용을 하며, 어

떻게 경계가 공유되고 어떠한 상호교류 접점이 형성되는가를 더 중요시 한다.

2) 생태체계적 접근과 청소년복지

생태체계적 접근을 청소년복지 영역에 활용할 때 얻을 수 있는 이점은 다음과 같다.

첫째, 생태체계적 접근은 청소년의 욕구와 문제를 다양한 환경체계와의 상호작용 속에서 포괄적이고 통합적으로 사정하고 개입할 수 있는 유용한 틀을 제공해 준다(Laser & Nicotera, 2011). 생태체계적 접근을 활용하는 사회복지사는 청소년의 문제를 바라볼 때, 청소년의 개인적 특성을 포함하여 가족, 또래집단, 이웃환경, 교사, 학교환경, 매체환경 등 다양한 수준의 환경체계와의 관계 속에서 청소년의 욕구와 역할, 영향력, 강점 및 취약점을 사정하고 개입과정에 활용할 수 있다.

둘째, 생태체계적 접근은 2개 미시체계 사이의 공유접점인 중위체계의 개념을 강조하므로 청소년 대상의 개입방법과 문제 사정에 보다 정교한 관점을 제시한다. 예를 들면, 청소년복지에서 공유접점인 중위체계는 '가정과 학교의 관계' '학교와 또래집단의 관계' '부모와 또래집단의 관계'라고 할 수 있을 것이다. 사회복지사는 이러한 공유접점에서의 다양한 영향력과 스트레스원, 자원들을 사정하고 활용할 수 있다.

셋째, 생태체계적 관점은 인간을 내적 동기와 잠재력, 강점을 가진 창의적이고 능동적인 존재로 이해하며, 실천과정에서 클라이언트와의 파트너십을 강조한다(Germain & Gitterman, 1996). 이 관점을 청소년복지에 활용할 경우, 사회복지사는 청소년이 가지고 있는 내적 동기와 다양성을 인정하고 개입과정에서 그들의 잠재력과 역량을 향상하는 데 초점을 둘 수 있다.

2. 임파워먼트 접근

1) 임파워먼트 접근의 개념과 특성

임파워먼트(empowerment)의 개념은 1970년대 말 미국 빈곤지역 소수 인종집단의 지역사회운동에 참여했던 솔로몬(B. B. Solomon)의 저술 『Black Empowerment』에 기원을 둔다. 임파워먼트 접근은 생태학적 관점과 비판이론, 구조주의, 포스트모더니즘 등의 영향을 받으면서 발전했으며, 1990년대 이후부터 휴먼서비스 분야에서 널리 논의되었다. 임파워먼트는 적용되는 분야의 범위와 수준에 따라 매우 다양하게 정의되지만, 공통적으로 클라이언트 체계가 자신과 환경에 대한 통제력과 힘을 회복해서 스스로 문제를 해결하고 선택할 수 있는 능력을 갖는 과정이다(Gutierrez, Parsons, & Cox, 1998). 따라서 임파워먼트 접근이란 사회적 차별과 장애, 억압 및 개인적 문제로 인해 권리를 상실하고 무력한 상태에 있는 개인이나 집단이 권리와 기회, 힘, 자원을 회복하여, 스스로 삶에 대한 결정력과 통제력을 가질 수 있도록 지원하는 것이다(남궁은숙, 신영화, 2011; Payne, 2005).

이와 같은 개념에 근거하여 임파워먼트 접근의 특성을 몇 가지로 정리하면 다음과 같다(Lee, 2001; Simon, 1995; To, 2007).

첫째, 임파워먼트 접근은 강점관점에 입각해서 개인과 집단, 가족, 지역사회의 권한(power) 회복과 통제력 획득을 위한 다체계적 개입을 추구한다. 이런 측면에서 임파워먼트 접근은 생태체계적 관점을 활용하지만, 사회 내에 광범위하게 깊이 뿌리 박혀 있는 구조적 억압과 배제 문제에 보다 적극적인 관심을 둔다는 점에서 생태체계적 관점과 차이가 있다.

둘째, 임파워먼트 접근은 개인의 내적 자원과 강점을 강화함으로써 개인의 변화를 모색함과 동시에 개인이 주변 환경을 인식하고 집단경험과 참여 및 권익활동을 통해 집단 간 자원의 균등한 배분과 지역사회 변화를 추구하는 데도 초점을 둔다.

셋째, 임파워먼트 접근은 사회복지실천의 다양한 관점과 연결되어 있다. 이 접근은 특정한 이론이나 모델이 아니다. 임파워먼트 접근은 개인과 집단에 대한 억압과 차별을 인식하고 변화를 위한 실질적인 개입방법을 개발하기 위해서 다양한 이론과 접근방법을 활용한다. 즉, 임파워먼트 접근은 역사적 관점과 비판이론, 인종적·다문화적 관점, 구조주의와 내러티브(narrative) 접근, 생태학적 관점, 여성주의 접근, 지역사회운동 등에 의해 영향을 받으며 확장되었다.

넷째, 임파워먼트 접근은 전통적으로 차별과 억압을 당해 온 개인이나 집단의 편에 서서 사회제도적 불평등과 모순을 해결하고 이들의 권한을 회복시키는 데 초점을 둔다. 따라서 임파워먼트 접근은 사회복지사에게 사회정의와 사회현실에 대한 보다 비판적이고 전략적인 접근을 요구하며, 기존의 사회제도와 권력관계를 바꿀 수 있는 다양한 정치적 참여행동을 강조하기도 한다.

2) 임파워먼트 접근의 실천원칙과 영역

임파워먼트 접근을 사회복지영역에 적용할 때 고려하는 실천원칙은 다음과 같다(Payne, 2005; Rose, 1990).

첫째, 임파워먼트 접근은 클라이언트의 '적극적 참여'를 강조한다. 임파워먼트 접근은 강점관점에 기반을 두기 때문에, 클라이언트가 적극적 참여를 통해 삶에 대한 통제력을 획득하도록 한다. 클라이언트는 자신의 삶의 과정과 집단 및 지역사회에 대한 적극적 참여를 통해 자기수용과 자신감을 얻을 수 있으며, 사회환경을 이해하고 비판적으로 인식하는 능력을 향상시킬 수 있다. 사실상 이것이 클라이언트가 임파워먼트되는 과정이다.

둘째, 임파워먼트 접근은 사회복지사와 클라이언트 간의 상호협력적 관계를 강조한다. '적극적 참여'의 개념이 실천과정에서 사회복지사와 클라이언트의 관계형성에 반영된다. 임파워먼트 접근은 사회복지사와 클라이언트 간의 일방적 원조관계가 아니라 대등한 협력적 관계형성을 강조한다. 사회복지사는 클라이언트에게 일방적으로 문제해결의 방향을 제시하거나 도움을 주는 것이 아니라, 클라이언트가 자신의 능력에 대한 개인적 신념을 강화하여 문제해결과정에 적극적 주체가 될 수 있도록 지지해야 한다.

셋째, 임파워먼트 접근은 클라이언트 스스로 자신의 문제를 언어로 표현하고 자신의 사회적 실재를 이해하는 데 초점을 둔다. 클라이언트는 자신의 언어를 통해 자신의 욕구를 표현하고 현실을 이야기함으로써 스스로의 권익을 주장하는 방법을 배운다. 로즈(Rose, 1990)는 이 과정을 임파워먼트 실천의 시작단계인 맥락화(contextualization) 과정이라고 강조하면서, 사회복지사는 클라이언트가 자신의 삶에 대한 느낌과 욕구를 적극적으로 표현하고 성찰할 수 있도록 지지해야 한다고 했다.

넷째, 임파워먼트 접근은 자기주도적 집단과정을 강조한다. 클라이언트는 사회복지사뿐만 아니라 유사한 문제를 가진 집단과의 연대를 통해 자신을 억압하고 취약하게 만드는 사회구조적 모순에 효과적으로 도전할 수 있다. 특히 클라이언트는 자기주도적 집단과정에 참여함으로써, 자신의 문제에 대한 비판적 의식을 갖고 현재 문제에 대한 대안을 찾기 위해 공동으로 노력할 수 있다. 이러한 과정을 통해 클라이언트는 문제에 대한 자기비난을 피하고, 변화를 성취하는 데 개인적 책임을 인정하며 적극적인 참여를 향상할 수 있다.

한편, 임파워먼트 접근은 일반적으로 개인적 · 대인관계적 · 정치사회적 영역으로 구분된다(〈표 3-1〉 참조). 개인적 영역의 임파워먼트는 개인의 심리적 차원으로 개인의 의사결정 능력이나 자신의 삶을 스스로 조절할 수 있는 심리적 힘을 의미한다. 이것은 자기성찰 및 긍정적 자기수용, 자아존중감, 권리의식 및 비판의식을 포함한다. 다음으로 대인관계적 영역의 임파워먼트는 타인과의 상호관계에서 자신을 효과적으로 표현하고 주장하기, 도움을 주고받기, 상호이해와 협력, 문제해결을 위해 타인으로부터 지식이나 기술을 습득하기 등을 포함한다. 정치사회적(지역사회적) 영역의 임파워먼트는 사회환경에 대한 문제의식과 통제력을 갖고 해결방안 모색하기, 지역사회 및 정치적 참여,

주변 자원의 활용 등을 의미한다.

| 표 3-1 | 임파워먼트의 하위 영역

개인 내적 임파워먼트	대인관계적 임파워먼트	정치사회적 임파워먼트
• 자기성찰 • 자기수용 • 비판의식 • 자기효능감 • 자아존중감 • 권리의식	• 자기주장 • 상호이해 • 상호협력 • 도움요청과 도움 주기 • 지식 및 기술습득	• 지역사회 참여 • 주변 자원의 활용 • 사회환경에 대한 통제력 • 문제의식 및 해결방안 모색 • 정치적 참여

출처: Zimmerman (2000); Lee (2001); Gutierrez et al. (1998)의 내용을 재구성함.

3) 임파워먼트 접근과 청소년복지

청소년 임파워먼트 접근은 청소년이 개인의 삶의 변화와 가족, 학교, 지역
사회의 구성원으로서 주변 환경에 영향을 미치는 힘을 인식하고 실현하는 과
정과 결과를 의미한다(남화성, 송민경, 2018). 임파워먼트 접근은 청소년복지와
관련하여 다음과 같은 관점을 제공해 준다.

먼저, 임파워먼트 접근은 청소년을 보호의 대상으로 보던 기존의 관점에서
벗어나 청소년이 자신의 긍정적 힘과 능력을 발견하여 능동적으로 삶을 변화
시킬 수 있다는 관점을 제공한다(남궁은숙, 신영화, 2011). 청소년은 임파워먼
트 과정을 통해 자신이 처한 다양한 상황에서 스스로를 인식하고 통제할 수
있는 능력과 자기효능감, 문제해결능력, 대처능력을 향상한다. 친먼과 리니
(Chinman & Linney, 1998)는 청소년기의 다양한 발달이슈와 위기는 정체성 발
달과 역할 참여, 사회적 유대를 통해 극복될 수 있으며, 이것이 청소년의 힘
을 강화하는 임파워먼트 과정이라고 한다. 특히 환경적 위험이나 취약성으
로 인해 무력한 상태에 있는 청소년은 임파워먼트 과정을 통해 자기수용 및
자기비난 감소와 변화에 대한 책임의식, 자원접근능력 등을 회복할 수 있다
(Gutierrez et al., 1998).

다음으로, 임파워먼트 접근은 청소년이 개인 차원뿐만 아니라 사회변화를 긍정적으로 이끌 주체로서 힘을 획득할 수 있게 한다. 청소년은 임파워먼트 과정을 통해 학교와 지역사회 차원에서 비판적 사회인식능력을 갖추고 청소년복지와 권리보장에 관련된 다양한 정책결정 과정에 참여할 수 있다. 이러한 과정을 통해 청소년은 자신과 주변 환경의 변화를 인식하고 영향을 미칠 수 있는 역량과 잠재력을 갖게 되어 건강한 사회구성원으로 자리매김할 수 있다 (To, 2007).

3. 적응유연성 접근

1) 적응유연성 접근의 개념과 특성

청소년기는 정신건강과 신체발달에 관련된 이슈뿐만 아니라, 문제행동과 위험상황에 대한 경험이 증가하는 발달단계다. 이에 청소년 분야에서는 전통적으로 청소년의 건강한 성장과 적응을 방해하는 위험요인(risk factor)을 검토하는 데 관심을 두었다. 그런데 위험요인 혹은 문제 중심의 접근으로는 어려운 상황에도 불구하고 건강하게 잘 성장하는 청소년의 특성을 적절히 설명할 수 없다는 문제가 제기되었다. 이에 등장한 대안적 접근이 적응유연성 (resilience) 접근이다.

적응유연성은 '적응이나 발달을 위협하는 역경에도 불구하고 긍정적 산물을 나타내는 특성'(Masten, 2001) 혹은 '취약한 상황에 있는 개인이 적응적 생활 태도를 보이는 역동적 과정'(Rutter, 1993)으로 정의된다. 적응유연성은 회복탄력성, 탄력성 등으로 번역되기도 한다. 가메지(Garmezy, 1993)는 적응유연성을 '개인이 스트레스와 역경이 없던 이전의 적응수준으로 되돌아갈 수 있는 회복력'이라고 강조했다. 또한 문미란(2017)은 '다양한 역경과 시련과 실패를 도약의 발판으로 삼아 더 높이 튀어 오르는 마음의 근력'으로 정의했다. 이처럼 적응유연성에 관한 다수의 정의는 대부분이 두 가지 요소, 즉 ① '성장에 영향을 줄 수 있는 위험이나 스트레스, 역경이 존재'함에도 불구하고 ② '긍정적 적응과 발달'을 보인다는 내용을 포함하고 있다. 그러므로 적응유연성 접근은 위험한 환경이나 생활사건 속에서도 어려움을 잘 극복하고 긍정적으로 성장하는 청소년을 이해하고, 청소년의 변화가능성과 잠재력에 대한 믿음을 확대하는 데 유용하다(좌현숙, 2010; Laser & Nicotera, 2011).

이와 같은 개념적 설명에 기초하여, 레이저와 니코테라(Laser & Nicotera, 2011)는 [그림 3-1]과 같이 보호요인과 위험요인을 적용하여 적응유연성 모델을 제시했다. 여기서 위험요인(risk factor)은 개인의 발달상의 어려움과 부적응을 더욱 취약하게 만드는 개인적 혹은 환경적 특성을 의미한다. 반면, 보호요인(protective factor)은 개인이 처한 고위험 상황의 부정적 영향력을 중재하거나 완화하는 개인적 혹은 환경적 특성이다(Compas, Hinden, & Gerhardt, 1995). 따라서 개인이 위험 상황이나 부정적 생활사건을 경험하더라도 그 영향을 완화하고 차단하는 보호요인이 충분하다면 문제의 극복과 긍정적 적응이 가능하며, 이것이 적응유연성이다.

적응유연성 접근의 특성은 다음과 같다(좌현숙, 2010; Luthar, Ciccetti, & Becker, 2000).

첫째, 적응유연성은 다차원성(multi-demensionality)과 영역특수성(domain specificity)의 속성을 가지고 있다. 다차원성이란 적응유연성에는 학교 적응유연성, 사회적 적응유연성, 가족 적응유연성, 심리적 적응유연성과 같이 평가되는 영역이 다양하다는 것이다. 영역특수성이란 적응유연성이 청소년의 삶의 모든 영역에서 동일한 수준으로 나타나는 것이 아니라, 특정 영역에 따라 수준이 다르다는 것을 의미한다. 적응유연성은 청소년을 삶의 모든 영역에서 '슈퍼 청소년'으로 만드는 것이 아니다. 예를 들면, 빈곤가정 청소년이 학업이나 학교생활에는 다소 어려움을 겪지만 대인관계와 지역사회활동 영역에 대해서는 적응유연성 수준이 높을 수 있다. 따라서 적응유연성을 평가하기 위해서는 청소년의 다양한 발달영역과 생활환경에 따라 그 차이점을 검토해야 한다.

둘째, 적응유연성은 개인의 기질과 같이 정태적이고 고정적인 특성(trait)이 아니라 시간이 지나면서 변화하는 역동적 과정의 특성이다. 즉, 개인의 적응유연성을 결정하는 보호요인과 위험요인은 개인의 발달특성과 삶의 환경에 의해 영향을 받기 때문에 적응유연성은 고정되어 있지 않고 청소년의 성장과정에 따라 변화할 수 있다.

셋째, 개인의 적응유연성 과정을 이해하기 위해서는 기본적으로 대처(coping)기제를 파악해야 한다. 대처기제는 개인이 스트레스 상황을 효과적으로 조절하고 극복하기 위해 사용하는 모든 기술과 자원을 의미한다. 사실상 긍정적 대처기제를 적절히 사용한다는 것은 적응유연한 성과(outcomes)가 나타나는 기본적 과정이다. 그러므로 청소년이 스트레스 상황에서 사용하는 효과적 · 비효과적 대처기제의 특성을 파악하는 것은 청소년의 적응유연성 향상을 위한 접근에서 필수단계로 볼 수 있다.

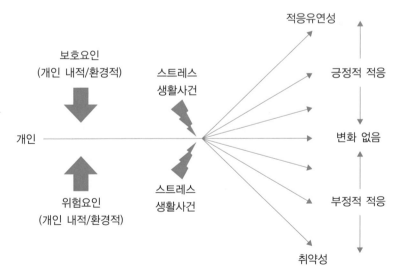

┃그림 3-1┃ 니코테라의 적응유연성 모델

출처: Laser & Nicotera (2011), p. 39.

2) 적응유연성 접근과 청소년복지

적응유연성 접근은 청소년복지와 관련하여 다음과 같은 유용성이 있다.

첫째, 적응유연성 접근은 청소년을 개인적·환경적 위험에도 불구하고 긍정적으로 변화하고 성장할 수 있는 존재로 인정한다. 적응유연성 접근은 청소년이 삶의 스트레스 사건과 역경 때문에 불행한 성장만을 경험하는 것이 아니라, 발달과정에서 직면하는 다양한 위기상황을 극복하고 긍정적으로 성장할 수 있다는 것을 강조한다. 대부분의 청소년은 발달과정에서 정체감 형성의 혼란과 학업 및 진로문제, 성 발달과정의 혼란 등과 관련하여 나름대로의 역경과 문제를 직면하는데, 적응유연성이 높으면 이러한 문제들을 극복하고 건강하게 성장할 수 있다(문미란, 2017). 따라서 청소년 영역의 사회복지실천에서는 청소년문제 중심의 접근보다는 적응유연성 개발과 향상에 초점을 두는 것이 청소년문제 해결과 예방에 효과적인 개입이 될 수 있다.

둘째, 적응유연성 접근은 생태학적 관점을 토대로 청소년의 발달특성 및 환경체계와 관련된 다양한 보호요인과 위험요인을 파악한다. 보호요인과 대처기제의 확인은 개인적·사회환경적 위기상황에 처해 있는 청소년의 적응유연성을 발견하고 강화하는 데 유용하다. 또한 위험요인과 취약성에 대한 확인은 조기개입이 필요한 청소년들을 미리 파악하는 데 효과적이다. 이러한 이점들로 인해, 적응유연성은 빈곤청소년을 비롯하여 장애, 폭력피해, 비행, 가출, 이주배경 등의 어려움을 겪는 청소년의 긍정적 발달을 촉진하는 보호요인과 자원을 확인하고, 적응과정을 지원하는 데 유용한 개념틀로 활용된다(Luthar, Ciccetti, & Becker, 2000).

셋째, 적응유연성은 개인의 특성에 제한되지 않고 발달과정에 따라 변화하며, 다차원적 영역에서 개발될 수 있는 개념이다. 리틀(Little, 1993: Blum & Blum, 2009에서 재인용)은 적응유연성의 이러한 특성을 고려하여, 청소년의 적응유연성을 개발하기 위한 개입 프로그램에는 4C 영역—능력(Competence), 연결(Connection), 인성(Character), 자신감(Confidence)—이 포함되어야 한다고 강조했다. 여기서 능력은 청소년 개인의 삶의 질을 개선할 수 있는 기술적 능력을 의미하는데, 예를 들면 학업능력, 인지능력, 대인관계능력, 직업능력 등을 포괄한다. 연결은 청소년이 멘토링, 리더십 프로그램, 지역사회 참여를 통해 타인과 함께 연계와 협력의 관계를 형성하는 것을 말한다. 또한 인성은 청소년이 책임감, 정직, 의사결정, 관계통합 등에서 가치와 의미를 찾도록 하는 것이다. 자신감은 희망, 자아존중감, 자아통제, 목표달성 등을 이끌어 내는 특성을 의미한다. 따라서 청소년의 적응유연성 개발에 초점을 둔 개입방법들은 이러한 4C 영역의 요소들을 프로그램에 활용할 수 있다.

4. 인지행동이론

1) 인지행동이론의 개념과 특성

인지행동이론(cognitive behavioral theory)은 개인의 정서와 행동이 인지 및 신념체계에 의해 결정된다는 이론적 근거에 기초를 둔다. 인지행동치료는 기본적으로 행동주의와 인지주의 치료가 통합된 형태로서, 1960년대 초반 정신분석 치료에 대한 대안적 입장으로써 벡(A. T. Beck)과 엘리스(A. Ellis)에 의해 임상 실제에서 개발되기 시작했다(Cobb, 2007).

인지행동이론에 영향을 준 행동주의의 전통적 중심 주제는 학습(learning)이다. 행동주의자들의 행동학습과정에 관한 설명은 일반적으로 세 가지 패러다임—파블로프(I. Pavlov)의 고전적 조건화, 스키너(B. F. Skinner)의 조작적 조건화, 밴듀라(A. Bandura)의 사회학습이론—을 포함한다. 이들 중 스키너는 조작적 조건화의 개념을 제시하면서, 유기체는 의지를 가진 존재로서 외부의 자극에 대해 자발적이고 능동적으로 반응한다고 설명했다. 즉, 긍정적이고 바람직한 행동은 긍정적 보상을 통해 향상할 수 있고, 부정적이고 왜곡된 행동은 처벌과 같은 부정적 보상을 통해 소거할 수 있다. 또한 밴듀라는 인지의 역할을 탐구하면서, 인간의 행동은 자극-반응 조건화가 없더라도 다른 사람의 행동을 관찰하고 본받는 대리적(vicarious) 학습을 통해서, 그 행동의 인지적 이미지를 획득하고 그대로 반복하거나 연습할 수 있다고 설명했다. 행동학습에 대한 밴듀라의 인지적 중재에 대한 이러한 설명은 사회학습이론으로 발달하였으며, 자기훈련, 자기주장과 같은 다양한 사회학습 기술을 활용하였다(Cobb, 2007; Payne, 2005).

한편, 인지행동이론의 주요 이론적 근간은 인지주의 전통이다(Ellis, 1977: Cobb, 2007에서 재인용). 엘리스는 인간의 비합리적인 신념과 왜곡된 사고가 정서·행동 문제를 일으킨다고 설명하면서, 비합리적 신념체계에 대한 도전을 강조하는 합리정서행동치료(Rational Emotive Behavior Therapy: REBT)를 제시하였다. 엘리스는 인간은 사실이나 상황 자체가 아니라 그것을 평가하고 해석하는 신념체계에 의해 영향을 받는다고 보았다. 따라서 정서·행동 문제를 표출하는 사람들을 치료하기 위해 감정과 행동을 바꾸기보다는 이것을 중재하는 사고를 변화시키는 데 초점을 두었다.

이처럼 인지행동이론은 개인이 자신과 환경에 대해 가지고 있는 신념과 사고에 의해 인간의 내면적·외현적 행동과 정서가 결정된다는 점을 기본 전제로 한다. 또한, 개인이 표출하는 심리적 장애와 행동문제는 인지적 오류와 비합리적 사고, 왜곡된 신념에 의해 야기된다고 설명한다. 그러므로 인지행동접근의 개입목적은 클라이언트의 역기능적 정서와 행동을 유발하는 인지적 오류와 왜곡된 신념 및 환경조건을 확인하고 변화할 수 있도록 돕는 데 있다. 이러한 목적을 위해, 인지행동접근은 인지적 재구조화, 자기모니터링, 자기지시훈련, 대안적 사고훈련 등의 개입기법들을 통합적으로 활용한다(Cobb, 2007; Payne, 2005).

2) 인지행동이론과 청소년복지

인지행동이론은 청소년 우울증, 불안장애, 비행, 공격성, 분노, 섭식장애,

인터넷 중독문제 등에 적용되어 그 효과성이 확인되었다(금다정, 2021; 김선민, 김종남, 2016; Cobb, 2007). 인지행동이론의 대표적 요소는 부정적인 인지의 수정 및 재구조화, 문제해결기술을 비롯한 인지행동적 기술훈련, 정서인식, 자기통제 훈련 등이다. 이 이론은 청소년 클라이언트에게 문제가 발생하는 구체적인 상황에서 부정적 자동사고(automatic thoughts)[1]를 확인하게 하고, 그러한 왜곡된 사고로 인해 발생하는 정서적 문제를 자각할 수 있도록 지원한다. 또한, 단계적인 인지적 재구조화 기법을 사용하여 청소년이 부정적 사고를 적응적인 대안적 사고로 바꾸고, 이 변화를 실제 상황에 실천할 수 있도록 대처기술과 자기통제 능력 및 사회기술을 강화한다. 이러한 설명을 토대로, 인지행동접근의 주요 요소를 간단히 살펴보면 다음과 같다(Payne, 2005; Scott & Dryden, 1996).

첫째, 인지적 재구조화(cognitive restructuring)는 인지치료에서 가장 많이 알려진 치료기법이다. 클라이언트는 자신이 특정 상황을 어떻게 해석하고 이해하는가에 관한 정보를 수집하고, 치료자는 그러한 정보들이 클라이언트에게 어떻게 작동하는가에 대해 계속 질문하고 시험하게 된다. 비합리적인 신념이 사고와 정서를 지배하기 때문에 클라이언트는 사물이나 상황을 비이성적일 정도로 부정적으로 보고, 이러한 상황을 견디는 것이 불가능하다는 생각을 한다.

구체적으로, 일부 청소년은 비합리적인 신념 때문에 자신이 어떤 일이든 실패할 수밖에 없는 본질적으로 잘못된 인간이라고 자기비난을 한다. 인지행동접근을 시도하는 치료자는 이러한 반응의 토대가 되는 비합리적인 신념에 대해 계속 질문을 하고 논박을 해야 한다. 인지적 재구조화는 흔히 단계적으로 실시되는데, 부정적 자동사고를 긍정적 사고로 바꾸기 위한 간단한 수준의 자기대화(self-talk)에서부터 복잡한 수준의 인지적 도전과 훈련 등을 포함한다.

---

1) 자동사고는 개인의 의지와 상관없이 역기능적 신념체계에 의해 활성화되는 사고로서, 환경적 자극의 의미를 잘못 해석하거나 과장하여 사건이나 상황을 부정적 의미로 왜곡한다(김선민, 김종남, 2016).

예를 들면, 청소년이 사회적 상황에서 보이는 우울과 관련된 왜곡된 사고패턴('나는 늘 실패자야.' '아무도 나한테 관심이 없어.')을 찾아내고 그것을 보다 적응적인 대안적 사고('나도 할 수 있어.' '사람들이 모두 바쁘구나.')로 바꾸는 과정을 통해, 자기대화 연습이 신념체계의 변화로 연결되도록 하는 것이다(김정민, 2008).

둘째, 클라이언트의 대처기술(coping skills)이다. 인지행동접근은 클라이언트가 문제가 발생하는 갈등상황에서 자신의 대처방식을 돌아보고, 더욱 효과적인 대안을 찾도록 지원한다. 대처기술 향상을 위해 '자기언어화(self-verbalization)'와 '스트레스 면역훈련(stress inoculation training)'을 활용할 수 있다. 자기언어화는 자신의 행동결과에 대한 자기지시다. 클라이언트는 힘든 상황을 대처할 수 있는 능력을 갖추기 위해서 자기언어화를 통해 깊이 있는 자기개방을 하고, 문제상황에서 자신의 대처방식을 돌아보면서 더 나은 대안을 찾을 수 있다. 예를 들면, 기말시험을 앞둔 청소년은 자신이 전부 다 아는 것은 아니지만 기말시험을 잘 치를 만큼 충분히 알고 있다고 스스로에게 이야기함으로써 편안해질 수 있다. 스트레스 면역훈련은 클라이언트가 자주 경험하는 스트레스 상황에 대해 저항력을 갖도록 하는 기술로써, 근육이완과 자기통제 및 대처행동 연습 등을 통해 실시한다. 예를 들면, 분노조절이 어려운 청소년은 분노상황에 대한 자각과 인지적 오류를 확인하고, 분노를 일으키는 상황에서 감정에 대처할 수 있는 긴장완화 기술과 공격적인 분노폭발을 진정시킬 수 있는 대체행동을 연습할 수 있다(Cobb, 2007; Payne, 2005).

셋째, 인지행동접근은 일반적으로 사회기술(social skill) 요소를 포함한다. 사회기술은 사회적 상황에서 사람들과 효과적으로 의사소통할 수 있는 언어적·비언어적 행동을 의미한다. 인지행동접근이 필요한 대부분의 청소년은 비합리적인 신념체계로 인해 사회적 관계에서 사회기술을 효과적으로 사용하지 못하고 어려움을 겪는다. 그러므로 인지적 오류의 확인과 재구성 등이 클라이언트의 삶에 변화로 연결되기 위해서는 사회기술 훈련이 수반되어야 한다. 인지행동개입에 포함되는 사회기술은 자신의 의견과 감정을 표현하고 주장하는 의사소통 기술과 타인의 감정을 이해하고 공감하는 공감능력, 친사회적 기술(칭찬하기, 나누기, 도움 주기) 등이다. 이러한 사회기술훈련은 모델링, 역할훈련, 시연, 피드백, 과제부여와 같은 방법의 활용을 통해 실시할 수 있다(Cobb, 2007).

5. 해결중심이론

1) 해결중심이론의 개념과 특성

해결중심이론(solution-focused theory)은 클라이언트의 문제에 초점을 두는 것이 아니라 문제에 대한 해결책과 클라이언트가 가지고 있는 강점에 초점을 둔다. 이 접근은 미국 캘리포니아주에 있는 정신건강연구소(Mental Research Institute: MRI)의 가족치료 분야에서 시작된 후, 밀워키(Milwaukee)에 설립된 단기가족치료센터에서 버그(I. K. Berg)와 세이저(S. Shazer) 등을 중심으로 활성화되었다. 해결중심이론은 클라이언트의 잠재력과 자기결정권을 인정하고, 문제가 발생하는 상황을 주목하며 체계적 관점을 수용한다는 점에서 사회복지실천의 가치와 일치되는 면이 많다. 해결중심이론의 특성을 간단히 정리하면 다음과 같다(Corcoran, 2008; De Jong & Berg, 2002).

첫째, 해결중심이론은 클라이언트가 예외상황을 확인하고, 문제에 대한 해결책을 세울 수 있도록 돕는 데 개입의 초점을 둔다. 여기서 예외(exception)란 문제가 더 이상 문제가 아닌 상황이거나 클라이언트가 과거에 유사한 문제를 해결했던 시점을 의미한다. 해결중심이론에서 '예외상황의 확인'은 클라이언트가 스스로의 독특한 방식으로 문제를 해결할 수 있는 청사진을 제공해 준다. 해결중심접근의 실천가는 예외로부터 해결책을 찾는 것이 현재의 문제행동을 중지하거나 변화시키는 것보다 쉽고 성공적이라고 본다. 또한, 해결중심이론은 언어로 표현되는 변화가 인지의 변화로 연결된다고 가정하므로 긍정적 질문기법을 활용해서 클라이언트가 예외상황을 확인하고, 이미 가지고 있는 자원과 강점을 확대할 수 있도록 격려한다.

둘째, 해결중심이론은 사회구성주의(social constructivism)에 이론적 근거를 두기 때문에, 개인의 주관적 삶의 맥락과 상호작용을 중시하며 개인의 현실(reality)을 객관적 기준에 의해 분류하지 않는다. 따라서 클라이언트가 자신의 삶의 전문가이며 스스로 문제를 해결할 수 있는 강점과 자원을 가진 존재라고 전제한다. 반면, 실천가는 전통적 개입모델에서처럼 전문적 힘을 가진 권위적 인물이 아니고, '알지 못함(not-knowing)'의 자세에서 출발하여 클라이언트의 관점과 상황을 이해해야 한다. 즉, 실천가는 클라이언트의 문제를 진단하고 분류하여 치료방법을 제시하는 전문가가 아니라, 협력적 관계를 통해 클라이언트의 언어와 삶의 맥락을 이해하고 문제해결에 필요한 잠재력과 자원을 클라이언트가 스스로 발견하도록 돕는 역할을 하는 것이다.

셋째, 해결중심이론은 단기간에 성취될 수 있는 구체적이고 특정한 행동과 인지 변화에 초점을 두며, 체계적 개념을 활용한다. 이 이론은 체계의 한 부분에서 생긴 작은 변화가 다른 부분의 변화로 연결된다고 보며, 특정 행동의 발생은 개인의 타고난 기질보다는 삶의 상황과 맥락에 의해 더 영향을 받는다고 설명한다. 따라서 개인의 문제를 병리적으로나 단선적으로 파악하지 않고, 상황적 측면에서 누가, 무엇을, 어디서, 언제, 어떻게 그 행동을 했는가를 파악하는 데 중점을 둔다.

넷째, 해결중심이론의 특성은 비자발적인 클라이언트—불평가(complainant)와 방문자(visitor) 유형—와의 관계 형성에 효과적으로 기여한다. 해결중심 접근에서 치료과정의 주도자는 실천가가 아니라 클라이언트다. 해결중심 접근에서 실천가들은 초기단계부터 '합류하기(joining)'와 '대처질문(coping question)'을 활용하여, 클라이언트의 상황과 관점을 수용하고 강점을 끌어내는 데 집중한다. 이러한 개입과정들은 비자발적 클라이언트의 방어적 태도를 완화하고 스스로의 삶에서 작은 성공적 경험을 확인해 주는 역할을 하는 것이다.

2) 해결중심이론과 청소년복지

해결중심이론은 청소년의 다양한 문제에 적용되어 그 효과성이 입증되었다. 예를 들면, 학교부적응, 비행, 정신건강, 대인관계, 일상스트레스, 학업문제 등을 경험하는 청소년들은 해결중심접근을 통해 자신의 강점을 발견하고 문제해결능력을 향상시킬 수 있었다. 해결중심이론은 청소년복지와 관련하여 활용할 수 있는 몇 가지 이점이 있다.

첫째, 해결중심이론은 클라이언트가 자신의 삶을 결정할 능력을 가지고 있다는 전제에서 출발하므로 청소년의 긍정적 자아개념 형성에 효과적으로 기여할 수 있다. 청소년기는 주변 환경과의 관계에서 탐색과 갈등과 대립을 경험하면서 자아개념과 자아정체성을 확립해 가는 시기다. 해결중심접근은 청소년이 경험하는 심리사회적 탐색과 혼란상황을 일탈이나 병리적인 것으로 규정하지 않는다. 또한 청소년이 표현하는 언어와 반응에 집중하면서 이들이 호소하는 욕구에 기초하여 개별화된 해결책을 찾도록 격려하므로, 청소년의 자아존중감과 희망을 고취하고 긍정적 자아개념을 형성하는 데 효과적이다.

둘째, 해결중심이론은 청소년을 자신의 삶의 전문가로 존중하고 실천가는 학습자(learner)의 태도로 청소년의 강점을 발견하는 데 주의를 기울이기 때문에, 청소년 클라이언트의 긍정적 반응을 이끌어 내고 협력적 관계를 형성하는 데 장점이 있다. 따라서 해결중심적 실천가는 항상 학습자의 역할을 담당하면서, 청소년이 자신의 상황을 표현하고 이야기할 수 있도록 격려해야 한다(Sommers-Flanagan, Richardson, & Sommers-Flanagan, 2011). 예를 들면, 그동안 다양한 문제행동으로 인해 이미 교사, 상담사, 치료사 등을 접촉해 온 청소년을 해결중심접근을 하는 실천가가 만난 경우, 실천가는 "그동안 많은 어른과 만났었구나. 혹시 너한테는 너무 중요한데, 그 어른들이 별로 관심을 기울이지 않았거나 무시한 이야기나 상황이 있으면 이야기해 볼래?"와 같이 시작할 수 있다.

셋째, 해결중심이론은 단기개입을 지향하므로 학업과 학사일정 등으로 청소년에 대한 장기간의 개입이 어려운 학교환경에서 유용하게 활용될 수 있는 이점이 있다. 또한 해결중심이론은 단기개입 동안에 성취 가능한 작은 목표를 설정하게 함으로써 목표달성이 쉽고, 실천가가 아니라 클라이언트에게 힘을 부여하므로 청소년에게 성공적 경험과 책임감 부여의 효과를 제공해 줄 수 있다(김선연, 김희정, 2009).

넷째, 해결중심이론은 비자발적인 청소년 클라이언트와 함께 일할 때 효과적이다. 비행이나 폭력, 학교부적응 문제로 인해 가족이나 교사에 의해 실천가에게 의뢰된 청소년들은 이미 주변의 부정적 평가와 자기비난에 익숙해져 있다. 이 청소년들은 처음에 의뢰되었을 때 방어적이고 반항적인 태도를 보이며, 문제해결에 대한 자신감과 동기가 매우 낮다. 해결중심이론은 기본적으로 클라이언트의 이러한 태도를 저항으로 규정하지 않고, 클라이언트의 관점과 상황을 있는 그대로 수용하는 데 집중한다.

특히, 해결중심이론에서 활용하는 긍정적 질문기법—예외질문(exception questions), 전제질문(presuppositional questions), 외현화질문(externalizing questions)—등은 청소년의 저항을 다루는 데 효과적이다(Selekman, 2005; Sommers-Flanagan et al., 2011). 예외질문은 클라이언트가 예외상황을 확인하고 문제에 대한 해결책을 찾도록 하는 데 초점을 둔다. 전제질문은 클라이언트가 이미 문제해결을 위한 행동을 하고 있고, 앞으로도 그러한 노력을 계속할 것이라고 가정하는 것이다. 실천가는 이와 같은 전제질문을 통해 긍정적인 변화가 불가피하다는 생각을 전달할 수 있고, 문제가 해결된 미래를 클라이언트가 재창출할 수 있도록 도울 수 있다. 외현화질문은 클라이언트와 가족이 서로에 대한 비난을 중지하고 모두가 유사하게 힘든 상황에 있었다는 것을 인식할 수 있도록 해 준다.

다음은 해결중심이론의 긍정적 질문기법을 활용한 사례다.

　　사회복지사를 만난 아버지와 10대 아들(민수)은 대화를 시도하지만 서로 비난과 원망을 하고 있다.

아버지: 말을 꺼내지도 못하겠어요. 민수가 나를 너무 무시해요. 도대체 얘는 늘 내가 말하면 끼어들고 짜증 나게 만들어요.

민수: 내가요? 아버지가 늘 내 말을 무시하고, 안 듣잖아요.

사회복지사: 제가 보기에는 지금까지 두 사람 모두 서로에게 불만이 많고 서로의 얘기를 안 들으려고 했던 것 같네요. 두 사람은 얼마나 오랫동안 지금처럼 서로 대화를 못하고 언쟁을 해 왔나요? **(외현화질문)**

아버지: 한 2년은 된 것 같네요.

사회복지사: 참…… 민수야. 아버지와 서로의 말을 무시하는 습관이 지난 2년 동안 계속되었다는 말이지. **(계속적으로 문제를 외현화함)**

민수: 네. 그런 것 같아요…….

사회복지사: 그래도 민수 너는 아버지와 잘 지낸 적도 있었을 거야. 민수 네가 생각하기에, 아버지와 네가 마음이 잘 통하고 서로 이해를 하고 있다고 느낀 때는 언제였지? 그때를 한번 얘기해 줄래? **(예외질문)**

민수: 내가 축구팀에 들어갔을 때 아버지가 나한테 축구를 가르쳐 주셨어요. 그때가 참 좋았어요.

사회복지사: 민수야, 지금 네가 그때를 기억하면서 얘기하는 모습을 보니까 참 편하고 여유 있어 보이네. 민수 아버님, 아버님은 가장 최근에 민수와 마음이 통한 적이 있었던 때를 말씀해 주시겠어요? **(예외질문)**

아버지: 음…… 별로 없어요.

사회복지사: 한번 천천히 생각해 보세요. 아마 있을 거예요. 하나만 말씀해 보세요.

아버지: 음…… 축구게임이 있었던 바로 그날 밤, 집으로 돌아오는 차 안에서 민수가 나한테 상대편 필드로 공을 날리는 방법에 대해 질문을 했는데…… 내 기억으로는 그때 민수가 내 말을 정말 열심히 들었던 것 같아요.

사회복지사: 정말 그랬을 것 같군요.

사회복지사: 이 질문은 두 사람 모두에게 하는 건데요. 오늘 밤에 두 사람이 서로를 존중하고 대화가 잘된다고 느끼려면, 어떤 일이 일어나야 할까요? 두 사람이 어떻게 해야 그런 일이 일어날 수 있을까요? **(전제질문)**

토의문제

1. 대학도서관 논문검색 혹은 Google 학술검색(scholar.google.co.kr) 등을 활용하여, 생태체계적 접근, 임파워먼트 접근, 적응유연성 접근, 인지행동이론, 해결중심이론을 근거로 작성한 청소년 분야의 학술논문을 검색해 보고 청소년의 어떠한 이슈에 어떻게 활용되는지를 토의해 보자.

참고문헌

금다정(2021). 섭식장애 청소년을 위한 인지행동치료 프로그램 개발. Perspective in Nursing Science, 18(1), 1-9.

김동배(2003). 사회복지실천의 생태체계 패러다임과 연구방법론에 대한 고찰(1). 연세사회복지연구, 9, 27-58.

김선민, 김종남(2016). 인지행동치료 프로그램이 저소득층 아동 · 청소년의 우울과 자동적 사고 및 또래관계에 미치는 영향. 청소년학 연구, 23(1), 181-208.

김선연, 김희정(2009). 고등학생의 자기개념 향상을 위한 해결중심 집단상담 프로그램의 개발. 학습자 중심교과교육연구, 9(3), 131-153.

김정민(2008). 여자 청소년의 사회불안 감소를 위한 인지행동집단치료 프로그램의 개발과 효과: 2년 추후연구. 한국가정관리학회지, 26(2), 13-24.

남궁은숙, 신영화(2011). 청소년의 임파워먼트에 영향을 미치는 요인. 한국아동복지학, 34, 29-62.

남화성, 송민경(2018). 청소년 임파워먼트 인식 척도 개발 연구. 청소년학 연구, 25(12), 53-84.

문미란(2017). 청소년의 회복탄력성 관련 위험요소와 보호요소. 한국청소년상담학회지, 2(1), 37-62.

좌현숙(2010). 빈곤 청소년의 적응유연성 영역 간 종단적 상호관계: 심리, 사회, 학교 영역을 중심으로. 사회복지연구, 41(2), 247-278.

Blum, L. M., & Blum, R. W. (2009). Resilience in adolescence. In R. J. Diclemente,

J. S. Santelli & R. A. Crosby (Eds.), *Adolescence health: Understanding and preventing risk behaviors* (pp. 51-76). San Francisco, CA: John Wiley & Sons.

Bronfenbrenner, U. (1994). Ecological models of human development. In T. Husen & T. N. Postlethwaite (Eds.), *International Encyclopedia of Education* (Vol. 3, 2nd ed., pp. 1643-1647). Oxford: Pergamon Press.

Chinman, M., & Linney, J. A. (1998). Toward a model of adolescent empowerment: Theoretical and empirical evidence. *The Journal of Primary Prevention, 18* (4), 393-413.

Cobb, N. H. (2007). Cognitive-behavioral theory and treatment. In N. Coady & P. Lehmann (Eds.), *Theoretical perspectives for direct social work practice* (pp. 89-118). New York: Springer Publishing.

Compas, B. E., Hinden, B. R., & Gerhardt, C. A. (1995). Adolescent development: Pathway and process of risk and resilience. *Annual Review of Psychology, 46,* 265-293.

Corcoran, J. (2008). Solution-Focused Therapy. In N. Coady & P. Lehmann (Eds.), *Theoretical perspectives for direct social work practice: A gen eralist-eclectic approach* (2nd ed.). NY: Springer Publishing.

De Jong, P., & Berg, I. K. (2002). *Interviewing for solutions* (2nd ed.). Pacific Groves, CA: Brooks/Cole.

Garmezy, N. (1993). Children in poverty: Resilience despite risk. *Psychiatry, 26,* 127-136.

Germain, C., & Gitterman, A. (1996). *The life model of social work practice: Advances in theory and practice* (2nd ed.). New York: Columbia University Press.

Gutierrez, L. M., Parsons, R. J., & Cox, E. O. (1998). *Empowerment in social work practice: A sourcebook. Pacific Grove.* CA: Brooks/Cole.

Laser, J. A., & Nicotera, N. (2011). *Working with adolescents: A guide for practitioners.* New York: The Guildford Press.

Lee, J. A. B. (2001). *The empowerment approach to social work practice: Building the beloved community.* New York: Columbia University Press.

Luthar, S., Ciccetti, D., & Becker, B. (2000). The construct of resilience: A critical evaluation and guideline for future work. *Child Development, 71,* 543-562.

Masten, A. S. (2001). Ordinary magic: Resilience processes in development. *American Psychologist, 56,* 227–238.

Payne, M. (2005). *Modern social work theory* (3rd ed.). Chicago, IL: Lyceum Books.

Rose, S. M. (1990). Advocacy/empowerment: An approach to clinical practice for social work. *Journal of Sociology and Social Welfare, 17*(2), 41–52.

Rothery, M. (2007). Critical ecological systems theory. In N. Coady & P. Lehmann (Eds.), *Theoretical perspectives for direct social work practice* (pp. 89–118). New York: Springer Publishing.

Rutter, M. (1993). Resilience: Some conceptual considerations. *Journal of Adolescent Health, 14,* 626–631.

Scott, M., & Dryden, W. (1996). The cognitive-behavioral paradigm. In R. Woolfe & W. Dryden (Eds.), *Handbook of counselling psychology.* London: Sage.

Selekman, M. D. (2005). *Pathways to change: Brief therapy with difficult adolescents* (2nd ed.). New York: Guilford.

Simon, B. L. (1995). *The empowerment tradition in American social work: A history.* New York: Columbia University Press.

Sommers-Flanagan, J., Richardson, B. G., & Sommers-Flanagan, R. (2011). A multi-theoretical, evidence-based approach for understanding and managing adolescent resistance to psychology. *Journal of Contemporary Psychotherapy, 41,* 69–80.

To, S. (2007). Empowerment school social work practices for pos itive youth development: Hong Kong experience. *Adolescence, 42*(167), 555–567.

Zimmerman, M. A. (2000). Empowerment theory: Psychological, organization and community levels of analysis. In J. Rappaport & E. Seidman (Eds.), *Handbook of Community Psychology,* 44–63.

제4장

실천적 접근

　실천적 접근은 청소년의 문제와 욕구에 대응하는 일련의 전문적인 활동 또는 서비스 제공 방법을 총칭한다. 실천적 접근은 관련 이론과 정책의 영향을 받기 때문에 이에 대한 이해가 전제되어야 하며, 바람직한 실천적 접근을 위해서는 높은 수준의 전문성을 요하므로 각각의 실천방법에 대한 별도의 심화학습이 필요하다. 24세 이하 청소년 인구는 지속적으로 감소하는 추세인 반면, 사회적인 관심과 지원이 필요한 취약·위기청소년의 규모는 줄어들지 않고 있고, 모든 청소년의 고른 성장과 발달을 지원하기 위해 다양한 실천방법에 대한 수요는 더욱 증가할 것으로 전망된다. 이에 이 장에서는 청소년복지의 주요 실천적 접근 가운데 청소년상담, 청소년활동 그리고 지역사회 기반의 청소년 사례관리의 주요 내용을 각각 살펴보도록 한다.

1. 청소년상담

1) 청소년상담의 개념과 목표

청소년상담은 청소년을 대상으로 하는 상담의 한 분야이며, 상담자와의 협력관계를 기반으로 청소년기의 발달특성과 적응의 문제를 다루는 전문영역이다. 성인상담과 달리 청소년상담은 내담자인 청소년 당사자뿐 아니라 부모, 친구, 교사와 같은 관련인과 가정, 학교, 청소년을 보호하는 기관 등을 상담 대상에 포함하는 것이 특징이다. 이에 청소년상담은 '청소년의 심리, 정서, 행동의 변화를 꾀하고, 청소년과 관련이 있는 사람이나 기관을 대상으로 직·간접적인 개입을 통하여 청소년의 바람직한 발달과 성장을 추구하는 전문적인 조력활동'으로 정의할 수 있다.

청소년상담은 훈육, 생활지도, 심리치료와 혼용되지만 목적과 특성에서 차이가 있다. 일반적으로 훈육과 생활지도는 좋은 습관이나 태도를 기르도록 지도하는 것을 목적으로 하고, 심리치료는 심리적인 원인으로 인한 질병의 치료를 목적으로 한다. 반면, 상담은 내담자와 상담자의 협력적인 관계를 기반으로 문제의 예방과 해결, 인식과 행동의 변화, 내적 성장과 발달을 목적으로 하는 조력활동이라는 차이가 있다.

청소년상담의 목표는 크게 세 가지로 구분할 수 있다. 첫째는 '변화'를 촉진하는 것이다. 변화는 상담자와의 관계형성(rapport), 작업동맹(working alliance) 등을 토대로 내담자의 사고·감정·행동의 변화, 관계의 변화, 지금까지와는 다른 방식으로 자신과 타인 또는 상황과 환경을 인식하고 반응하는 것을 포함한다. 최근 청소년상담에서는 상담을 통해 내담자인 청소년뿐 아니라 청소년을 둘러싼 주요 환경체계의 개선을 이끌어 내는 것으로 변화 대상의 범위와 상담의 목표가 점차 확장되고 있다.

둘째는 '적응'을 증진하는 것이다. 청소년기는 급격한 신체적·정서적 변화를 경험하는 시기이므로 심리 · 정서 · 행동 면에서 부적응을 경험할 수 있다. 따라서 상담은 다양한 생활영역에서 청소년의 대응 역량을 높여 문제의 발생을 예방하고 부적응 행동이나 갈등을 효과적으로 해결할 수 있도록 돕는 것을 목적으로 한다.

셋째는 '성장'의 기회를 제공하고 이를 촉진하는 것이다. 여기에는 의사소통과 대인관계를 포함한 사회기술의 증진, 자기탐색의 기회를 통한 잠재력 계발, 긍정적인 자아개념과 바람직한 가치관의 형성 등을 포함한다.

이와 같이 청소년상담은 문제의 예방과 해결뿐 아니라 성장과 발달을 도모한다는 점에서 교육적 목적이 있고, 상담의 목적이나 내담자의 특성과 주요 호소문제 그리고 상담자의 전문성에 따라 다양한 상담기법이 적용될 수 있다. 예를 들면, 정신분석 상담, 인간중심 상담, 실존주의 상담은 내담자가 자신의 존재를 어떻게 자각하고 느끼는지에 초점을 두는 반면, 합리적 · 정서적 상담은 심리 · 정서적인 문제를 사고(思考)와 연결하여 인지과정의 변화를 강조하며, 행동수정이나 현실치료는 문제가 되는 행동을 변화시켜 사고의 변화를 도모한다. 이러한 상담기법들은 철학적 기반과 인간관, 심리 · 정서적 문제에 대한 관점이 상이하며 각각의 이론에 기반을 두고 있다. 청소년상담에서 특정 상담이론이나 접근방법이 유용하다고 보기는 어렵고, 청소년의 연령이나 발달단계, 청소년을 둘러싼 환경의 특성이나 주요 호소문제의 유형 등에 맞춰 적합한 접근이 이루어질 때 상담의 목표를 효과적으로 달성할 수 있다.

2) 청소년상담의 방법

청소년상담의 방법은 상담자와 내담자의 접촉 방식에 따라 크게 대면상담과 비대면상담으로 구분할 수 있다. 대면상담은 상담자와 내담자가 직접 만나서 상담하는 면대면(face-to-face) 방식을 말하며 크게 개인상담과 집단상담으로 구분된다. 개인상담과 집단상담은 상담의 목적과 상담기법은 유사하지만 집단상담은 최소 2명 이상의 내담자가 참여하여 집단 구성원 간의 상호작용을 통한 역동(dynamic)이 핵심적인 요소로 다루어진다는 차이가 있다. 따라서 집단상담은 내담자가 타인의 다양한 시각을 접할 필요가 있거나 사회기술 습득이 필요한 경우에 유용하다. 또한 집단치료와 달리 구성원의 태도나 행동의 변화가 주된 관심사가 될 수 있고, 집단 내에서 상호존중, 수용, 자기이해 등을 경험하는 데 도움이 될 수 있다. 따라서 집단상담은 또래관계가 특히 중요한 시기인 청소년들에게 교육집단, 성장집단, 치료집단, 자조집단(self-help group) 등 다양한 목적으로 활용되고 있다.

비대면상담은 상담자와 내담자가 직접 대면하지 않고 상담과정에서 전화, 이메일, SNS 등 매개체를 활용하는 방식을 말하며 전화상담과 사이버상담이 대표적이다. 사이버상담에는 채팅상담, 이메일상담, 게시판상담(공개, 비공개) 등이 있고, 코로나19 팬데믹 이후 화상상담(영상상담) 방법도 널리 활용되고 있다. 비대면상담은 대면상담에 비해 시간과 공간의 제약이 적고 익명성이 보장되어 상담에 편안하게 접근할 수 있으며 상담내용의 기록도 용이하다는 장점이 있다. 사이버상담도 대면상담과 동일한 기법과 과정이 적용될 수 있지만 컴퓨터, 스마트폰 등 상담이 구현되는 기기의 특성이 상담환경(공간)에 영향을 미치며 내담자가 접속과 종료의 주도권을 가질 수 있다는 점이 특징이다. 또한 비대면상담은 상담자, 내담자 모두 인터넷 활용 등 기기 사용이 가능해야 하고, 상담자는 내담자에게 일어날 수 있는 잠재적인 비상 상황(자해, 타해 등)에 대응한 절차를 구비하는 등 비대면상담의 윤리강령을 마련하고 이를 준수하여야 한다(이윤희, 김경민, 이상민, 2021; 하지영, 유순화, 정애리, 2022).

결국 상담의 방법은 내담자의 문제해결과 상담의 목표달성에 효과적이어야 한다. 상담자는 청소년의 발달적 특성을 고려하고 상담에 대해 갖는 기대를 확인하여 상담관계(counselling relationship)를 형성해야 하며, 상담의 방법과 관계없이 내담자의 존엄성과 복지 증진에 대한 우선적인 책임이 있음을 인식하여야 한다. 특히 사이버상담에서는 내담자가 자신의 문제를 이야기하고 즉시 해결 방안을 요청한 후 답을 얻고 나면 바로 상담을 종료하여 구조화된 장기간의 상담이 어려울 수 있다. 이에 상담자는 단회기의 상담이라 하더

라도 내담자의 호소 문제를 명료화하고 문제해결과 관련된 대처법을 구체적
으로 제안할 수 있어야 한다(김동일 외, 2014: 459).

3) 청소년상담의 진행과정

청소년상담의 진행과정은 상담이론과 상담의 방법에 따라 다양하게 구분
되는데, 홍봉선과 남미애(2010)는 시작, 사정, 개입, 종결의 단계로, 정순례 등
(2015)은 상담준비, 접수면접, 초기단계, 중기단계, 종결단계로 구분하였다.
김동일 등(1014)은 과정을 보다 세분화하여 상담시작, 상담목표 설정, 진정성
확보, 자기(self)의 욕구 확인, 사고·정서·행동 패턴 파악, 새로운 선택, 기술
연습하기, 종결단계로 구분하였다. 요약하면 여러 회기에 걸쳐서 이루어지는
청소년상담의 진행과정은 크게 계약단계, 계획단계, 개입단계, 평가단계 등
네 단계로 구분할 수 있다.

먼저, 계약단계는 상담이 이루어지기 전에 문제를 확인하고 상담자와의 일
차적인 관계형성을 통해 상담에 대한 동기부여와 상담 시간이나 빈도, 장소
등 상담의 구조화가 이루어지는 단계다. 계획단계는 상담의 방법을 결정하고
청소년의 욕구, 환경, 자원 전반에 대한 사정(assessment)과 상담의 목표를 설
정한다. 개입단계는 상담의 목표를 이행해 나아가는 상담의 초기단계, 중기
단계가 해당되며 각각의 상담이론에서 지향하는 전략과 상담의 기술이 사용
되고 내담자의 호소 문제를 해결해 나아가는 단계다. 마지막으로 평가단계는
상담 초기에 설정한 목표를 점검하고 종결 또는 의뢰(referral) 여부를 결정하
는 단계다. 다만 실제 상담의 진행과정에서는 각 단계가 엄격하게 구분되기
보다 각 단계의 내용이 중복되거나 단계를 넘나드는 환류(feedback)가 발생하
기도 한다. 그럼에도 불구하고 상담의 단계를 구분하는 것은 상담자가 과정의
흐름을 느끼면서 상담을 진행하는 것이 상담의 목표 달성에 도움이 되기 때문
이다.

4) 청소년상담자의 역할

전통적인 상담모델에서는 치료자로서 상담자의 역할이 가장 중요시되었다. 그러나 예방적 접근이 강조되면서 청소년상담자는 코치(coach)로서 교육, 자문이나 컨설팅, 조정, 평가, 프로그램 개발 등 통합적인 역할 수행을 요구받고 있다. 특히 청소년상담을 생태체계적 관점에서 접근할 경우 상담자의 개입 범위는 청소년 내담자뿐 아니라 청소년에게 유의미한 영향을 미치는 가족, 또래, 학교, 지역사회, 제도 등으로 확대될 수 있다.

상담자는 내담자의 목표나 신념을 있는 그대로 수용하고(accepting), 인정하며(acknowledging), 때로는 감정과 욕구를 조절(accommodating)해야 한다. 또한 상담자는 상담 자체가 청소년에게 교정적인 정서체험의 기회가 되고 자아정체성, 관계, 미래, 감정과 행동, 대안을 스스로 탐색하는 데 도움이 되도록 해야 한다. 특히 상담과정에서 청소년의 인지, 사고의 흐름과 내용, 기분, 약물사용 여부, 외모와 행동, 지각, 기억력, 주의력, 지남력, 판단력, 질병 등 가급적 모든 측면을 평가하여야 한다(조수철, 신민섭, 김붕년, 김재원, 2010: 181). 이와 함께 비밀보장의 한계를 다루는 분명한 전략을 가지고 있어야 한다. 즉, 약물사용과 불법행위 또는 학대 상황과 같이 청소년 본인과 타인에게 위해가 되는 행위가 발견되면 비밀보장의 원칙이 제한될 수 있음을 사전에 고지하여야 한다. 이 경우 청소년이 문제를 부인하거나 더 이상 개입을 원하지 않을 수도 있지만, 그렇기에 상담자는 더욱 신속하게 청소년과 치료적 동맹을 형성하고 상담의 목적과 목표를 분명하게 공유하여야 한다.

상담을 진행하는 과정에서 아동과 일부 청소년은 놀이나 비언어적인 매체(그리기, 게임, 인형극 등)를 활용한 접근이 보다 효과적인 경우가 있다. 매체의 선택은 내담자의 발달 정도, 상담자의 유형과 선호도, 임상적인 경험 등에 따라 달라질 수 있다. 일반적으로 청소년은 아동이나 성인에 비해 신뢰를 형성하기가 쉽지 않으며 내담자인 청소년이 상담에 비협조적이거나 적대적이라면 상담 초기의 관계형성에 많은 시간이 소요되기도 한다. 특히, 갈등, 폭력,

상실, 거부와 방임 등 트라우마(trauma)를 가진 청소년의 경우 상담자와의 관계가 생애 처음 경험하는 건강하고 정상적인 관계일 수도 있음을 기억할 필요가 있다. 이와 함께 상담자는 윤리적 딜레마(ethical dilemma) 상황에서 인간의 존엄성과 생명의 보호, 내담자의 이익을 옹호하면서 공공의 이익에 반하지 않도록 조정하기, 상담자의 주관적 가치보다 내담자와 사회의 가치 존중하기 등 윤리적인 의사결정을 할 수 있어야 한다. 이를 위해 상담자는 윤리적 원칙에 대한 감수성(민감성)을 개발하여야 하고 슈퍼바이저, 동료, 관련 전문가에게 자문을 구하여야 한다.

 Tip 상담과정에서 발생할 수 있는 비윤리적인 상황의 예시

- 내담자에게 제공해야 하는 정보를 충분히 제공하지 않은 경우
- 상담료 이외 다른 금전적인 요구를 하는 경우
- 상담 기법을 새롭게 적용하거나 상담 내용으로 연구를 할 때 내담자에게 미리 동의를 구하지 않은 경우
- 비밀보장을 지키지 않는 경우(비밀보장이 제한되는 상황**에 대해 사전에 고지하지 않고 부모나 교사 등 주변인에게 상담 내용을 공개하는 경우 등)
- 내담자와 사적인 관계를 맺는 경우
- 내담자가 원하지 않는 신체적 접촉을 하는 경우
- 상담자의 필요로 상담의 회기 수를 늘리려고 하는 경우
- 내담자를 존중하지 않고 상담자의 입장으로 상담하는 경우
- 가족, 친한 친구 등 이중관계에 해당하는 사람을 내담자로 받는 경우 등

**: 내담자가 자신이나 타인의 생명 혹은 사회의 안전을 위협하는 경우, 내담자가 학대나 폭력을 당하고 있는 경우, 내담자가 감염성이 있는 치명적인 질병이 있다는 확실한 정보가 있는 경우 등

출처: 박재연 외(2022), p. 46.

5) 청소년상담기관과 프로그램

대표적인 청소년상담기관으로 「청소년복지 지원법」 제29조 및 동법 시행령 제14조를 근거로 하는 청소년상담복지센터를 들 수 있다. 시·도 청소년상담복지센터는 14명 이상의 직원을 배치하고 청소년전화 1388 등 청소년안전망 사업 운영, 시·군·구 센터의 성과관리와 역량강화 지원 등의 업무를 담당한다. 시·군·구 센터는 5명 이상의 직원을 배치하고 위기청소년에 대한 직접지원 업무를 담당한다. 청소년상담복지센터의 설치·운영은 지자체의 조례나 규칙을 우선 적용하고 지방비(지방상담사업비)를 재원으로 하기 때문에 운영 여건과 사업 내용은 지역별로 상이할 수 있다.[1] 이 외 1388 청소년사이버상담센터(https://www.cyber1388.kr)가 운영 중이며 채팅상담, 게시판상담, 댓글상담, 문자상담, 솔로봇상담 등 다양한 채널을 통해 상담을 제공하고 있다.[2]

한편, 학교폭력 등 잇따른 학교 내 위기 사건이 발생하면서 교육부는 2008년부터 시범사업으로 위기학생 종합상담 체계로 위(Wee)프로젝트를 시작하였다. 현재 교육부 훈령 제329호를 근거로 단위 학교 내 상담실인 위클래스, 교육(지원)청 단위에 설치되는 상담실인 위센터, 원가정에서 생활하기 어려워 기숙형 보호가 필요한 위기학생을 위한 그룹홈 형태의 가정형 위센터, 치료형 대안교육 위탁기관인 병원형 위센터가 각각 설치·운영되고 있다(위프로젝트 홈페이지, https://www.wee.go.kr).

이와 함께 경찰, 법무부도 청소년의 범죄 예방과 재범 방지를 목적으로 상담 사업을 각각 운영하고 있다. 경찰은 청소년상담교실, 학교로 찾아가는 범죄예방교실, 사랑의 교실사업 등을 운영하고 있으며, 법무부는 산하 소년원

---

1) 전국 청소년상담복지센터에 대한 정보는 한국청소년상담복지개발원 홈페이지(https://www.kyci.or.kr)에서 확인할 수 있다.

2) 「청소년복지 지원법」 제12조, 동법 시행령 제6조, 제14조를 근거로 청소년 상담 및 긴급구조를 위하여 청소년전화 1388 및 사이버상담센터가 운영되고 있다. 이 외 모바일상담은 문자와 카카오톡 및 페이스북, 사이버상담은 인터넷 채팅 및 게시판 상담 등이 제공되며 연간 약 80만 건 이상의 상담이 이루어지고 있다(여성가족부, 2022a: 259).

가운데 일부를 수용보호 대신 비행예방과 재범방지를 목적으로 대안교육과 정을 운영하는 '청소년비행예방센터(청소년꿈키움센터)'로 기능을 변경하여 운영하고 있다. 이는 청소년 인구가 감소하면서 수용보호를 필요로 하는 청소년의 수가 감소하였고 수용보호에 비해 지역사회 내 보호가 청소년의 사회복귀와 적응에 있어 장점과 효과가 크기 때문이다.

　이와 같이 청소년상담기관과 프로그램이 확대되고는 있으나 위기청소년의 규모나 청소년상담에 대한 수요와 대비할 때 적정한 수준인지에 대한 점검이 필요하다. 또한 여러 부처에서 청소년상담과 프로그램을 제공하고 있고, 법률에 근거한 청소년상담사업은 지방정부(지방비)의 사무로 운영되고 있기 때문에 지역별로 청소년상담 인프라에 격차가 발생하지 않도록 중앙정부 차원에서 관리와 조율이 요구된다.

2. 청소년활동

1) 청소년활동의 개념과 목표

　그간 비제도권에서 이루어지던 다양한 청소년활동이 1991년에 「청소년 기본법」이 제정되면서 제도권으로 편입되었다. 청소년활동은 '청소년의 균형 있는 성장을 위하여 필요한 활동과 이러한 활동을 소재로 하는 수련활동뿐 아니라 교류활동, 문화활동 등 다양한 형태의 활동'을 말하며(「청소년 기본법」 제3조 제3항), 「청소년활동 진흥법」에는 다음과 같이 구체적으로 규정되어 있다(동법 제2조).

① 청소년수련활동: 청소년이 청소년활동에 자발적으로 참여하여 청소년시기에 필요한 기량과 품성을 함양하는 교육적 활동으로서, 청소년지도자와 함께 청소년수련거리에 참여하여 배움을 실천하는 체험활동
② 청소년교류활동: 청소년이 지역 간, 남북 간, 국가 간의 다양한 교류를 통

하여 문화적 감성과 더불어 살아가는 능력을 함양하는 체험활동

③ **청소년문화활동**: 청소년이 예술활동 · 스포츠활동 · 동아리활동 · 봉사활동 등을 통하여 문화적 감성과 더불어 살아가는 능력을 함양하는 체험활동

2010년 전후에 청소년의 핵심 역량(key competency)에 대한 연구들이 이루어지면서 청소년기에 필요한 역량의 필요조건으로 활동(activity)을 강조해야 한다는 논의가 이루어졌다. 예를 들면, 청소년활동의 개념을 수련, 교류, 문화, 체험 등 영역별로 구분하는 것에서 벗어나 '청소년기의 발달과업을 수행하기 위하여 자발적으로 참여하는 제반 활동'으로 정의하거나, '청소년을 건강한 사회의 구성원으로 성장시켜 국가자원으로 개발하려는 의도를 가진 모든 공식적 · 비공식적 활동'으로 정의하자는 주장이 대표적이다(권일남, 최창욱, 2011). 요약하면, 청소년활동은 '청소년기의 발달과업을 수행하기 위하여 청소년이 자발적으로 참여하는 모든 활동'을 의미하며, 성인기에 요구되는 다양한 역량을 습득하고 계발하는 것을 목표로 한다.

2) 청소년활동의 주요 내용

(1) 청소년수련활동 제도

① 청소년수련활동 인증제도

청소년수련활동 인증제도는 「청소년활동 진흥법」 제35조, 제38조를 근거로 국가가 청소년수련활동을 인증하고 참여청소년의 관련 활동기록을 관리하는 국가 인증제도이다. 즉, 인증기준에 따른 평가와 인증사항의 이행 여부를 확인한 후 취소나 인증 철회도 가능하다. 2006년에 제도가 처음 도입된 이래 인증 수련활동은 1만 1,882건이며 2022년 12월 기준 3,505건의 인증 수련활동이 유지되고 있다. 특히 인증받은 활동에 참여한 청소년의 활동 실적을 기록 · 관리함으로써 청소년의 자기계발과 진로탐색에 필요한 자료로 활용될 수 있도록 하는 등 유용성, 공공성, 안정성을 강조한다(여성가족부, 2022a:

181). 청소년수련활동 인증제의 인증기준은 〈표 4-1〉과 같다.

| 표 4-1 | 청소년수련활동 인증제 인증기준

영역/유형		인증기준	확인요소
공통 기준	① 활동 프로그램	1. 프로그램 구성	9
		2. 프로그램 자원 운영	
	② 지도력	3. 지도자 전문성 확보 계획	8
		4. 지도자 역할 및 배치	
	③ 활동 환경	5. 공간과 설비의 확보 및 관리	7
		6. 안전관리 계획	
개별 기준	활동 유형	숙박형	1. 숙박관리 2. 안전관리 인력 확보 3. 영양관리자 자격	5
		이동형	1. 숙박관리 2. 안전관리 인력 확보 3. 영양관리자 자격 4. 휴식관리 5. 이동관리	7
특별 기준	위험도가 높은 활동	1. 전문지도자의 배치 2. 공간과 설비, 안전관리	4
	학교 단체 숙박형	1. 학교 단체 숙박형 활동 관리	3
	비대면 방식 실시간 쌍방향	1. 시행간 쌍방향 활동 운영 및 관리	5
	비대면 방식 콘텐츠 활용 중심	1. 콘텐츠 활용 중심 활동 운영 및 관리	6
	비대면 방식 과제 수행 중심	1. 과제 수행 중심 활동 운영 및 관리	5

주: 1) 활동 프로그램: 청소년의 발달 특성과 욕구를 반영한 프로그램의 기획 여부와 내용 구성, 평가 ·
    환류체계의 포함 유무, 프로그램 운영을 위한 예산 및 자원의 적정성 등을 확인
  2) 지도력: 프로그램 운영 및 관리에 적합한 자가 해당 프로그램을 운영하는지, 프로그램 내용 및 청소년
    참여 인원 수 대비 지도자 배치 수의 적정성, 안전 고려 활동 운영 시 유자격자 등 배치 여부를 확인
  3) 활동 환경: 청소년에게 안전하고 적합한 활동 환경이 제공될 수 있는가를 공간과 설비, 사용 여건,
    보험 가입 등으로 확인
출처: 여성가족부(2022a), p. 181.

② 청소년수련활동 신고제도

청소년수련활동 신고제도는 「청소년활동 진흥법」 제9조의2에 따라 19세 미만의 청소년을 대상으로 하는 청소년수련활동 계획을 사전에 신고하도록 하여 범죄 경력자 등 결격 사유가 있는 지도자의 참여를 막고 활동 운영 전반에 관한 안전 요소를 사전에 점검하고, 참가자가 관련 정보를 쉽게 확인할 수 있도록 인터넷 등에 공개하는 제도이다. 청소년수련활동 신고제도의 관련 주체 및 요건은 〈표 4-2〉와 같다.

| 표 4-2 | 청소년수련활동 신고제도 관련 주체 및 요건

구분	적용대상 요건	
신고 수리 주체	• 수련활동 주최자 소재지 특별자치시 · 특별자치도 · 시 · 군 · 구 (청소년정책 담당 부서)	
신고 주체	• 청소년수련활동을 주최하려는 자 ※「청소년활동 진흥법」의 지도 · 감독을 받는 시설 · 기관 (청소년수련시설, 청소년활동진흥원, 청소년활동진흥센터, 청소년수련시설협회 등) ※ 법률에 따른 비영리 법인 또는 단체가 아닌 경우(주식회사 등 영리법인이나 영리단체)	
신고 기한	• 참가자 모집 14일 전	
신고 대상 참가자 연령	• 19세 미만의 청소년(9~18세) ※ 19세 미만 청소년과 다른 연령대를 포함하여 청소년수련활동으로 기획하고 모집 예정인 경우에도 신고 대상	
신고 대상 활동 범위	숙박형	• 이동 숙박형, 고정 숙박형 등 숙박하는 수련활동
	비숙박형 중 일부	• 청소년 참가 인원이 150명 이상인 수련활동 • 위험도가 높은 청소년수련활동(「청소년활동 진흥법」 시행규칙 별표 7 해당 활동)

출처: 여성가족부(2022a), p. 184.

(2) 청소년교류활동

「청소년활동 진흥법」을 근거로 정부는 '청소년교류를 통한 국가 간 우의 증진 및 협력기반 조성, 글로벌 리더로서 역량 개발을 지원'하여야 한다(동법 제54조). 이에 정부는 1965년 한국-말레이시아 간 청소년교류 약정을 체결한 이후 현재까지 39개 국가와 약정을 체결하고 교류를 이어 가고 있다(여성가족부, 2022a: 188).[3] 청소년교류활동은 국가 간 청소년교류, 청소년 해외체험 프로그램, 민간단체 주관 청소년 국제행사 지원 등이 대표적이다.

(3) 청소년문화활동

국가 및 지방자치단체의 청소년문화활동에 대한 지원은 「청소년활동 진흥법」「문화예술교육 지원법」 등을 근거로 하며 청소년동아리활동, 청소년어울림마당 등의 사업이 대표적이다. 청소년문화활동은 청소년이 예술, 스포츠, 동아리, 봉사 등 체험활동을 통해 문화적 감수성을 증진하고 삶의 질을 향상하는 데 목적이 있다. 청소년동아리활동은 문화, 예술, 스포츠, 과학 등 다양한 취미활동을 통해 또래관계를 형성하고 자신의 특기, 소질을 개발하도록 돕는 자율적인 활동을 말한다. 청소년어울림마당은 청소년이 주체가 되어 기획·진행하여 문화표현의 장(場)으로, 전국적으로 광역시·도 대표 어울림마당과 시·군·구 어울림마당이 운영되고 있다(여성가족부, 2022a: 165).

(4) 국제청소년성취포상제

국제청소년성취포상제(The Duke of Edinburgh's Award, 이하 국제포상제도)는 1956년 영국 엘리자베스 2세 여왕의 부군인 에든버러 공작에 의해 창설되었으며, 현재 전 세계 130여 개 국가에서 운영되는 국제적인 인증프로그램이다. 국제포상제도는 만 14~24세 이하 청소년이 신체단련, 자기개발, 봉사, 탐험

---

3) 청소년교류활동은 만 15~24세 청소년 및 청소년지도자 등을 대상으로 하며 세부사업별로 참여 청소년의 연령에 차이를 두고 있다.

활동 등 네 가지 포상활동 영역을 통해 잠재력을 개발하고 세계시민으로 성장
하도록 돕는 것을 목적으로 한다. 네 가지 활동 영역 가운데 청소년이 평소 하
고 싶었던 활동을 스스로 정하고 계획하여 매주 지속적으로 참여하고 성취목
표를 달성하면 국제포상협회(IAA)의 인증서를 받을 수 있다(〈표 4-3〉참조).
국제포상제도는 비경쟁성, 평등성, 자발성, 성취지향성, 과정중시성, 재미
등 10개의 활동철학을 기반으로 한다(한국청소년활동진흥원 홈페이지, https://
www.kywa.or.kr).

| 표 4-3 | 국제포상제도의 포상 단계별 최소 활동 기간

구분	봉사	자기개발	신체단련	탐험	합숙
금장 16세 이상	12개월 48회 이상	12개월 48회 이상	12개월 48회 이상	3박 4일 (1일 8시간)	4박 5일 ※ 금장 단계 에 한함
	은장 미보유 청소년은 봉사, 자기개발, 신체단련 중 하나를 선택하여 추가로 6개월 수행				
은장 15세 이상	6개월 24회 이상	6개월 24회 이상	6개월 24회 이상	2박 3일 (1일 7시간)	‒
	동장 미보유 청소년은 봉사, 자기개발, 신체단련 중 하나를 선택하여 추가로 6개월 수행				
동장 14세 이상	3개월 12회 이상	3개월 12회 이상	3개월 12회 이상	1박 2일 (1일 6시간)	‒
	참가자는 봉사, 자기개발, 신체단련 중 하나를 선택하여 추가로 3개월 수행				

출처: 여성가족부(2022a), p. 170.

(5) 청소년자기도전포상제

청소년자기도전포상제(Korean Achievement Award)는 만 7~15세의 청소년
(초등학교 1학년~중학교 3학년)이 자기개발, 신체단련, 봉사활동, 탐험활동, 진
로개발활동 중 선택한 네 가지 활동영역에서 자기 스스로 정한 목표를 성취하

는 자기성장 프로그램이다. 국제포상제도와 같이 포상단계별로 최소한의 활동 기간을 충족하면 이를 포상하는 제도이며(〈표 4-4〉 참조), 다양한 활동, 스스로 하는 활동, 경쟁이 없는 활동, 즐길 수 있는 활동 등 8개 활동철학을 기반으로 한다(여성가족부, 2022a: 172).

┃ 표 4-4 ┃ 자기도전포상제도의 포상 단계별 최소 활동 시간

구분	봉사활동	자기개발	신체단련	탐험활동	진로개발활동
동장 만 7세 이상	8주(회) 이상	8주(회) 이상	8주(회) 이상	1일(5시간)	10회
	참여청소년은 봉사, 자기개발, 신체단련 중 한 가지 영역을 추가로 8주(회) 이상 수행				
은장 만 7세 이상	16주(회) 이상	16주(회) 이상	16주(회) 이상	1박 2일 (10시간)	14회
	동장 미보유 청소년: 봉사 · 자기개발 · 신체단련활동 중 한 가지 영역을 선택하여 추가로 16주(회) 이상 수행				
금장 만 10세 이상	24주(회) 이상	24주(회) 이상	24주(회) 이상	2박 3일 (15시간)	8회
	은장 미보유 청소년: 자기개발 · 신체단련 · 봉사활동 중 한 가지 영역을 선택하여 추가로 24주(회) 이상 수행				

주: 1) 자기개발 · 신체단련 · 봉사활동 · 진로개발활동은 1주에 각 1회 40분 이상을 원칙으로 함
  2) 단계별로 네 가지 활동 영역 모두 이수해야 함
  3) 탐험활동은 사전 기본교육이 필수로 진행되어야 함
  4) 진로개발활동은 단계별 과제 수행 시마다 1회 활동으로 간주하며, 워크북 작성은 필수임
출처: 여성가족부(2022a), p. 171.

(6) 청소년봉사활동

현재 청소년봉사활동은 전국 시 · 도 청소년활동진흥센터가 청소년기관 및 단체, 사회복지기관 및 시설, 문화 · 예술 · 체육 · 관광 · 의료시설 및 단체 등에 대하여 인증한 기관(인증터전)을 중심으로 이루어지고 있다. 청소년활동정보서비스(youth.go.kr)에 등록된 자원봉사 터전은 약 8,000개, 프로그램은 약 18만 개이며 2021년 기준 청소년봉사활동에 참여한 청소년은 약 10만 명에 달한다(여성가족부, 2022a: 168). 청소년봉사활동은 공동체의식 함양뿐 아니라

자아존중감, 학교생활적응, 삶의 만족도 등에 긍정적인 영향을 미치는 활동이다(김해성, 안영철, 송진영, 2018; 최경옥, 2017).

3) 청소년활동시설

「청소년 기본법」에서 청소년시설은 활동시설, 복지시설, 보호시설로 구분한다(동법 제17조). 이 가운데 청소년활동시설은 수련활동, 교류활동, 문화활동 등 청소년활동에 제공되는 시설을 말하며, 「청소년활동 진흥법」에서 청소년활동시설은 수련시설과 이용시설로 구분한다(동법 제10조). 국가와 지방자치단체뿐 아니라 법인과 단체, 개인도 청소년활동시설을 설치, 운영할 수 있으나 시·군·구청장의 허가를 받아야 한다.

(1) 청소년수련시설

청소년수련시설은 수련활동에 필요한 여러 시설, 설비, 프로그램 등을 갖추고 청소년지도자의 지도하에 체계적이고 조직적인 수련활동을 실시하는 시설을 말한다. 그간 청소년수련시설은 「청소년 기본법」에 의하여 생활권 수련시설(청소년수련관, 청소년문화의집)과 자연권 수련시설(청소년수련원, 청소년야영장), 유스호스텔 등 입지 여건에 따라 구분되었다. 2004년 「청소년활동 진흥법」이 제정되면서 청소년수련시설은 청소년수련관, 청소년수련원, 청소년문화의집, 청소년특화시설, 청소년야영장, 유스호스텔 등 총 여섯 종류로 구분한다. 이 가운데 청소년수련원, 청소년야영장, 유스호스텔은 숙박기능이 있다는 것이 특징이며 그 외 시설은 지역사회 내에서 수련거리를 활용한 청소년활동에 초점을 두고 있다.

① 청소년수련관: 다양한 수련거리를 실시할 수 있는 각종 시설 및 설비를 갖춘 종합수련시설
② 청소년수련원: 숙박 기능을 갖춘 생활관과 다양한 수련활동을 실시할 수

있는 각종 시설과 설비를 갖춘 종합수련시설

③ 청소년문화의집: 간단한 수련활동을 실시할 수 있는 시설 및 설비를 갖춘 정보 · 문화 · 예술 중심의 수련시설

④ 청소년특화시설: 청소년의 직업체험, 문화예술, 과학정보, 환경 등 특정 목적의 청소년활동을 전문적으로 실시할 수 있는 시설과 설비를 갖춘 수련시설

⑤ 청소년야영장: 야영에 적합한 시설 및 설비를 갖추고 수련거리 또는 야영 편의를 제공하는 수련시설

⑥ 유스호스텔: 청소년의 숙박 및 체재에 적합한 시설 · 설비와 부대 · 편익 시설을 갖추고 숙식 편의제공, 여행청소년의 활동지원 등을 주된 기능 으로 하는 시설

「청소년활동 진흥법」 제11조에 따라 지방자치단체는 청소년수련관을 최소 1개소 이상 설치 · 운영하여야 하고, 읍 · 면 · 동에는 청소년문화의집을 1개 소씩 설치하여야 한다. 또한 수련시설 운영 대표자는 정기 및 수시로 안전점 검을 실시하고 그 결과를 시 · 도 및 자치구의 장에게 제출하여야 하며(동법 제 18조), 2006년부터는 청소년시설에 대한 종합평가를 실시하고 그 결과를 공표 하고 있다.

(2) 청소년이용시설

청소년이용시설은 수련시설이 아닌 시설로, 청소년활동과 청소년의 건전 한 이용이 가능한 시설을 의미한다. 문화예술시설, 공공체육시설, 청소년이 이용하기 적합한 공용시설과 다른 법령에 따라 설치된 기타 이용시설 등이 해 당되는데 문화시설, 과학관, 체육시설, 교육시설, 자연휴양림, 수목원, 사회복 지관, 시민회관, 어린이회장, 공원, 광장, 고수부지, 그 밖에 유사한 공공시설 이 포함된다.

(3) 청소년활동 지원 기구

청소년활동 지원 기구에는 한국청소년활동진흥원, 시 · 도 청소년활동진흥센터, 한국청소년수련시설협회 등이 있다.

① 한국청소년활동진흥원

한국청소년활동진흥원은 「청소년활동 진흥법」 제6조에 의거하여 설치 · 운영되는 여성가족부 산하기관이며, 청소년활동 전반을 기획하고 일선 청소년활동진흥센터를 지원하는 중앙기관이다.

② 청소년활동진흥센터

청소년활동진흥센터는 청소년자원봉사센터로 출범하였으며 「청소년활동진흥법」이 제정되면서 법적인 근거가 마련되었고 청소년활동, 교류, 문화활동 등 청소년활동 사업을 추진하고 있다. 청소년활동진흥센터는 시 · 도, 한국청소년활동진흥원, 관내 학교 등과 협력하여 지역 내 청소년활동의 요구에 관한 조사, 청소년수련활동인증제도 지원, 인증받은 청소년수련활동의 홍보와 지원, 청소년활동 프로그램 개발과 보급, 청소년활동에 대한 교육 및 홍보 등 청소년활동진흥을 위한 사업을 담당한다. 현재 17개 시 · 도에 설치되어 있는데 그 동안 국비와 지방비가 매칭으로 운영비가 지원되었으나, 법률에서 지방자치단체장이 설치 · 운영하도록 규정하고 있어 2022년부터는 지방사무(지방비)로 이양되었다.

③ 한국청소년수련시설협회

한국청소년수련시설협회는 전국 800여 개 공공 및 민간 청소년수련시설(청소년수련관, 청소년수련원, 청소년문화의집, 청소년야영장, 청소년특화시설, 유스호스텔)의 발전을 위한 지원, 청소년수련시설 간 연계 · 협력을 위한 협의와 조정, 청소년수련시설 운영 활성화 정책 제안 등을 목적으로 1989년에 창립하였다. 이후 「청소년활동 진흥법」 제40조를 근거로 특수법인으로 재출범하였고, 지방 협회(14개소)와 시설 유형별 협의회(청소년수련관, 청소년문화의집, 청소년수련원, 유스호스텔) 등이 구축되어 있다(한국청소년수련시설협회, http://youthnet.or.kr).

3. 청소년 사례관리

1) 청소년 사례관리의 개념과 목표

사례관리(case management)는 사회복지 실천방법이자 그 자체로서 공공과 민간의 사업으로 널리 운영되고 있다.[4] 사례관리의 개념은 학자별·실천모델별·사업별로 다양하게 정의할 수 있는데, 일반적으로 '복합적인 욕구를 가진 클라이언트와 관련 체계를 대상으로 욕구의 충족과 사회적 기능 향상을 위해 서비스의 연계와 조정을 기반으로 효과적인 사회복지 서비스를 제공하는 통합적인 실천방법'으로 정의된다. 따라서 청소년 사례관리는 복합적인 욕구나 위기 상황에 놓인 청소년과 청소년을 둘러싼 주요 체계(가족, 또래, 학교, 지역사회 등)를 대상으로 해당 청소년의 어려움을 해결하고 역량 강화를 지원하는 방법이자 실천전략이라고 볼 수 있다. 사례관리의 목표는 해당 청소년과의 계약을 통해 함께 설정한 목표를 달성하는 것이며, 청소년이 호소하거나 혹은 의뢰된 주요 문제를 해결하고 청소년을 둘러싼 위험요인을 제거하거나 보호요인을 강화하는 환경의 변화가 주된 목표가 될 수 있다. 청소년복지 현장에서 사례관리는 청소년에 대한 개입 과정을 의미하기도 하고, '개별 맞춤형 통합지원'과 같은 명칭으로 사용되기도 한다.

---

4) 국내외 문헌에서 소개하는 사례관리의 다양한 개념은 권현수(2016)를 참고할 수 있다.

2) 청소년 사례관리의 과정

사례관리의 실천과정도 학자별, 사업 및 서비스 특성별로 다양하게 정의할 수 있다. 일반적으로 사례관리는 접수, 욕구 및 위기도 사정(assessment), 사례회의, 대상자 선정, 서비스 제공 및 점검, 종결, 사후관리의 과정을 토대로 하며 청소년 대상 사례관리도 이러한 과정을 준용한다. 사례관리가 상담과정과 차별화되는 부분은 클라이언트의 문제를 해결하고 욕구를 충족하기 위해 다양한 자원을 연결하고 이를 조정(조율)하는 과정이 필수적이라는 점이다(심석순, 2022). 따라서 단편적인 일회성 지원으로 문제를 해결하기 어렵거나, 두개 이상의 기관이나 여러 개의 사업을 통해 다면적으로 지원해야 할 위기청소년의 경우 사례관리 방법이 효과적이다.

청소년 사례관리의 과정을 초기단계, 사정단계, 계획단계, 실행과 점검단계, 평가 · 종결 · 사후관리 단계 등 크게 다섯 단계로 구분하면 다음과 같다(최지선, 2022: 4-5).

- 초기단계: 사례관리를 시작할 수 있도록 청소년과 관계 맺기
- 사정단계: 청소년의 욕구와 역량, 비공식적 지지를 포함한 자원 등 필요한 정보 수집
- 계획단계: 청소년이 달성할 수 있는 단기, 중장기 목표를 설정하고, 사례관리에 참여하는 기관별 개입목표 설정
- 실행과 점검단계: 사례관리의 특징이라 할 수 있는 연계, 기관 간 협력, 모니터링, 서비스 조정
- 평가 · 종결 · 사후관리 단계: 변화된 점을 함께 평가하고 사례관리를 종결하거나 목표를 달성하지 못한 경우 대안적인 계획 수립

3) 청소년 사례관리자의 역할

최지선(2022)은 사례관리자의 핵심과업을 크게 다섯 가지로 구분하였는데, 이는 청소년을 대상으로 하는 사례관리자에게도 적용될 수 있다(〈표 4-5〉 참조). 결국 사례관리자는 청소년과 신뢰할 수 있는 관계형성을 기반으로 문제해결과 욕구 충족에 도움이 되는 다양한 자원을 발굴하여 연계하고, 청소년과 청소년을 둘러싼 환경의 변화를 촉진하는 역할을 수행하여야 한다. 특히 사례관리자가 바람직한 실천(best practice)을 수행하기 위해서는 사례관리 수행을 지원하는 내부 운영체계 마련, 지역사회 기반의 통합사례관리체계 구축, 사례관리와 사례관리자의 방향을 잡아 주는 슈퍼비전 체계 마련, 준비와 지속 성장을 지원하는 교육훈련체계를 갖추어야 한다(최지선, 김연수, 2019).

┃ 표 4-5 ┃ 청소년 사례관리자의 핵심과업

범주	하위범주	개념
믿고 의지할 수 있는 관계 형성	관점	문제가 있는 사람이 아닌 잘 견뎌 온 사람으로 인식
	접촉과 지원	진정성·일관성을 가지고 접촉하고 시급한 문제부터 우선 지원
	설명/동의 얻기	눈높이에서 사례관리의 의미를 설명하고 동의 구하기
	신뢰관계 형성	믿고 의지할 수 있는 사람 되기
클라이언트의 현재 배경과 가지고 있는 것, 환경, 가능성에 대한 탐색	현재 상황 배경	가족력/개인력, 지원 경험과 긍정적·부정적인 영향 파악
	원동력	과거 혹은 현재의 성취, 미래에 대한 준비, 의지 파악
	강점과 역량	강점이 될 수 있는 태도, 노력, 욕구와 관련된 역량 파악
	자원	비공식 지지망 등 청소년과 가족이 속한 삶의 현장
	욕구	클라이언트 스스로 욕구를 알고 표현하도록 독려, 의뢰자나 서비스 제공기관 등의 의견과 상충되는 정보 파악
클라이언트의 참여와 선택을 존중하는 사례관리계획 구상	계획 주체	목표의 내용과 수준 결정, 자원확보 과정에 클라이언트의 참여
	자원 선택	클라이언트의 경험과 자원의 특성을 고려하여 연계 자원 결정
	공유/조정	참여 기관들과 클라이언트에 대한 관점과 사례관리 방향을 공유하고 조정

공유와 반응, 동행하는 사례 관리 이행	친구, 이웃	클라이언트의 상황을 이해시키고 모니터링 및 지지체계로 활용
	클라이언트	서비스 이용과정에서 동행하거나 클라이언트의 의견에 대한 피드백
	참여기관	참여기관에 대한 존중과 감사 표현, 공식 사례회의와 비공식 채널 병행 활용, 의사소통 창구 일원화 및 이행상황 공유, 공동 슈퍼비전을 받고 공유, 변화와 성취 확인
눈에 보이지 않는 관계와 역량의 변화에 대한 평가	역량 강화	클라이언트의 역량과 환경의 변화, 관계회복, 하나의 욕구 충족으로 다른 역량이나 목표가 생김, 친구나 공동체가 생김, 신뢰감 형성
	지지망 형성	클라이언트를 돕는 지역사회 경험하기

출처: 최지선(2022), pp. 15-16을 수정·보완함.

4) 청소년 사례관리 현장: 각 부처의 주요 사업을 중심으로

(1) 지역사회 청소년 통합지원체계: 여성가족부

지역사회 청소년 통합지원체계(Community Youth Safety Network: CYS-Net, 이하 청소년안전망 사업)는 위기청소년 문제에 대하여 국가적인 개입이 필요하다는 인식이 확산되면서 2005년 당시 국가청소년위원회가 5개 지역에서 시범 운영을 실시하면서 시작되었다. 이후 2009년에 국무총리 훈령 제545호 '지역사회 청소년 통합지원체계 구성 및 운영에 관한 규정'(2009. 11. 27.)이 공포되고, 2012년 「청소년복지 지원법」 개정 시 관련 조항이 포함되면서 법적 근거가 마련되었다.

청소년안전망 사업은 지자체 내 청소년복지심의위원회 및 실무위원회를 두고 지역사회 내 청소년 관련 기관 간의 협력 네트워크를 활용하여 위기청소년의 발견, 구조, 보호, 연계 등을 지원한다([그림 4-1], [그림 4-2] 참조). 청소년안전망 사업의 내용을 보면 상담 및 정서지원이 가장 많고, 그다음은 기초생활 및 경제적 지원, 여가 및 문화활동 지원, 사회적 보호, 교육 및 학업지원, 의료지원, 자활지원, 법률자문 및 권리구제 지원 순으로 지원이 이루어지고 있다.

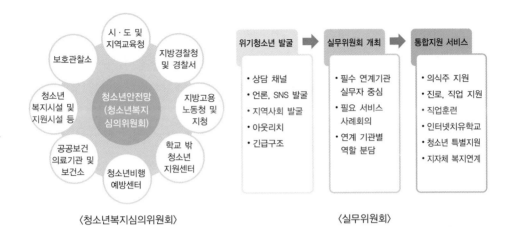

│ 그림 4-1 │ 지역사회 청소년 통합지원체계 체계도

출처: 여성가족부(2022a), p. 254.

서비스 연계 동의서			

필수 연계기관 및 연계서비스 내용

│ 그림 4-2 │ 청소년안전망 서비스 연계 내용과 양식(예시)

출처: 여성가족부(2022c), pp. 152-153.

이와 함께 상담자가 위기청소년을 찾아가서 상담하고 일정 기간 동안 사례관리를 진행하는 청소년동반자(Youth Companion: YC) 사업이 있다. 청소년동반자의 사례관리는 한 사례당 3개월 이내 종결하는 것을 원칙으로 하는데, 사례의 특성에 따라 탄력적으로 운영하기도 한다. 청소년안전망의 사례판정회의를 통해 개인, 가정, 또래 및 학교영역, 인터넷중독, 학교폭력, 가정폭력, 아동학대, 가출, 자살 등의 위기 정도를 확인한 후 사례관리가 필요한 청소년이 주요 대상이다.

(2) 드림스타트 사업: 보건복지부

드림스타트(Dream Start)는 「아동복지법」 제37조(취약계층 아동에 대한 통합서비스 지원)를 근거로, 빈곤의 대물림을 차단하여 아동의 전인적인 발달을 도모하고 가족 기능의 회복과 양육 여건 개선을 목적으로 한다. 0세 아동(임산부)부터 만 12세(초등학교 6학년 이하)의 취약계층 아동과 가족에 대한 가정방문과 맞춤형 사례관리가 핵심이며, 2007년 희망스타트라는 이름으로 시범사업이 시작된 이래 현재 모든 시·군·구에서 시행하고 있고, 같은 기간 지원대상은 3,700여 명에서 16만 명 이상으로 증가하였다. 드림스타트 사업은 시·

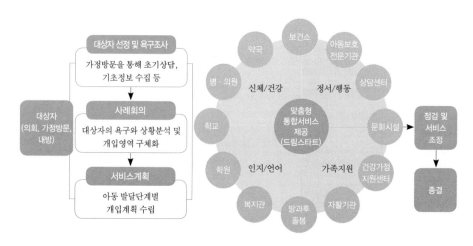

┃그림 4-3┃ 드림스타트 사례관리 절차 및 지역자원 연계도

출처: 드림스타트(https://www.dreamstart.go.kr).

군·구에 수행기구를 두고 전담공무원과 아동통합사례관리사를 배치하여 사업에 필요한 공간과 서비스는 지역 내 인프라 활용을 원칙으로 한다([그림 4-3] 참조). 드림스타트의 아동통합사례관리 과정은 [그림 4-4]와 같다.

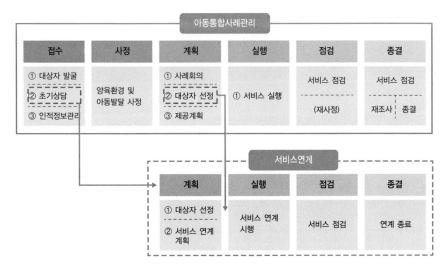

| 그림 4-4 | 드림스타트 아동통합사례관리 과정

출처: 보건복지부, 아동권리보장원(2023), p. 40.

 아동통합사례관리사의 태도와 안내 사항

(1) 아동통합사례관리사가 지녀야 할 태도
• 아동이 거부감을 느끼지 않도록 따뜻한 눈빛과 밝은 목소리로 다가가고 가끔씩 아동이 사용하는 언어를 사용
• 아동과의 신뢰관계 형성을 위해서 아동이 좋아하는 것, 잘하는 것, 관심사 등에 대해 이야기하고 아동의 강점을 발견하여 칭찬하거나 아동과 소통할 수 있는 매체(그림, 장난감, 놀이 등)를 개발해 공유
• 아동에 대한 사례관리는 부모와 신뢰관계, 협력관계를 형성하는 것이 핵심이므로, 부모 입장에서의 양육 스트레스나 생활상의 고충에 대해 경청하고 진심으로 이해하는 태도 필요

- 민감한 정보 질문 시 아동 및 부모가 거부감을 느끼지 않도록 태도·행동에 유의 필요

(2) 상담 시 사례관리사가 사전에 안내할 내용
- 본인에 대한 소개
- 상담내용 기록(녹음)에 대한 동의
- 방문 목적 설명
- 수혜 자격 및 요건, 과정, 내용 등 사업 소개
- 법률에 의한 비밀 보장 안내
- 정보시스템(행복e음)을 통한 상담내용 관리

출처: 보건복지부, 아동권리보장원(2023), p. 42.

(3) 위기아동 사례관리: 보건복지부

위기아동은 학대피해아동과 원가정의 보호를 받지 못하는 보호대상아동 등을 말한다. 정부는 이들 위기아동에 대한 국가 책임을 강화해 나아가고 있으며, 2020년에는 지자체에 아동학대 전담공무원 배치 의무화를 골자로 「아동복지법」이 개정되었고, 전국 시·군·구에 아동학대 전담공무원과 보호대상아동의 원가정 복귀 및 보호종료 이후 사례관리까지 전 과정을 모니터링하는 아동보호전담요원이 배치되었다. 다만 보건복지부는 아동학대 의심사례 50건당 아동학대전담공무원 1명 배치를 권고하고 있지만 2022년 7월 기준 아동학대 전담공무원은 전국적으로 811명이 배치되어 있어 기준을 충족하지 못한 지자체가 많은 실정이다. 현재 아동학대조사, 아동학대 판단 및 조치 등의 업무는 시·군·구가 직접 수행하고, 학대피해아동과 가정을 지원하는 심층 사례관리는 민간기관인 아동보호전문기관이 담당하고 있는데, 일부 지역에서는 시·군·구에서 사례관리 업무까지 담당하는 등 지역별로 차이가 있다. 일반적으로 시·군·구의 위기아동 보호조치는 다음과 같은 절차로 이루어지고 있다([그림 4-5] 참조).

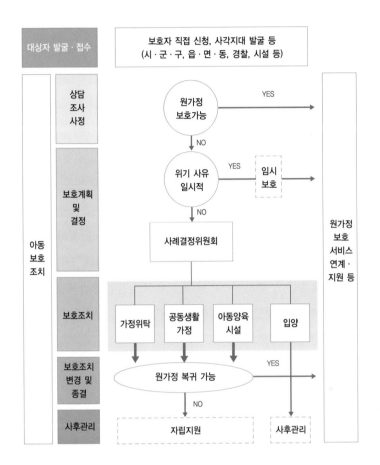

대상자 발굴·접수

보호자 직접 신청, 사각지대 발굴 등
(시·군·구, 읍·면·동, 경찰, 시설 등)

상담
조사
사정

원가정
보호가능

YES

NO

보호계획
및
결정

위기 사유
일시적

YES

임시
보호

NO

아동
보호
조치

사례결정위원회

원가정
보호
서비스
연계·
지원 등

보호조치

가정위탁

공동생활
가정

아동양육
시설

입양

보호조치
변경 및
종결

원가정 복귀 가능

YES

NO

사후관리

자립지원

사후관리

| 그림 4-5 | 아동보호 업무 흐름도

출처: 보건복지부, 아동권리보장원(2022), p. 62.

(4) 교육복지우선지원사업 및 교육복지안전망: 교육부

교육복지우선지원사업은 도시 빈곤 아동·청소년의 교육기회 불평등을 해소하기 위하여 2003년 서울과 부산에서 시범사업으로 시작된 '교육복지투자우선지역지원사업'을 전신으로 하며, 대상지역이 확대되어 2008년에 모든 시 지역으로 범위가 확대되었다. 이후 2011년에 지방이양사업으로 전환되면서 현재의 사업명으로 변경하고 사업 대상도 지역 단위에서 개별 학교로 변경되었다.

이 사업의 대상 학생은 교육급여 수급자, 차상위계층 및 한부모가족의 자녀, 북한이탈주민 및 다문화가족의 자녀, 특수교육대상자 등이며 일련의 절차를 거쳐 선정된 학생에게 필요한 학습, 문화 체험, 심리치료, 복지 프로그램 등을 제공한다. 다만 전체 교육복지우선지원사업 학교의 약 44%에만 교육복지사가 배치되어 있고 1인당 평균 195.1명을 담당하고 있어 교육부와 시·도 교육청은 지역 교육지원청의 역할을 통해 복지 사각지대에 놓인 학생들을 발굴·지원하고자 2021년부터 교육복지안전망 시범사업을 별도로 운영하고 있다.[5] 현재 교육복지안전망은 각 교육지원청의 사업 운영 전략에 따라, ① 기존 교육지원청 내의 조직을 활용하여 교육복지안전망을 운영하는 형태, ② 교육지원청 내에 교육복지안전망센터를 별도로 구축한 형태, ③ 교육청과 지자체 통합·협력체계를 구축하여 그 안에 교육복지안전망센터를 배치한 형태, ④ 교육지원청 외부에 별도의 교육복지안전망센터를 구축한 형태 등으로 운영되고 있다(여성가족부, 2022a: 432).

(5) 학생맞춤통합지원: 교육부

교육부는 그간 개별 사업별로 분절적으로 운영되던 각종 학생지원 체계를 통합하는 학생중심 맞춤형 통합지원을 골자로 2023년 학생맞춤통합지원 선도학교 및 시범교육지원청을 선정하여 운영하고 있다. 학생맞춤통합지원은 위기학생의 조기 발굴, 맞춤형 지원, 자원 연계를 위한 정보 공유 등을 강조한다. 2023년에 「학생맞춤통합지원법안」이 발의되었으며(2023. 5. 31.),[6] 법안은 '학생맞춤통합지원'을 '학생의 학습참여를 어렵게 하는 기초학력 미달, 경제적 어려움, 심리적·정서적 어려움, 학교폭력, 아동학대 등 다양한 문제를 통합적으로 해소하고 학생의 전인적 성장과 교육회복을 위하여 이루어지는 지원'으로 정의하였다. 또한 법안에는 교육부 장관이 학생맞춤통합 지

---

5) 2022년 기준 전국 17개 시·도교육청에서 총 116개 교육복지안전망을 구축하고 교육지원청이 운영하고 있다.
6) 학생맞춤통합지원법안(김병욱의원 대표 발의, 의안번호 2122421)

원을 위한 기본계획을 5년마다 수립하고, 교육감은 지역의 여건을 고려해 시·도학생맞춤통합지원을 위한 시행계획 수립에 대한 내용 등이 포함되어 있다.

토의문제

1. 청소년 상담사례를 선정하여 청소년 내담자의 주요 문제와 욕구, 상담 진행과정과 상담자의 역할을 분석해 보자.
2. 지역사회 내의 다양한 청소년활동기관을 방문해 보고 청소년의 관점에서 기관 및 사업 운영의 개선방안을 논의해 보자.
3. 각 부처별로 추진하고 있는 청소년 사례관리 사업의 추진 현황과 효과를 살펴보고 청소년 사례관리자의 주요 역할에 대해 토의해 보자.

참고문헌

교육부(2023). 학생맞춤통합지원 시범교육지원청, 복합적 어려움을 가진 학생 지원 역량 강화. 교육부 보도자료(2023. 6. 12.).

권일남, 최창욱(2011). 청소년활동 개념 재정립에 관한 연구. 서울: 한국청소년정책연구원.

권현수(2016). 사례관리의 개념에 대한 쟁점 고찰. 인문논총, 40, 83-109. 경남대학교 인문과학연구소.

김동일, 김은하, 김은향, 김형수, 박승민 외 10명(2014). 청소년심리학 개론. 서울: 학지사.

김해성, 안영철, 송진영(2018). 청소년의 자원봉사활동이 삶의 만족도에 미치는 영향: 공동체의식의 매개효과를 중심으로. 교육문화연구, 24(1), 305-325.

박재연, 이인숙, 이정윤, 김영이, 이형애, 송종순, 박경례(2022). 현장의 이야기를 담은 청소년상담 이론과 실제. 서울: 신정.

보건복지부(2022). 내부자료.

보건복지부, 아동권리보장원(2022). 2022 아동보호서비스 업무 매뉴얼.

보건복지부, 아동권리보장원(2023). 2023 드림스타트 사업안내.

심석순(2022). 사례관리기법을 활용한 발달장애인 주간활동서비스 절차와 내용분석 연구. 사례관리연구, 13(3), 83-104.

여성가족부(2022a). 2022 청소년백서.

여성가족부(2022b). 2022년 청소년사업안내 1.

여성가족부(2022c). 2022년 청소년사업안내 2.

이윤희, 김경민, 이상민(2021). 비대면 상담 윤리강령 기초 연구, 상담학연구, 22(5), 77-106.

정순례, 양미진, 손재환(2015). 청소년상담 이론과 실제. 서울: 학지사.

조수철, 신민섭, 김붕년, 김재원(2010). 아동 · 청소년 임상 면담. 서울: 학지사.

최경옥(2017). 지역사회 청소년활동 참여와 학교생활적응의 관계에서 자기효능감의 매개효과. 청소년복지연구, 19(3), 231-261.

최지선(2022). Best Practice에서 나타난 사례관리자의 핵심과업과 성잘: 질적 내용분석. 사례관리연구, 13(1), 1-34.

최지선, 김연수(2019). 사례관리 Best Practice의 개념과 구성요소: 사례관리자 관점을 중심으로. 사례관리연구, 10(1), 1-30.

하지영, 유순화, 정애리(2022). 청소년 대상 사이버상담자의 윤리적 갈등 경험에 관한 현상학적 연구: 채팅상담을 중심으로. 청소년상담연구, 30(2), 80-108.

홍봉선, 남미애(2010). 청소년복지론. 경기: 공동체.

1388 청소년사이버상담센터 https://www.cyber1388.kr

드림스타트 https://www.dreamstart.go.kr

온라인 청년센터 https://youthcenter.go.kr

위(Wee) 프로젝트 https://www.wee.go.kr

청소년활동정보서비스 www.youth.go.kr

학생맞춤통합지원법안(김병욱의원 대표발의, 의안번호 2122421, 발의일자: 2023. 5. 31.). 대한민국 국회 의안정보시스템 http://likms.assembly.go.kr

한국청소년활동진흥원 https://www.kywa.or.kr

한국청소년수련시설협회 http://youthnet.or.kr

한국청소년상담복지개발원 https://www.kyci.or.kr

「문화예술교육 진흥법」법제처 국가법령정보센터 https://www.law.go.kr

「아동복지법」법제처 국가법령정보센터 https://www.law.go.kr

「청소년복지 지원법」법제처 국가법령정보센터 https://www.law.go.kr
「청소년 기본법」법제처 국가법령정보센터 https://www.law.go.kr
「청소년활동 진흥법」법제처 국가법령정보센터 https://www.law.go.kr

제5장

정책적 접근

청소년을 위한 복지정책은 법령과 제도를 통해 구현된다. 우리나라의 청소년정책은 1987년 「청소년육성법」이 제정된 후 이듬해에 청소년정책 전담부서로서 체육부에 청소년국이 설치되면서 본격 추진되었다. 이후 청소년정책은 문화체육부, 청소년보호위원회(국무총리실), 국가청소년위원회, 보건복지부를 거쳐 2010년 3월부터 여성가족부가 담당하고 있다([그림 5-1] 참조). 그간 청소년복지정책은 양적·질적으로 확장되어 왔지만, 청소년 인구의 감소와 청소년을 둘러싼 유해환경이 급증함에 따라 모든 청소년의 복지 향상과 유해환경으로부터의 피해 예방을 위한 정책 수요가 더욱 증가하고 있다. 특히 과거와 달리 청소년기가 더욱 길어진 데 비해 가족의 기능은 점차 약화되고 있어 취약·위기청소년의 규모가 줄어들지 않고 있고 청소년의 복지 수요도 다변화되고 있다. 청소년복지정책은 법령을 토대로 제도와 사업으로 구체화되므로 이 장에서는 청소년정책 관련 법과 청소년복지정책의 대상 및 주요 내용, 청소년정책 행정체계의 개요를 살펴보도록 한다.

1. 청소년정책 관련 법

청소년정책의 근거법은 「청소년 기본법」이며, 1997년에 「청소년 보호법」 제정, 2004년 2월에 「청소년복지 지원법」과 「청소년활동 진흥법」이 각각 제정되면서 청소년보호 · 복지 · 활동정책 추진을 위한 법적 기반이 마련되었다. 우리나라에서 (아동)청소년을 주요 대상으로 한 최초의 법률은 1961년과 1962년에 각각 제정된 「미성년자보호법」과 「아동복리법」이며, 전자는 「청소년 보호법」의 제정으로 폐기되었고, 후자는 1981년에 「아동복리법」으로 전면 개정되었다. 1987년에는 청소년정책의 근거법이라 할 수 있는 「청소년육성법」이 제정되었고, 이를 전면 개정한 「청소년 기본법」이 1991년 3월에 제정되면서 청소년정책 추진을 위한 법적 근거가 마련되었다.

1990년에는 청소년정책의 기본 이념과 방향 정립을 위해 청소년헌장이 제정되었고, 1998년에 새롭게 개정된 바 있다. 1997년에 제정된 「청소년 보호법」은 청소년 유해매체와 유해약물의 유통, 청소년의 유해업소 출입 등을 규제하여 유해환경으로부터 청소년을 보호하는 것을 목적으로 하며, 청소년의 성보호 및 성착취 피해 예방을 위해 2000년 7월부터 「아동 · 청소년의 성보호에 관한 법률」도 시행되고 있다.

이 외에도 청소년을 직접 대상으로 하거나 청소년의 보호, 청소년의 권리 및 의무와 관련된 조항을 포함하는 법령과 규칙이 매우 많지만 여기에서는 청소년정책의 근거법을 중심으로 법령의 취지와 내용을 간략하게 살펴보도록 한다. 청소년정책 영역별 주요 관련 법령의 예시는 〈표 5-1〉과 같다.

┃표 5-1┃ 청소년정책 관련 주요 법령의 예시

청소년정책 영역	법령의 예시[1]
청소년권리	「헌법」「민법」「형법」「상법」「청소년 기본법」「초·중등교육법」「고등교육법」「장애인 등에 대한 특수교육법」「청년기본법」 등
청소년복지	「청소년복지 지원법」「아동복지법」「사회보장기본법」「사회복지사업법」「국민기초생활 보장법」「장애인복지법」「학교 밖 청소년 지원에 관한 법률」「아동의 빈곤예방 및 지원 등에 관한 법률」「보호시설에 있는 미성년자의 후견 직무에 관한 법률」 등
청소년보호	「청소년 보호법」「아동·청소년의 성보호에 관한 법률」「소년법」「보호소년 등의 처우에 관한 법률」「아동학대범죄의 처벌 등에 관한 특례법」「게임산업진흥에 관한 법률」「담배사업법」「마약류 관리에 관한 법률」「가정폭력방지 및 피해자보호 등에 관한 법률」 등
청소년활동	「청소년활동 진흥법」「한국청소년연맹 육성에 관한 법률」「한국과학우주청소년단 육성에 관한 법률」「스카우트활동 육성에 관한 법률」「국민체육진흥법」 등
가족정책[2]	「건강가정기본법」「한부모가족지원법」「다문화가족지원법」「가족친화 사회환경의 조성 촉진에 관한 법률」 등
청소년환경	「근로기준법」「국민체육진흥법」「식품위생법」「사회복지공동모금회법」「기부금품의 모집 및 사용에 관한 법률」「체육시설의 설치이용에 관한 법률」 등

주: 1) 법령은 소관부처와 관계없이 미성년자 또는 청소년(9~24세)을 직접 대상으로 하거나 청소년을 지원 대상에 포함하는 법률 중 일부만 제시한 것임.
　　2) 가족정책 관련 법령은 여성가족부 소관 법률만 제시함.

1) 대한민국헌법

「헌법」은 청소년을 포함하여 '모든 국민은 인간으로서의 존엄과 가치를 가치며, 행복을 추구할 권리가 있고, 국가는 개인이 가지는 불가침의 기본적 인권을 보장해야 할 의무가 있음'(동법 제10조)을 규정한 기본법이자 최상위법이다. 「헌법」은 국가의 기본 법칙이며 청소년 역시 「헌법」에서 명시한 국민으로서의 권리와 의무를 지닌다. 청소년복지정책과 직접 관련이 있는 조항은 제10조 외에도 제11조, 제31조, 제34조 등이 대표적인데, 제11조는 '누구든지 성별·종교 또는 사회적 신분에 의하여 정치적·경제적·사회적·문화적 생활의 모든 영역에 있어서 차별을 받지 않는다.'고 명시하여 모든 청소년은 차별받지 않을 권리가 있음이 규정되어 있다. 제31조는 '모든 국민은 능력에 따라 균등하게 교육을 받을 권리가 있고 의무교육이 무상'임을 명시하여 아동·청소년에 대한 보호자 및 국가의 의무교육 등이 규정되어 있다. 특히 제34조는 '모든 국민은 인간다운 생활을 할 권리가 있고, 국가는 사회보장·사회복지의 증진, 노인과 청소년의 복지향상을 위한 정책을 실시할 의무를 진다.'고 명시하여 청소년 복지정책의 수립·추진이 국가의 책무임이 명확하게 규정되어 있다.

2) 민법

「민법」은 19세 미만의 사람을 '미성년자'로 규정하고, 친권자가 미성년자인 자녀에 대한 양육과 보호의 의무가 있음을 규정한 기본법이다. 「민법」에서 부모의 자녀양육에 대한 규정은 '친권자는 자를 보호하고 교양할 권리의무가 있다.'(동법 제913조), '자는 친권자가 지정한 장소에 거주하여야 한다.'(동법 제914조)고 명시하여 부모가 자녀와 관련된 일에 대하여 일체의 권한과 의무가 있음이 규정되어 있다. 한편, 2021년 1월에 '친권자가 자녀를 보호 또는 교양하기 위해 필요한 징계를 할 수 있다.'(동법 제915조)는 '부모의 징계권' 조항이 삭제되었다. 이는 1958년에 「민법」이 제정될 당시부터 포함된 조항인데, 잇따른 아동학대 사건에서 친권자의 자녀에 대한 폭력을 정당화하는 수단으로 악용되고 있다는 지적에 따라 63년 만에 폐지되었다.

한편, 친권자에 의한 아동학대 사건이 발생하여 친권상실 및 후견인을 지정해야 할 경우에도 「민법」을 근거로 한다. 종전에는 친권상실 선고만 가능하고 친권을 일부 제한하는 것은 불가했는데, 2014년에 '부 또는 모가 친권을 남용하여 자녀의 복리를 현저히 해치거나 해칠 우려가 있는 경우' 친권을 일시 정지할 수 있도록 법률이 개정되었다. 또한 개정법에 따르면, 당사자인 자녀도 친권의 상실 또는 일시 정지를 청구할 수 있으며, 이는 친권 보장에 앞서 자녀의 인권 보호가 우선되어야 한다는 관점을 반영한 것이다.

3) 청소년 기본법

「청소년 기본법」은 「청소년육성법」을 대체하여 1991년에 신규 제정되었으며, 동 법률을 근거로 국가는 매 5년마다 청소년정책에 관한 기본계획을 수립하고 청소년보호 · 복지 · 활동정책을 추진한다. 또한 동 법률은 청소년의 권리 및 책임을 명시하고 청소년지도사, 청소년상담사, 청소년육성전담공무원, 청소년지도위원 등 청소년지도자 양성, 청소년단체에 대한 지원, 청소년육성기금의 조성과 사용 등에 관한 조항을 포함한다. 법률 제4조에 '이 법은 청소년육성에 관하여 다른 법률보다 우선하여 적용한다.'라고 규정되어 있지만 특별법은 아니다. 이로 인해 아동을 18세 미만으로 규정한 「아동복지법」상 아동과 「청소년 기본법」에 따라 청소년의 연령 중복 문제가 발생할 경우 어떤 기준에 따라 우선 적용을 해야 하는지가 명확하지 않다.

법률에 명시된 청소년의 활동, 보호, 복지에 대한 구체적인 사항은 「청소년활동 진흥법」「청소년 보호법」「아동 · 청소년의 성 보호에 관한 법률」「청소년복지 지원법」 등 개별법에 별도로 명시되어 있기 때문에 「청소년 기본법」의 내용이 선언적인 수준이라는 비판이 있다. 특히 청소년을 정책대상으로 하는 각 부처의 사업을 총괄하고 조정할 수 있는 모법(母法)임에도 불구하고 강제규정이나 벌칙사항에 관한 내용이 부재하다. 이에 2014년에 법률의 일부개정을 통해 중앙행정기관 및 지방자치단체의 장이 청소년기본계획에 따라 연도별로 수립 · 시행한 시행계획의 추진실적을 주무부처(여성가족부)가 분석 · 평가할 수 있는 근거가 마련되었다. 이는 부처와 지자체가 추진한 청소년정책을 환류(feedback)를 통해 개선함으로써 정책의 효율성과 효과성을 제고하는 제도적인 기반이 구축되었다는 데 의미가 있다. 앞에서 언급한 한국의 청소년정책 근거법과 행정조직의 변천사를 요약한 것이 [그림 5-1]이다.

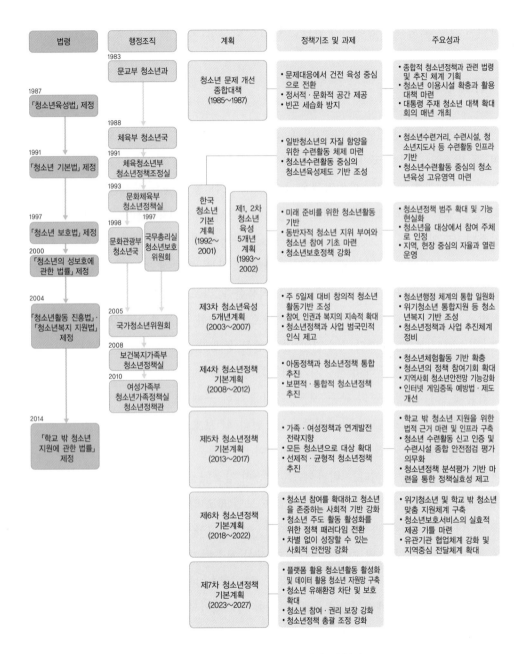

법령	행정조직	계획	정책기조 및 과제	주요성과
	1983 문교부 청소년과	청소년 문제 개선 종합대책 (1985~1987)	·문제대응에서 건전 육성 중심 으로 전환 ·정서적 · 문화적 공간 제공 ·빈곤 세습화 방지	·종합적 청소년정책과 관련 법령 및 추진 체계 기획 ·청소년 이용시설 확충과 활용 대책 마련 ·대통령 주재 청소년 대책 확대 회의 매년 개최
1987 「청소년육성법」 제정	**1988** 체육부 청소년국		·일반청소년의 자질 함양을 위한 수련활동 체제 마련 ·청소년수련활동 중심의 청소년육성제도 기반 조성	·청소년수련거리, 수련시설, 청 소년지도사 등 수련활동 인프라 기반 ·청소년수련활동 중심의 청소 년육성 고유영역 마련
1991 「청소년 기본법」 제정	**1991** 체육청소년부 청소년정책조정실			
	1993 문화체육부 청소년정책실	한국 청소년 기본 계획 (1992~ 2001)	제1, 2차 청소년 육성 5개년 계획 (1993~ 2002)	·미래 준비를 위한 청소년활동 기반 ·동반자적 청소년 지위 부여와 청소년 참여 기초 마련 ·청소년보호정책 강화	·청소년정책 범주 확대 및 기능 현실화 ·청소년을 대상에서 참여 주체 로 인정 ·지역, 현장 중심의 자율과 열린 운영
1997 「청소년 보호법」 제정	**1998** 문화관광부 청소년국				
	1997 국무총리실 청소년보호 위원회				
2000 「청소년의 성보호에 관한 법률」 제정	**2005** 국가청소년위원회	제3차 청소년육성 5개년계획 (2003~2007)	·주 5일제 대비 창의적 청소년 활동기반 조성 ·참여, 인권과 복지의 지속적 확대 ·청소년정책과 사업 범국민적 인식 제고	·청소년행정 체계의 통합 일원화 ·위기청소년 통합지원 등 청소 년복지 기반 조성 ·청소년정책과 사업 추진체계 정비
2004 「청소년활동 진흥법」 · 「청소년복지 지원법」 제정	**2008** 보건복지가족부 청소년정책실	제4차 청소년정책 기본계획 (2008~2012)	·아동정책과 청소년정책 통합 추진 ·보편적 · 통합적 청소년정책 추진	·청소년체험활동 기반 확충 ·청소년의 정책 참여기회 확대 ·지역사회 청소년안전망 기능강화 ·인터넷 게임중독 예방법 · 제도 개선
	2010 여성가족부 청소년가족정책실 청소년정책관	제5차 청소년정책 기본계획 (2013~2017)	·가족 · 여성정책과 연계발전 전략지향 ·모든 청소년으로 대상 확대 ·선제적 · 균형적 청소년정책 추진	·학교 밖 청소년 지원을 위한 법적 근거 마련 및 인프라 구축 ·청소년 수련활동 신고 인증 및 수련시설 종합 안전점검 평가 의무화 ·청소년정책 분석평가 기반 마 련을 통한 정책실효성 제고
2014 「학교 밖 청소년 지원에 관한 법률」 제정		제6차 청소년정책 기본계획 (2018~2022)	·청소년 참여를 확대하고 청소년 을 존중하는 사회적 기반 강화 ·청소년 주도 활동 활성화를 위한 정책 패러다임 전환 ·차별 없이 성장할 수 있는 사회적 안전망 강화	·위기청소년 및 학교 밖 청소년 맞춤 지원체계 구축 ·청소년보호서비스의 실효적 제공 기틀 마련 ·유관기관 협업체계 강화 및 지역중심 전달체계 확대
		제7차 청소년정책 기본계획 (2023~2027)	·플랫폼 활용 청소년활동 활성화 및 데이터 활용 청소년 자원망 구축 ·청소년 유해환경 차단 및 보호 확대 ·청소년 참여 · 권리 보장 강화 ·청소년정책 총괄 조정 강화	

┃그림 5-1┃ 청소년정책의 변천사

출처: 여성가족부(2022), p. 4.

4) 청소년복지 지원법

「청소년복지 지원법」은 2004년 제정되었다. 이후 2012년 2월에 법률의 전면개정을 통해 청소년 우대, 건강보장, 지역사회 청소년 통합지원체계, 가출청소년·학업중단·이주배경 청소년에 대한 지원, 교육적 선도, 청소년전화 1388 등 주요사업의 법적 근거를 마련하였다. 또한 2016년에는 청소년복지시설의 종류에 청소년쉼터, 청소년자립지원관, 청소년치료재활센터에 이어 청소년회복지원시설[1]이 추가되었다(동법 제31조). 그간 청소년복지시설은 아동복지시설과 달리「사회복지사업법」에서 규정한 사회복지시설에 해당하지 않았으나, 2016년 2월에「사회복지사업법」이 개정되어 청소년복지시설도 동 법률의 적용을 받는 사회복지시설로 편입되었다. 이를 통해 국가 및 지방자치단체의 사회복지시설에 대한 각종 지원에서 청소년복지시설이 배제되지 않도록 하고, 청소년의 편익과 종사자의 후생 증진의 기반이 마련되었다.

5) 청소년활동 진흥법

「청소년활동 진흥법」은「청소년복지 지원법」과 함께 2004년 제정되었다. 청소년활동정책은 청소년복지정책과 별개로 추진되고 있지만, 청소년활동은 모든 청소년의 복지 증진을 위한 중요한 수단이라는 점에서 법률의 개요에 대한 이해가 필요하다. 동 법률은 총칙, 청소년활동의 보장, 청소년활동시설, 청소년수련활동의 지원 등 4장으로 구성되어 있으며 법률에서 규정한 청소년활동 진흥에 관한 국가 및 지자체의 주요 책무는 다음과 같다. 첫째, 청소년이 다양한 활동에 주체적이고 자발적으로 참여할 수 있도록 시책을 수립·시행하여야 한다. 둘째, 청소년수련관, 청소년수련원, 청소년문화의집, 청소년

---

1) 청소년회복지원시설은「소년법」제32조 제1항 제1호에 따른 감호위탁처분을 받은 청소년에 대하여 보호자를 대신하여 그 청소년을 보호할 수 있는 자가 상담, 주거, 학업, 자립 등 서비스를 제공하며,「국민기초생활 보장법」에 따른 보장시설이기도 하다.

특화시설, 청소년야영장, 유스호스텔과 같은 청소년수련시설을 설치·운영하고 안전점검과 평가 등을 실시하여야 한다. 셋째, 청소년수련거리를 개발·보급하고 수련활동이 청소년의 균형 있는 성장에 기여할 수 있도록 청소년수련활동 인증제도를 운영하여야 한다. 넷째, 국제청소년교류활동, 교포청소년교류활동, 남·북청소년교류활동 등 청소년교류활동 시책을 개발·시행하여야 한다. 마지막으로 청소년동아리, 청소년 자원봉사활동, 청소년축제 등 청소년문화활동의 기반을 조성하고 관련 시책을 개발·시행하여야 한다.

6) 청소년 보호법

「청소년 보호법」은 유해환경으로부터 청소년(만 19세 미만)을 보호하고자 1997년에 제정되었다. 이에 이 법은 청소년 유해환경을 크게 청소년 유해매체물, 청소년 유해약물, 청소년 유해업소, 청소년 유해행위(폭력·학대), 청소년 대상 부당노동행위(근로보호)로 구분하여 규제와 관련된 내용을 다룬다. 동 법률은 총칙, 청소년 유해매체물의 결정 및 유통 규제, 청소년의 인터넷게임 중독·과몰입 예방, 청소년 유해약물 및 청소년 유해행위와 청소년 유해업소 등의 규제, 청소년보호사업 추진, 청소년보호위원회, 보칙, 벌칙 등 총 8장으로 구성되어 있다. 또한 동 법률은 유해환경으로부터 청소년의 피해를 예방하고 피해 청소년을 지원하는 데 목적이 있으므로 가정, 사회, 국가와 지방자치단체의 책무를 각각 규정한다.

먼저, 가정(친권자, 보호자)은 청소년이 유해환경에 접촉하지 않도록 제지하고 필요시 청소년보호 관련 기관에 협조를 요청하여야 한다고 규정하였다(동법 제3조). 그러나 친권자(보호자)가 책무를 이행하지 않는 데 대한 벌칙 조항은 부재하다.

다음으로, 사회의 책임과 관련하여 누구든지 청소년이 유해환경에 접촉하지 않도록 제지하고 선도하여야 하며 자율적인 규제 노력을 하여야 한다고 규정하고 있다. 특히 법률의 상당 부분이 매체물, 약물 등을 유통하는 행위에 대한 처벌을 다루었는데, 청소년이 신분증을 위조하여 업주가 청소년인 사실을 인지하지 못했을 경우에 대한 면책이나 해당 청소년에 대한 처벌 조항도 포함해야 한다는 요구가 많이 있다. 그러나 「청소년 보호법」은 청소년 보호를 위한 '유해환경의 규제'에 목적이 있으므로 청소년의 행위에 대한 처벌을 다루는 것은 법 취지와 다소 맞지 않아 「식품위생법」에 피해 업주에 대한 행정처분을 면제하는 조항을 포함하는 것으로 관련 법률이 개정되었다.

마지막으로, 국가는 청소년보호를 위하여 청소년 유해환경의 개선에 필요한 시책을 마련하고 시행하여야 하며, 지방자치단체는 해당 지역의 청소년 유해환경으로부터 청소년을 보호하기 위하여 필요한 노력을 하여야 한다. 이와 관련하여 여성가족부 장관은 매 3년마다 중앙행정기관의 장 및 지방자치단체장과 협의하여 청소년보호대책을 수립하여 시행하고 있다. 그럼에도 불구하고 신종, 변종 청소년 유해환경이 급증하고 있어 이러한 환경 변화를 고려하여 발 빠른 법률 개정 등 대응이 요구된다.

7) 아동 · 청소년의 성보호에 관한 법률

「아동 · 청소년의 성보호에 관한 법률」은 2000년 2월에 제정된 「청소년의 성보호에 관한 법률」이 2010년 1월에 개정된 것이다. 동 법률은 아동 · 청소년 대상 성범죄의 처벌과 절차에 관한 특례를 규정하고 피해아동 · 청소년을 위한 구제 및 지원절차를 마련하여 성범죄로부터 아동 · 청소년을 보호하는 데 목적이 있다(동법 제1조). 이 법률에서 아동 · 청소년은 19세 미만의 자로 「청소년 보호법」상의 청소년 연령 기준과 동일하며, 아동 · 청소년 대상 성범죄의 처벌과 절차에 관한 특례, 아동 · 청소년 대상 성범죄의 신고 · 응급조치와 지원, 아동 · 청소년 대상 성범죄로 유죄판결이 확정된 자의 신상정보 등록 및 공개와 취업제한 등의 내용이 규정되어 있다.

아동 · 청소년을 둘러싼 유해환경과 '온라인 그루밍' 등 신종 범죄가 급증함에 따라 청소년의 피해예방과 회복 지원을 강화하기 위해 그간 여러 차례에 걸쳐 법률의 개정이 이루어진 바 있다. 예를 들면, 아동·청소년 대상 디지털 성범죄를 예방하고 증거 능력이 있는 자료를 확보하기 위해 사법경찰관이 신분을 위장하여 수사할 수 있도록 특례 규정을 마련하였다. 또한 16세 미만의 아동·청소년을 대상으로 성을 사는 행위 등을 한 경우 가중처벌할 수 있도록 하고, 아동·청소년이용음란물을 아동·청소년성착취물로 용어를 변경하여 이와 같은 행위 자체가 아동·청소년에 대한 성착취 및 성학대임을 명확히 하였다. 특히 그간 아동·청소년이 성을 사는 행위의 상대방이 된 경우, 해당 아동·청소년은 '피해아동·청소년'이 아니라 '대상아동·청소년'으로 분류되어 국선변호인의 조력을 받을 수 없고 「소년법」상 보호처분의 대상이 되었다. 이로 인해 성매매에 유입된 아동·청소년이 처벌의 대상이 아님에도 보호처분 등 사실상 처벌을 받아야 하는 것을 빌미로 성 매수자나 알선자가 아동·청소년을 협박하는 등의 문제가 발생하였다. 이에 2020년에 법률을 개정하여 이들 아동·청소년 모두 피해아동·청소년에 포함하고, 성범죄 및 성착취 피해아동·청소년지원센터의 설치·운영 근거를 마련하였다.

성범죄자 신상정보 열람방법

Q. 성범죄자가 우리 동네에 살고 있는지 확인할 수 있나요?

A. 네, 「성폭력범죄의 처벌 등에 관한 특례법」에 따라 법원이 성범죄 사건의 판결과 동시에 신상정보 공개명령을 선고한 경우 국가가 운영하는 성범죄자 알림e 사이트 (www.sexoffender.go.kr)에서 지역별로 확인할 수 있습니다.

Q. 어떤 정보를 공개하나요?

A. 지역 내 성범죄자의 성명, 나이, 주소 및 실제 거주지, 사진, 등록대상 성범죄의 요지 (판결일자, 죄명, 선고형량 포함), 성범죄 전과사실(죄명, 횟수), 전자장치 부착 여부를 공개합니다.

8) 학교 밖 청소년 지원에 관한 법률

「학교 밖 청소년 지원에 관한 법률」은 2015년 5월에 제정되었다. 법률에서 지원하는 학교 밖 청소년은 초등학교·중학교에 입학한 후 3개월 이상 결석하거나 취학의무를 유예한 청소년, 고등학교에서 제적·퇴학처분을 받거나 자퇴한 청소년, 고등학교에 진학하지 않은 청소년을 포함한다(동법 제2조). 동 법률을 근거로 2년마다 학교 밖 청소년에 대한 실태조사가 이루어지고 있고 전국적으로 학교 밖 지원센터(꿈드림)가 설치·운영되고 있다. 법률 제정 직후에는 해당 청소년이 개인정보 제공에 동의한 경우에만 지원센터로 연계되었다. 이후 사각지대 해소를 위해 2017년 3월에 법률이 일부 개정되어 법정대리인이 동의한 경우 개인정보가 지원센터에 제공될 수 있게 되었고, 2021년 9월부터는 의무교육 대상(초·중) 청소년이 학업을 중단한 경우 개인정보 제공에 동의하지 않더라도 정보가 자동 연계되고 있다.

9) 청년기본법

「청년기본법」은 2020년 2월에 제정되었으며, 법률의 소관부처는 국무조정실이다. 동 법률에서 청년은 만 19세 이상 34세 이하의 사람이다.[2] 법률에 따라 국무총리는 5년마다 청년정책 기본계획을 수립·시행해야 하며, 고용·교육·복지 등의 분야에서 어려움을 겪는 취약계층 청년에 대한 별도의 대책을 포함하여야 한다(동법 제8조). 또한 국가와 지방자치단체는 청년정책을 수립하기 위하여 청년의 고용·주거·교육·문화 등에 대한 실태조사를 실시하고(동법 제11조), 취약계층 청년의 채무여건 개선 및 금융 접근성 제고를 위

---

[2] 다만 다른 법령과 지방자치단체의 조례(자치법규)에서 청년의 연령이 다르게 적용될 수 있는데, 예를 들면 「청년고용촉진 특별법 시행령」에는 청년이 15세 이상 29세 이하로, (인천광역시)옹진군의 「옹진군 청년 기본 조례」에는 청년의 연령이 18세 이상 49세 이하로 규정되어 있다.

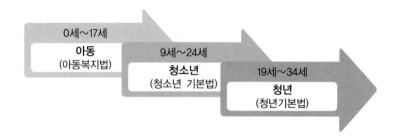

| 그림 5-2 | **법적 아동, 청소년, 청년의 연령 기준**

출처: 김지연 외(2022), p. 179.

한 대책을 마련하여야 한다(동법 제22조).[3] 한편 「아동복지법」 「청소년 기본법」 「청년기본법」의 아동, 청소년, 청년의 연령이 중복되는데 세 개 법률 모두 특별법이 아니므로, 정책 대상의 연령이 중복될 경우 어떤 기준에 따라 어떤 법률이 우선 적용되는지가 명확하지 않다([그림 5-2] 참조). 즉, 복지 지원이 필요한 아동, 청소년, 청년을 각각의 법률 소관부처별로 보호대상아동(보건복지부), 가정 밖 청소년 또는 위기청소년(여성가족부), 취약계층 청년(국무조정실) 등의 명칭을 사용하고 있고, 5년 단위의 기본계획도 별도로 수립하고 있다.[4]

2. 청소년복지정책의 개요

1) 청소년복지정책의 대상

청소년복지정책의 근거법인 「청소년복지 지원법」에서는 지원 대상이 9세

---

3) 2023년 3월 법률의 일부개정으로 취약계층 청년에 대한 정의 및 국가와 지방자치단체의 책무 규정이 신설되었고, 국무총리가 지역별 청년지원센터를 지정·설치할 수 있으며, 부채 등 금융문제가 있는 청년을 포함하여 청년의 금융생활 지원에 대한 법적 근거가 마련되었다(2023년 9월 22일 시행).

4) 개별 법률을 근거로 2023년 현재 제2차 아동정책 기본계획(2020~2024), 제7차 청소년정책 기본계획(2023~2027), 제1차 청년정책 기본계획(2021~2025)이 각각 수립·시행되고 있다.

이상 24세 이하의 청소년, 위기청소년, 가정 밖 청소년, 청소년부모로 규정되어 있다(동법 제2조). 즉, 청소년복지정책의 일차적인 대상자 선정기준은 '연령'이며, 해당하는 연령의 모든 청소년이 정책적 지원 대상에 해당한다. 이는 의료보험, 국민연금 등 사회보험제도에서 개인의 기여(contribution)에 따라 대상자를 선정하는 방식과 차이가 있다. 다만 법률에 근거한 정책적 지원 대상은 모든 청소년과 함께 빈곤, 가정 밖, 학교 밖, 자녀 양육 등 일정한 소득재산 기준에 부합하거나 특수한 상황에 있는 위기청소년으로 구분되어 있다.

2) 청소년복지정책의 내용

청소년복지정책은 「청소년복지 지원법」에서 규정한 9세 이상 24세 이하의 모든 청소년을 대상으로 하는 보편적인 제도 및 사업과 위기청소년, 가정 밖 청소년, 청소년부모 등 특수한 상황에 있는 청소년을 선별적으로 지원하는 제도 및 사업으로 구성되어 있다. 모든 청소년을 대상으로 하는 제도 및 사업으로는, 첫째, 자치단체장이 9세 이상 18세 이하의 청소년에게 발급하는 청소년증 발급 제도가 대표적이다(동법 제4조). 이는 수송시설, 문화시설, 여가시설 등의 이용 시 우대(할인 혜택)하여 문화체험의 기회를 확대하고자(동법 제2조) 2003년에 도입된 제도이다. 청소년증은 입시, 검정고시, 각종 경시대회, 병원, 투표소 등에서 신분 확인을 할 때도 사용이 가능하며 2017년부터는 선불형 교통카드 기능도 추가되어 청소년들의 편의 증진을 도모하고 있다(여성가족부, 2022: 155).[5] 청소년증의 발급 절차는 [그림 5-3]과 같다.

---

5) 2022년 기준 전국 17개 시 · 도에서 (누적)발급한 청소년증은 총 16만 1,190건이다(여성가족부, http://www.mogef.go.kr).

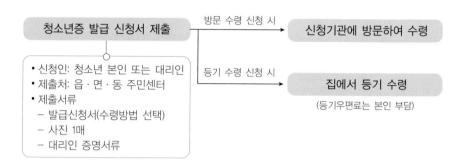

│ 그림 5-3 │ 청소년증 발급 절차

출처: 여성가족부(2022), p. 155.

둘째, 청소년전화 1388 및 문자, 전화 등 온라인 상담(제12조)을 들 수 있다. 2023년 현재 전국 17개 시 · 도와 215개 시 · 군 · 구에 총 240개의 청소년상담복지센터가 설치 · 운영되고 있고, 청소년전화 1388과 같은 상담채널은 청소년을 포함한 일반 국민 누구나 이용할 수 있다.

셋째, 청소년의 건강한 성장지원을 위해 국가 및 지방자치단체가 체육대회 장려, 청소년 스포츠 동호인 활동 지원, 체력검사와 건강진단 등을 추진하고 있다(동법 제5조). 이와 관련하여 학생의 신체발달상황 및 능력, 정신건강 상태, 생활습관, 질병의 유무 등에 대한 건강검사에 대한 구체적인 사항은 「학교보건법」에 규정하고 있고, 학교 밖 청소년에 대한 의료지원, 건강진단은 「학교 밖 청소년 지원에 관한 법률」에 규정하고 있다(동법 제11조).

다음으로 「청소년복지 지원법」에서 위기청소년, 가정 밖 청소년, 청소년부모, 학교 밖 청소년과 같은 특수한 상황에 있거나 일정한 소득재산 기준에 부합하는 일부 청소년을 위한 지원제도로 청소년안전망(지역사회 청소년 통합지원체계) 운영을 들 수 있다(동법 제9조). 청소년안전망은 위기청소년을 조기에 발견하여 보호하기 위해 공공기관, 민관기관 등이 협력하는 네트워크이며, 법률에서 청소년안전망의 구축 · 운영이 자치단체장의 책무로 규정하고 있다.

다음으로 이주배경 청소년에 대한 지원 및 지원센터의 설치·운영,[6] 가정 밖 청소년을 위한 사회복지시설(청소년쉼터, 청소년자립지원관) 설치·운영, 청소년부모를 대상으로 하는 아동양육비 지원제도 등 대상별 지원제도가 있다.[7] 학교 밖 청소년의 경우 2014년에 「학교 밖 청소년 지원에 관한 법률」이 제정되어 이를 근거로 지원제도가 운용되고 있다.

이와 함께 소득재산 기준을 적용하여 빈곤 상황에 있는 위기청소년을 지원하는 제도로 특별지원제도를 들 수 있다(동법 제14조). 특별지원은 생활지원, 학업지원, 의료지원, 직업훈련지원, 청소년활동지원, 법률지원 등의 내용으로 비용 일부를 지원하며, 다른 법률에서 동일한 내용의 지원을 받지 않는 경우만 지원한다.

청소년 특별지원 대상 청소년 선정기준(「청소년복지 지원법 시행령」 제8조)

* 2023년 기준 청소년이 속한 가구의 소득인정액이 기준 중위소득의 100% 이하인 경우로서,
1. 비행·일탈 예방을 위하여 지원이 필요한 청소년
2. 학교 밖 청소년
3. 보호자가 없거나 실질적으로 보호자의 보호를 받지 못하는 청소년
4. 사회적·경제적 요인 등으로 일정 기간 이상 집이나 한정된 공간에서 외부와 단절된 상태로 생활하여 정상적인 생활이 현저히 곤란한 청소년 중에서 지자체가 예산의 범위 내에서 선정

---

6) '이주배경 청소년지원재단(무지개청소년센터)'은 「청소년복지 지원법」 제18조에 따른 이주배경 청소년(탈북 청소년, 다문화청소년, 중도입국 청소년)을 지원하는 전문기관으로, 동법 제30조에 따른 이주배경 청소년지원센터의 기능을 수행하고 있다. 이 재단은 이주배경 청소년과 부모에 대한 상담 및 교육, 사회적응을 위한 프로그램 개발 및 보급, 대국민 인식 개선을 위한 사업 등을 수행하고 있다(이주배경 청소년지원재단, https://www.rainbowyouth.or.kr).
7) 가정 밖 청소년과 청소년부모를 대상으로 하는 지원제도와 사업은 제9장을 참고할 수 있다.

 빈곤 청소년 지원제도 가운데 여성청소년 생리용품 지원사업도 있다. 이 사업은 생리용품 대신 인체에 유해한 대체용품을 사용하는 사례가 확인되면서 여성청소년의 건강권 보장에 대한 사회적 공감대가 형성되어 사회보장제도의 일환으로 시작되었다. 지원 대상은 「국민기초생활 보장법」에 따른 생계, 의료, 주거, 교육급여 수급자 및 법정차상위계층, 「한부모가족지원법」 제5조 및 제5조의2에 따른 지원 대상 중 만 9세 이상 24세 이하의 여성청소년이다. 2016년 9월부터 보건복지부가 보건소를 전달체계로 하여 현물로 지원하였고, 2018년부터 사업이 여성가족부로 이관되어 시·군·구를 통해 생리용품을 지원하였다. 이후 2019년부터는 직접 구매할 수 있도록 바우처 방식으로 지원되고 있으며, 현재 월 최대 15만 원을 지원한다. 여성청소년에 대한 생리용품 바우처 지원 절차도는 [그림 5-4]와 같다.

| 그림 5-4 | 여성청소년 생리용품 바우처 지원 절차
출처: 여성가족부(2022a), p. 229.

 한편, 청소년복지 지원제도와 사업은 현금, 바우처(현물 포함), 서비스(프로그램)의 형태로 청소년에게 전달된다. 예를 들면, 위기청소년 특별지원, 청소년(한)부모에 대한 자녀양육비, 학교 밖 청소년 등에 대한 비용 지원은 현금지원 방식이며, 여성청소년 생리용품 지원은 바우처로 지급되는 대표적인 형태이다. 이 외에 청소년쉼터, 학교 밖 청소년지원센터, 청소년방과후아카데미 등 시설과 기관을 운영하거나 위기청소년을 찾아가서 상담하는 청소년동반자(Youth Companion: YC)[8] 운영 등의 경우 서비스(프로그램) 형태로 제공된다.

---

8) 청소년동반자 프로그램은 「청소년복지 지원법」 제12조(상담과 전화 설치 등)를 근거로 한다. 사회복지사, 청소년상담사, 청소년지도사 등 국가자격을 소지하거나 청소년상담 분야의 실무 경험을 갖춘 전문 인력이 비행·폭력, 학업중단, 가정 밖 청소년, 성착취 피해 등 위기 상황에 있는 청

3. 청소년복지행정의 개요

청소년복지행정은 법률과 정책이 의도하는 바를 효율적 · 효과적으로 청소년에게 전달하는 일련의 집행 활동 또는 행정조직을 말한다. 이에 청소년복지행정은 청소년정책과 동일한 의미로 사용되기도 하고, 중앙 및 지방정부의 청소년 관련 사무를 담당하는 추진체계를 의미하기도 한다. 여기에서는 후자에 초점을 두고 청소년 관련 행정기관과 재정, 시설, 인력 등 인프라의 주요 내용을 살펴보기로 한다.

1) 청소년복지행정 추진체계

(1) 중앙부처: 여성가족부

우리나라 청소년복지 행정체계는 청소년정책 주무부처인 여성가족부와 시 · 도 및 시 · 군 · 구 그리고 청소년 사무를 담당하는 공무원을 포함한다. 이와 함께 여성가족부 산하기관인 한국청소년상담복지개발원이 청소년상담복지 사무를, 한국청소년활동진흥원이 청소년활동 사무 전반을 각각 지원하고 있다. 현재 여성가족부의 청소년정책 담당부서는 청소년가족정책실 내 청소년정책과, 청소년활동진흥과, 청소년활동안전과, 청소년자립지원과, 학교 밖 청소년 지원과, 청소년보호환경과 등 6개 부서로, 위기청소년 통합지원 정보시스템 구축 TF 등이 한시적 조직으로 설치되어 있다. 24세 이하 청소년한부모에 대한 자립지원은 가족지원과가 담당하며, 아동 · 청소년의 성보호 관련 정책은 권익증진국 내 아동청소년 성보호과가 담당하고 있다. 현재 여성가족부의 조직도는 [그림 5-5]와 같다.

소년을 찾아가서 사례관리를 제공하며 전국적으로 약 1,300여 명의 청소년동반자가 활동하고 있다.

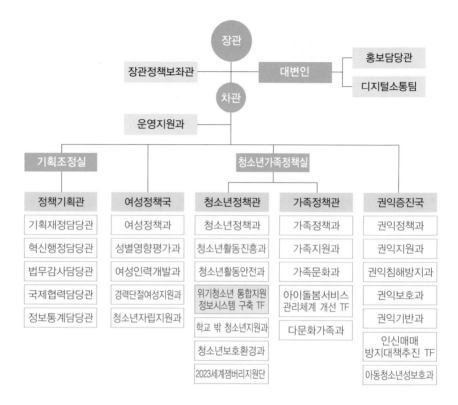

| 그림 5-5 | 여성가족부 조직도(2024)

출처: 여성가족부(http://www.mogef.go.kr).

(2) 지방자치단체 행정조직

시 · 도 및 시 · 군 · 구 조직 내에서 청소년업무를 담당하는 부서는 다양한 명칭을 사용하고 있다(〈표 5-2〉 참조). 시 · 도의 경우 단일한 부서에서 아동 · 청소년업무를 담당하는 경우도 있지만, 시 · 군 · 구 단위에서는 아동과 청소년 사무를 각각 다른 부서에서 담당하거나, 청소년과 노인을 같은 부서에서 담당하는 등 다양한 형태로 운영되고 있다. 이와 같이 청소년업무를 담당하는 부서의 명칭에만 차이가 있는 것이 아니라, 지방자치제의 시행으로 사회복지 사업이 대거 지방으로 이양되면서 청소년복지 사업의 내용과 수준에도 격차가 발생하고 있다. 「청소년 기본법」을 근거로 중앙행정기관 및 지방자치단체는 청소년정책 기본계획에 대한 연도별 시행계획을 수립해야 하고, 주무부처가 추진실적을 분석·평가해야 한다. 따라서 중앙정부는 이러한 과정을 통해 지역별 청소년정책의 격차를 해소해 나아가야 할 것이다.

「청소년 기본법」 제14조(연도별 시행계획의 수립 등)

① 여성가족부 장관 및 관계 중앙행정기관의 장과 지방자치단체의 장은 기본계획에 따라 연도별 시행계획을 수립·시행하여야 한다.
② 관계 중앙행정기관의 장과 지방자치단체의 장은 다음 연도 시행계획 및 전년도 시행계획에 따른 추진실적을 대통령령으로 정하는 바에 따라 매년 여성가족부 장관에게 제출하여야 한다.
③ 여성가족부 장관은 전년도 시행계획에 따른 추진실적을 분석·평가하고, 그 결과를 관계중앙행정기관의 장과 지방자치단체의 장에게 통보한다.
④ 여성가족부 장관 및 관계 중앙행정기관의 장과 지방자치단체의 장은 제3항에 따른 분석·평가 결과를 다음 연도 시행계획에 반영하여야 한다.

| 표 5-2 | 시·도별 청소년업무 담당 행정조직(2023년 기준)

구분	담당 실·국	청소년 분야
서울	평생교육국	청소년정책과
부산	여성가족국	아동청소년과
대구	여성청소년교육국	청소년과
인천	여성가족국	아동청소년과
광주	여성가족교육국	아동청소년과
대전	복지국	여성가족청소년과
울산	복지여성국	여성가족청소년과
세종	보건복지국	아동청소년과
경기	평생교육국	청소년과
강원	보건복지여성국	여성청소년가족과

충북	–	양성평등가족정책관
충남	–	여성가족정책관
전북	복지여성보건국	여성청소년과
전남	자치행정국	희망인재육성과
경북	–	여성아동정책관
경남	여성가족아동국	아동청소년과
제주	복지가족국	여성가족청소년과

출처: 각 지방자치단체 홈페이지.

(3) 청소년육성 전담공무원

「청소년 기본법」에 따르면, 시·도, 시·군·구 및 읍·면·동 또는 청소년 육성 전담기구에 청소년육성 전담공무원을 둘 수 있다. 청소년육성 전담공무원은 청소년지도사 또는 청소년상담사의 자격을 가진 사람으로, 관내 청소년과 청소년지도자(청소년지도사, 청소년상담사) 등에 대하여 그 실태를 파악하고 필요한 지도를 담당한다. 그러나 청소년육성 전담공무원의 임용 등에 관한 사항과 청소년육성 전담기구의 설치는 조례로 정하도록 하고 있는데다 임의규정이기 때문에 자치단체별로 편차가 클 수밖에 없다(동법 제25조, 제26조). 2022년 12월 기준으로 전국 청소년육성 전담공무원은 167명이다(여성가족부, 2022: 630).

(4) 정부 산하기관

청소년정책 주무부처인 여성가족부 산하 공공기관으로 한국청소년상담복지개발원, 한국청소년활동진흥원이 있다. 먼저, 한국청소년상담복지개발원은 한국청소년상담원을 전신으로 하며, 2012년 「청소년복지 지원법」 전면 개정 시 기관명이 변경되었다. 한국청소년상담복지개발원(https://www.kyci.or.kr)은 지역의 청소년상담복지센터(240개소), 학교 밖 청소년지원센터(꿈드림, 221개소), 청소년쉼터(137개소), 청소년자립지원관(11개소), 청소년근로보호센터(17개소) 등의 업무 지원을 담당하고 있다.

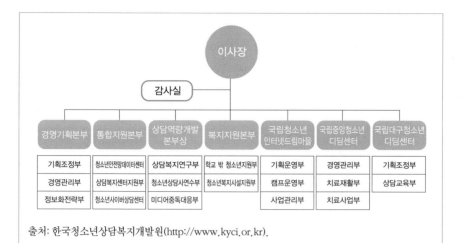

출처: 한국청소년상담복지개발원(http://www.kyci.or.kr).

- 청소년 상담 및 복지와 관련된 정책의 연구
- 청소년 상담 · 복지 사업의 개발 및 운영 · 지원
- 청소년 상담기법의 개발 및 상담자료의 제작 · 보급
- 청소년 상담 · 복지 인력의 양성 및 교육
- 청소년 상담 · 복지 관련 기관 간의 연계 및 지원
- 청소년상담복지센터, 청소년복지시설, 학교 밖 청소년지원센터에 대한 지도 및 지원
- 청소년 가족에 대한 상담 · 교육
- 통합정보시스템의 운영
- 국가가 설치하는 청소년치료재활센터, 청소년보호 · 재활센터의 유지 · 관리 및 운영 등

출처: 「청소년복지 지원법」 제22조.

다음으로, 한국청소년활동진흥원은 한국청소년진흥센터와 한국청소년수련원이 통합된 기관으로, 「청소년활동 진흥법」을 법적 근거로 한다. 한국청소년활동진흥원은 국립수련원(5개소)의 위탁운영, 지방청소년활동진흥센터(17개소) 운영지원(평가, 매뉴얼 개발 등), 청소년자원봉사 포털사이트(Dovol), 국제청소년성취포상제도 등을 운영하고 있다.

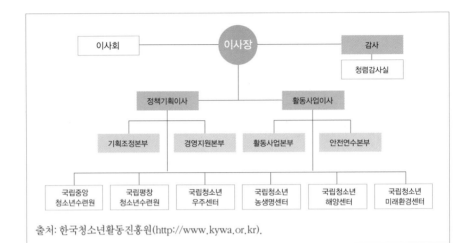

출처: 한국청소년활동진흥원(http://www.kywa.or.kr).

- 청소년활동, 청소년복지, 청소년보호에 관한 종합적 안내 및 서비스 제공
- 청소년육성에 필요한 정보 등의 종합적 관리 및 제공
- 청소년수련활동 인증제도 운영
- 청소년 자원봉사활동의 활성화
- 청소년활동 프로그램의 개발과 보급
- 국가가 설치하는 수련시설의 유지·관리 및 위탁
- 국가 및 지자체가 개발한 청소년수련거리 시범운영
- 청소년활동시설의 국제교류, 협력사업 지원
- 청소년지도자 연수 등

출처: 「청소년활동 진흥법」 제6조.

(5) 지방청소년육성위원회

「청소년 기본법」에 따라 지자체는 청소년육성에 관한 주요 심의를 심의하기 위하여 시·도 및 시·군·구 소속하에 지방청소년육성위원회를 둘 수 있다(동법 제11조). 현재 17개 시·도가 위원회를 구성·운영하고 있는데 위원회의 구성과 조직, 그 밖에 운영에 관한 사항은 조례로 정하도록 하고 있어 각 지역에 따라 심의 또는 자문 기구의 성격으로 운영되고 있다.

2) 청소년복지행정 추진기반

(1) 재정기반

청소년정책의 재정기반은 국고에 의한 일반회계와 청소년육성기금 그리고 각 지방자치단체의 예산(지방비)이다. 2022년 기준 여성가족부의 청소년정책 예산은 총 2,722억 원으로 일반회계 1,289억여 원, 청소년육성기금 1,433억여 원(사업비 기준)으로 기금에 대한 의존도가 상대적으로 높다(여성가족부, 2022: 645).[9)]

① 일반회계

일반회계는 「국가재정법」에 의해 조세수입 등을 주요 세입으로 하여 국가 고유의 역할 수행과 관련된 세입·세출을 포괄하는 회계이다. 그간 청소년육성기금에서 운영비가 지원되던 한국청소년상담복지개발원, 한국청소년활동진흥원 운영지원비가 일반회계로 전환되었고, 국립청소년수련시설 건립, 청소년치료재활센터 건립 그리고 청소년 국제교류 지원, 여성청소년 생리용품 지원 등의 사업이 일반회계 예산으로 운영되고 있다.

② 청소년육성기금

청소년육성기금은 1987년 「청소년육성법」을 근거로 설치 근거가 마련되었고, 1989년 「국민체육진흥법」이 제정되면서 기금이 조성되기 시작하였다. 현재 「청소년 기본법」 제53조를 근거로 청소년정책 추진을 위한 재원 확보를 목적으로 설치·운영되고 있으며 여성가족부 장관이 관리·운용한다. 청소년육성기금은 정부 출연금, 「국민체육진흥법」 제22조, 「경륜·경정법」 제18조에

---

9) 2022년 기준 여성가족부의 총 예산(국가균형발전특별회계 포함)은 6,839억여 원으로 청소년정책 예산이 전체의 약 39.8%를 차지한다(여성가족부, http://www.mogef.or.kr). 같은 해 보건복지부의 총 예산은 97조 5,000억 원으로 아동복지정책(보육포함) 예산은 9조 1,000억 원을 초과하였다(보건복지부, 2023).

따른 출연금, 개인·법인 또는 단체가 출연하는 금전·금품이나 재산, 기금의 운용으로 발생하는 수익금 등으로 구성된다(「청소년 기본법」 제54조). 청소년육성기금은 청소년활동 지원, 청소년시설 설치와 운영 지원, 청소년지도자 양성 지원, 청소년단체 운영과 활동 지원, 청소년안전망 구축 및 청소년복지시설과 청소년수련시설의 운영 등 청소년복지 및 보호 사업 등에 사용된다(「청소년 기본법」 제55조).

2022년까지 청소년육성기금의 조성규모는 1조 5,481억 원이며, 재원별로 보면 복권기금 전입금이 9,746억여 원으로 가장 많은 비중을 차지한다 (〈표 5-3〉 참조). 그다음은 경륜·경정사업수익 법정출연금 4,534억 원, 이 자수입 등 운용수익 적립금 2,650억 원, 국민 체육진흥기금전입금 766억 원, 정부출연금 350억 원, 공공자금관리기금 예수금 86억 원 순이다(여성가족부, 2022: 647).

┃ 표 5-3 ┃ 연도별 청소년정책 예산 (단위: 100만 원)

구분 / 연도	여성가족부 청소년정책관실 일반회계	보건복지부 아동청소년정책실 일반회계	문화부 청소년국 일반회계	문화부 청소년국 농특회계	청소년보호위원회 일반회계	국가청소년위원회 일반회계	예비비 (일반회계)	균특회계 (구 광특회계)	청소년육성기금 육성사업	청소년육성기금 시설융자	계
1995	–	–	28,098	2,000	–	–	–	13,654	4,309	10,000	58,061
2005	–	–	10,872	–	9,950	–	8,138	37,643	52,436	6,000	125,039
2010	20,885	–	–	–	–	–	–	34,215	90,652		145,752
2011	21,671	–	–	–	–	–	–	49,417	73,491		144,579
2012	47,435	–	–	–	–	–	320	41,477	58,036		147,268
2013	58,427	–	–	–	–	–	–	50,550	62,435		717,412
2014	67,694	–	–	–	–	–	–	44,991	64,405		177,090
2015	67,711	–	–	–	–	–	–	65,564	80,472		213,747

2016	68,691	-	-	-	-	-	-	48,117	89,364	206,172
2017	87,469	-	-	-	-	-	-	87,931	102,404	268,283
2018	77,948	-	-	-	-	-	-	87,931	102,404	268,283
2019	87,267	-	-	-	-	-	-	78,180	114,518	279,965
2020 (추경)	102,585 (102,173)	-	-	-	-	-	-	-	130,327 (126,647)	232,912 (228,820)
2021 (추경)	100,564 (101,876)	-	-	-	-	-	-	-	133,808 (133,808)	234,372 (235,684)
2022 (추경)	128,933 (128,887)	-	-	-	-	-	-	-	143,288 (143,288)	272,221 (272,175)

주: 여성가족부 아동청소년보호과, 권익기반과(구 폭력예방교육과) 청소년 예산은 제외되었음.
- 2010년: 4,603백만 원(일반회계 1,085백만 원, 청소년육성기금 3,518백만 원)
- 2011년: 5,687백만 원(일반회계 1,580백만 원, 청소년육성기금 3,926백만 원, 여성발전기금 181백만 원)
- 2012년: 5,979백만 원(일반회계 2,053백만 원, 청소년육성기금 3,926백만 원)
- 2013년: 8,623백만 원(일반회계 3,441백만 원, 청소년육성기금 5,182백만 원)
- 2014년 11,664백만 원(일반회계 6,310백만 원, 청소년육성기금 5,354백만 원)
- 2015년: 13,997백만 원(일반회계 8,032백만 원, 청소년육성기금 5,965백만 원)
- 2016년: 13,785백만 원(일반회계 8,040백만 원, 청소년육성기금 5,745백만 원)
- 2017년: 12,292백만 원(일반회계 6,813백만 원, 청소년육성기금 5,479백만 원)
- 2018년: 12,359백만 원(일반회계 7,029백만 원, 청소년육성기금 5,330백만 원)
- 2019년: 12,894백만 원(일반회계 7,441백만 원: 성범죄자 신상공개 및 청소년 성보호활동 지원, 청소년육성기금 5,453백만 원: 아동·청소년 성범죄 예방 교육 및 피해자 치료재활)
- 2020년(본예산): 12,946백만 원(일반회계 7,378백만 원: 성범죄자 신상공개 및 청소년 성보호활동 지원, 청소년육성기금 5,568백만 원: 아동·청소년 성범죄 예방교육 및 피해자 치료재활)
- 2021년(본예산): 12,632백만 원(일반회계 6,903백만 원: 성범죄자 신상공개 및 청소년 성보호활동 지원, 청소년육성기금 5,669백만 원: 아동·청소년 성범죄 예방교육 및 피해자 치료재활)
- 2022년(본예산): 12,714백만 원(일반회계 6,746백만 원: 성범죄자 신상공개 및 청소년 성보호활동 지원, 청소년육성기금 5,968백만 원: 아동·청소년 성범죄 예방교육 및 피해자 치료재활)

한편, 「청소년 기본법」 제14조(연도별 시행계획의 수립 등)를 근거로 청소년 정책 주무부처인 여성가족부뿐 아니라 각급 중앙행정기관과 지방자치단체도 청소년 관련 사업을 추진을 위해 예산을 편성하고 있다. 제7차 청소년정책 기본계획(2023~2027)에서 29개 중앙행정기관에서 수립한 청소년 관련 사업은 총 241개로, 예산은 약 13조 3,410억여 원 규모다(〈표 5-4〉 참조).[10] 대과제를 기준으로 보면 데이터 활용 청소년 지원망 구축 예산 비중(88.1%)이 가장 높은 것을 알 수 있다. 다만 여기에는 청소년을 대상으로 하는 직접 사업비뿐 아니라 인프라 구축비 등 간접비가 포함되어 있음을 감안할 필요가 있다.

┃ 표 5-4 ┃   2023년 29개 중앙행정기관의 청소년 예산 규모   (단위: 개, 100만 원)

대과제	사업 수	예산액
1. 플랫폼 기반 청소년활동 활성화	86	1,484,806
2. 데이터 활용 청소년 지원망 구축	61	11,760,490
3. 청소년 유해환경 차단 및 보호 확대	61	75,828
4. 청소년의 참여 · 권리 보장 강화	19	19,240
5. 청소년정책 총괄 조정 강화	14	1,530
계	241	13,341,894

출처: 여성가족부(2023), p. 4.

(2) 시설기반

청소년정책의 추진을 위한 시설기반은 크게 청소년보호 · 복지시설과 청소년활동시설로 구분된다. 전자는 「청소년복지 지원법」과 「청소년 보호법」을 근거로 국가 및 지방자치단체가 설치 · 운영하는 청소년치료재활센터(국립중앙청소년치료재활센터, 국립대구청소년디딤센터), 청소년상담복지센터, 청소년쉼터, 청소년자립지원관, 청소년회복지원시설, 학교 밖 청소년지원센터(꿈드림) 등이 있다. 후자는 「청소년활동 진흥법」을 근거로 국가 및 지방자치단체가 설

---

10) 청소년정책 시행계획 수립 주체인 29개 중앙행정기관(추진 과제 수)은 여성가족부(109), 기획재정부(1), 교육부(29), 법무부(4), 보건복지부(10), 고용노동부(10), 과학기술정보통신부(9), 중소벤처기업부(2), 방송통신위원회(8), 농림축산식품부(1), 식품의약품안전처(4), 통일부(1), 행정안전부(1), 산림청(2), 법제처 국가법령정보센터(1), 금융위원회(1), 개인정보보호위원회(1), 환경부(2), 질병관리청(1), 사행산업감독통합위원회(4), 문화재청(9), 농촌진흥청(1), 해양수산부(3), 외교부(5), 경찰청(7), 문화체육관광부(11), 국토교통부(2), 국방부(1), 통계청(0)이다.

치 · 운영하는 청소년수련시설(청소년수련관, 청소년수련원, 청소년문화의집, 청
소년특화시설, 청소년야영장, 유스호스텔)과 청소년이용시설(문화예술시설, 공공
체육시설, 기타 청소년이용시설)이 있다.[11] 청소년수련시설의 현황은 〈표 5-5〉
와 같다.

┃ 표 5-5 ┃ 청소년수련시설 현황   (단위: 개소)

구분	총계	수련관	문화의집	수련원	야영장	유스호스텔	특화시설
계	837	198	333	154	32	106	14
공공	647	196	329	64	19	26	13
민간	190	2	4	90	13	80	1

주: 시 · 도별 청소년 현황을 보면, 서울 72개, 부산 25개, 대구 20개, 인천 23개, 광주 16개, 대전 15개, 울
산 13개, 세종 5개, 경기 171개, 강원 76개, 충북 47개, 충남 47개, 전북 57개, 전남 60개, 경북 62개,
경남 78개, 제주 50개임.
출처: 여성가족부(2022), p. 583.

(3) 인적 기반

청소년정책의 추진을 위한 인적 기반은 「청소년 기본법」에서 규정한 청소
년지도자를 들 수 있다. 청소년지도자는 청소년지도사(동법 제21조), 청소년상
담사(제22조), 청소년시설과 단체 및 청소년 관련 기관 등에서 청소년육성 및
지도업무에 종사하는 자를 총칭한다. 국가전문자격인 청소년지도사 자격증
소지자는 2022년까지 총 6만 6,095명, 청소년상담사 자격증 소지자는 총 3만
3,817명이 각각 배출되었다(여성가족부, 2022: 593).

---

11) 청소년이용시설은 청소년수련시설은 아니지만 청소년의 건전한 이용 등을 위해 이용이 가능한
시설로, 문화시설, 과학관, 체육시설, 평생교육시설, 자연휴양림, 수목원, 사회복지관, 시민회
관 · 어린이회관 · 공원 · 광장 · 고수부지와 그 밖에 유사한 공공시설로 수련활동이나 청소년의
여가 선용을 위한 이용에 적합한 시설 등이 해당된다(여성가족부, 2022: 587).

│ 그림 5-6 │ 청소년지도자 유형 분류

출처: 여성가족부(2022), p. 593.

    한편, 청소년시설과 단체는 법률에서 정한 청소년지도사 배치기준을 준수하여야 하며(〈표 5-6〉, 〈표 5-7〉 참조), 국가 및 지방자치단체는 배치된 청소년지도사에 대하여 예산의 범위 내에서 활동비의 전부 또는 일부를 보조할 수 있다.

│ 표 5-6 │ 청소년시설의 청소년지도사 배치기준

배치대상		배치기준
청소년 수련시설	청소년수련관	1급 또는 2급 청소년지도사 각각 1명 이상을 포함하여 4명 이상을 두되, 수용인원이 500명을 초과하는 경우 250명당 1급, 2급 또는 3급 청소년지도사 중 1명 이상을 추가로 둔다.
	청소년수련원	1) 1급 또는 2급 청소년지도사 1명 이상을 포함하여 2명 이상을 두되, 수용정원이 500명을 초과하는 경우 1급 청소년지도사 1명 이상과 500명을 초과하는 250명당 1급, 2급 또는 3급 청소년지도사 중 1명 이상을 추가로 둔다. 2) 지자체에서 폐교시설을 이용하여 설치한 시설로서 특정 계절에만 운영하는 시설의 경우에는 청소년지도사를 두지 않을 수 있다.

청소년 수련시설	유스호스텔	청소년지도사를 1명 이상 두되, 숙박정원이 500명을 초과하는 경우 1급 또는 2급 청소년지도사 1명 이상을 추가로 둔다.
	청소년야영장	1) 청소년지도사를 1명 이상 둔다(단, 예외를 인정함). 2) 국가, 지자체, 공공법인이 설치 · 운영하고 청소년수련거리 없이 이용 편의만 제공하는 경우에는 청소년지도사를 두지 않을 수 있다.
	청소년문화의집	청소년지도사를 1명 이상 둔다.
	청소년특화시설	1급 또는 2급 청소년지도사 1명 이상을 포함하여 2명 이상의 청소년지도사를 둔다.
청소년단체		청소년회원 수가 2천 명 이하인 경우 1급 또는 2급 청소년지도사 1명 이상을 두되, 청소년회원 수가 2천 명을 초과하는 경우 초과하는 2천 명마다 1급 또는 2급 청소년지도사 1명 이상을 추가로 두며, 청소년회원 수가 1만 명 이상인 경우 청소년지도사의 5분의 1이상은 1급 청소년지도사로 두어야 한다.

출처:「청소년 기본법 시행령」 별표 5.

| 표 5-7 |　청소년상담사 배치기준

배치대상	배치기준
시 · 도 청소년상담복지센터	청소년상담사 3명 이상을 둔다.
시 · 군 · 구 청소년상담복지센터	청소년상담사 1명 이상을 둔다.
청소년복지시설[1]	

주: 1) 청소년쉼터, 청소년자립지원관, 청소년치료재활센터
출처:「청소년 기본법 시행령」 별표 5.

토의문제

1. 최근 청소년의 가족환경, 학교환경, 미디어환경 등 생활환경의 특성을 살펴보고, 청소년복지정책의 대상과 지원 수요에 대해 토의해 보자.

2. 우리나라 청소년(10~24세)의 사망 원인 1순위가 자살이며, 청소년(15~24세)의 주관적인 건강상태는 OECD 국가 중 최하위 수준이다. 이 외 청소년복지와 관련된 주요 지표를 찾아 청소년복지정책의 추진 방향에 대해 토의해 보자.

3. 우리나라 청소년복지행정의 문제점과 개선방안을 토의해 보자.

참고문헌

관계부처합동(2020). 제2차 아동정책 기본계획(2020~2024).

관계부처합동(2021). 제1차 청년정책기본계획(2021~2025).

관계부처합동(2023). 제7차 청소년정책기본계획(2023~2027).

김지연, 백혜정, 김미향, 김성아, 정소연, 이우태, 이상정, 박광옥(2022). 청년종합연구
　　Ⅰ: 정책소외계층 청년 실태 및 정책개발. 세종: 한국청소년정책연구원.

보건복지부(2023). 보도참고자료(2022. 12. 24.).

여성가족부(2022). 2022 청소년백서.

여성가족부(2023). 제7차 청소년정책 기본계획, 2023년도 시행계획(중앙행정기관).

「경륜ㆍ경정법」 법제처 국가법령정보센터 http://www.law.go.kr

「국가재정법」 법제처 국가법령정보센터 http://www.law.go.kr

「국민기초생활 보장법」 법제처 국가법령정보센터 http://www.law.go.kr

「국민체육진흥법」 법제처 국가법령정보센터 http://www.law.go.kr

「대한민국헌법」 법제처 국가법령정보센터 http://www.law.go.kr

「민법」 법제처 국가법령정보센터 http://www.law.go.kr

「사회복지사업법」 법제처 국가법령정보센터 http://www.law.go.kr

「소년법」 법제처 국가법령정보센터 http://www.law.go.kr

「아동ㆍ청소년 성보호에 관한 법률」 법제처 국가법령정보센터 http://www.law.go.kr

「아동복지법」 법제처 국가법령정보센터 http://www.law.go.kr

「청소년 기본법 시행령」 법제처 국가법령정보센터 http://www.law.go.kr

「청소년 기본법」 법제처 국가법령정보센터 http://www.law.go.kr

「청소년복지 지원법 시행령」 법제처 국가법령정보센터 http://www.law.go.kr

「청소년복지 지원법」 법제처 국가법령정보센터 http://www.law.go.kr

「청소년활동 진흥법」 법제처 국가법령정보센터 http://www.law.go.kr

「학교 밖 청소년 지원에 관한 법률」 법제처 국가법령정보센터 http://www.law.go.kr

「학교보건법」 법제처 국가법령정보센터 http://www.law.go.kr

「한부모가족지원법」 법제처 국가법령정보센터 http://www.law.go.kr

17개 시·도 지방자치단체 홈페이지

성범죄자 알림e 사이트 http://www.sexoffender.go.kr

여성가족부 http://www.mogef.go.kr

이주배경 청소년지원재단 https://www.rainbowyouth.or.kr

한국청소년상담복지개발원 https://www.kyci.or.kr

한국청소년활동진흥원 https://www.kywa.or.kr

제3부

청소년복지의
실천영역

제6장

청소년과 정신건강

청소년기는 발달특성상 정서적으로 불안정하고 충동적이며 스트레스 대처 능력이 미숙한 시기다. 그러므로 청소년은 가족환경이나 또래관계, 학업 · 진로문제, 학교환경, 외모, 경제적 문제 등의 스트레스에 취약하여 심리적 혼란과 정신건강 문제를 경험하기도 한다. 우울은 청소년기의 보편적인 정서지만 적절히 해결되지 않고 만성화되면 자살행동의 직접적인 위험요인이 되며, 이후 성인기 정신건강에도 부정적 영향을 미친다. 일부 청소년은 스마트폰이나 약물 등에 과도하게 의존하면서 또 다른 정서적 · 신체적 문제를 표출하기도 한다. 이 장에서는 청소년 정신건강과 관련하여 우울과 자살 및 자해행동, 중독문제를 살펴본다.

1. 청소년 우울

1) 청소년 우울의 개념과 특성

우울은 인간의 보편적 감정의 하나로, 청소년 우울은 청소년기에 가장 빈번하게 표출되는 심리적 문제다. 청소년 우울은 성인 우울과 유사하게 지속적으로 슬픈 감정과 외로움, 불안, 공허감, 흥미상실 등의 정서적 증상과 함께 자기 비난과 비하, 죄의식과 무가치감, 사고력 및 주의력 저하와 같은 인지적 증상을 나타낸다. 따라서 만성적으로 우울 정서를 갖고 있는 청소년은 일상생활이나 학교생활에서 무력감을 느끼며, 자기 자신과 주변 상황, 자신의 미래에 대해 무망감(hopelessness)을 갖게 되고, 불면증과 수면과다, 식욕감퇴, 체중감소, 피로감과 같은 생리적 증상을 나타낸다. 또한 우울증상이 심한 청소년은 학업을 중단할 가능성이 높고, 가족관계나 또래관계 등에서 사회적 능력 손상을 보일 수 있다(Laser & Nicotera, 2011).

청소년 우울은 성인 우울과 유사한 증상을 보이기도 하지만, 청소년기 발달 특성상 다음 몇 가지 점에서 주목해야 한다.

첫째, 청소년 우울은 사춘기 전후의 민감한 시기에 경험하는 발달 과정상의 인지적·사회적 변화 및 신체생리적 변화와 밀접한 관련이 있다. 즉, 청소년 우울은 반항, 심한 변덕, 분노, 집중력 저하 등과 같은 사춘기 특성과 유사한 면들이 있어서 중2병이나 문제아로 치부되는 경향이 있다. 이러한 영향으로 청소년 우울은 조기 발견이 어려운 경우가 많다.

둘째, 청소년기는 우울증 발생의 주요한 문턱(threshold)이 됨과 동시에 발병률이 현저히 증가하는 시기다. 또한 청소년 우울은 성인기 우울 발생의 주요한 예측요인이다. 실질적으로 15~18세에 주요 우울증의 유병률이 급증하며, 청소년기 우울은 성인기 우울 발생 가능성을 2~3배로 증가시키는 것으로 보고된다(Glicken, 2009; Johnson et al., 2018).

셋째, 청소년 우울은 사회적 손상, 자아발달에서의 혼란, 학교생활 실패를 초래할 수 있고, 불안장애, 가출, 반항, 자살시도, 약물중독과 같은 충동적인 행동으로 이어질 수 있다. 특히 청소년 우울은 우울한 감정이 감추어진 가면성 우울증(masked depression)의 형태로 표현될 수도 있다. 가면성 우울증이 있는 청소년은 무단결석, 게임중독, 가출, 비행 등의 문제행동을 일으키는 경향이 있다(김선하, 김춘경, 2010).

2) 청소년 우울 관련 요인

청소년 우울은 청소년 개인의 인지적·정서적 특성뿐만 아니라 가족 특성, 또래관계 및 지역사회의 사회환경적 특성에 의해 영향을 받는다. 그 관련 요인을 살펴보면 다음과 같다.

(1) 개인적 요인

청소년 우울과 밀접한 관련이 있는 개인적 요인은 스트레스다. 청소년은 급격한 신체적·정서적 변화 및 상급학교 진학과 관련하여 부모와의 관계와 또래집단에서 다양한 발달적 스트레스를 경험한다. 특히, 우리나라 청소년들은 연령이 증가할수록 학업 수행과 입시경쟁으로 인한 압박과 상대평가로 인한 서열에서의 좌절 경험이 증가하기 때문에 학업과 관련된 스트레스 수준이 매우 높다. 청소년들은 이러한 스트레스를 적절히 대처하지 못할 경우 반복적으로 부정적 정서를 경험하며 우울에 보다 취약해진다. 그러나 동일한 스트레스 상황에 노출되더라도 청소년의 인지적 특성에 따라 우울 정도는 차이가 있다. 즉, 부적응적 완벽 성향이 높고 부정적 자동사고(automatic thoughts) 경향을 가진 청소년은 무력감, 자기비난, 개인적 무가치, 무능력, 무망감을 경험할 가능성이 크기 때문에 우울 정도가 더욱 심각할 수밖에 없다(김혜인, 도현심, 지연경, 2011; 임성택, 김진호, 정의석, 2011; 임은미, 정성석, 2009).

(2) 가족환경적 요인

청소년 우울에 영향을 주는 가족환경 요인은 부모자녀 관계, 부모의 심리적 통제, 가정폭력, 부모의 우울증 등이 있다.

먼저, 부모자녀 관계에 있어 청소년기는 아동기에 비해 부모의 영향력이 상대적으로 감소하면서 부모와 심리적 거리를 두지만, 부모와의 친밀한 관계와 의사소통, 부모의 관심과 감독은 청소년 우울에 중요한 보호요인이 된다. 그러나 부모와의 애착관계와 의사소통이 결여되고, 청소년의 일상생활(자녀가 있는 장소, 함께 어울리는 사람, 일상적으로 하는 활동)에 대한 부모의 관심정도가 낮은 청소년은 그렇지 않은 청소년에 비해서 우울 정도가 높다(문지혜, 윤혜경, 박혜원, 2011).

다음으로, 부모와의 애착과 관심은 청소년 정신건강에 긍정적 영향을 주는 반면, 부모의 심리적 통제는 청소년 우울의 위험요인이 된다. 부모의 심리적 통제는 부모가 기대하는 행동을 자녀가 행하지 않을 때, 자녀의 언어적 혹은 감정적 표현을 제재하고, 죄의식을 느끼게 하거나, 애정을 철회하겠다는 심리적 협박을 의미한다(Barber, Olsen, & Shagle, 1994). 일반적으로 과보호하는 부모, 자녀를 소유물로 생각하는 부모, 성취를 강조하는 부모, 완벽주의 경향이 있는 부모들이 심리적 통제를 많이 하며, 부모로부터 심리적 통제를 많이 받은 청소년일수록 우울과 같은 정서문제와 일탈행동 등에 취약하다(안명희, 서희수, 2012; 이은경, 박성연, 2010).

마지막으로, 우울에 관련된 가족환경적 요인은 가정폭력이다. 가정폭력은 부모가 자녀에게 신체적·정서적 학대를 행하는 것과 부부간, 가족 간의 폭력을 자녀가 직접 목격하는 것을 모두 포함한다. 가정폭력을 직·간접적으로 빈번하게 경험하는 청소년일수록 스트레스 수준이 높고 불안정하며 심리적 위축과 우울 정도가 높다. 또한 부모가 우울증이나 정신장애를 가지고 있는 청소년일수록 우울증에 취약하다(Laser & Nicotera, 2011).

(3) 사회환경적 요인

청소년 우울에 관련된 사회환경적 요인은 또래폭력 및 학교폭력, 이웃환경의 무질서와 폭력성 등이 있다. 청소년은 발달단계 특성상 또래집단으로부터 많은 영향을 받고, 일상생활의 많은 부분을 학교에서 보낸다. 그러므로 청소년은 집단따돌림, 폭행 등의 학교폭력을 당할 경우, 학교환경과 친구관계에서 소외감과 부적응을 경험하면서 우울증상을 보이게 된다. 특히 학교폭력으로 인한 우울증상은 자살행동과도 밀접한 관련이 있다(김재엽, 정윤경, 2007; 박재연, 2010; Brunstein et al., 2007).

청소년 우울과 관련된 사회환경적 요인으로 지역사회나 이웃환경의 무질서와 폭력성 등이 검토되고 있다. 이러한 요인들은 청소년이 거주하는 지역사회의 빈곤현상과 밀접한 관계가 있다. 즉, 빈곤 수준이 높은 지역에 거주하는 청소년들은 주변의 사회적·물리적 무질서 상황에 쉽게 노출되고 거주안정성이 낮기 때문에 정서적 불안과 우울을 경험할 가능성이 높다(김영미, 2008; Natsuaki et al., 2007).

3) 청소년 우울 현황

청소년 우울 현황은 교육부와 질병관리청에서 매년 실시하는 '청소년건강행태조사' 결과를 통해 확인할 수 있다. 이 조사에서는 우울감을 '최근 12개월 동안 2주 내내 일상생활을 중단할 정도로 슬프거나 절망감을 느낀 경험'으로 측정한다. '2022년 청소년건강행태조사' 결과는 청소년(중·고등학생)의 우울감이 2019년 28.2%에서 2020년 25.2%로 감소했다가 2021년 26.8%, 2022년 28.7%로 증가하고 있음을 보여 준다(교육부, 질병관리청, 2023). 더욱 심각한 사실은 청소년 우울증 환자 또한 지속적으로 증가하고 있다는 것이다. 〈표 6-1〉은 건강보험심사평가원에서 발표한 최근 5년간(2017~2021년) 우울증 환자 현황을 보여 준다. 10대 우울증 환자 수는 2021년 5만 7,587명으로 2017년 대비 90% 이상 증가한 것으로 나타났다. 특히 20대 우울증 환자는 2021년 17만

7,166명으로 2017년 대비 127.1%로 급증하였다. 이 수치는 코로나19 장기화로 인한 일상의 변화와 사회적 관계 약화가 청소년 정신건강에 부정적 결과를 초래하였음을 설명해 준다.

┃표 6-1┃ 최근 5년(2017~2021년) 10세 단위별 우울증 환자 수 (단위: 명, %)

구분	2017년	2018년	2019년	2020년	2021년	증감률	
						연평균	2017년 대비 2021년
전체	691,164	764,861	811,862	848,430	933,481	7.8	35.1
10대 미만	1,140	1,243	1,493	1,350	1,940	14.2	70.2
10대	30,273	43,029	48,099	47,774	57,587	17.4	90.2
20대	78,016	100,598	122,039	148,136	177,166	22.8	127.1
30대	83,819	94,371	106,756	118,277	140,270	13.7	67.3
40대	99,336	106,764	113,422	116,660	130,718	7.1	31.6
50대	126,567	130,723	131,282	127,385	130,059	0.7	2.8
60대	129,330	136,019	137,497	139,883	148,039	3.4	14.5
70대	118,022	123,639	122,168	119,221	118,611	0.1	0.5
80대 이상	52,480	58,234	61,098	63,670	66,570	6.1	26.8

주: 환자 수는 동일인의 중복값으로, 단순 합산할 경우 중복이 발생할 수 있음
출처: 건강보험심사평가원(2022. 6. 24.).

4) 청소년 우울의 개입방법

청소년 우울의 대표적인 개입방법은 인지행동치료(Cognitive-Behavioral Therapy: CBT)와 대인관계 심리치료(Interpersonal PsychoTherapy: IPT)다. 먼저, 인지행동치료에서 우울현상을 인지-정서-행동의 병리적 고리로 가정한다. 이 모델은 기본적으로 역기능적인 사고패턴을 보이는 청소년일수록 스트레스나 환경적 자극에 노출될 경우, 사건이나 상황 자체의 의미를 왜곡하는 부정적 자동사고를 함으로써 우울과 같은 정서적 문제를 겪는다고 설명한다

(김선하, 김춘경, 2010). 따라서 인지행동치료는 청소년의 사고와 사고과정, 신념체계를 변화시킴으로써 개인의 정서적·행동적 변화가 가능하다고 가정한다. 라이네케와 긴즈버그(Reinecke & Ginsburg, 2008)는 인지행동모델의 이론적 가정을 토대로 아동·청소년 우울증 치료를 위한 인지행동개입의 목표를 인지적(cognitive), 행동적(behavioral), 사회환경적(social and environmental) 영역으로 구별하여 〈표 6-2〉와 같이 제시하였다.

┃ 표 6-2 ┃ **인지행동개입의 목표**

목표 영역	하위 요소
인지적 목표	① 자동사고(자아, 세계, 미래)와 이미지 ② 인식 ③ 인지적 왜곡 ④ 기억 ⑤ 사고도식(schemas), 가정 ⑥ 목표, 희망, 계획, 기준(완벽주의) ⑦ 귀인속성(attributions) ⑧ 문제해결(합리적 기술·문제해결에 대한 동기화)
행동적 목표	① 사회적 기술 ② 의사소통기술 ③ 갈등해결, 협상 ④ 부적응적 대처방법(음주, 약물사용 등) ⑤ 애착형성의 어려움
사회환경적 목표	① 스트레스원(stressors) ② 지지(support): 가족, 또래집단, 지역사회 ③ 결정적 자극(cues)과 강화요인(reinforces)

출처: Reinecke와 Ginsburg(2008), pp. 183-184의 내용을 재구성함.

다음으로, 청소년 우울에 많이 활용되는 또 다른 개입방법은 대인관계 심리치료다. 대인관계 심리치료는 우울은 대인관계 맥락에서 발생한다고 전제한다. 즉, 대인관계의 상실이나 갈등과 같은 문제가 우울 발생과 유지에 중요한 영향을 준다는 것이다. 청소년들은 또래집단의 확장과 역할 수행에서의 변화, 부모 이혼과 가족관계 변화 등으로 인해 다양한 대인관계의 갈등과 상실을 경험할 수 있다(Young, Mufson, & Davies, 2006). 일반적으로 청소년 우울문제 개입을 위한 대인관계 심리치료 프로그램은 청소년의 대인관계 스트레스에 따른 부정적 감정 해소와 대처기술 습득, 대인관계 회복을 위한 구체적 기술 획득, 사회적 지지자원의 발견 및 긍정적 자신감 회복 등의 과정을 포함한다(김선하, 김춘경, 2010).

2. 청소년 자살 및 자해행동

청소년 자살과 자해문제는 자살행동으로 포괄될 수 있다. 그러나 최근 청소년 자해문제가 심각해지는 현상을 고려하여, 이 절에서는 청소년 자살행동을 검토하면서 자해문제를 구별하여 좀 더 구체적으로 살펴보았다.

1) 청소년 자살행동

(1) 청소년 자살행동의 개념과 특성

자살은 스스로 죽음을 선택하고 삶을 마감하는 것을 의미한다. 일반적으로 한 개인이 자살 실행으로 죽음에 이르는 것은 자살에 대한 생각과 계획, 시도 등 연속적인 과정의 결과다. 이런 의미에서 자살은 '자살행동(suicidal behavior)'을 지칭하는 용어이며, 자살행동의 구성요소에는 자살생각, 자살계획, 자살시도, 자살사망이 포함된다(Laser & Nicotera, 2011; Van Orden, Witte, Selby, Bender, & Joiner, 2008). 따라서 이 절에서 사용되는 '자살행동'은 자살생각과 자살계획, 자살시도, 자살사망을 포괄하는 용어다. 자살생각(suicidal ideation)은 죽고 싶다는 생각을 하는 것부터 자살과 관련된 행동을 시도하려는 생각을 의미하며, 자살계획(suicidal plan)은 자살생각의 수준을 넘어서 행동으로 표현되는 것으로 자해행동에 이르지 않는 유서작성, 소지품 정리를 포함한다. 자살시도(suicidal attempt)는 자해 등을 통해 죽기 위한 행동을 하지만 실제로 죽지 않는 경우를 말하며, 자살사망(suicidal completion)은 자살 실행으로 죽음에 이르는 실제적 자살을 의미한다(Laser & Nicotera, 2011).

청소년 자살은 국내뿐 아니라 다수 선진국에서도 청소년 사망의 주요 원인이 되고 있다. 청소년은 발달과정상의 특성으로 인해 성인과는 다른 의도와 과정으로 자살행동을 시도한다. 청소년 자살행동의 특성을 간단히 정리하면 다음과 같다(노혜련, 이종익, 전구훈, 2012; 박재연, 2010; 정익중, 박재연, 김은영,

2010; 최인재, 2010; Groholt & Ekeberg, 2009).

첫째, 성인은 우울증이나 정신분열증 등 정신병적 원인으로 자살행동을 시도하는 경우가 많지만, 청소년은 인지적으로 미성숙하고 정서적으로 불안정하므로 충동성이나 회피적인 욕구에 의해 자살행동을 하는 경우가 많다.

둘째, 청소년의 자살시도는 성인에 비해 충동적이고 일시적이기 때문에 성공률이 낮다. 실질적으로 청소년의 자살시도는 자신의 생명을 완전히 포기하려는 의도보다는 자신의 고통을 외부에 알려서 도움을 요청하고자 하는 표현으로 볼 수 있다.

셋째, 청소년기는 또래집단이나 주변 환경에 대한 모델링과 동일시를 추구하고 사회환경적 영향에 민감한 시기다. 이러한 특성으로 인해 청소년들은 영향력 있는 사람의 죽음을 모방하거나 또래와 동반자살을 시도하는 특성이 있다.

넷째, 청소년은 자살시도 방법이 면밀하지 못하므로 성인에 비해 자살로 사망할 확률이 높지 않다. 그러나 청소년 후기나 성인기에 자살시도가 다시 재발될 가능성이 높기 때문에, 청소년기의 자살행동 경험은 성인 자살의 중요한 위험요인이 된다. 특히 청소년기에 자살시도를 한 경우, 성인이 된 후 정신장애 발병률이 일반인보다 80% 이상 높은 것으로 확인된다(Laser & Nicotera, 2011).

(2) 청소년 자살행동 관련 요인

청소년 자살행동의 관련 요인을 개인적, 가족환경적, 또래관계 및 학교환경적 측면에서 살펴보면 다음과 같다.

① 개인적 요인

청소년 자살행동의 개인적 위험요인으로는 우울, 감정조절 문제, 충동성, 약물남용, 이전 자살시도 경험 등이 있다. 우울은 자살의도를 가진 사람들에게서 발견되는 가장 대표적인 특징으로서, 모든 문화, 인종, 성별, 계층에 상관없이 자살행동의 대표적 위험요인이다. 우리나라 청소년의 경우도 우울이 자살행동의 주요 예측요인으로 확인된다(박병금, 2009; 박재연, 2010; 최인재, 2010).

우울에 관련된 인지이론에 따르면, 우울의 인지적 증상인 무망감, 즉 자신과 주변 환경, 미래에 대한 부정적인 생각이 개인의 자존감과 자아효능감을 손상시키고 수동성과 인지적 와해를 강화함으로써 자살행동으로 연결된다(Abela & Hankin, 2008). 따라서 자살생각이나 자살시도는 우울증의 주요 증상으로 고려되며, 우울증을 겪고 있는 청소년은 필수적으로 자살위험 사정을 실시해야 한다. 또한 자신의 감정을 적절히 조절하지 못하는 감정조절 문제(emotional dysregulation)가 자살행동의 위험요인이다. 일부 청소년은 생물학적 기질이나 과도한 환경적 위협 등의 이유로 감정조절 기제가 적절히 발달하지 않았거나 손상될 수 있다. 이런 청소년들은 충동적 성향이 강하고 스트레스에 적절히 대처하지 못하기 때문에 자해(self-injury)와 자살시도를 할 가능성이 높다(정익중 외, 2010; Van Orden et al., 2008). 이 외에도 외국 연구들은 청소년들의 약물남용이나 음주, 이전의 자살시도 등이 자살행동의 위험요인이 된다고 밝혔다(Laser & Nicotera, 2011).

② 가족환경적 요인

청소년 자살행동에 영향을 주는 대표적인 가족환경 요인은 부모의 학대와 가족관계다. 부모의 학대, 특히 어린 시절 부모로부터 받은 학대와 폭력은 어린 자녀에게 감당할 수 없을 정도의 강력한 감정적 경험이다. 이러한 피학대 경험은 적절한 감정조절 기제 형성을 손상시키기 때문에 자살행동의 위험요인이 된다. 특히 아동기에 가족으로부터 학대피해를 당한 경험은 자기비하의 왜곡된 인식체계를 갖게 하여, 청소년기의 자살생각을 높이는 원인이 된다(구본용, 김지은, 2021; Joiner, Sachs-Ericsson, Wingate, & Brown, 2007).

가족관계 또한 청소년 자살행동에 영향을 준다. 일반적으로 부모 혹은 가족과의 정서적 유대와 지지는 청소년 자살행동이나 일탈행동을 완화하는 보호요인 역할을 한다. 그런데 부모와 애착관계가 적절히 형성되지 않고 가족으로부터 정서적 지지를 지속적으로 받지 못하는 청소년은 자신이 가족에게 항상 짐(burdensomeness)이 된다는 생각을 하는데, 이러한 인식이 자살행동으로 연결되는 것이다(Van Orden et al., 2008). 이 밖에도 자살과 관련된 가족력은 청소년 자살행동의 주요 위험요인이다(Glicken, 2009).

③ 또래관계 및 학교환경적 요인

또래로부터의 소외와 학교폭력 피해경험은 청소년 자살행동을 예측하는 요인이다. 청소년은 따돌림이나 폭력을 통해 또래로부터 거부를 당하게 되면 우울과 분노를 느낄 뿐만 아니라 외로움과 고립감을 갖게 되므로 자살생각을 하게 된다(남석인, 최권호, 민지아, 2011; 박재연, 2010). 특히 반 오르덴 등(Van Orden et al., 2008)은 또래로부터의 지속적인 거부경험은 청소년에게 또래집단에 소속되지 못하고 배제된 느낌(thwarted belongingness)을 주기 때문에 자살생각으로 연결될 가능성이 높다고 설명했다. 또한, 학업성적과 진로문제로 인한 학업스트레스는 청소년 정신건강 문제와 자살생각에 심각한 영향을 준다. 청소년은 스트레스 대처능력이 아직 미숙하고, 주변 환경에서 학업스트레스를 완화해 줄 자원을 찾기 어렵기 때문에 공부가 힘들거나 학업성적이 제대로 나오지 않으면 자살을 생각하는 경향이 있다.

2) 청소년 자해행동

(1) 청소년 자해행동의 개념과 특징

지난 10여 년 동안 급부상한 심각한 청소년 정신건강 문제는 자해행동이다. 자해는 의도적으로 자신의 신체를 훼손하는 행동을 의미한다(Klonsky, 2011). 자해의 가장 보편적인 방법은 신체를 칼로 베거나 긋는 행동이며, 그외에도 화상 입히기, 할퀴기, 신체부위 때리기, 머리카락 뽑기, 독극물이나 이물질 마시기 등이 있다. 특히 자해 청소년 중 80%는 날카로운 것으로 피부를 베거나 찌르는 행동을 보였다(김소정, 고그림, 2020; 신수정, 한재희, 2021).

청소년 자해행동과 자살 간의 관련성은 크게 두 가지 관점에서 논의되고 있다(이동훈, 양미진, 김수리, 2010). 하나는 자해행동을 자살로 이행하는 연속 과정으로 보는 관점으로, 자해행동을 약화된 자살행동 혹은 준자살행동(para-suicide)으로 간주하면서 자해의 극단적인 형태가 자살로 연결된다고 본다. 또 다른 관점은 자해행동을 자살과 구별하여 하나의 독자적인 임상 증후군으로 본다.

자해행동은 자살의도 동반 여부에 따라 자살적 자해와 비자살적 자해로 구분되며(Simeon & Favazza, 2001), 서로 다른 특성을 보인다(이동귀, 함경애, 배병훈, 2016). 자살적 자해는 일회적·제한적으로 시도되며 독극물 마시기와 같이 극단적이고 치명적인 행동이다. 반면, 비자살적 자해는 치사성이 낮은 반복적인 행위로 주로 신체를 칼로 베거나 화상 입히기 등으로 나타난다. DSM-5에는 자살의도가 없는 비자살적 자해(Non-suicidal Self-injury)가 '후속연구가 필요한 조건(Conditions for Further Study)' 부분에서 자살행동장애(Suicidal Behavior Disorder)와 구별하여 명시되어 있다. 비자살적 자해는 당장은 자살 의도가 없는 행동이다. 그러나 청소년이 가벼운 비자살적 자해행동을 반복하면서, 자신의 신체를 지속해서 훼손할 뿐만 아니라 자살잠재력을 습득한다는 점에서 주목해야 한다(임경문 외, 2020; Anestis et al., 2012).

(2) 청소년 자해행동 관련 요인

청소년 자해행동 관련 요인은 정서적 조절문제, 자해의 반복성, 자해행동 관련 온라인 활동 등을 살펴볼 수 있다.

첫째, 청소년자해의 가장 일반적인 원인은 정서적 고통의 조절기제와 관련이 있다. 청소년은 우울이나 불안, 자기비난, 실패감, 스트레스 상황, 가족갈등, 또래로부터의 소외감 등에 적절히 대처할 수 없을 때 극심한 정서적 고통을 경험한다. 일부 청소년은 이러한 상황에서 견디기 힘든 불안과 긴장감을 조절하기 위해 자신의 몸에 상처를 냄으로써 일시적으로 긴장을 해소하고 안정감을 갖게 되는 것이다(서미 외, 2018; 신수정, 한재희, 2021). 특히, 분노조절이 어려운 청소년은 강도 높은 불안과 부정적 감정을 빨리 해소하기 위해 충동적으로 자해행동을 한다.

둘째, 자해의 반복적 특성이 자해행동을 유지하게 하는 요인이다. 청소년은 우연한 기회에 사소하게 시작한 자해행동을 통해 뜻밖의 긴장완화를 느끼면서, 시간이 갈수록 자신만의 방식으로 자해를 반복한다. 즉, 단순하게 호기심으로 시작한 자해행동이 내성에 의해 점점 더 심각하고 위험한 행동으로 이어질 수 있는 것이다(김수진, 2017; 신수정, 한재희, 2021).

셋째, 온라인상에서의 자해행동에 대한 노출이 청소년의 자해행동 위험을 높인다. 청소년기는 상대적으로 모방과 동조동기가 높기 때문에 오프라인 경험뿐만 아니라 온라인에서 자해행동을 관찰하는 것만으로도 자해 위험을 높일 수 있다. 청소년은 온라인상에서 자해 관련 동영상이나 이미지를 통해 자해행동과 자해를 숨기는 방법들을 학습한다. 특히, 자해와 관련된 온라인 커뮤니티 활동은 집단적으로 자해행동을 합리화하고 위험성을 축소하며, 더욱 심각한 자해영상을 경쟁적으로 게시하여 사회적 강화를 제공할 수 있다(Lewis & Seko, 2016).

3) 청소년 자살 및 자해행동 현황

2021년 현재 우리나라 10대, 20대, 30대의 사망원인 1위는 자살이다. 2021년 청소년(9~24세) 자살사망자 수는 985명으로 인구 10만 명당 자살률은 11.7명이다.[1] 2021년 청소년 자살사망자 중 남자가 차지하는 비율은 54.6%, 여자는 45.4%다. 〈표 6-3〉에서 최근 5년간 자살률은 2017년에는 7.7명이었으나 2018년부터 9명대를 기록, 2020년 11.1명, 2021년 11.7명으로 10명대 이상으

---

1) 2021년 OECD 주요 회원국의 청소년(10~24세) 인구 10만 명당 자살률은 6명이다(보건복지부, 한국생명존중희망재단, 2023).

로 계속 증가 추세에 있다. 2021년 청소년 자살수단은 추락이 364명(37.0%)으로 가장 많고, 다음으로 목맴(336명, 34.1%), 가스중독(156명, 15.8%) 순으로 나타났다(통계청, 2022).

| 표 6-3 | 2017~2021년 청소년(9~24세) 자살 현황 추이

(단위: 명, 인구 10만 명당 명)

연도	2017년	2018년	2019년	2020년	2021년
자살자 수	722	827	876	957	985
자살률	7.7	9.1	9.9	11.1	11.7

출처: 통계청(2022).

청소년 자해ㆍ자살시도 현황은 중앙응급의료센터의 국가응급진료정보망(National Emergency Department Information System: NEDIS) 자료를 활용하여 추정할 수 있다(보건복지부, 한국생명존중희망재단, 2023). 2021년 연령대별 자해ㆍ자살시도 건수는 20대가 1만 1,336건(31.0%)으로 가장 많고, 뒤이어 10대 5,457건(14.9%), 30대 5,171건(14.2%), 40대 4,806건(13.2%), 50대 4,209건(11.5%) 순서로 나타났다. 〈표 6-4〉에서 최근 5년간 연령대별 자해ㆍ자살 비율 추이를 보면, 20대의 비율이 가장 높았다. 10대의 비율은 2018년 12.4%로 전년 대비 3.1%p 상승한 이후 2020년까지 12%대를 유지하였으나 2021년에 2.0%p 상승하여 14.9%로, 전체 연령대에서 두 번째로 높은 비율을 차지한다.

| 표 6-4 | 2017~2021년 연령대별 자해ㆍ자살 시도 응급실 내원 현황 추이

[단위: 건(%)]

연령대	2017년	2018년	2019년	2020년	2021년
9세 이하	34(0.1)	23(0.1)	22(0.1)	14(0.0)	11(0.0)
10대	2,633(9.3)	4,141(12.4)	4,598(12.7)	4,442(12.9)	5,457(14.9)
20대	5,927(21.0)	7,426(22.2)	8,732(24.0)	9,943(29.0)	11,336(31.0)

30대	5,069(17.9)	5,428(16.2)	5,689(15.7)	5,187(15.1)	5,171(14.2)
40대	5,473(19.4)	5,796(17.3)	6,121(16.8)	5,157(15.0)	4,806(13.2)
50대	4,181(14.8)	4,905(14.7)	5,154(14.2)	4,300(12.5)	4,209(11.5)
60대	2,042(7.2)	2,455(7.3)	2,728(7.5)	2,339(6.8)	2,441(6.7)
70대	1,770(6.3)	1,958(5.9)	1,963(5.4)	1,667(4.9)	1,676(4.6)
80세 이상	1,149(4.1)	1,319(3.9)	1,329(3.7)	1,264(3.7)	1,402(3.8)
전체	28,278(100.0)	33,451(100.0)	36,336(100.0)	34,313(100.0)	36,509(100.0)

출처: 중앙응급의료센터, 2017~2021년 국가응급진료정보망(NEDIS) 자료 N20230500211: 보건복지부, 한국생명존중재단(2023), p. 116에서 재인용.

4) 청소년 자살 및 자해행동 개입방법

청소년 자살 및 자해행동에 대한 개입은 크게 예방과 위기개입(crisis intervention), 사후관리로 구분할 수 있다.

첫째, 자살예방은 모든 청소년에게 필요하다. 현재 각급 학교와 지역사회 기관은 생명존중 및 자살예방교육을 다양하게 운영하고 있으며, 청소년 위험군을 조기 선별하기 위해 '학생정서·행동특성검사'를 활용하여 지속적인 상담과 모니터링을 실시하고 있다. 또한 교사, 지역사회기관 실무자, 또래청소년을 대상으로 자살예방 게이트키퍼(gatekeeper)인 '생명지킴이' 양성교육을 실시하여 청소년 자살위험군의 자살신호를 조기에 발견하여 신속하게 개입할 수 있는 환경체계를 조성하고 있다(보건복지부, 한국생명존중희망재단, 2023). 사회적 차원에서는 자살예방을 위한 언론 및 미디어, 경찰, 소방 등의 상호협력 체계 구축을 통해, 자살 사건 보도 발생 시 유기적·즉각적 대응으로 모방 자살(copycat suicide)을 예방하고 있다. 이를 위해 〈표 6-5〉와 같은 자살보도 권고기준 3.0, 영상 콘텐츠 자살장면 가이드라인, 미디어 자살유발·유해정보 모니터링 및 차단 사업 등을 운영하고 있다.

| 표 6-5 | 자살보도 권고기준 3.0

<table>
<tr><td colspan="1" align="center">자살보도 권고기준 3.0 5가지 원칙[1]</td></tr>
</table>

1. 기사 제목에 '자살'이나 자살을 의미하는 표현 대신 '사망' '숨지다' 등의 표현을 사용합니다.
2. 구체적인 자살방법, 도구, 장소, 동기 등을 보도하지 않습니다.
3. 자살과 관련된 사진이나 동영상은 모방 자살을 부추길 수 있으므로 유의해서 사용합니다.
4. 자살을 미화하거나 합리화하지 말고, 자살로 발생하는 부정적인 결과와 자살예방 정보를 제공합니다.
5. 자살 사건을 보도할 때에는 고인의 인격과 유족의 사생활을 존중합니다.

주: 1) 2013년 9월 10일 제정, 2018년 7월 31일 개정
출처: 한국기자협회(http://www.journalist.or.kr).

둘째, 2023년 8월 현재, 자살시도 및 자해행동에 대한 위기개입은 '응급실 기반 자살시도자 사후관리사업'을 통해 진행된다. 보건복지부는 이 사업을 통해 응급실에 내원한 자살시도자의 정서적 안정을 촉진하고, 정신의학적 치료 서비스 이용을 지원한다. 또한 자살예방센터(정신건강복지센터) 등 지역사회 서비스 연계를 통해 자살시도자의 자살 재시도를 예방한다(보건복지부, 한국생명존중희망재단, 2023).

응급실 사후관리사업 수행기관으로 선정된 의료기관은 응급의학과, 정신건강의학과, 사례관리팀으로 위기대응센터를 조직하고 사후관리 서비스를 제공한다. 응급의학과에서는 내원한 환자에 대한 응급처치 및 자살시도 여부를 파악한 후 자살시도자가 일차 안정이 되면 정신건강의학과 협진 및 사례관리팀으로 의뢰한다. 정신건강의학과에서는 의뢰된 자살시도자에 대해 정신과적 진단평가를 진행하고 재시도의 위험성이 높다고 판단될 경우, 입원이나 외래치료를 받도록 한다. 사례관리팀은 자살시도자에 대해 초기평가를 실시하고 서비스에 동의한 대상자에게 단기 사례관리 서비스를 제공한다. 또한 사례관리자는 회기마다 대상자의 자살위험도, 치료상황 등을 파악하고 개입을 진행한다. 이후 자살시도자의 동의를 거쳐 지역의 자살예방센터(정신건강복지

센터) 등에 연계한다(보건복지부, 한국생명존중희망재단, 2023).

셋째, 사후관리는 자살 유족 원스톱 서비스 지원사업과 자살 사후대응 등으로 진행된다. 자살 유족 원스톱 서비스 지원사업은 자살예방센터(정신건강복지센터) 원스톱 서비스팀이 자살사망 사건 직후 경찰, 소방 등을 통해 유족에게 응급개입하여 자살 유족들이 지역사회에서 소외되지 않고 필요한 자원을 적기에 지속해서 지원받을 수 있도록 한다. 자살 사후대응은 청소년의 경우 자살 사건 발생 후 학교와 학생들의 혼란과 충격을 최소화하고 일상으로의 회복을 지원하는 서비스다. 이 서비스를 위해 집단교육, 집단상담, 개별상담, 사후 모니터링 등을 실시한다(보건복지부, 한국생명존중희망재단, 2023).

3. 청소년의 중독문제

중독 현상은 오래전부터 사회적 문제로 인식되었다. 최근 청소년들은 더욱 다양한 중독의 위험에 노출되어 있다. 중독(addiction)은 '자신과 주위에 부적응적인 결과를 초래해서 이를 조절하려 하지만 통제력을 잃고 반복하는 행동'을 의미한다(김교헌, 2007). 중독행동의 단계적 특성은 세 가지 요소로 나타난다. ① 행동하기 전의 갈망(carving) 상태, ② 행동에 대한 통제력 상실, ③ 부정적 결과에도 불구하고 그 행동을 계속하기(Shaffer, 1999). 중독 현상은 마약류와 니코틴, 알코올 등에 대한 물질중독 외에도 도박과 인터넷 및 스마트폰 사용, 섭식, 쇼핑, 게임 등의 행위중독으로 그 범위가 계속 넓어지고 있다. 이 장에서는 청소년 중독문제를 스마트폰 중독문제와 약물중독 중심으로 살펴본다.

1) 청소년 스마트폰 중독

(1) 스마트폰 중독의 개념과 유형

스마트폰 사용은 우리에게 완전한 일상이고 삶의 방식이다. 스마트폰은 청소년에게 단순한 의사소통의 기능을 넘어 다양한 정보탐색과 생활을 관리하는 도구다. 청소년은 스마트폰을 활용하여 타인과 네트워킹을 촉진하고 사회적 관계를 유지하며, 여가와 취미를 즐긴다. 그런데 스마트폰의 이러한 다양한 혜택에도 불구하고, 스마트폰에 대한 과다 의존과 중독적 사용은 청소년의 건강한 발달과 적응에 심각한 혼란을 초래한다.

'스마트폰 중독'은 스마트폰 의존, 스마트폰 과의존, 스마트폰 과사용 등의 용어와 혼용되고 있으며, 아직 명확한 진단기준이 없으므로 개념 정의가 분명하지 않다. 일반적으로 스마트폰 중독의 개념은 인터넷 중독의 개념에 기초하여(Griffiths, 1998; Young, 1996), 스마트폰에 과다하게 집착하여 스마트폰 사용으로 인해 일상생활과 사회적 관계에 부정적 결과를 경험하는 현상을 의미한다(배성민, 2018; 정준수, 2022).

스마트폰 중독의 유형은 과다하게 사용하는 애플리케이션을 기준으로 게임 중독, SNS 중독, 음란물 중독, 정보검색 중독, 쇼핑 중독 등으로 구분할 수 있다. 게임 중독은 스마트폰 게임에 과다하게 몰입하여 학교, 가족 및 대인관계에 부정적 영향을 받는 상태를 말하며, SNS 중독은 소셜 네트워크 서비스(social network service)에 과다하게 의존하는 현상을 의미한다. 음란물 중독은 음란물게임, 음란소설, 음란영상, 음란채팅에 과도하게 몰두하는 상태이며, 정보검색 중독은 특별한 목적 없이 여러 사이트를 돌아다니면서 웹서핑을 하는 데 과도하게 몰두함으로써 일상생활에 방해를 받고 있는 상태를 의미한다. 스마트폰 쇼핑 중독은 하루 대부분을 스마트폰으로 쇼핑을 하며 시간을 보내는 것으로 물품구매의 충동을 조절하지 못하고, 자신의 경제적 한계를 넘어서는 수준까지 쇼핑을 반복하는 현상을 말한다(배성민, 2018; 이서원, 한지숙, 2012).

(2) 스마트폰 중독의 증상과 문제점

스마트폰 중독의 증상은 현재 인터넷 중독 증상을 토대로 설명되고 있다. 〈표 6-6〉은 DSM-5에서 제시하는 인터넷게임 장애의 진단기준이다. 이를 고려할 때, 스마트폰 중독의 증상도 스마트폰의 강박적 사용과 집착, 내성과 금단현상, 일상생활 및 학업의 어려움 등으로 설명할 수 있다. 주요 증상과 문제점을 정리하면 다음과 같다(과학기술정보통신부, 한국지능정보사회진흥원, 2022; Young, 1996).

첫째, 스마트폰의 강박적 사용과 집착이다. 스마트폰에 중독된 청소년은 거의 매일 가능한 대부분의 시간을 스마트폰에 과다 의존한다. 이들은 스트레스를 해소하거나 심심할 때뿐만 아니라 숙제 등 할 일이 있음에도 불구하고 인터넷에 강박적으로 접속한다.

둘째, 스마트폰 사용에 대한 내성(tolerance)과 금단증상(withdrawal)이다. 내성은 청소년이 의도했던 것보다 더 많은 시간을 스마트폰을 사용해야 만족감을 느끼면서, 스마트폰 사용시간을 조절하는 데 항상 실패하는 경우를 말한다. 금단은 모든 중독에서 나타나는 대표적인 증상으로서, 스마트폰을 하지 않으면 불안, 우울, 초조감에 시달리다가도 스마트폰을 하면 증상이 사라지는 것을 의미한다.

셋째, 신체적 증상과 일상생활 및 학업에서의 어려움이다. 스마트폰을 이용한 과다한 문자서비스와 게임 등은 청소년들의 집중력을 감소시키기 때문에 학업에 부정적 영향을 준다. 최근 스마트폰의 웹애플리케션의 확대로 인해, 청소년들은 채팅과 SNS, 게임 등을 언제 어디서든 신속하게 즐길 수 있게 되었다. 이러한 현상은 청소년들의 학업뿐 아니라 실제 생활(off-line)에서 가족과의 의사소통 및 여가활동 공유에도 부정적 영향을 미친다. 또한 스마트폰 과다사용은 어깨와 손목에 통증을 느끼는 문자 메시지 통증(Text Message Injury: TMI)과 시력저하, 일자목 증후군, 안구건조증, 수면장애, 두통, 뇌세포 손상 등을 유발할 수 있다(고충숙, 2012; 노언경, 2018).

넷째, 중단하려는 능력의 상실이다. 스마트폰에 중독된 청소년은 자신의 신체 및 정신건강과 학업, 가족생활에 미치는 부정적 측면을 누구보다도 잘 알고 있고, 실제로 스마트폰 사용을 중단하고자 시도한다. 그러나 이러한 시도와 노력이 번번이 실패하고 계속 스마트폰에 몰입하게 된다. 즉, 중단 시도와 노력, 실패, 몰입의 과정이 반복되면서 스마트폰 사용을 통제하는 스스로의 능력을 점차 상실하게 되는 것이다.

한편, 현재 중앙정부 차원에서 매년 실시하는 '스마트폰 과의존 실태조사'는 스마트폰 과의존 특성을 현저성(salience), 조절실패(self-control failure), 문제적 결과(serious consequences)로 제시한다(과학기술정보통신부, 한국지능정보사회진흥원, 2022). 현저성은 개인의 삶에서 스마트폰을 이용한 생활패턴이 가장 중요한 활동이 되는 것을 말하며, 조절실패는 스마트폰 이용에 대한 자율적 조절능력이 떨어지는 현상을 의미한다. 문제적 결과는 스마트폰 이용으로 인해 신체적·심리적·사회적으로 부정적 결과를 경험하지만, 스마트폰을 지속해서 이용하는 것을 말한다.

| 표 6-6 | 인터넷게임 장애 진단기준(DSM-5)

- 인터넷게임에 대한 집착
- 인터넷게임이 제지될 경우 금단 증상
- 내성: 더 오랜 시간 인터넷 게임을 하려는 욕구
- 인터넷게임을 줄이려는 시도의 반복적 실패
- 인터넷게임의 부작용을 인식함에도 불구하고 계속 사용
- 인터넷게임을 제외하고 과거 취미생활, 여가, 관심사에 대한 흥미 감소
- 중요한 관계, 직업, 교육 및 직업적 기회의 상실과 어려움
- 사용시간에 대하여 다른 사람을 속임
- 부정적 기분을 회피하거나 경감하기 위해 인터넷게임 이용

(3) 스마트폰 중독 관련 요인

청소년 스마트폰 중독 관련 요인은 청소년의 개인발달 요인과 가족환경 요인, 또래관계 및 학교환경 요인 등으로 구분할 수 있다(정준수, 2022). 먼저, 개인발달 요인은 자아존중감, 공격성, 사회적 위축, 우울, 충동성 등의 심리적

특성을 포괄한다. 즉, 청소년의 자아존중감이 낮을수록, 공격성과 사회적 위축 및 우울 성향이 높을수록 스마트폰 중독 위험군이 될 가능성이 높은 것으로 나타났다(김애경, 김성봉, 2018; 노충래, 김소연, 2016; 정준수, 2022).

다음으로, 가족환경 요인은 주로 부모의 양육태도와 부모의 스마트폰 의존 여부와 관련이 있다. 부모의 양육태도가 수용적이고 자율적이며 일관적일수록 청소년의 스마트폰 중독 수준이 낮았다. 반면, 부모와의 의사소통이 어렵고, 부모가 강압적이고 거부적인 양육태도를 보일수록 스마트폰 과다의존 가능성이 높은 것으로 나타났다. 또한 부모가 스마트폰 과의존 정도가 심각할수록 자녀 또한 스마트폰 중독에 취약한 것으로 확인된다(정준수, 이혜경, 2020).

마지막으로, 또래관계 및 학교환경 요인의 경우, 청소년은 또래관계가 원만하지 않아 사회적으로 고립되어 있거나 학교생활 적응문제로 스트레스 정도가 심각할수록 스마트폰에 더욱 과다하게 의존하는 것으로 나타났다(전혜숙, 전종설, 2019).

(4) 스마트폰 중독 현황

2022년 매체별 중요도 관련 조사에서 10대 청소년은 일상생활에서 스마트폰을 96.9%로 가장 중요하다고 했고, 다음으로 PC/노트북 1.3%, 서적 1.2% 순으로 응답했다(방송통신위원회, 2022). 동일 조사를 통해 스마트폰 이용 현황을 보면, 10대 청소년은 스마트폰을 '매일' 사용하는 경우가 95.9%로 가장 많았고, 음성통화를 제외한 스마트폰 하루 평균 이용 시간은 '2시간 이상'이 75.8%, '1~2시간 미만' 17.5%, '1시간 미만' 6.6% 순으로 나타났다(방송통신위원회, 2022).

청소년의 스마트폰 중독 현황은 '2022년 스마트폰 과의존 실태조사' 결과를 통해 추정할 수 있는데(과학기술정보통신부, 한국지능정보사회진흥원, 2022), 이 조사 결과는 스마트폰 이용자(만 3~69세) 중 23.6%가 과의존 위험군에 속한다고 보고하였다. 연령대별 과의존 위험군은 청소년(만 10~19세) 40.1%, 유아동(만 3~9세) 25.7%, 성인(만 20~29세) 22.8%, 60대 15.3% 순으로 청소년의 스마트폰 과의존 문제가 가장 심각한 것으로 확인된다. 또한 [그림 6-1]에서 학령별 스마트폰 과의존 현황을 살펴보면, 중학생이 44.5%로 가장 심각하고, 고등학생 40.0%, 초등학생 33.6%, 대학생 34.1%, 유치원생 24.7% 순이었다. 청소년(만 10~19세)이 스마트폰에서 많이 이용하는 콘텐츠는 영화/TV/동영상 98.4%, 메신저 96.5%, 학업 관련 검색 94.9%, 게임 94.4%로 나타났다(과학기술정보통신부, 한국지능정보사회진흥원, 2022).

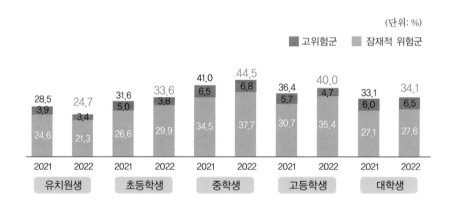

| 그림 6-1 | 학령별 스마트폰 과의존 현황

주: 유치원생의 경우, 어린이집을 포함한 응답
출처: 과학기술정보통신부, 한국지능정보사회진흥원(2022), p. 41.

(5) 스마트폰 중독문제 지원 사업

2023년 현재 청소년 스마트폰 중독 및 과의존 문제해결을 위한 정부의 지원 사업은 크게 세 가지로 살펴볼 수 있다(여성가족부, 2022). 첫째, '청소년 인터넷·스마트폰 과의존 예방 및 해소 지원 사업'으로 인터넷·스마트폰 과의존 청소년을 조기에 발굴하여 상담 및 치료 서비스를 연계하는 사업이다. 각급 학교는 매년 학령전환기(초4, 중1, 고1) 청소년을 대상으로 '인터넷·스마트폰 이용습관 진단조사' 실시를 통해 과의존 위험군을 발굴한 후, 과의존 위험 수준별로 맞춤형 상담 및 치료연계 서비스를 지원한다. 둘째, '청소년 인터넷·스마트폰 과의존 전담상담사 배치 사업'으로 17개 시·도 및 20개 시·

군·구 청소년상담복지센터에 전문상담사를 배치하여 인터넷·스마트폰 과의존 청소년에 대한 상담치료 서비스의 전문성을 강화하고 있다. 셋째, '국립청소년인터넷드림마을' 운영사업이다. 이 사업은 인터넷·스마트폰 과의존 청소년을 위한 맞춤형 상설 치유학교로써, 과의존 위험정도와 청소년의 특성에 따라 1~4주 프로그램을 구별하여 실시한다.

2) 청소년 약물중독

(1) 약물중독의 개념

최근 청소년들이 SNS나 포털사이트 검색 등을 통해 마약류 판매광고에 쉽게 노출되면서, 10대 청소년 마약사범이 급증하고 있다. 2021년 기준 19세 미만 청소년 마약사범은 450명으로, 이는 2020년의 43.8%, 2019년의 88.3% 보다 증가한 수치이며 10년 전과 비교하면 12배 정도 증가하였다(대검찰청, 2022). 청소년 약물남용은 청소년의 신체 및 정신건강에 치명적인 손상을 입힐 뿐만 아니라 범죄와 일탈로 연결되는 출입구(gateway) 역할을 한다는 점에서 심각한 사회문제이다.

약물중독이란 넓은 의미에서 신체적·정신적 의존력이 강한 약물의 남용으로 인한 중독을 의미한다.[2] 약물의 범위는 매우 다양하고 포괄적이지만, 「청소년 보호법」에는 유해약물이 '주류, 담배, 마약류, 환각물질, 그 밖에 중추신경에 작용하여 습관성, 중독성, 내성 등을 유발하여 인체에 유해하게 작용할 수 있는 물질'로 규정되어 있다. 여기서 마약류는 마약, 대마, 향정신성의 약품을 총괄하는 용어다. 세계보건기구(WHO)의 보고에 따르면, 마약류는 '약물사용에 대한 욕구가 강제적일 정도로 강하고, 사용약물의 양이 증가하는 경향이 있으며, 금단현상이 나타나며, 개인에 한정되지 아니하며, 사회에 해를

---

2) DSM-5에서는 물질의 사용으로 임상적으로 상당한 장애 혹은 곤란을 가져오는 경우를 물질 관련 장애(substance related disorder)로 진단한다. 또한 물질 관련 장애를 진단할 수 있는 물질 (substance)로 약물 외에 알코올, 환각제, 흡입제, 대마초 등 열 가지를 제시한다.

끼치는 약물'이다(대검찰청, 2022).

약물 관련 용어는 약물오용(drug misuse), 약물남용(drug abuse), 약물의존 (drug dependence), 약물중독(drug addiction) 등으로 다양하게 혼용되고 있다. 이 용어들은 특정 약물을 어느 정도 복용했는가의 양적 판단보다는 사회적으로 그 약물을 어떻게 가치판단하고 약물을 사용하게 된 행동과 심리에 의해 정의된다(이양훈, 2014). 약물오용은 의학적인 목적으로 사용하나 의사의 처방을 따르지 않고 임의로 사용하는 경우이며, 약물남용은 향정신적 약물을 의학적 목적이 아닌 다른 용도로 사용하는 것뿐만 아니라 술과 담배를 포함하여 모든 약물을 의도적으로 장기간 혹은 간헐적으로 사용하는 것을 총칭한다. 약물의존은 남용의 결과 특정 약물(물질)을 반복적으로 사용하게 되어 사용자에게 정신적·신체적 변화를 일으켜 약물사용을 중단하거나 조절할 수 없는 상태를 의미한다. 또한 약물중독은 약물사용에 대한 강박적 집착과 조절불능, 신체적·정신적·사회적으로 위해한 결과가 있음을 알면서도 강박적으로 의존하는 상태를 말한다(박성수, 2017; 이양훈, 2014).

이러한 개념들에 근거할 때, 청소년의 약물남용 혹은 중독문제는 약물 사용으로 인해 신체적으로 해를 주고 가족이나 학교, 또래관계에 부정적 결과를 가져옴에도 불구하고 감정, 행동, 인식에 인위적인 변화를 일으키기 위해 약물(물질)을 불법적이고 비의학적 목적으로 지속적으로 사용하는 경우를 의미한다. 또한, 해로운 결과가 명백함에도 약물사용을 통제하지 못하고 더욱 의존하게 되며, 약물에 대한 내성이 증가하고 사용중단 시 금단증상을 겪는 경우이다.

(2) 약물남용의 특성과 문제점

청소년의 약물남용은 개인 내적 부분뿐만 아니라 다양한 측면에서 위험요소가 크다. 청소년기 약물남용의 특성과 문제점을 정리하면 다음과 같다(박성수, 2017; 손현동, 2017). 첫째, 청소년은 신체적 발육이 완전히 끝나지 않은 상태이므로 약물에 의해서 신체조직 특히 골수, 간, 신장 등이 손상될 가능성이 높고 면역체계 이상을 유발할 수 있다. 둘째, 약물남용 청소년은 현실 판단 능력과 충동통제력 부족으로 자신과 타인을 위협하는 문제행동 시도와 비행 및 범죄행위에 노출될 가능성이 높다. 셋째, 약물남용으로 인한 정서적 조절문제와 심리적 혼란으로 우울과 불안, 분노 등을 겪으면서 자신을 비하하고 삶의 무의미성을 느끼며 자살행동의 위험이 높다. 넷째, 약물남용은 부모를 비롯한 가족관계, 또래관계, 교사와의 관계를 손상시켜 가족 및 학교체계에서 건강한 적응과 발달을 어렵게 한다. 다섯째, 청소년기에 시작한 약한 약물은 점점 중독성이 강한 약물로 옮겨가기 쉽고, 성인기의 약물중독 가능성을 높일 수 있다. 이러한 전이는 개인의 신체적 · 정신적 손상뿐만 아니라 엄청난 사회적 비용과 경제적 손실을 초래한다.

(3) 약물중독 관련 요인

약물중독 관련 요인은 청소년 비행과 범죄를 설명하는 이론인 사회학습이론(Akers & Cochran, 1985), 사회유대이론(Hirschi, 1969), 일반긴장이론(Agnew, 1992) 등에 의해 주로 설명된다. 사회학습이론(social learning theory)은 비행문화와 비행 친구와의 차별적 접촉이 비행학습의 요인이 된다고 설명한다. 사회유대이론(social bonding theory)에 따르면, 청소년은 가정(부모)이나 학교와의 유대가 끊어지고 통제가 약해졌을 때 비행이나 문제행동을 일으킬 가능성이 크고, 부모와의 애착과 학업에 대한 관여가 적절할 때 비행 등의 문제행동이 억제된다는 것이다. 에그뉴(Agnew, 1992)는 일반긴장이론(general strain theory)을 제시하면서, 청소년이 가정이나 학교, 일상생활에서 경험하는 부정적 자극과 목표달성의 실패가 긴장을 유발하며 이를 해소하기 위해 비행이나 범죄에 참여한다고 주장하였다.

이와 같은 사회학습이론과 사회유대이론, 일반긴장이론을 근거로 검토한 약물남용 관련 요인은 개인적 요인과 환경적 요인으로 구분할 수 있다(고순청, 이승현, 이창한, 2019; 최유정, 신소라, 2022; 홍서아, 2018). 개인적 요인으로는 약물에 대한 긍정적 기대와 스트레스 수준, 회피적 대처, 자기조절능력과 자아

통제감, 흡연과 음주 경험 등이 약물남용과 밀접한 관련이 있었다. 또한 환경적 요인으로는 부모의 약물남용과 약물에 대한 허용적 태도, 부모의 관심과 감독수준, 약물을 남용하는 친구와의 접촉, 약물 구입이 쉬운 지역환경 등으로 정리할 수 있다.

(4) 약물남용 현황

청소년 약물남용 현황은 주로 대검찰청에서 발표하는 '청소년 마약류 사범' 통계를 통해 간접적으로 파악할 수 있다. 19세 이하 청소년 마약류 범죄는 지속적으로 증가하고 있는데, 특히 2012년 38명이었던 청소년 마약류 사범 수가 2021년 450명으로 나타났다. 2021년 청소년 마약류 범죄의 종류를 살펴보면, 마약이 43.6%로 가장 높은 비율을 차지했고, 다음으로 향정신성 의약품(42.7%), 대마(13.8%) 순으로 나타났다.[3] 청소년 마약류 사범은 2~3년 전까지만 해도 향정신성 의약품 남용의 수치가 가장 높았는데, 마약 사용 비중이 2019년 1.2%, 2020년 12.5%, 2021년 43.6%로 빠르게 증가하고 있음을 보여 준다(〈표 6-7〉 참조). 이는 스마트폰 이용이 보편화되면서 청소년들이 SNS나 포털사이트 검색 등을 통해 마약류 판매광고를 쉽게 접할 수 있게 되고, 국제우편·특송화물을 이용한 구매경로가 다양해진 상황과 관련이 있는 것으로 볼 수 있다(이무송, 2022).

한편, 여성가족부에서 매년 실시하는 '2022년 매체이용 및 유해환경 실태조사' 결과에서는 중·고등학생의 식욕억제제제(나비약), 피우는 비타민, 진통제(펜타닐 패치) 사용 현황을 보여 준다(여성가족부, 2022). 피우는 방식의 비타민 흡입제는 2017년 12월 청소년 유해물건으로 지정되어 청소년에게 판매가 금지되었다. 다행히 피우는 비타민의 이용률은 2018년 12.7%에서 2020년

---

3) 「마약류 관리에 관한 법률」에서는 마약류를 마약, 향정신성 의약품, 대마로 분류하였다. 마약은 양귀비, 아편, 모르핀, 코카인, 페티딘, 펜타닐 등을 포함한다. 향정신성 의약품은 메트암페타민, MDMA(엑스터시), 바르비탈, 졸피뎀, 프로포폴 등을 포함한다. 대마는 대마초와 헤시시 등을 포함한다.

| 표 6-7 | 청소년 마약범죄의 마약류별 현황(2012~2021)   (단위: 명, %)

구분\연도	전체	청소년 마약류 사범		청소년 마약류 종류별			
		인원	비율	합계	향정신성 의약품	대마	마약
2012	9,255	38	0.4	38(100.0)	26(68.4)	12(31.6)	-
2013	9,764	58	0.6	58(100.0)	39(67.2)	17(29.3)	2(3.4)
2014	9,742	102	1.0	102(100.0)	48(47.1)	54(52.9)	-
2015	11,916	128	1.1	128(100.0)	78(60.9)	50(39.1)	-
2016	14,214	121	0.9	121(100.0)	91(75.2)	28(23.1)	2(1.7)
2017	14,121	119	0.8	119(100.0)	70(58.8)	49(41.2)	-
2018	12,613	143	1.1	143(100.0)	105(73.4)	36(25.2)	2(1.4)
2019	16,044	239	1.5	239(100.0)	167(69.9)	69(28.9)	3(1.2)
2020	18,050	313	1.7	313(100.0)	196(62.6)	78(24.9)	39(12.5)
2021	16,513	450	2.7	450(100.0)	192(42.7)	62(13.8)	196(43.6)

주: 마약류 통계에서 청소년 연령기준은 '19세 이하'로 하고 있음.
출처: 대검찰청(2022).

13.6%, 2022년 3.1%로 감소 추세를 보였다. 중·고등학생의 지난 1년간 마약성 식욕억제제 '나비약(디에타민정)'의 이용 경험은 0.9%, 마약성 진통제 '펜타닐 패치' 이용 경험은 10.4%로 나타났다. 이러한 조사 결과는 약물 사용 경험률만을 보여 주기 때문에 중·고등학생들이 마약성 약물을 어떠한 이유로 이용하였으며, 어떤 경로를 통해, 어느 정도 사용이 확산되었는지 등은 파악하기 힘들다.

(5) 약물남용 개입방안

청소년 약물남용 및 마약류 중독의 가장 확실한 예방 전략은 약물과 마약류에 대한 정보와 중독적 사용으로 생길 수 있는 폐해 정보를 정확하게 전달하여 청소년 스스로 약물 사용에 경각심을 갖도록 하는 것이다. 우리나라는 「학교보건법」⁴⁾ 개정을 통해, 2021년부터 초 · 중 · 고등학교에서 마약류를 포함한 약물오용 · 남용의 예방교육을 실시하고 있다(한국마약퇴치운동본부, 2022).

한편, 청소년 약물중독에 대한 개입방안은 크게 네 가지 방향으로 접근할 수 있는데, 대안 · 개입 · 치료 · 재활 프로그램을 포함한다(홍서아, 2018). 첫째, 대안 프로그램은 빈번하게 약물을 사용하는 청소년에게 적합하고 이들에게 약물사용보다 더 즐겁고 보상적이고 수용될 수 있는 대안을 제공하여 약물남용을 방지하는 것이다. 둘째, 개입 프로그램이란 약물남용이 고착되어 가는 청소년들을 대상으로 그들을 원조 또는 지지하여 약물중독을 예방하는 것이다. 이 프로그램은 대인 간의 의사소통, 경험의 공유, 감정이입적 청취 등을 향상시켜 청소년이 개인이나 가족의 문제에 적응할 수 있도록 지원한다. 셋째, 치료 프로그램은 약물중독에 이르게 된 청소년을 대상으로 하며 이들의 행동변화를 통해 약물중독과 중독으로 인한 범법행위를 막으려는 목적이 있다. 마지막으로 재활 프로그램은 약물을 끊은 청소년을 대상으로 비교적 장기적인 활동이 이루어진다(홍서아, 2018).

---

4) 「학교보건법」 제9조에서 약물남용의 예방교육을 하도록 법률 개정(1998. 12.)한 이후 마약류를 포함한 약물오용 · 남용의 예방교육을 하도록 법률 개정하였다(2020. 6.).

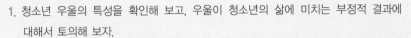

토의문제

1. 청소년 우울의 특성을 확인해 보고, 우울이 청소년의 삶에 미치는 부정적 결과에 대해서 토의해 보자.

2. 가정환경과 학교 및 또래관계 환경에서 청소년 우울에 영향을 줄 수 있는 위험요인과 보호요인을 확인해 보자.

3. 최근 보도된 청소년 자살 관련 기사를 검색하여, 그 사건 발생의 관련 환경에 대해서 토의해 보자.

4. 최근 청소년 자해행동이 지속적으로 증가하는 이유에 대해 토의해 보자.

5. 청소년 스마트폰 중독 개입을 위한 지역사회 자원을 확인해 보고, 자원접근성과 충분성에 대해 토의해 보자.

6. 청소년 마약류 범죄가 지속적으로 증가하고 있는 요인을 생태체계적 관점에서 토의해 보자.

참고문헌

건강보험심사평가원(2022. 6. 24.). 보도자료: 최근 5년(2017~2022년) 우울증과 불안장애 진료현황 분석. https://www.hira.or.kr/bbsDummy.do?pgmid=HIRAA020041000100&brdScnBltNo=4&brdBltNo=10627#none(검색일: 2023. 7. 10.).

고순청, 이승현, 이창한(2019). 청소년 약물 사용 발달궤적 분석: 잠재성장 모형을 중심으로. 한국공안행정학회보, 75, 215-238.

고충숙(2012). 청소년의 스마트폰 중독적 사용이 정신건강에 미치는 영향. 청소년문화포럼, 30, 8-36.

과학기술정보통신부, 한국지능정보사회진흥원(2022). 2022년 스마트폰 과의존 실태조사 보고서.

교육부, 질병관리청(2023). 제18차(2022년) 청소년건강행태조사 통계. https://www.imhc.or.kr/user/board/view.php?sq=9960&board_code=data_out&search=YToxOntzOjEwOiJib2FyZF9jb2RlIjtzOjg6ImRhdGFfb3V0Ijt9(검색일: 2024. 2. 20.).

구본용, 김지은(2021). 청소년의 아동학대 경험, 우울 및 불안이 자살사고에 미치는
　　　영향: 자아존중감의 매개된 조절효과. 학습자중심교과교육연구, 21(11), 823-
　　　834.

김교헌(2007). 중독, 그 미궁을 헤쳐 나가기. 한국심리학회지: 건강, 12(4), 677-693.

김선하, 김춘경(2010). 대인관계 집단치료와 인지행동 집단치료가 청소년 우울 및 관
　　　련 변인에 미치는 효과. 청소년학연구, 17(3), 55-86.

김소정, 고그림(2020). 청소년 집단에서의 자해와 SNS 사용: 체계적 문헌고찰 연구.
　　　인지행동치료, 20(3), 246-275.

김수진(2017). 비자살적 자해의 위험요인과 보호요인 개관. 청소년학연구, 24(9), 31-53.

김애경, 김성봉(2018). 청소년의 사회적 위축과 휴대전화 의존과의 관계에서 또래애
　　　착의 조절효과. 청소년학연구, 25(8), 245-267.

김영미(2008). 이웃환경 무질서가 청소년 우울에 미치는 영향. 사회과학연구, 24(4),
　　　29-50.

김재엽, 정윤경(2007). 학교폭력 피해경험이 우울에 미치는 영향에서 가족요인의 조
　　　절효과. 한국가족복지학, 19, 5-28.

김혜인, 도현심, 지연경(2011). 부모의 심리적 통제와 고등학생의 역기능적 완벽주의
　　　및 자의식 정서가 우울에 미치는 영향. 아동학회지, 32(4), 15-22.

남석인, 최권호, 민지아(2011). 일반긴장이론에 근거한 청소년의 자살성 남녀비교: 서
　　　대문구 중학생을 중심으로. 사회복지연구, 42(2), 467-461.

노언경(2018). 청소년의 스마트폰 중독과 정신건강과의 관계에 대한 메타분석. 교육문
　　　제연구, 31(1), 141-168.

노충래, 김소연(2016). 부모양육태도가 청소년의 스마트폰 의존에 미치는 영향. 한국
　　　청소년연구, 27(4), 87-114.

노혜련, 이종익, 전구훈(2012). 초·중학생의 자살시도에 영향을 미치는 위험요인과
　　　보호요인에 관한 연구: 성별차이를 중심으로. 청소년복지연구, 14(2), 335-363.

대검찰청(2022). 마약류 범죄백서.

문지혜, 윤혜경, 박혜원(2011). 저소득층 아동·청소년의 우울에 영향을 미치는 자아
　　　관련 변수와 부모 관련 변수의 분석. 대한가정학회지, 49(6), 57-66.

박병금(2009). 청소년 우울의 발달경로와 자살생각. 정신보건과 사회사업, 31(4), 207-235.

박성수(2017). 청소년의 물질중독 예방전략: 마약류 등 유해약물을 중심으로. 한국중
　　　독범죄학회보, 7(4), 43-62.

박재연(2010). 학교폭력이 청소년 우울 및 자살에 미치는 영향에서 탄력성의 매개효
　　　과. 사회복지연구, 41(1), 345-375.

방송통신위원회(2022). 2022 방송매체 이용행태 실태조사. https://www.kocca.kr/kocca/bbs/view/B0000204/1956486.do?searchCnd=&searchWrd=&cateTp1=&cateTp2=&useYn=&menuNo=204171&categorys=4&subcate=60&cateCode=0&type=&instNo=0&questionTp=&ufSetting=&recovery=&option1=&option2=&year=&morePage=&qtp=&searchGenre=&domainId=&sortCode=&pageIndex=1#(검색일: 2023. 9. 20.).

배성민(2018). 스마트폰 사용유형과 스마트폰에 대한 과도한 기대가 청소년의 스마트폰 과의존에 미치는 영향. 정보화정책, 25(4), 65-83.

보건복지부, 한국생명존중희망재단(2023). 2023 자살예방백서.

서미, 김은하, 이태영, 김지혜(2018). 고위기 청소년 정신건강 상담개입 매뉴얼: 자살·자해편. 부산: 한국청소년상담복지개발원.

손현동(2017). 청소년 대상 물질 사용과 남용에 대한 연구동향 분석: 국내 학술지 게재 논문을 중심으로. 학습자중심교과교육연구, 18(23), 411-442.

신수정, 한재희(2021). 비자살적 자해청소년의 자해중단 경험연구. 상담학연구, 22(5), 185-221.

안명희, 서희수(2012). 어머니의 심리적 통제가 청소년 자녀의 우울에 미치는 영향: 매개효과를 중심으로. 청소년학연구, 19(2), 227-253.

여성가족부(2022). 2022년 청소년 매체이용 및 유해환경 실태조사.

이동귀, 함경애, 배병훈(2016). 청소년 자해행동: 여중생의 자살적 자해와 비자살적 자해. 한국심리학회지: 상담 및 심리치료, 28(4), 1171-1192.

이동훈, 양미진, 김수리(2010). 청소년 자해의 이해 및 특성에 대한 고찰. 청소년상담연구, 18(1), 1-24.

이무송(2022). 청소년의 신종마약중독 실태 및 대응방안 연구. 한국중독범죄학회보, 12(2), 32-53.

이서원, 한지숙(2021). 게임중독이 청소년의 등교거부경향성에 미치는 영향: 우울의 매개효과. 청소년복지연구, 14(2), 259-280.

이양훈(2014). 청소년의 약물남용에 미치는 사회적 요인에 관한 연구. 고려대학교 대학원 박사학위논문.

이은경, 박성연(2010). 부모의 심리적 통제가 청소년의 우울성향 및 우울과 자아존중감에 미치는 영향. 아동학회지, 31(6), 87-106.

이정숙, 명신영(2008). 청소년의 우울수준에 따른 우울 대응행동에 관한 연구. 청소년학연구, 15(6), 39-63.

임경문, 김혜경, 백운진, 이윤주(2020). 청소년 자해에 관한 연구동향. 인문사회21,

11(1), 717-731.

임성택, 김진호, 정의석(2011). 청소년의 생활스트레스와 우울의 관계에 대한 완벽성 향의 조절효과. 청소년복지연구, 13(3), 243-260.

임은미, 정성석(2009). 청소년의 스트레스와 우울의 변화 및 우울에 대한 스트레스의 장기적 영향. 청소년학연구, 16(3), 99-121.

전혜숙, 전종설(2019). 청소년 친구 및 학교 스트레스가 스마트폰 중독에 미치는 영향: 우울·불안의 매개효과를 중심으로. 청소년복지연구, 21(1), 1-28.

정익중, 박재연, 김은영(2010). 학교청소년과 학교밖 청소년의 자살생각과 자살시도에 영향을 미치는 요인. 정신보건과 사회사업, 34(4), 222-251.

정준수(2022). 아동·청소년의 스마트폰 중독 진입에 영향을 미치는 요인에 관한 연구. 청소년복지연구, 24(3), 33-60.

정준수, 이혜경(2020). 아동·청소년의 스마트폰 중독에 영향을 미치는 요인에 관한 연구: 초등학교 4학년과 중학교 1학년 비교를 중심으로. 청소년복지연구, 22(4), 211-241.

최유정, 신소라(2022). 청소년의 긴장요인이 약물남용에 미치는 영향. 인문사회21, 13(6), 1839-1849.

최인재(2010). 청소년기 자녀의 자살생각에 대한 부모자녀관계의 영향: 자아존중감 및 우울의 매개효과를 중심으로. 청소년학연구, 17(9), 105-130.

통계청(2022). 2017~2021년 사망원인 통계.

한국마약퇴치운동본부(2022). 마약류 현황 및 예방전략. http://www.drugfree.or.kr/html/data/PDF/Text_Data/paper/2022_vol104/2022_paper_vol104_6-9.pdf (검색일: 2023. 9. 15.).

홍서아(2018). 청소년의 약물중독 실태 및 심리지원 방안. 한국중독범죄학회보, 8(2), 93-115.

Abela, J. R. Z., & Hankin, B. L. (2008). Cognitive vulnerability to depression in children and adolescents: A developmental psychopathology perspective. In J. R. Z. Abela & B. L. Hankin (Eds.), *Handbook of Depression in Children and Adolescents* (pp. 35-78). New York: The Guilford Press.

Agnew, R. (1992). Foundation for General Strain Theory of crime and delinquency. *Criminology, 30*, 47-87.

Akers, R. L., & Cochran, J. K. (1985). Adolescent marijuanas use: A test of three theories of deviant behavior. *Deviant Behavior, 6*(4), 323-346.

Anestis, M. D., Tull, M, T., Bagge, C. L., & Gratz, K. L. (2012). The moderating role of distress tolerance in the relationship betweenpostraumatic stress disorder symptom clusters and suicidal behavior among trauma exposed substance users in residential treatment. *Archives of Suicide Research*, *16*(3), 198-211.

Barber, B. K., Olsen, J. A., & Shagle, S. C. (1994). Associations between parental psychological control and behavioral control and youth internalized and externalized behaviors. *Child Development*, *65*, 1120-1136.

Brunstein, K. A., Marrocco, F., Kleinman, M., Schonfeld, I. S., & Gould, M. S. (2007). Bullying, depression, and suicidality in adolescents. *Journal of the American Academy of Child and Adolescent Psychiatry*, *46*(1), 40-49.

Glicken, M. D. (2009). *Evidence-based practice with emotionally troubled children and adolescents*. San Diego, CA: Academic Press.

Griffiths, M. D. (1999). Internet Addiction: Fact or fiction. *Psychologist*, *12*, 246-250.

Groholt, B., & Ekeberg, O. (2009). Prognosis after adolescent suicide attempts: Mental health, psychiatric treatment, and suicide attempts in a nine-year follow-up study. *Suicide & Life-Threatening Behavior*, *39*(2), 125-136.

Hirschi, T. (1969). *Causes of delinquency. Berkeley*. CA: University of California Press.

Johnson, D., Dupuis, G., Piche, J., Clayborne, Z., & Coleman, I. (2018). Adult mental health outcomes of adolescent depression: A systematic review. *Depression and Anxiety*, *35*(8), 700-716.

Joiner, T. E., Sachs-Ericsson, N. J., Wingate, L. R., & Brown, J. S. (2007). Childhood physical and sexual abuse and lifetime number of suicide attempts: A resilient and theoretically important relationship. *Behavioral Research and Therapy*, *45*, 539-547.

Klonsky, E. D. (2011). Non-suicidal self-injury in United States adults: prevalence, sociodemographics, topography and functions. *Psychological Medicine*, *41*(9), 1981-1986.

Laser, J. A., & Nicotera, N. (2011). *Working with adolescents: A guide for practitioners*. New York: The Guildford Press.

Lewis, S. P., & Seko, Y. (2016). A doubleedged sword: A review of benefits and risks of online nonsuicidual self injury activities. *Journal of Clinical Psychology*, *72*(3), 249-262.

Natsuaki, M. N., Ge, X., Brody, G. H., Simons, R. L., Gibons, F. X., & Cutrona, C. E. (2007). African American childrens' depressive symptoms: The prospective effects of neighborhood disorder, stressful life events, and parenting. *American Journal of Community Psychology, 39*(1-2), 163-176.

Reinecke, M. A., & Ginsburg, G. S. (2008). Cognitive-Behavioral treatment of depression during childhood and adolescence. In J. R. Z. Abela & B. L. Hankin (Eds.), *Handbook of Depression in Children and Adolescents* (pp. 179-206). New York: The Guildford Press.

Shaffer, H. J. (1999). Strange bedfellows: A critical view of pathological gambling andaddiction. *Addiction, 94,* 1445-1448.

Simeon, D., & Favazza, A. R. (2001). Self-injurious behaviors. In D. Simeon & E. Hollander (Eds.), *Self-injurious behaviors, assessment, and treatment* (pp. 1-28). Washington, DC: American Psychiatric Publishing.

Van Orden, K. A., Witte, T. K., Selby, E. A., Bender, T. W., & Joiner Jr. T. E. (2008). Suicidal behavior in youth. In J. R. Z. Abela & B. L. Hankin (Eds.), *Handbook of Depression in Children and Adolescents* (pp. 441-465). New York: The Guilford Press.

Young, J. E., Mufson, L., & Davies, M. M. (2006). Effectiveness study of interpersonal psychotherapy for depressed adolescents. *Journal of the American Academy of Child & Adolescent Psychiatry, 45*(8), 904-912.

Young, K. S. (1996). Internet addiction: The emergence of new clinical disorder. *Cyber Psychology and Behavior, 1*(3), 237-244.

제**7**장

청소년과 성

청소년기는 성적으로 급속히 성숙해 가는 시기이며, 성에 대해 큰 관심을 보이는 시기다. 청소년기에 건전한 성 가치관을 형성하고 건강한 성 발달을 이루어 가는 것이 중요함에도 불구하고 안타깝게도 많은 청소년이 성과 관련한 심각한 문제와 어려움을 겪고 있다. 이 장에서는 심각한 사회문제가 되고 있는 청소년 성매매와 청소년 성폭력에 대해 살펴보고 이 문제에 대한 대책을 논의한다.

1. 청소년 성매매

1) 청소년 성매매의 개념

1990년대 중반 이후 우리 사회에 청소년 성매매가 급속도로 확대되어 현재 심각한 사회문제로 나타나고 있다. 청소년 성매매란 성인이 청소년에게 금품을 주고 성관계를 갖는 행위를 말하며, 이는 인터넷 채팅, 휴대전화 등의 통신기기를 통하여 성을 사고팔 사람끼리 개별적으로 만나 성관계를 갖는다는 점에서 전통형 매매춘이나 산업형 매매춘과는 차이가 있다. 초기에는 원조교제라는 용어로 사용되어 왔으나, 이 용어가 문제의 심각성을 드러내지 않을 뿐만 아니라 오히려 잘못된 관계를 미화하는 경향이 있어 청소년 성매매라는 용어로 대체되었다. 청소년 성매매는 「아동·청소년의 성보호에 관한 법률」에 규정되어 있는 성인이 성의식이 미숙한 청소년들을 대상으로 하는 성범죄다.

　2023년에 개정된 「아동·청소년의 성보호에 관한 법률」에는 청소년 성매매가 "아동·청소년, 아동·청소년의 성을 사는 행위를 알선한 자 또는 아동·청소년을 실질적으로 보호·감독하는 자 등에게 금품이나 그 밖의 재산상 이익, 직무·편의 제공 등 대가를 제공하거나 약속하고 성교행위, 구강·항문 등 신체의 일부나 도구를 이용한 유사 성교행위, 신체의 전부 또는 일부를 접촉·노출하는 행위로서 일반인의 성적 수치심이나 혐오감을 일으키는 행위, 자위행위를 아동·청소년을 대상으로 하거나 아동·청소년으로 하여금 하게 하는 것"으로 정의되어 있다.

2) 청소년 성매매로 인한 문제

　청소년 성매매는 청소년에게 신체적·정신적 손상을 초래하며 자아발달에 부정적인 영향을 미친다. 임신·낙태 혹은 성병으로 신체적 건강에 해를 초래할 수 있고, 임신과 낙태를 가볍게 생각함으로써 생명의 존귀함에 대한 의식이 약화되며, 자신의 성을 놀이와 돈벌이의 수단으로 여기게 되어 성 가치관이 왜곡될 수 있다. 또한 성매매 청소년은 나중에 자신이 한 일을 후회하게 되고 부모나 미래의 배우자에 대한 죄의식으로 인하여 부정적인 자아개념을 형성하게 된다(조성연, 2000). 이러한 부정적 자아개념은 타인과의 건전한 인간관계를 형성하는 데 장애가 되며, 미래에 대한 의지를 소멸 혹은 약화시킴으로써 청소년의 건전한 성장에 치명적 영향을 미친다.

사회적으로도 청소년 성매매는 성문란을 부추김으로써 사회의 건전한 성윤리를 파괴하며, 사회를 배금주의 · 쾌락주의에 물들게 함으로써 가정과 사회를 파괴한다. 또한 청소년 성매매는 제2의 범죄, 즉 영아살해, 살인, 강간, 성폭력, 절도 등의 범죄를 양산하여 사회를 더욱 병들게 한다.

3) 청소년 성매매의 원인

헹겔러(S. W. Henggeler)의 다체계적 관점에 기초하여 청소년 성매매의 원인을 살펴보고자 한다. 헹겔러의 청소년 행동에 관한 다체계적 관점은 행동에 영향을 미치는 청소년 개인의 특성요인뿐만 아니라 청소년에게 영향을 미치는 주요 환경요인들을 체계적으로 포함하는 관점이다(Henggeler, 1982; Henggeler & Borduin, 1990).

(1) 개인체계 요인

청소년 성매매는 청소년 개인의 특성과 관련되어 있다. 이용교(2000)의 연구에서는 청소년이 청소년 성매매를 하는 이유로 호기심, 유흥비와 생활비의 마련, 놀이와 여가생활, 성적 탐닉을 들었다. 서울특별시와 자녀안심운동 서울협의회(2000)의 연구에서도 청소년들이 단순한 호기심 때문에 또는 생활비나 용돈 마련을 위해, 유행을 좇는 물건을 구입하기 위해 성매매를 한다고 보고하였다. 이를 달리 표현한다면 청소년의 물질주의적 가치관과 왜곡된 성 가치관의 결합이 청소년 성매매의 원인이 되고 있다는 것이다.

더 나아가서 청소년 성매매를 부정적으로 여기지 않고 전혀 죄의식을 느끼지 않는 청소년도 상당수 있는 것으로 보아 청소년들의 가치관이 청소년 성매매에 중요한 영향을 미치고 있다고 볼 수 있다. 또한 서울특별시와 자녀안심운동 서울협의회(2000)의 연구에서 청소년 성매매를 하지 않는 이유를 조사했을 때 '스스로를 용납할 수 없어서'라는 요인이 가장 많이 나타났다는 사실은 가치관이 청소년 성매매 참여 여부에 중요한 요인임을 잘 나타낸다.

그리고 청소년 성매매를 경험한 청소년의 상당수가 중퇴생과 가출청소년 신분인 것으로 보아 학교중퇴와 가출경험 여부가 청소년 성매매에 큰 영향을 미치고 있다고 볼 수 있다(서울특별시, 자녀안심운동 서울협의회, 2000). 한국청소년개발원(2000)의 연구에서도 청소년의 성매매 유입과정을 분석하면서 가출을 그 첫 단계로 제시하였다.

(2) 가족체계 요인

청소년 성매매는 청소년이 속한 가족의 특성과 관련되어 있다. 부모의 이혼, 부모의 불화, 부모와의 갈등, 부모의 무관심, 가정의 빈곤 등이 부모의 자녀에 대한 지도역량을 약화시킴으로써 청소년들이 방황하게 되고 비행에 빠지게 된다. 청소년 성매매 또한 가족체계와 청소년이 튼튼한 유대를 유지하지 못해서 발생한 하나의 결과라고 볼 수 있다. 많은 사례를 보면 가족기능의 약화가 가출을 조장하고, 가출이 장기화되면서 성매매에 빠져들게 된다.

(3) 친구체계 요인

청소년기는 또래의 영향력이 막대하므로 어울리는 친구들이 어떤 친구인가에 따라 청소년의 삶이 좌우된다고 볼 수 있다. 친구의 부추김 혹은 소개, 청소년 성매매에 대한 또래집단의 허용적 문화 등이 청소년 성매매의 중요한 요인이 되고 있다(조성연, 이용교, 방은령, 2000).

(4) 학교체계 요인

대부분의 청소년이 학생이며 학생은 활동시간 중 가장 많은 시간을 학교에서 보내기 때문에 학교체계의 중요성은 지극히 크다 할 수 있다. 그러나 현재 학교는 전인교육이 아닌 입시 위주의 교육에 초점을 맞추어 운영되기 때문에 많은 학생이 학교에 잘 적응하지 못하고 방황하고 있는 실정이다. 이러한 학교의 현실은 부정적 청소년문화와 학교중퇴, 가출 등의 많은 청소년문제를 양산하고 있다. 이러한 맥락에서 청소년 성매매 또한 부정적 청소년문화 혹은 청소년문제의 결과로 나타나는 하나의 현상으로 이해할 수 있다.

(5) 사회체계 요인

청소년 성매매는 근본적으로 우리 사회의 왜곡된 향락문화, 즉 돈으로 성을 사서 즐기는 문화에 의해 발생되고 지속되고 있다고 볼 수 있으며, 이러한 문화는 이를 이용하여 이익을 취하려는 업주에 의해 강화되고 있다. 이들은 퇴폐업소를 운영하고 청소년을 퇴폐영업에 고용하는 등의 행위를 함으로써 우리 사회에 왜곡된 성의식을 가져오고 있다.

또한 최근 대중매체의 발달은 서구문화를 대량 유입시킴으로써 성 개방 풍조를 가져왔고, 특히 인터넷의 발달은 음란물 접촉을 보편화하였으며, 인터넷 채팅 사이트의 대화방이 청소년 성매매의 주요 창구로 사용되는 상황을 초래하였다. 이외에 청소년 성매매 통제체계와 사회복귀 지원체계의 미비를 청소년 성매매를 방조하는 요인으로 볼 수 있을 것이다.

4) 청소년 성매매에 대한 대책

헨겔러의 다체계적 관점에 기초하여 청소년 성매매에 대한 대책을 살펴보면 다음과 같다.

(1) 개인체계에 대한 개입

먼저, 청소년들이 건전한 성 가치관을 확립할 수 있도록 성교육을 실시하여야 할 것이다. 성교육에 포함되어야 할 내용은 다음과 같다. 첫째, 유혹에 흔들리지 않고 건전한 삶을 살아갈 수 있도록 자아정체감을 확립하도록 돕고 자신을 소중하게 여기는 자아존중감을 갖도록 해야 할 것이다. 둘째, 아름다운 성과 이성교제가 어떠한 것인가에 대해 다룸으로써 잘못된 의식을 교정하고, 성의 육체적 측면뿐만 아니라 정서적·사회적 측면에서의 이해를 돕고, 건전한 이성교제를 위한 지침을 제공해야 할 것이다. 셋째, 청소년기의 생리적 발달, 성병, 임신·피임, 생명의 존엄성에 대한 지식과 의식을 형성하도록 도와야 할 것이다. 넷째, 성적 충동을 일으키는 자극적인 것, 즉 인터넷의 음란물, 음란비디오, 음란인쇄매체 등의 부정적 영향에 대해 미리 알게 함으로써 이에 대한 비판적 사고를 기르고 성 가치관의 왜곡을 예방한다. 다섯째, 성행동의 윤리기준을 형성하도록 돕는다(윤가현, 2000). 여섯째, 생활 중의 성적 충동을 체육·문화 활동 등으로 승화시키도록 지도해야 할 것이다.

다음으로, 청소년들이 건전한 물질관과 직업관을 확립하도록 교육을 실시하여야 할 것이다. 청소년 수준에 맞는 용돈의 규모와 소비생활에 대해 교육함으로써 지나친 소비를 자제하도록 해야 할 것이며 또한 건전한 아르바이트와 불건전한 아르바이트에 대해 교육함으로써 유해환경에 휩쓸리지 않도록 해야 할 것이다.

학교중퇴와 가출의 예방 또한 청소년 성매매의 예방에 도움을 주기 때문에 중퇴의 조짐이 있거나 중퇴한 학생들, 가출의 조짐이 있거나 가출경험이 있는 학생들을 대상으로 학교와 지역사회 청소년복지 관련기관에서 집중적인 상담서비스를 제공해야 할 것이다.

(2) 가족체계에 대한 개입

부모의 자녀에 대한 지도역량을 강화하기 위하여 우선적으로 부모와 자녀의 갈등을 해결하고 관계를 개선하려는 노력이 필요하다. 함께 대화하는 시간을 갖도록 하고, 경청과 나-메시지 등의 효과적 의사소통방법을 습득하도록 하며, 갈등이 있을 때 문제해결과정 등을 통하여 상호 만족할 만한 해결책에 이르도록 돕는 가족상담이 필요하다.

또한 현재 부모의 자녀 지도방식이 자녀에게 미치는 영향과 청소년기의 자녀에 대한 효과적인 지도방식 등에 관한 부모교육이 필요하다. 그리고 부모의 이혼, 부모의 불화로 가정이 제 기능을 발휘하지 못할 때에는 청소년과의 개인상담을 통해 부모의 이혼에 대한 이해와 정서적 안정을 돕고, 부부상담을 통하여 부부관계를 개선하는 것이 필요하다.

끝으로, 가정의 빈곤과 관련하여 「국민기초생활 보장법」 등의 제반 사회복지제도와 장학기금 등의 지역사회 자원을 활용하여 경제적으로 지원함으로써 가정의 역량을 강화하는 것이 필요하다. 이러한 가족상담, 부모교육, 개인상담, 부부상담, 경제적 지원서비스 등은 학교와 지역사회기관과의 공조를 통하여 제공되어야 할 것이다.

(3) 친구체계에 대한 개입

함께 어울리는 또래집단이 청소년 성매매에 대해 허용적이거나 성매매를 부추길 때, 이에 대한 개입전략으로 세 가지를 들 수 있다. 첫 번째 전략은 개인을 보호하기 위해서 문제또래집단과의 관계를 단절시키고 새로운 건전한 또래집단에 속하도록 돕는 방법이다. 두 번째 전략은 개인이 속해 있는 그 문제또래집단의 성격을 건전한 집단으로 바꾸는 것이다. 이를 위해, 먼저 실천가는 문제집단과 친밀한 관계를 형성해야 할 것이며 이 관계를 바탕으로 집단의 욕구, 즉 교육, 직업, 놀이에 대한 욕구를 파악하고 이를 충족할 수 있도록 지원함으로써 집단의 성격을 건전한 방향으로 이끌 수 있다. 마지막 전략은 앞의 전략이 성공적이지 못할 때, 문제집단으로부터 자신을 보호할 수 있도록 자기주장기술을 훈련하는 것이다. 이러한 또래집단과 관련한 개입이 성공하기 위해서는 학교와 지역사회 청소년 관련 기관과의 유기적 공조체계가 필요하다.

(4) 학교체계에 대한 개입

청소년 성매매로 연결될 수 있는 학교중퇴와 가출 등의 청소년문제와 청소년 성매매를 예방하기 위해서는 학교-가정-지역사회의 공동 노력이 필요하고 이러한 노력은 학교사회복지제도를 통하여 효과적으로 수행될 수 있다. 학교사회복지제도는 현재의 상담교사제도와 더불어 학교의 학생지도 역량을 강화하는 데 효과적인 제도다.

(5) 사회체계에 대한 개입

사회체계에 대한 개입은 성매매 강화체계 및 통제체계에 대한 개입과 사회 복귀 지원체계에 대한 개입 및 사회적 차원의 예방책으로 나누어 설명할 수 있다. 먼저 성매매 강화체계 및 통제체계에 대한 개입방법에 관해 살펴보자.

청소년 성매매를 근절하기 위해서는 우리 사회의 왜곡된 향락문화를 뿌리 뽑아야 할 것이다. 이를 위해서 TV와 라디오 등 대중매체를 통해 성매매가 우리 사회와 성매매 참여자에게 미치는 부정적 영향에 대해 알리고 건전한 성 가치관을 확립하도록 돕는 시민교육이 필요하다.

2000년 7월 1일부터 시행된 「아동·청소년의 성보호에 관한 법률」에 따르면, 아동·청소년의 성을 사는 행위를 한 자는 1년 이상 10년 이하의 징역형 또는 2,000만 원 이상 5,000만 원 이하의 벌금형에 처하고 성명, 나이, 주소, 신체정보, 사진 등의 신상을 공개할 수 있도록 규정되어 있는데, 철저한 법률 시행이 이루어져야 할 것이다. 그동안 신상 공개와 관련하여 수많은 논의가 있었는데, 청소년과 우리 사회를 왜곡된 향락문화로부터 보호하기 위해서는 이와 같은 극단의 조치가 필요하다고 생각한다. 또한 성매수자가 성의식 개선 교육을 의무적으로 받도록 하는 것도 우리 사회의 왜곡된 향락문화를 뿌리 뽑는 좋은 방법이다.

이와 더불어 왜곡된 향락문화를 강화하고 있는 성매매업소, 유흥업소, 전화방, 연락방, 보도방 등에 대한 통제의 강화도 병행되어야 할 것이며, 성매매 알선과 같은 불법영업에 대해서는 지속적으로 철저하게 단속해야 할 것이다(정동채, 1999; 한국형사정책연구원, 2000). 이들 업소 혹은 환경이 청소년에게 주는 부정적 영향을 막기 위하여 청소년 유해환경감시단의 활동을 활성화시켜야 할 것이다. 시민단체, 종교단체의 자원봉사자들을 적극적으로 활용하여 감시단의 규모도 확대하고 지속적인 감시활동을 펼쳐 나아가야 할 것이다(김성경, 1999).

그리고 인터넷 발달과 관련한 음란물 접촉의 보편화와 채팅사이트의 청소년 성매매 창구화 현상에 대처하기 위해서는 사용자 차원에서의 건전한 인터넷 사용을 위한 교육과 청소년에게 유해하거나 성매매를 조장하는 내용을 감시 · 통제하는 사이버범죄수사단을 확대 · 운영하여야 할 것이다.

　다음으로는 사회복귀 지원체계에 대한 개입 및 사회적 차원의 예방책에 관한 설명이다. 현행 「아동 · 청소년의 성보호에 관한 법률」에 따르면 성매매 피해 청소년은 보호를 위하여 처벌하지 아니하고, 피해 청소년을 기관 또는 시설에 인도하는 등의 보호조치를 취할 수 있는데, 이 경우 청소년의 의견을 존중하도록 되어 있다. 성매매 피해 청소년을 위한 대표적 기관 또는 시설로는 성매매 피해 아동 · 청소년 지원센터와 성매매 피해 청소년 지원시설이 있다. 성매매 피해 아동 · 청소년 지원센터에서는 청소년의 신체적 · 정신적 치료와 사회복귀를 돕고, 교육 · 상담 및 지원 프로그램을 제공하고 있으며, 성매매 피해 청소년 지원시설에서는 숙식제공, 상담 및 치료, 자립 · 자활 교육의 실시, 진학을 위한 교육제공 또는 교육기관에 취학을 연계하는 등의 업무를 수행하고 있다. 그러나 현재 시설, 인력, 재정, 프로그램의 부족으로 이러한 보호의 목적을 이루지 못하고 있는 실정이며 앞으로는 관련 시설에 적절한 사회적 지원을 해야 할 것이다. 예를 들면, 시설 수의 확대, 전문상담원의 증원, 프로그램 내실화를 위한 재정적 지원 확대, 상담원 전문성 제고를 위한 교육기회 확대 등이 필요하다.

　또한 성매매의 유혹에 빠질 가능성이 높은 청소년들을 대상으로 하는 보호 및 상담서비스의 확대 및 운영의 내실화가 필요하다. 현재 가출청소년을 보호하는 청소년쉼터와 상담서비스를 제공하는 청소년상담복지센터가 전국에 설치되어 있는데, 이러한 시설의 전문상담원 증원과 프로그램비를 포함한 운영비를 실제화함으로써 내실 있는 운영을 할 수 있도록 지원하여야 할 것이다.

　더 나아가서 청소년 성매매에 대한 사회적 차원의 예방책으로써 우리 사회에 건전한 여가 · 놀이 문화가 활성화될 수 있도록 사회체육시설, 가족공원, 문화공간 등을 확충하는 정책이 필요하다. 특히, 청소년들에게 청소년수련관, 문화의집 등 활용할 수 있는 건전한 놀이 · 문화공간을 확대함으로써 건전한 청소년문화를 형성해 가도록 도와야 할 것이다. 결론적으로, 청소년 성매매에 대해 효과적으로 대처하기 위해서는 학교사회복지를 제도화함으로써 학교의 학생에 대한 지도역량을 강화하며 또한 지역사회에 청소년 관련 복지시설과 서비스를 확대하는 것이 필요하다. 이를 바탕으로 교육을 통하여 청소년들이 건전한 성 가치관·물질관·직업관을 확립하도록 돕고, 집중적 상담서비스를 통하여 학교중퇴와 가출을 예방하는 것이 필요하다. 또한 가족상담, 부모교육, 경제적 지원 등을 통하여 부모의 자녀에 대한 지도역량을 강화하고, 또래집단의 부정적 영향을 차단해야 할 것이다. 끝으로, 우리 사회의 왜곡된 향락문화를 뿌리 뽑고 건전한 성 가치관을 형성하기 위한 시민교육과 성의식 개선교육, 성 산업과 유해한 인터넷 문화에 대한 사회적 통제강화, 건전한 시민·청소년의 여가·놀이문화의 활성화가 요청된다.

2. 청소년 성폭력

1) 청소년 성폭력의 개념

고선영, 양종희와 이수정(2004)은 성폭력을 물리적 혹은 사회적 폭력 및 위협을 통해 육체적·심리적 혹은 경제적 압력을 가하고 성적 결정권을 침해하는 행위로 정의한다. 성 결정능력이 없거나 의사표현능력이 없는 상대방을 이용한 성적 행위까지도 성폭력에 포함하였다. 성폭력은 성폭력 피해자의 자유로운 성적 결정권을 침해하는 범죄이기 때문에 강간뿐만 아니라 불쾌감을 야기하는 추행, 성희롱 등 모든 신체적·언어적·정신적 폭력을 포함하는 광범위한 개념으로 정의되고 있다(이영숙, 박경란, 2005).

2023년에 개정된 「성폭력범죄의 처벌 등에 관한 특례법」에서는 음행매개, 음화반포, 음화제조, 공연음란, 추행 또는 간음을 목적으로 하는 약취와 유인, 강간, 강제추행, 미성년자에 대한 간음, 추행, 업무상 위력 등에 의한 간음, 강도강간 등을 성폭력 범죄로 규정하고 있다.

　　이러한 맥락에서 청소년 성폭력은 청소년을 대상으로 강간, 추행, 음화제조 및 음화반포 등의 행위를 하거나 청소년이 이러한 가해행위를 하는 것으로 정의될 수 있다.

2) 청소년 성폭력으로 인한 문제

　　성폭력 피해자는 여러 심각한 문제를 겪게 되며, 그 문제는 장기적으로 지속된다(고선영, 양종희, 이수정, 2004). 초기에는 불안이나 두려움, 분노와 적대감과 같은 정서적 경험과 과도한 성적 호기심, 무단결석, 가출 등의 행동문제를 겪게 된다. 장기적으로는 우울증, 불안과 긴장, 낮은 자존감과 부정적인 자아개념, 사회적 상호작용 및 대인관계에서의 장애를 경험하게 된다.

　　성폭력 피해자들은 대부분 성폭력증후군(sexual violence syndrome)과 손상된 상품증후군(damaged goods syndrome)의 증세를 겪게 된다(Burgess, 1985: 박용순, 2000에서 재인용). 즉, 피해자 자신을 정숙하지 못한 여성으로 인식하며, 순결 이데올로기로 인하여 자신을 가치 없는 존재로 여기고, 자포자기에 빠지게 되며, 성폭력의 원인을 자신에게 돌리면서 죄의식을 갖는다. 공포감, 불안, 악몽 등의 심리적인 불안감으로 기본적인 생활을 제대로 할 수가 없으며, 우울증을 앓거나 결국 자살을 시도하는 경우가 많다.

3) 청소년 성폭력의 원인

　　성폭력 가해자들에 대한 기존 연구를 분석하면 성폭력의 발생원인은 다양하며, 개인적 요인, 가족적 요인, 사회문화적 요인으로 정리될 수 있다.

　　첫째, 개인적 요인으로 성폭력 가해자의 심리적 특성에 관한 것이다. 성폭력 가해자는 성장과정에서 성적 학대나 다른 폭력의 피해경험이 있는 경우가 많으며, 대인관계의 장애 및 낮은 자존감을 가진다. 또한 높은 수준의 반사회적 성향을 지니며, 자기행동에 대한 자책감이 부족하고, 타인의 정서적인 경험을 이해하는 공감능력이 결핍되어 있으며, 친밀감이 결여되어 있다(고선영 외, 2004; 임정선, 2011). 또한 성폭력 가해자는 성에 대한 왜곡된 인식을 가지고 있으며, 자신의 행동, 타인의 반응, 상황 등에 대해 적절하게 인식하지 못하고 인지적 왜곡을 하는 경향이 있다(Carich, Newbauer, & Stone, 2001: 고선영 외, 2004에서 재인용). 이러한 인지적 왜곡은 자신의 행위를 부정하거나 정당화하고 최소화함으로써 성폭력을 지속하는 요인이 된다.

둘째, 가족적 요인으로 성폭력 가해자의 가족 특성에 관한 것이다. 성폭력 가해자는 가족과의 관계에 문제를 가지고 있는데, 특히 부모와의 관계가 제대로 형성되어 있지 않다(고선영 외, 2004). 또한 가족 내에서의 폭력경험 및 학대경험이 가해자의 성폭력 행위와 밀접한 관련성을 가진 것으로 나타났고, 의사소통이 원활하지 않은 가족의 자녀도 성폭력 가해비율이 높았다(한인영, 김진숙, 김지혜, 2011).

셋째, 성은 생물학적 요인만으로 설명할 수 없는 복잡한 사회문화적 요인을 지닌 현상으로 설명된다. 이러한 맥락에서 성폭력은 가부장적 이데올로기에 근거한 이중적인 성윤리 의식과 여성을 하나의 대상물로 인식하는 여성차별주의, 향락적 퇴폐문화의 범람, 대중매체의 상업성과 인터넷 등을 통한음란물의 만연, 정부의 미온적인 단속 등을 그 원인으로 볼 수 있다(박용순, 2000).

4) 청소년 성폭력에 대한 대책

성폭력 발생원인에 따른 대책을 논의하면 다음과 같다.

첫째, 개인적 요인에 대한 대책이다. 성폭력을 줄이거나 예방하기 위해서는 가해자에 대한 형사적인 처벌뿐만 아니라 치료를 위한 전문프로그램이 필요하다. 성폭력 가해자들이 가지고 있는 인지적 왜곡의 발견 및 수정을 위한 인지적 재구조화, 자기성찰 및 책임의식 증진, 공감능력의 증진, 자존감 향상, 대인관계 기술증진, 우울·불안·분노와 같은 정서적 불안정에 대한 대처기술 증진 등을 포함하는 전문 치료프로그램이 필요하다(송원영, 오경자, 신의진, 2008).

미국과 캐나다를 비롯한 외국에서는 성폭력 가해자에 대한 치료프로그램의 운영을 통하여 성폭력 예방에 많은 노력을 기울이고 있다. 외국의 성폭력 가해자 치료프로그램은 범죄행위 인정, 범죄행위 관련 요인 분석, 왜곡된 인지과정 재구성, 희생자에 대한 감정이입, 성 충동 통제, 반사회적 생활양식 변화, 새로운 사회기술 습득 등을 주요소로 프로그램을 구성하고 있다(박상진, 신진섭, 2005). 우리나라에서도 2008년부터 본격적으로 성폭력 가해자 치료감호제도를 실시하고 있으며, 비록 초기단계이지만 전문적인 교정처우 관점에 근거하여 인지행동적 접근, 심리교육적 접근, 약물치료적 접근 등이 다각적으로 실시되고 있다(한인영 외, 2011). 현재 우리나라의 성폭력 가해자 치료프로그램의 다양성과 전문성은 부족한 실정이어서 앞으로 치료프로그램의 개발과 전문성 제고가 이루어져야 할 것이다.

성폭력 피해 청소년을 위해서는 후유증을 최소화하기 위한 전문적인 심리치료 등을 포함한 위기개입서비스가 제공되어야 하며, 앞으로의 피해를 예방하기 위한 위험인지와 위험대처방법에 관한 교육도 제공되어야 한다.

둘째, 가족적 요인에 대한 대책이다. 성폭력 가해자들은 대부분 위기가정에서 성장했고, 양육자의 충분한 보호를 받지 못하고 자랐으며, 출소한 이후도 가족의 지지체계로부터 벗어나 있거나 생계가 막막한 경우가 대부분이다. 따라서 이들의 가족지지체계를 회복하거나 가족과 유사한 지지집단의 연결과 같은 인적 네트워크 강화 프로그램이 필요하다(한인영 외, 2011). 성폭력 피해 청소년에게도 부모의 역할은 매우 중요하다. 부모의 지지적 반응은 피해 청소년의 회복과 적응을 돕지만 부정적 반응은 피해 청소년의 문제행동을 악화시킨다. 따라서 피해 청소년의 부모가 아이로 인한 자신의 스트레스에 잘 대처하고, 자녀가 외상을 잘 극복할 수 있도록 부모의 지지를 극대화할 수 있는 치료프로그램이 제공되어야 한다(강민아, 김혜정, 2010).

셋째, 사회문화적 요인에 대한 대책이다. 인터넷의 확산으로 어릴 때부터 음란물에 노출되는 경험이 많아졌기 때문에 이에 대한 제한과 단속이 엄격하게 실시되어야 한다. 특히 성을 상품화하는 사회적 분위기는 성폭력 가해자의 충동성향을 자극하므로 사회적 분위기의 변화가 필요하다. 또한 건전한 성윤리의식을 형성하고 책임성 있는 성행동을 할 수 있도록 돕는 사회적 차원의 성교육이 필요하다. 성폭력 피해 청소년을 위해서는 서비스의 접근성을 높이도록 성폭력 피해자 지원시설의 수를 확대하고 서비스의 전문성을 제고할 수 있도록 사회적 지원이 이루어져야 한다.

토의문제

1. 청소년 성매매가 청소년과 사회에 미치는 영향에 대해 토의해 보자.
2. 청소년 성매매의 주된 원인에 대해 토의해 보자.
3. 가장 실효성이 있는 청소년 성매매 대책에 대해 토의해 보자.
4. 청소년 성폭력 가해자들이 가해행위로 인하여 어떠한 문제를 경험하게 될지 토의해 보자.
5. 청소년 성폭력문제에 대한 대책으로 인터넷상의 음란물을 제한하는 방안이 제시되고 있는데, 이를 실현할 수 있는 구체적인 방법에 대해 토의해 보자.
6. 청소년 성폭력 가해자 치료프로그램의 핵심 구성요소에 대해 토의해 보자.

참고문헌

강민아, 김혜정(2010). 성폭력 피해아동 부모를 위한 인지행동치료 프로그램 개발. 피해자학연구, 18(2), 313-332.

고선영, 양종희, 이수정(2004). 성폭력 범죄의 원인과 개입전략에 대한 고찰. 한국심리학지: 사회문제, 10, 117-146.

김성경(1999). 성산업 유입 청소년의 사회복귀에 관한 대안. 청소년보호위원회 향락산업으로부터 아들딸 지키기 연속토론회 발표논문집.

김유경, 조애저, 노충래(2006). 미혼모의 출산ㆍ양육환경 개선을 위한 사회적 지원방안. 서

울: 한국보건사회연구원.

박상진, 신진섭(2005). 외국의 성폭력 가해자 치료프로그램 연구. 형사정책, 17(1), 313-336.

박용순(2000). 청소년 성폭력 예방을 위한 사회복지적 접근: 가해자와 피해자를 중심으로. 청소년학연구, 7(2), 137-159.

서울특별시, 자녀안심운동 서울협의회(2000). 원조교제 실상과 대책.

송원영, 오경자, 신의진(2008). 청소년 성폭력범죄자를 위한 인지행동치료의 개발 및 단기효과 검증. 한국심리학회지: 임상, 27(2), 547-569.

윤가현(2000). 한국 10대 청소년들의 성행동 양상. 청소년복지연구, 2(2), 31-42.

이영숙, 박경란(2005). 청소년의 성폭력 개념 및 원인에 대한 인식 연구. 한국가정과교육학회지, 16(4), 157-166.

이용교(2000). 원조교제에 대한 연구 2: 10대 청소년 원조교제의 실태. 한국 청소년복지학회 춘계 학술대회 발표논문집.

임정선(2011). 아동 성폭력범죄자에 대한 치료적 개입을 위한 고찰. 한국심리학회지: 법정, 2(2), 185-197.

정규석, 김영종(2003). 다체계적 관점에서 본 청소년 성매매의 원인과 대처방안. 사회과학 연구, 19(1), 77-90.

정동채(1999). 원조교제의 실태와 억제방안에 관하여. 1999년도 국정감사 정책자료집 6.

조성연(2000). 원조교제에 대한 연구 1: 원조교제가 청소년에 미치는 영향. 한국 청소년복지학회 춘계학술대회 발표논문집.

조성연, 이용교, 방은령(2000). 청소년의 원조교제에 관한 탐색적 연구. 청소년복지연구, 2(2), 99-116.

한국청소년개발원(2000). 성매매 청소년문제 실태와 해결방안에 관한 연구.

한국형사정책연구원(2000). 신종 성폭력 연구.

한인영, 김진숙, 김지혜(2011). 수감되어 있는 성폭력 가해자의 경험에 대한 현상학적 연구. 사회복지연구, 42(3), 121-155.

Henggeler, S. W. (1982). The family ecological systems theory. In S. W. Henggeler (Ed.), *Delinquency and adolescent psychopathology: A family-ecological systems approach* (pp. 1-26). Littleton, MA: John Wright.

Henggeler, S. W., & Borduin, C. M. (1990). *Family therapy a nd beyond: A multisystemic approach to treating the behavior problems of chi ldren and adolescents.* Pacific Grove, CA: Brooks/Cole.

제8장

청소년과 일

    지식기반 경제로의 전환과 산업구조의 변화 등 청소년을 둘러싼 근로 환경이 크게 변화하고 있다. 이에 따라 청소년의 직업의식과 직업결정 요인도 변화하고, 청년실업의 증가로 경제적 자립 시기가 지연되어 결혼, 출산과 같은 성인기의 과업을 기피하는 현상까지 나타나고 있다. 이러한 현상은 한국 청소년들의 고민거리 중 1위가 공부나 직업(취업)인 이유와 결코 무관하지 않다. 최근 청소년 아르바이트가 증가하고 있는데, 이는 미래의 진로결정을 위한 탐색의 기회가 되기보다는 생계와 경제적 문제해결을 위한 용돈벌이 수단에 머물러 있다. 따라서 청소년의 진로개발을 촉진할 수 있는 직업교육과 학교 밖 직업체험활동의 활성화가 요구된다. 모든 청소년이 합리적인 진로결정과 직업 역량을 기르는 것은 성인기의 삶과 복지 수준에 직접적인 영향을 미치게 된다. 이에 이 장에서는 청소년의 진로·직업 환경과 진로·직업 현황 및 관련 정책과 지원 강화 방안을 살펴보도록 한다.

1. 청소년의 진로 · 직업 환경

1) 진로와 진로발달

진로(career)는 직업(occupation, vocation), 일(work)과 혼용되고 있으나, 생계수단으로서의 직업뿐 아니라 무보수의 사회적 활동 및 역할까지 포함하며, 전 생애에 걸친 자기계발(self-development)을 의미한다. 일과 직업은 좋은 삶을 위한 자아실현의 수단으로, 진로발달을 전제로 한다. 진로발달(career development)이란 자신에 대한 이해와 진로에 대한 기대와 포부, 진로탐색 계획, 결정 등을 포괄하는 일련의 단계(Profeli & Lee, 2012)로, 한 시점에 완성되는 과업이 아니라 전 생애를 걸쳐 이루어지는 것이다(Super, 1990; 〈표 8-1〉 참조). 특히 청소년기는 직업세계뿐 아니라 자신과 환경에 대한 이해를 바탕으로 자신에게 적합한 직업군을 탐색 · 선택 · 준비하는 핵심적인 시기다. 청소년기의 진로발달 정도와 자아정체감은 밀접한 관계가 있는데(Hartung, Porfeli, & Vondracek, 2005), 이는 청소년들이 다양한 사회관계 속에서 끊임없이 자신의 흥미와 능력을 확인하고 탐색하면서 자아개념을 형성하고, 이를 토대로 진로에 대한 다양한 선택과 계획을 하기 때문이다(Super, 1994).

한편, 직업교육은 특정 분야에서 요구되는 인력을 양성하기 위한 교육적인 활동이다. 여기에는 지식기반 사회에서 특정 직업에 진입하기 위해서는 해당 직종이 요구하는 일정 수준 이상의 직업적인 역량을 갖추어야 한다는 관점이 반영되어 있다. 같은 맥락에서 코파(Copa, 1992: 64)는 직업교육을 직업발달(vocational development)에 초점을 둔 교육이라고 정의하고, "자기 자신과 타인에게 가치 있는 서비스를 제공하거나 생산할 책임을 의미하는 직업적 책무(vocational responsibilities)를 이행할 수 있는 역량을 평생에 걸쳐 개발하는 과정"으로 규정하였다. 즉, 청소년의 진로개발을 촉진하는 차원에서 직업교육 프로그램이 제공되어야 하며, 이를 통해 궁극적으로 청소년의 자립을 지원할 수 있어야 한다.

| 표 8-1 | Super의 진로발달단계(vocational developmental stage)

단계	연령	내용
성장기 (growth stage)	0~14세	자아개념과 관련된 능력, 태도, 흥미, 욕구의 발달 단계
탐색기 (exploration stage)	15~24세	직업선택이 구체적이지만 확정적이지 않은 잠정적 단계, 여러 가지 활동을 통해 자아 검증 및 역할 시행, 직업 탐색을 시도하는 단계
확립기 (establishment stage)	25~44세	자신에게 적합한 직업 분야를 찾고 그 분야에서 발전적인 위치 확보를 위해 노력하는 단계
유지기 (maintenance stage)	45~65세	선택한 직업에 정착 및 유지를 위해 노력하는 단계
은퇴기 (decline stage)	65세 이상	정신적 · 신체적 힘이 약해짐에 따라 직업전선에서 은퇴하여 다른 활동을 찾음. 은퇴 후의 삶을 준비하고 실행하는 단계

출처: 정미경 외(2016), pp. 72-79.

2) 청소년 직업 환경

(1) 직업구조의 변화

청소년을 둘러싼 진로 · 직업 환경의 변화는 청소년 인구의 감소, 정보통신기술의 발달, 지식기반 경제로의 전환, 산업 및 직업 구조의 변화, 학교에서 노동시장으로의 이행 지연, 취약 · 위기 청소년의 지속적 증가 등으로 요약할 수 있다. 한국의 산업구조는 1960년대 이후 1차 산업의 비중이 빠르게 감소하고, 2000년대 초반까지 정보통신기술의 혁신에 힘입어 IT 업종을 중심으로 한 제조업과 3차 산업이 높은 비중을 차지하였다. 현재까지도 산업대분류별 매출액을 기준으로 하면 제조업(27.1%)의 비중이 가장 높고, 도 · 소매업(21.8%), 금융 · 보험(15.8%) 순으로 상위 3개 업종이 전체 산업별 매출액의 67.5%를 차지한다(통계청, 2022). 그러나 인공지능, 로봇기술, 생명과학이 주도하는 4차 산업혁명의 시대에 산업구조의 변화는 직업구조의 변화로 이어질 수밖에 없다.

산업구조의 변화, 기술의 발달, 생활양식과 의식의 변화, 경제 환경의 변화에 따라 직업은 탄생-발전-퇴보-소멸의 과정을 거친다. 현존하는 직업의 상당수가 과거에는 없었던 직업이며, 머지않은 미래에 현존하는 직업의 대부분이 사라지고 그 자리를 새로운 직종이 채워 나아갈 것이다. 이에 최근에는 국가경쟁력 제고와 미래사회가 요구하는 직업능력을 갖추도록 국가직무능력표준(NCS)을 구축하고, 이에 기반을 둔 교육과정을 개편하는 등의 변화가 이루어지고 있다.

(2) 장기화된 자립준비 기간

지식기반 사회가 도래하면서 고학력 근로자에 대한 수요가 증가하는 동시에 다양한 직업능력을 위해 더 많은 교육과 훈련을 필요로 하고 있다. 2022년 현재 15세 이상 24세 이하 한국 청소년의 경제활동 참가율은 31.0%(154만 3,000여 명)로 10년 전인 2012년의 26.5%에 비해 상승하였으나, OECD 국가들의 청소년 평균 경제활동 참가율 47.5%(2021년도 기준)에 비해서는 낮은 편이다(OECD, 2022). 이는 한국의 20세 이상 24세 이하 청소년의 취학률(49.7%)이 OECD 국가 평균(40.9%)보다 높고, 고등학교 졸업자의 대학 진학률이 높은 것과 관련이 있다. 교육기본통계에 따르면 고등학교 졸업자의 대학 진학률은 1995년(전문대 포함)에 51.4%였던 데 반해 2008년에 83.8%까지 상승한 후 하락하여 2023년에는 72.8%를 기록하였다(한국교육개발원, 2023). 이는 한국 사회의 고학력화 현상을 뚜렷하게 보여 주는 결과이며, 그만큼 자립을 준비하는 기간이 길어져 본격적인 경제활동 참여 시기가 늦춰지는 결과로 이어지고 있다. 또한 '괜찮은 일자리'와 '그렇지 않은 일자리'로 고용시장이 양극화되면서 취업경쟁은 더욱 심화되고 있어 학력 인플레와 입직 연령의 고령화는 당분간 지속될 전망이다. 이러한 상황은 자립을 준비하는 청소년기는 연장되고, 전체 생애주기에서 근로 기간은 단축되어 생산성 저하뿐 아니라 성인기 이후의 삶 전체에도 영향을 미칠 수 있다.

(3) 청년 취업취약계층 및 취약청소년

취업의 불확실성은 빈곤 및 사회적 부담과 직결되는 사안이다. 1990년대 후반 외환위기 이후, 일을 해도 빈곤한 상태에 놓여 있는 근로빈곤층(working poor)이 신빈곤층으로 등장하면서, 청소년과 같이 노동유연성에 취약한 이들에 대한 국가 차원의 질 높은 보호가 필요하다는 인식이 증대하였다. 「청년기본법」에는 고용 · 교육 · 복지 등의 분야에서 어려움을 겪는 청년이 '취약계층 청년'으로 규정되어 있는데(동법 제3조 제5호), 특히 고용 분야에서 어려움을 겪는 청년 취업취약계층[1] 가운데 청년 니트(NEET)에 주목할 필요가 있다. 만 15~30세 청년 인구의 꾸준한 감소에도 불구하고 구직활동을 하지 않는 비구직 니트 청년의 수는 지속적으로 증가하고 있다. 경제활동인구 조사자료를 분석한 남재량(2021)의 연구에 따르면, 비구직 청년 니트의 수는 2020년의 경우 128만 2,000명(10.5%)으로 2019년도 대비 1.5%p, 2016년도 대비 3.0%p 증가하였다. 특히 비구직 니트 청년 중 대학졸업자 비율은 2000년 15.8%에서 2020년 32.4%로 다른 학력집단과 비교하여 대학졸업 청년의 비구직 니트 증가율이 높았다(남재량, 2021). 한편 '2022년 청년 삶 실태조사'에서 고립의 수준을 확인하기 위해 외출 빈도를 묻는 문항에 대해 '거의 집에만 있는 있는' 은둔형 청년의 비율은 전체 응답자의 2.4%로 조사된 바 있다. 이들의 은둔 이유로는 '취업 어려움'이 35.0%로 가장 높았으며, '대인관계 어려움'이 10.0%, '학업중단'이 7.9% 순으로 나타났다(정세정 외, 2022). 장기화된 니트는 구직 단념과 사회적 고립을 유발할 수 있으므로 이에 대한 사회 정책적 대응이 필요하다(유민상, 신동훈, 2022).

취약청소년(disadvantaged youth)은 적정한 가정의 돌봄 부족으로 심리적 · 사회적 · 경제적 취약 상태에 처해 있고, 이로 인한 교육 및 고용 기회로부터

---

[1] 청년 취업취약계층에는 비경제활동인구인 신규졸업자, 잠재경제활동인구 그리고 '교육도 받지 않고 취업도 하지 않으며 훈련도 받지 않는(Not in Education, Employment or Training: NEET)' 청년 니트가 포함된다. 또한 청년실업자, 청년 불안정 피고용자, 청년 근로빈곤층에 해당하는 경제활동 인구도 청년 취업취약계층으로 분류할 수 있다(김기헌, 한지형, 2016).

배제될 수 있는 청소년으로 조기개입과 사회적 지원이 필요하다(변숙영 외, 2021). 특히 가정 외 보호를 받고 있는 청소년의 경우 가족이나 사회적 지지체계가 부족하기 때문에 자립 및 취업지원이 보다 체계적으로 이루어질 필요가 있다. 또한 다문화사회로 접어들면서 이주배경 청소년이 점차 증가하고 있는데, 이들은 공통적으로 낮은 학업성취와 기초학력 문제를 겪고 있으며, 진로에 관한 정보가 부족하고, 부모로부터 받는 진로 관련 지지의 수준이 낮으며, 진로장벽은 높게 인식하고 있다(김정숙, 연보라, 2018). 아울러 전체 등록장애인의 약 5%를 차지하는 장애청소년에게는 이들의 장애 유형별 특성을 고려한 보다 세심한 진로 및 취업 지원이 필요하다(변숙영 외, 2021).

이러한 취약청소년들은 취업취약계층으로 노동시장 진입과정에서 경험하는 불평등으로 인해 경제적 빈곤에 노출되기 쉽고, 이러한 상황은 장래에 사회적 부담 요인으로 작용할 수 있다(김수정, 정익중, 2017). 따라서 청소년의 진로·직업 지원정책은 전체 일반청소년을 대상으로 하는 정책을 기반으로, 취업취약계층 청소년을 대상으로 하는 지원정책을 별도로 가동하는 두 가지 전략을 상시 운영할 필요가 있다. 특히 직업능력은 성공적인 자립과 연결되는 개념으로, 취약·위기 청소년의 직업능력을 제고하기 위해서는 아웃리치(out-reach)를 통해 대상 청소년을 조기에 발견하는 것이 중요하다. 이후 개별화된 자립지원 계획을 수립하여 포괄적이고 지속적인 서비스를 맞춤형으로 제공하여야 한다(김지연, 2012).

2. 청소년의 취업 및 실업 현황

1) 청년층 고용지표 현황

한국 15~24세 청소년 생산가능인구 규모는 지난 2014년 이후 지속적으로 감소하여 2021년에는 513만 9,000명을 기록하였다. 이 중 경제활동인구는 151만 9,000명이며 청소년의 경제활동 참가율은 29.6%(남성: 25.2%, 여성: 33.5%)로 그리스, 이탈리아, 벨기에와 함께 OECD 국가들 가운데 최하위 수준이다(여성가족부, 2023a: 470-471). OECD 국가 중 청소년 경제활동 참가율 1위는 네덜란드로 청소년의 79.1%가 경제활동에 참여하고 있으며, 아이슬란드, 호주, 스위스, 캐나다도 청소년 경제활동 참가율이 60%를 상회한다. 그 밖에 영국, 미국, 핀란드, 스웨덴, 독일도 50% 이상을 기록하였다. 우리나라 청소년들의 낮은 경제활동 참가율은 앞서 살펴본 바와 같이 높은 대학 진학률과 상대적으로 낮은 직업교육 훈련 등록률과 관련이 있다. 또한 OECD 국가의 평균 직업교육 훈련 등록률은 15~19세가 36.7%, 20~24세 61.6%와 비교하여 우리나라는 각각 17.5%, 22.3% 수준이다(여성가족부, 2023a: 471).

통계청의 '경제활동인구 조사' 결과에 따르면, 2010년대의 15세 이상 29세 이하 청년층의 고용률은 40% 초・중반 수준을 유지하고 있다. 2022년의 경우 46.6%로 전년 대비 2.4%p 증가한 것으로 나타났으며, 연령대별 고용률은 25~29세가 71.4%, 20~24세가 46.0%, 15~19세가 8.0%이다. 한편 청년층

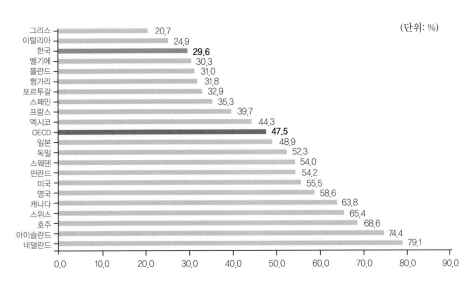

| 그림 8-1 | OECD 국가 청소년 경제활동 참가율(2021년)

출처: OECD (2022): 여성가족부(2023a), p. 471에서 재인용.

경제활동인구 중 실업자 비중을 나타내는 실업률은 2010년 7.9%에서 2016년에 9.8%까지 상승하였으나 2018년부터 감소 추이를 보여 2022년에는 6.4%가 보고되었다. 2022년 연령대별 실업률은 15~19세가 6.5%, 20~24세 7.1%, 25~29세 6.0%로 나타났다(여성가족부, 2023c: 20).

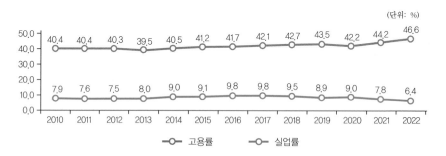

(단위: %)

┃ 그림 8-2 ┃ 청년층(15~29세) 고용률 및 실업률

출처: 여성가족부(2023c), p. 20.

이와 함께 청소년 비경제활동인구의 추이에 주목할 필요가 있다. 비경제활동인구는 만 15세 이상 인구 중 취업도 실업도 아닌 상태에 있는 사람으로 주된 활동에 따라 가사, 정규교육기관의 통학(재학), 연로, 심신장애, 기타로 구분된다(통계청, n.d.). 통계청의 경제활동인구 조사에서는 니트족에 해당하는 청소년의 규모를 파악하기 위하여 2003년부터 활동상태를 묻는 문항에 '쉬었음'이라는 응답 범주를 포함하고 있다. 2023년 5월 기준 15세 이상 24세 이하 청소년 비경제활동인구는 약 341만 4,000명이며, 이 가운데 '쉬었음'이라고 응답한 청소년은 약 21만 1,000명(6.2%)으로 조사되었다(통계청, 2023). 청소년 비경제활동인구는 2014년부터 꾸준히 감소하고 있으나 비경제활동인구 중 다른 사유 없이 쉬었다고 응답한 청소년의 비율은 증가 추세로 2019년부터 5%를 상회하여 2021년 5.4%, 2022년에는 5.5%로 보고된 바 있다(여성가족부, 2023a: 474). 청소년 비경제활동인구 중 은둔형 외톨이와 같은 상황을 경험하고 있는 청소년들의 니트 상태가 장기화되지 않도록 조기개입이 이루어져야 한다. 이를 위해 은둔형 외톨이와 같은 상황에 놓여 있는 청소년의 정확한 실태 파악이 선행되어야 하며, 이를 토대로 경제활동 참여 및 사회복귀를 위한 맞춤형 지원 방안이 마련되어야겠다.

2) 청소년의 근로여건

전체 취업자 가운데 15~24세 청소년 취업자가 차지하는 비율은 2000년 9.5%에서 2009년 5.6%로 크게 감소한 이후 비슷한 수준으로 유지되어 오고 있으며 2022년에는 5.1%로 나타났다(통계청, 2023). 생산가능인구 중 취업자 비중으로 계산되는 고용률의 경우 2022년 28.8%[2]로 2021년 27.0%보다 1.8%p 상승하였다.

고용노동부의 '고용형태별 근로 실태조사' 결과에 따르면, 2021년 전체 근로자의 월평균 근로일수는 20.8일이며, 근로시간은 164.2시간이다. 이 중 15~19세 청소년의 근로일수는 12.9일(82.7시간), 20~24세는 18.0일(132시간)로 10년 전과 비교하여 20세 이상 청소년의 월평균 근로일수는 약 2일 감소하였다(고용노동부, 2022). 2021년 20~24세 청소년 근로자의 월평균 임금은 218만 3,000원이며, 남성이 여성보다 10만 4,000원이 높았다. 학력별로는 대졸이상 평균 임금이 241만 4,000원, 고졸 평균 임금은 208만 1,000원으로 학력 간 임금차이가 증가 추세에 있다. 한편 25~29세 평균 임금은 270만 8,000원으로 20~24세의 임금수준보다 약간 높았다(통계청, 2023: 23).

한편, 우리나라 청소년의 낮은 경제활동 참가율뿐 아니라 높은 이직률(job separation rate)에도 주목할 필요가 있다. 최근 통계청의 자료에 따르면, 청년층(15~29세)의 첫 직장 평균 근속 기간은 1년 6.6개월이며, 취업 경험자 중 첫 일자리를 그만둔 임금근로자는 66.8%(평균 근속기간 1년 2.4개월)에 달했다(통계청, 2023: 15). 청년층이 첫 일자리를 그만두는 사유로는 보수, 근로시간 등

---

2) 2023년 5월 기준 15세~24세 고용률은 28.8%로, 15~19세가 9.3%, 20~24세가 47.1%다(통계청, 2023: 4).

| 표 8-2 | 20~24세 청소년 근로자의 임금수준   (단위: 천 원, %)

연도	20~24세	전년 대비	남자	여자	남녀 임금 차이	고졸	전문 대졸	대졸 이상	대졸 이상~ 고졸 임금 차이
2012	1,618	2.7	1,641	1,606	35	1,535	1,618	1,768	233
2013	1,672	3.3	1,709	1,652	57	1,605	1,667	1,808	203
2014	1,748	4.5	1,775	1,733	42	1.746	1,714	1,800	54
2015	1,763	0.9	1,788	1,749	39	1,725	1,726	1,876	151
2016	1,819	3.2	1,862	1,794	68	1,772	1,801	1,914	142
2017	1,855	2.0	1,928	1,809	119	1,790	1,824	2,015	225
2018	1,998	7.7	2,085	1,944	141	1,942	1,954	2,141	199
2019	2,152	7.7	2,224	2,106	118	2.087	2,102	2,310	223
2020	2,143	-0.4	2,233	2,083	150	2,040	2,115	2,333	293
2021	2,183	1.9	2,245	2,141	104	2,081	2,113	2,414	333

주: 5인 이상 사업체의 상용근로자가 대상이며, 매년 6월 기준 월 급여액임(정액급여+초과급여/특별급여 제외)
출처: 고용노동부(2022); 여성가족부(2023c), p. 23.

'근로여건 불만족'이라는 응답률이 45.9%로 가장 높았고, 다음으로 '임시적 · 계절적인 일의 완료 · 계약기간 종료'(14.7%), 건강, 육아, 결혼 등의 '개인 · 가족적 이유'(14.6%) 순으로 높게 나타났다(〈표 8-3〉 참조). 청소년에게 이직은 적성에 맞는 일자리를 탐색하는 과정이 될 수 있다는 점에서 순기능이 있다. 그러나 직업에 대한 정보가 부족한 상태에서 노동시장에 진입하고, 적절한 교육 기회를 갖지 못한 채 이직을 반복한다면 경력개발에 악영향을 미쳐 결국 좋은 일자리에 접근하기 어려워질 수 있다. 청소년에 대한 직업교육과 다양한 형태의 직장체험을 강화하여 노동시장 진입 시 시행착오를 줄일 수 있는 체계적인 지원이 필요하다.

| 표 8-3 | 청소년(15~29세)의 첫 일자리를 그만둔 사유(2023년 5월)

(단위: 천 명, %)

구분	2022. 5.			2023. 5.		
	취업 경험자	남자	여자	취업 경험자	남자	여자
전체	4,117	1,940	2,177	3,947	1,840	2,107
이직경험자[1] [3]	2,667 〈64.8〉	1,245 〈64.1〉	1,424 〈65.4〉	2,601 〈65.9〉	1,196 〈65.0〉	1,405 〈66.7〉
근로여건 불만족(보수, 근 로시간 등)	45.1	45.4	44.8	45.9	46.7	45.3
개인·가족적 이유(건강, 육아, 결혼 등)	15.3	15.6	14.9	14.6	14.9	14.4
전망이 없어서	9.5	9.7	9.3	9.1	9.1	9.1
전공·지식·기술·적성 등이 맞지 않음	6.6	6.6	6.5	6.3	6.3	6.3
임시적·계절적인 일의 완 료·계약기간 종료	14.0	14.0	14.0	14.7	14.9	14.6
직장 휴업·폐업·파산 등	2.0	2.0	2.0	2.1	1.4	2.7
그 외[2]	7.6	6.7	8.4	7.3	6.8	7.6

주: 1) 실업·비경제활동인구 포함
  2) 창업 또는 가족사업 참여, 일거리가 없거나 회사 사정 어려움, 권고사직, 기타
  3) 〈 〉는 취업 경험자 중 이직을 경험한 자의 비율임
출처: 통계청(2023), p. 18.

3) 청소년 아르바이트 근로실태

청소년에게 시간제 근로(part-time work), 즉 아르바이트는 학생 신분인 청소년에게 적절하지 않다는 견해와 미래의 직업세계를 간접 경험할 수 있는 좋은 기회라는 견해가 양립한다(김기헌, 유성렬, 2007). 전자는 청소년이 학업에 전념할 수 있도록 가족과 사회가 경제적 보호를 보장해야 한다는 인식을 전제로 한다. 반면 후자는 아르바이트 자체가 사회 참여의 일환이며 학교에서 직업으로의 이행(transition from school to work) 과정과 전인적인 성장에 도움이

된다고 본다. 또 다른 논의로는 아르바이트를 통해 경험하게 되는 일의 특성과 아르바이트 선택 동기에 따라 아르바이트가 청소년에게 미치는 영향이 다르다는 점이다. 실제로 개인적 흥미나 경험을 쌓기 위한 목적으로 한 아르바이트는 청소년에게 성장을 위한 경험이 되었으며(구승신, 2017), 비금전적 동기로 아르바이트를 한 청소년이 금전적 동기를 가진 청소년들보다 진로결정 자기효능감과 진로성숙 수준이 높다는 연구결과가 보고된 바 있다(전영옥, 2022).

'2020년 청소년종합실태조사' 결과에 따르면, 청소년(13~24세)의 40%가 아르바이트 경험이 있으며, 조사시점에 아르바이트를 하고 있는 청소년은 33.5%로 나타났다. 코로나19의 영향으로 직전 조사인 2017년의 청소년 아르바이트 경험률인 48.7%보다 감소한 수치다. 연령별로는 19~24세 청소년의 경험비율이 64.0%, 13~18세가 5.8%로 조사되었으며, 19~24세 가운데 대학진학자의 아르바이트 경험률(65.6%)이 비진학자(52.1%)보다 다소 높았다(여성가족부, 2021: 186).

한편, 중·고등학생의 최근 1년 내 아르바이트 경험률은 2018년까지 10%를 상회하였으나 2019년 8.5%, 2022년에는 6.7%로 조사되었다([그림 8-3] 참조). 아르바이트 경험률은 중학생 2.3%, 고등학생 11.2% 수준이며, 고등학교 유형별로는 특성화 고등학교에 재학 중인 청소년의 경험률이 27.0%로 다른 고등학교 유형에 높게 보고되었다([그림 8-4] 참조).

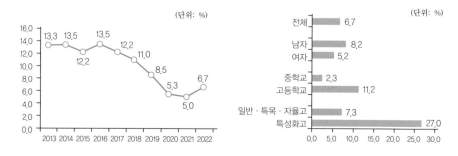

┃그림 8-3┃ 중·고등학생 아르바이트 경험추이(2013~2022) ┃그림 8-4┃ 중·고등학생 아르바이트 경험률(2022)

출처: 여성가족부(2023c), p. 22.

'2020년 청소년 매체이용 및 유해환경 실태조사' 보고서에 따르면, 아르바이트를 한 경험이 있는 중·고등학생이 아르바이트를 하는 주된 이유로는 '용돈을 받지만 원하는 것을 하기에는 돈이 부족해서'인 경우가 43.7%로 가장 높게 나타났다. 다음으로 '스스로 사회 경험을 해 보고 싶어서'(13.5%), '용돈을 받을 형편은 아니라서'(13.5%), '재미있을 것 같아서'(11.3%), '생활비를 벌거나 보태야 해서'(4.4%) 등의 순으로 보고되어, 가정형편으로 인한 아르바이트 응답 비율이 17.9%를 차지하였다. 또한 청소년이 주로 일하는 아르바이트 업종은 '음식점·식당·레스토랑'으로 2020년 조사에서 37.2%로 나타났으며, '배달·운전(오토바이 배달, 배달앱을 통한 배달)' 아르바이트 경험률은 15.2%로 큰 폭으로 증가하였다(김지연 외, 2020).

주목할 점은 청소년이 아르바이트에 참여하는 과정에서 「근로기준법」을 포함하여 노동관계 법의 보호를 받지 못하고 부당행위 및 처우를 받는 등 인권의 사각지대에 놓이는 경우가 발생한다는 점이다. 특히 부당행위 및 처우의 형태로 임금체불, 최저임금 위반, 약속한 임금을 받지 못하는 경우가 가장 많

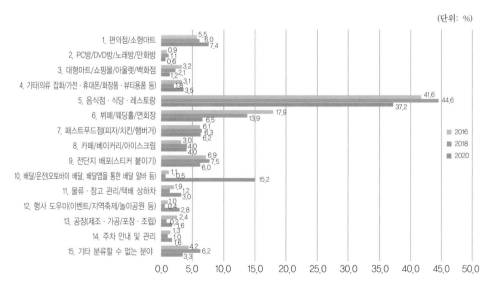

| 그림 8-5 | 청소년 아르바이트 업종 분포

출처: 여성가족부(2023a), p. 491.

은 것으로 나타났다(황여정 외, 2015). 실제로 2020년 조사에서 부당행위 및 처우를 한 가지라도 경험한 청소년은 34.5%였으며, 이 중 가장 높았던 부당행위는 임금체불인 것으로 나타났다(김지연 외, 2020). 따라서 아르바이트 업종별 근로조건 및 가이드라인을 마련하고 근로감독을 통한 지속적인 모니터링이 요구된다. 또한 청소년이 부당대우를 경험했을 때 상당수가 참고 일을 하거나 일을 그만두는 등 소극적으로 대응하는 경우가 많아 청소년 근로자 지원정책 홍보 및 청소년 대상 노동인권교육이 강화될 필요가 있다(여성가족부, 2023a).

한편, 아르바이트와 같은 단시간 근로자도 업무 내용, 급여, 근로시간, 휴일 등의 내용이 포함된 근로계약서를 작성하고 교부받아야 함에도 불구하고 소규모 영세 사업장의 경우 이를 지키지 않는 경우가 많았다. 2020년 실태조사 결과 아르바이트를 경험한 청소년 가운데 근로계약서를 작성하지 않은 비율은 53.1%였으며, 근로계약서를 작성한 청소년 가운데 근로계약서를 교부받은 비율도 54.6%에 불과하였다(김지연 외, 2020). 따라서 근로계약서 작성 규정 준수, 급여명세서 작성, 휴게권 보장, 근로감독 강화 등 근로환경을 개선하고, 고용주를 대상으로 한 노동법 교육이 강화될 필요가 있다. 이와 함께 업무 과정에서 발생하는 재해에 대한 보호조치를 강화하여야 한다.

3. 청소년의 진로 · 직업 정책

1) 청소년고용촉진대책

(1) 청년고용대책 및 주요지원사업

1990년대 후반 외환위기 이후 청년실업 해소와 청년고용 촉진을 위한 대책들이 마련되기 시작하였다. 2003년에 일자리 창출, 산학협력, 해외취업 등 중 · 단기 대책을 종합한 '청년실업종합대책'이 수립되었고, 이듬해에는 청년 미취업자에 대한 취업지원과 취업능력을 제고하기 위하여 「청년실업해소 특별법」이 제정되었다. 2009년에는 비경제활동 상태에 있는 청년까지 노동시장으로 유인하기 위한 법의 적극적 기능을 강조하기 위하여 「청년고용촉진 특별법」으로 법제명이 변경되었다(법제처, http://www.law.go.kr).

그간의 범부처 종합계획의 수립현황을 살펴보면, 2005년에는 학교와 노동시장 간의 원활한 이행에 초점을 둔 '청년고용촉진대책'이 마련되었고, 2006년에는 청년실업 해소 방안의 일환으로 '해외취업촉진대책'이 수립되었다. 이후 취업애로청년이 지속적으로 증가하면서 2008년에는 청년 친화적 일자리지원, 직업체험 확대 등을 골자로 하는 '청년고용촉진대책'이 수립되었다. 2014년에는 양질의 일자리 창출 및 일자리 미스매치 해소를 위한 경기활성화를 골자로 '일자리단계별 청년고용대책'이 발표된 바 있다(여성가족부, 2023a).

저성장 등 경제적·구조적·제도적 요인으로 인해 청년층 고용절벽 우려가 가속화되면서 2015년에는 정년연장 등에 따른 단기 고용 충격 완화, 현장 중심의 인력양성 미스매치 해소, 청년고용지원 인프라 확충 및 효율화를 주요 과제로 하는 '청년 고용절벽 해소 종합대책'을 발표하였다(관계부처 합동, 2015). 또한 이듬해에는 '청년취업연계 강화 방안'이 마련되어 일자리 발굴 및 채용연계, 중소기업 근속을 위한 대책 등을 추진하였다(여성가족부, 2023a).

2023년 1월에 발표된 '고용정책 기본계획'은 청년을 고용취약계층으로 규정하고 청년의 원활한 노동시장 진입지원(school to work)을 주요 세부과제로 선정하고, ① 고졸 청년의 직업능력 강화 및 군복무 경력단절 해소, ② 선제적 취업지원과 청년이 바라는 일경험 기회 확대, ③ 청년이 공감하는 공정채용문화 확산, ④ 청년고용 활성화를 위한 제도기반 강화를 주요과제로 수립하였다. 제도기반 강화의 경우 「청년고용촉진 특별법」 개정 추진을 통해 청년의 연령을 15~29세에서 15~34세로 조정하여 정책 대상의 확대가 주요 내용으로 포함되었다(관계부처 합동, 2023).

2023년 현재 고용노동부의 청년고용정책은 크게 청년고용 활성화 및 자산형성지원, 진로탐색, 직무능력 키우기, 일경험 기회, 해외취업 등으로 분류되며 주요 지원사업은 〈표 8-4〉와 같다.

| 표 8-4 | 고용노동부 대상자별 정책: 청년

구분	사업명	개요	대상
청년 고용 활성화 및 자산 형성 지원	청년친화형 기업 ESG 지원사업	기업이 ESG 경영 차원에서 수행하는 청년고용 지원 프로그램에 대한 비용, 컨설팅 지원을 통해 청년 직무역량 향상 및 일경험 기회 확대 → 청년고용 활성화 기반 구축	직무훈련+일경험+취업역량 강화+채용연계 등 혼합유형 프로그램 우선지원, 다양한 산업 분야, 지방 청년, 대학교 재학생 등 대상
	청년내일 채움공제	노동시장 신규 진입 청년의 초기 경력 형성을 지원하고 중소기업 인력 미스매치 해소를 위해 청년·기업·정부 3자가 공제부금 공동 적립(만기금 1,200만 원)	5인 이상~50인 미만 건설·제조업 중소기업에 신규 취업한 청년 및 해당 청년을 채용한 기업
	청년일자리 도약장려금	기업의 청년고용 확대를 지원하고 취업애로청년의 취업 촉진을 통해 청년고용 활성화 도모 ※ 취업애로청년: 만 15~34세의 6개월 이상 실업상태, 고졸 이하 학력, 국민취업지원제도 참여자, 고용촉진장려금 지원대상, 자립지원 필요 청년, 북한이탈청년, 최종학교 졸업 후 고용보험 가입기간 1년 미만인 청년(졸업 후 3개월 미만인 자 제외) 등	사업 참여 신청 직전 월부터 이전 1년간 평균 고용보험 피보험자 수가 5인 이상인 우선지원 대상기업 사업주 등
진로 탐색	대학일자리 (플러스)센터 운영	대학 내 진로지도 및 취·창업 지원 기능의 공간적 일원화, 기능적 연계 등 원스톱 고용서비스 전달체계 구축 지원으로 대학의 취·창업 지원역량 강화 및 청년의 원활한 노동시장 이행 지원	「고등교육법」 제2조에 의한 대학 및 산업대학, 전문대학에 해당하는 학교로서 취업지원 역량을 갖추고 있는 대학
	재학생 맞춤형 고용서비스	재학 단계부터 맞춤형 고용서비스를 조기에 지원하여 청년의 원활한 노동시장 진입 촉진	「고등교육법」 제2조에 의한 대학 및 산업대학, 전문대학에 해당하는 학교로서 취업지원 역량을 갖추고 있는 대학
직무 능력 키우기	일학습 병행	기업이 청년 등을 선채용 후 NCS기반 현장훈련을 실시하고, 학교·공동훈련센터의 보완적 이론교육을 통해 숙련 형성 및 자격취득까지 연계하는 새로운 현장중심의 교육훈련 제도	해당 분야의 기술력을 갖추고 인력양성 의지가 높은 기업 및 1년 이내 신규 입사자, 특성화고·대학 등 재학생

일경험 기회	산업계 주도 청년 맞춤형 훈련	청년층(청년 구직자, 재직자 등)을 주요 대상으로 산업계 · 기업 수요를 반영한 훈련을 제공하여 양질의 일자리를 얻을 수 있도록 지원	만 18~34세 청년 구직자 및 재직자
	청년 일경험지원	직무역량을 중시하는 채용 트렌드, 변화에 대응하여 청년층의 일경험 수요를 충족하고 민관협업을 기반으로 미취업 청년	만 15~34세 미취업 청년
해외 취업	해외취업지원	해외취업 희망 청년을 대상으로 맞춤형 연수과정(K-Move 스쿨), 해외 취업정보제공, 취업알선 등을 통해 해외취업으로 연계 지원	만 34세 이하 미취업자로 해외취업에 결격사유가 없는 자 등
기타	청년도전지원 사업	구직단념청년 등을 발굴하고 구직의욕 고취 및 자신감 강화를 위한 맞춤형 프로그램(도전, 도전+)을 제공하여 노동시장 참여 및 취업 촉진 지원	구직단념청년 및 운영기관 등
공정채용문화 확산/채용 절차의 공정성 제고		– 채용과정에서 구직자의 직무역량과 발전 가능성을 기준으로 평가하는 공정한 채용시스템을 확립하여 투명하고 공감할 수 있는 능력중심의 공정채용문화 확산 – 채용과정의 공정성을 확보하여 구직자의 권익을 보호(「채용절차의 공정화에 관한 법률」)	

출처: 고용노동부(n.d.a)를 바탕으로 작성.

취업취약청년의 노동시장 진입 및 복귀지원을 위한 '청년도전지원사업'은 구직단념청년,[3] 자립준비청년, 청소년쉼터 입퇴소 청년, 북한이탈청년 등을 지원 대상으로 한다. 지방자치단체의 청년센터를 통해 구직단념 등 대상 청년을 발굴 및 모집하고, 이들의 사회활동 참여의욕 고취를 위한 맞춤형 프로그램을 제공한다. 지역별 사업수행기관은 도전(단기: 1~2개월)과 도전+(중장기: 5개월 이상) 프로그램을 운영하고, 사업 이수 후 국민취업지원제도로, 취업한 경우에는 고용촉진장려금 등을 연계함으로써 단계적인 지원이 가능하도록 설계되었다(고용노동부, n.d.a).

---

3) ① 6개월 이상 취업 및 교육 · 직업훈련 참여 이력이 없고[고등학교 졸업(예정)자는 예외], ② 구직단념청년 문답표(구직의지, 일자리 수용태도, 취업스트레스, 직업력, 구직활동, 상담원 재량점수 영역으로 구성) 21점 이상(만점 30점)인 청년(만 18~34세).

(2) 직업탐색 · 취업지원 프로그램

고용노동부와 한국고용정보원에서 제공하는 워크넷(www.work.go.kr)의 청소년 진로지도 프로그램은 내용과 성격에 따라 직업상담프로그램, 취업특강, 직업심리검사로 구분할 수 있다.[4] 직업상담프로그램에는 청년직업지도 프로그램(Career Assistance Program alpha: CAP@), 성취프로그램, 취업희망 프로그램 등이 있다. 먼저, CAP@ 프로그램은 만 34세 이하 청년층 구직자 및 취업준비생을 대상으로 하는 총 4일(24시간) 과정 프로그램으로, 개인 강점 탐색과 직무이해에 기반한 취업준비를 지원하고, 서류 및 면접준비 등 구직기술 향상을 목적으로 한다. 성취프로그램은 고졸 이상 구직자를 대상으로 구직효능감과 자신감을 높이고 구직기술을 습득하는 데 초점을 두며 5일(30시간) 과정으로 운영된다. 또한 취업희망 프로그램은 취업 및 심리적 어려움을 겪는 구직자를 대상으로 자신감 회복과 원만한 사회진출과 적응을 돕기 위하여 대인관계 향상과 효과적인 의사소통 방법 습득에 초점을 두는 4일(24시간) 과정의 프로그램으로 운영된다.

다음으로, 취업특강에는 강의식 형태로 운영되는 취업기술 특강 프로그램이 있다. 구직기술 향상, 근로기준법 강의, 직업심리검사 등을 주요 내용으로 하며 고용센터에서 상시 운영한다.

마지막으로 직업심리검사는 고용센터와 워크넷(Work Net)을 통해 이용할 수 있고, 연령과 검사 목적에 따라 다양한 서비스를 제공받을 수 있다(〈표 8-5〉 참조). 이외 1998년에 구축된 인터넷 기반의 워크넷은 지역별 고용센터, 지자체 등에서 취업지원 업무에 활용하고 있고, 구인 · 구직자를 위한 일자리 및 직업정보 등을 제공하고 있다. 그 밖에 고용노동부는 청소년에게 다양한 직업체험과 진로 탐색 기회를 제공하고, 건전한 직업관 및 근로의식 형성을

---

4) 워크넷의 고용복지정책 안내의 '구직자취업역량강화 프로그램 메뉴에서 '프로그램 비교' 페이지를 통해 프로그램별 특성을 파악할 수 있다[https://www.work.go.kr/empSpt/empSptPgm/empHope/compare.do(검색일: 2023. 9. 1.)].

지원하기 위한 직업체험관인 한국잡월드를 운영하고 있다.[5]

| 표 8-5 | 청소년용 직업심리검사

검사명	대상	검사 목적
고등학생 적성검사	고1~3	직업적성능력의 측정
직업가치관검사	중3~고3	직업가치관 이해 및 적합작업 안내
청소년 진로발달검사	중2~고3	진로성숙도 및 진로미결정 원인 측정
초등학생 진로인식검사	초5~6	자기이해, 직업세계인식, 진로태도
청소년 인성검사	중1~고3	다섯 가지 성격요인(서른 가지 하위요인) 검사
청소년 직업흥미검사(개정)	중1~고3	직업적 흥미 참색 및 적합 직업/학과 안내
중학생 진로적성검사	중1~중3	학업적성능력을 측정하여 관련 직업목록 제공
직업흥미탐색검사(간편형)	중1~고3	직업흥미 탐색 및 진로 탐색

출처: 여성가족부(2023a), p. 511.

(3) 진로교육 및 진로지도

진로교육은 일과 직업에 대한 다양한 경험과 학습을 통하여 자신의 삶과 미래를 준비하도록 돕는 교육의 중요한 일부분이다. 효과적인 진로지도를 위하여 진로와 직업교과, 초 · 중 · 고등학생 진로지도 프로그램(Career Development Program: CDP), 사회과 · 과학과 진로탐색자료(중 · 고), 특성화고 취업지원로드맵, 대학교취업지원로드맵, 직업카드, 사이버진로교육센터(이러닝콘텐츠) 등이 운영되고 있다. CDP는 초 · 중 · 고(특성화고 포함) · 대학 등에서 활용할 수 있는 총 5종의 자료이며, 취업지원로드맵과 직업카드 역시 일선 고용센터와 학교에서 진로지도 시 참고할 수 있도록 보급이 완료되었다. 사이버진로교육센터(http://www.work.go.kr)는 자기주도적 진로학습을 돕고 이력서 작성, 면접준비에 필요한 강좌를 온라인으로 제공한다.

---

5) 2012년에 설립된 한국잡월드(http://www.koreajobworld.or.kr)는 국내 최대 규모의 직업체험 관이며 고용노동부 산하 공공기관이다. 경기도 성남시 분당구에 위치해 있고 지하 1층, 지상 5층 규모이며, 어린이체험관, 청소년체험관, 직업체험관, 진로설계관 등을 두고 있다.

또한 한국직업능력연구원 국가진로교육연구센터가 운영하는 진로정보망 커리어넷(Career Net)은 직업적성검사, 진로성숙도검사, 직업가치관검사, 직업흥미검사 등과 같은 중·고등학생용 심리검사와 대학생 및 일반인을 위한 진로개발준비도검사, 직업가치관 검사 등을 제공하여 청소년의 진로 의사결정에 도움을 주고 있다. 그 밖에 커리어넷을 통해 온라인 진로상담, 직업정보 및 다양한 진로교육자료를 이용할 수 있다(커리어넷, https://www.career.go.kr).

2) 청소년근로 보호 대책

(1) '청소년근로 보호 종합대책' 추진

'청소년근로 보호 종합대책'은 2005년 6월 20일 당시 노동부, 교육인적자원부, 청소년위원회, 경찰청 등이 참여한 범부처 합동 종합대책이며, 현재까지 추진되고 있다. 주요내용은 청소년근로 보호를 위한 지도·점검 강화, 교육내실화를 통한 청소년근로 보호 인식 제고, 청소년 일자리 정보 제공 및 피해 구제 강화, 제도 개선을 통한 연소자 근로여건 개선, 성과 점검을 위한 평가 실시 등이다.

이와 함께 고용노동부는 2008년에 '연소근로자 보호 대책'을 마련하였다. 이를 통해 연소자 다수 고용사업장에 대한 지속적인 지도·점검, 피해사례 일제 신고기간 운영, 한국청소년단체협의회 등 유관기관과의 협조체계 구축 등 정책 추진기반이 보다 강화되었다. 이후 2012년에는 관계부처 합동으로 '청소년 근로환경 개선 종합대책'이 마련되어 청소년의 권리보호와 구제를 위한 신고체계 구축, 사업주의 법 준수 의식 제고, 청소년의 노동 관계 법 관련 교육 등이 추진되고 있다. 2014년 5월에는 '청소년 근로권익 보호방안'이 마련되어 18세 미만 청소년의 심야근로를 제한하고, 청소년 다수 고용 사업장에 대한 감독 강화와 서면 근로계약 교부의무 위반, 최저임금 미만 사업장에 대한 제재가 강화되었으며, 민관 협력 네트워크 구축을 통한 청소년 지원 등이 이루어지고 있다. 또한 고용노동부는 2016년 2월부터 이른바 열정페이 근절을 위하여 인턴 · 실습생 등 '일경험 수련생에 대한 법적 지위 판단과 보호를 위한 가이드라인'을 마련하여 시행하고 있다.[6)]

(2) 지도 · 점검 및 권리구제 강화

정부는 '청소년 근로환경 개선 종합대책'에 의거하여 연중 4회 이상 사업장에 대한 감독을 실시하고, 반복적인 법 위반 사업장에 대해서는 즉시 사법처리를 하는 등 실효성을 확보해 나아가고 있다. 특히 부당한 처우를 당한 청소년이 쉽게 신고할 수 있도록 각급 학교와 청소년상담복지센터 등에 알바신고센터를 설치 · 운영하고 있다. 여성가족부는 근로청소년의 부당처우 문제를 해결하고 청소년 근로권익보호에 대한 인식제고를 위해 청소년 근로권익보호 사업을 추진하고 있다. 시 · 도 청소년근로보호센터는 근로청소년을 대상으로 부당처우 상황에 대한 상담서비스를 제공하고, 근로청소년의 부당처우에 대해 직접 현장을 찾아가서 문제해결에 도움을 주는 현장방문 지원 서비스를 제공한다. 근로보호센터종사자가 현장을 방문해 구체적 피해사실을 확인하고, 업주와의 면담 · 중재를 통한 즉시적인 문제해결을 지원하고 사안에 따라 노동관서나 경찰서로 연계한다([그림 8-6] 참조).

청소년을 고용하는 사업체의 상당수가 영세한 서비스 업종으로 노동법 준수에 대한 인식이 부족한 경우가 많고, 청소년이 법 내용을 몰라 부당하게 노동권을 침해받는 사례가 빈번하게 발생하고 있다(고용노동부, 2023). 이러한 문제는 상시적인 근로감독을 통해 상당부분 해결이 가능하며, 사업주 스스로 법 위반 여부를 점검할 수 있도록 지원하는 것도 필요하다. 그러나 시정 지시를 이행하지 않을 경우 사법조치와 함께 지속적인 모니터링 등 사후관리가 이

---

6) 일경험 수련생은 실습생, 견습생, 수습생 또는 인턴 등 그 명칭에 상관없이 교육 또는 훈련을 목적으로 사업 또는 사업장에서 일(업무)을 경험하는 자를 의미한다. 그동안 일부 현장에서 일경험 수련생이 교육 · 훈련 목적 없이 단순 노동력으로 활용하여 청년들에게 부정적인 직업관을 갖게 하고 노동시장 전반에 나쁜 일자리를 만들고 있다는 문제가 제기되었다. 이에 가이드라인에는 일경험 수련생의 법적 지위 및 판단기준과 일경험 수련생 보호를 위한 권고 사항이 포함되어 있다(고용노동부, 2016).

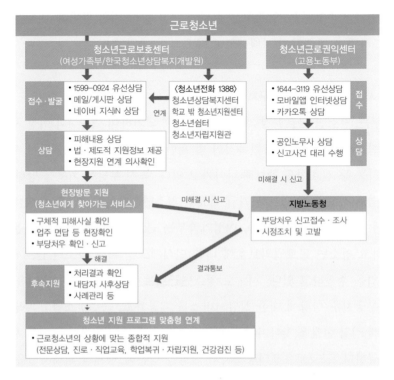

| 그림 8-6 | 청소년근로권익 보호 상담 · 지원 연계 체계

출처: 여성가족부(n.d.).

루어질 필요가 있다. 이와 관련하여 고용노동부의 청소년근로권익센터는 청소년신고 대표전화(1644-3119)를 전국 통합하여 운영하고 있으며, 온라인과 모바일을 통해 근로 중 부당한 대우를 받은 청소년에 대한 기초상담 및 진정 사건 대리 등 무료 권리구제를 지원하고 있다(고용노동부, 2023). 또한 정기적으로 사업장 대상 근로조건 및 노무관리지도를 시행하고 있으며, 매년 각 지방고용노동관서를 통해 청소년 근로조건알리미를 위촉하여 청소년 근로자의 근로환경 개선을 위한 지원을 하고 있다(청소년근로권익센터, https://www.youthlabor.co.kr).

청소년 아르바이트 10계명

1. 만 15세 이상의 청소년만 아르바이트가 가능합니다.
   - 만 13~14세 청소년은 고용노동부장관 명의 취직인허증 필요
2. 아르바이트를 지원할 때 만 15세 미만은 취직인허증, 만 18세 미만은 친권자(또는 후견인) 동의서, 가족관계증명서를 제출해야 합니다.
   - 만 18세 이상의 청소년은 근로계약서만 작성하면 됨
3. 임금, 근로시간, 휴일 · 휴가 등이 포함된 근로계약서를 작성하고, 교부받아야 합니다.
4. 성인과 동일한 최저임금을 적용받습니다.
   - 2023년 시간당 9,620원, 2024년 시간당 9,860원
5. 위험한 일이나 청소년에게 유해한 업종의 일은 할 수 없습니다.
   - 예시: 비디오방, 노래방, pc방, 만화방, 숙박업 등
6. 만 18세 미만 청소년은 하루 7시간, 1주일 최대 35시간을 초과하여 일할 수 없습니다. 단, 청소년 근로자의 동의가 있다면 하루 1시간, 1주일 최대 5시간 연장근로 가능
7. 연장 · 야간 · 휴일 근무 시 50%의 가산 임금을 받을 수 있습니다.
   - 상시근로자가 5명 이상인 사업장만 적용됨
8. 1주일 15시간 근무, 1주일 개근한 경우 하루의 유급휴일을 받을 수 있습니다.
9. 일하다 다쳤다면 「근로기준법」「산업재해보상보험법」 등에 따라 치료와 보상을 받을 수 있습니다.
10. 이 밖에 궁금한 사항이 있거나 임금체불, 직장 내 괴롭힘 등 부당한 처우를 받았다면 상담을 통해 도움을 받을 수 있습니다.
    - 청소년근로보호센터 대표전화(☎ 1599-0924)
    - 고용노동부 대표전화(☎ 1350)

출처: 여성가족부(n.d.).

4. 청소년의 진로 · 직업 지원 강화 방안

1) 청년층 고용 확대와 진로상담 강화

노동시장의 위축과 취업의 불확실성은 직업에 대한 청소년의 인식을 부정적으로 변화시키고, 청년실업은 원활한 성인기 이행을 저해하는 주요 요인으

로 작용하고 있다. 특히 장애, 이주배경, 학교 밖 청소년 등의 취약·위기 청소년의 경우 낮은 진로의식과 높은 진로장벽 문제, 진로 희망 설정의 어려움을 공통적으로 보고하고 있어 진로교육의 기능과 역할이 매우 중요하다(김정숙, 연보라, 2018). 그뿐만 아니라, 진로·직업교육 및 취업지원은 취약청소년에 대한 가족지원, 심리·정서지원과 함께 성인기 이행을 위한 지원 정책 내에서 일관성 있게 추진될 필요가 있다. 주요국의 경우 청년실업 문제를 성인기 이행을 위한 지원의 일환으로 접근하고 있으며, 이는 청소년 고용정책을 통해 실현되고 있다. 노르웨이는 20세 이하 니트 청소년을 대상으로 청소년보증(Youth Guarantee)이라는 노동시장 진입 프로그램을 운영하며, 스웨덴은 6개월간 공식적으로 구직행위를 하는 청소년에게 별도의 임금 보조금을 지원하고 있다. 일본은 청소년의 커리어교육 강화를 목적으로 2006년 '커리어교육 추진계획'을 마련하고 청소년의 취업 접근성을 높이기 위하여 직업안정소를 'Job cafe'로 운영하고 있다.

현재 청년 고용문제는 구조적인 원인으로 발생하는 만큼 지속 가능한 일자리 창출을 지원하고, 산업 구조 변화에 따른 인력 양성 및 구직자 능력 개발 지원이 확대되어야 한다(관계부처 합동, 2023). 아울러 고졸 및 대졸 청년들의 원활한 노동시장 진입을 지원하기 위한 다양한 고용정책뿐만 아니라, 근로시간 단축 및 유연근무 확대, 일자리 나누기 정책 등을 적극 추진할 필요가 있다. 고용보험 및 산재보험 사각지대를 해소하고, 영세 사업체의 사회보험 가입 지원을 통해 근로자의 사회보험 가입률을 확대하는 등 근로환경과 처우를 개선하여야 한다. 또한 저학력자에 대한 열등한 처우는 고학력화를 부추기고 이는 청년 고용난을 더욱 심화시키므로 장기적으로는 학력에 따른 차별 철폐를 위한 법적 기반을 마련해 나아가야 할 것이다.

이와 함께 진로·학업 상담 기능이 강화되어야 한다. 통계청 '사회조사'에 따르면, 청소년(13~24세)의 90.8%가 고민이 있으며, 현재 가장 고민하는 문제로 공부(31.7%)나 직업(26.7%)으로 응답한 비율이 높았다. 특히 19~24세 청소년의 경우 40.9%가 가장 고민하는 문제를 직업으로 응답하였다(통계청,

2023).[7] 여성가족부에서 운영하는 청소년 고민 전화, 인터넷 채팅·게시판상담 제공 서비스인 청소년상담(1388)의 상담유형을 살펴보면, 2022년의 경우 정신건강, 대인관계 그리고 학업·진로에 대한 고민상담 비중이 높게 나타났다(통계청, 2023). 학교 밖 청소년의 경우에도 진로탐색과 전문상담지원, 진로상담 및 정보제공 기회 등 진로에 대한 서비스 욕구가 크다(김희진 외, 2021). 이러한 결과들은 재학, 비재학 여부와 관계없이 청소년의 진로상담 수요를 반영한 서비스 공급을 보다 확충할 필요가 있음을 시사한다.

2) 학교 진로교육의 내실화

진로교육을 내실화하기 위해서는 학업에서 직업으로의 이행을 보다 체계적으로 지원하여야 한다. 진로교육의 개인적·사회적 중요성이 증가함에 따라 다양한 진로 체험 및 상담 기능 확대 등을 목적으로 2015년 6월에 「진로교육법」이 제정되어 시행되고 있다. 이 법은 학교에서 다양한 진로교육 기회를 제공하여 청소년이 변화하는 직업세계에 능동적으로 대처할 수 있도록 하고(동법 제1조), 국가 및 지자체가 청소년의 발달단계 및 소질과 적성에 맞는 진로교육을 활성화하는 데 필요한 시책을 마련해야 할 의무가 있음을 명시하였다(동법 제5조). 특히 교육감이 특정 학년 또는 학기를 정하여 진로체험 교육과정을 집중적으로 운영하는 진로교육 집중학년·학기제를 운영할 수 있도록 하였다(동법 제13조).

우리나라는 2016년부터 중학교 자유학기제를 전면 도입하였다. 자유학기제는 '중학교 교육과정 중 한 학기 동안 학생들이 시험부담에서 벗어나 꿈과 끼를 찾을 수 있도록 수업 운영을 토론, 실습 등 학생 참여형으로 개선하고, 진로탐색 활동 등 체험활동이 가능하도록 교육과정을 운영하는 제도'이다(교

---

7) 구체적으로 살펴보면 성적, 적성 등 공부(31.7%), 직업(26.7%), 외모(10.8%), 신체적·정신적 건강(6.4%), 용돈부족(4.5%), 가계경제 어려움(3.5%), 친구(3.5%), 가정환경(1.2%), 기타(1.7%), 연예상대와의 관계(1.1%) 순이다(통계청, 2023).

육부, 2015). 2013년에 연구학교 시범운영으로 시작된 자유학기제는 2016년에 전국 모든 중학교에 전면적으로 도입되었으며, 2018년부터는 중학교 1학년 전체 교육과정에 적용하는 자유학년제가 시·도교육청 및 단위학교의 희망에 따라 자율적으로 운영된 바 있다. 그러나 2025년부터는 '2022년 개정교육과정'에 따라 자유학년제가 폐지되고 중학교 1학년 중 한 학기만 자유학기제를 시행하고, 기존의 창의적 체험활동과의 중복을 최소화할 수 있도록 주제선택 및 진로탐색 활동의 두 개 영역으로 운영될 예정이다. 아울러 상급학교로 진학하기 전인 초등학교 6학년, 중학교 3학년, 고등학교 3학년 2학기 중 일부 시간을 활용하여 학교급별 연계를 지원하고 진로교육을 강화하는 진로연계학기를 도입한다(교육부, 2021). 진로연계학기는 기존의 진로교육 집중 자유학년제·학기제와 달리 진로상급학교 입학 초기 학교 적응과 기초학력 보장도 포괄한다는 특징이 있다(정철영, 2022). 교육과정 내에서 교과연계 진로교육뿐만 아니라 교과 외 활동이 활성화되어 학생의 진로와 적성을 고려한 다양한 체험활동 중심의 진로탐색 및 진로설계활동이 확대될 수 있기를 기대한다.

한편 미국의 경우 '학교로부터 일로의 이행 기회법(School-To-Work Opportunities act of 1994: STWO)'을 기반으로 학교-일자리 전환 정책을 추진하고 있다. 또한 학업과 현장실습을 하나로 결합한 직업교육 프로그램을 강화하여 교과과정 내에서 직업세계에 대한 교육과 상담을 강화하고 있다. 이와 같은 정책은 고등학교 졸업 후 취업률 제고에 기여하고, 청소년 도제(youth apprentice)와 같은 인턴십 과정은 취약계층 청소년에게 특히 도움이 되는 것

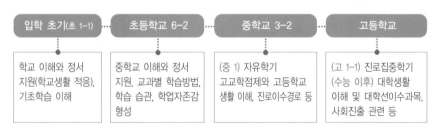

입학 초기(초 1-1)	초등학교 6-2	중학교 3-2	고등학교
학교 이해와 정서 지원(학교생활 적응), 기초학습 이해	중학교 이해와 정서 지원, 교과별 학습방법, 학습 습관, 학업자존감 형성	(중 1) 자유학기 고교학점제와 고등학교 생활 이해, 진로이수경로 등	(고 1-1) 진로집중학기 (수능 이후) 대학생활 이해 및 대학선이수과목, 사회진출 관련 등

┃ 그림 8-7 ┃ 진로연계학기 운영 예시

출처: 교육부(2021), p. 26.

으로 알려져 있다. 이러한 사례는 '일을 위한 준비'가 아닌 '일을 통한 준비' 과
정이 될 수 있도록 진로교육을 내실화하고 이를 위해 관련 법제의 개선이 필
요함을 시사한다.

│해외 사례│ **아일랜드의 전환학년 제도(Transition Year: TY)**

- 아일랜드의 중등교육과정은 한국의 중학교 과정에 해당하는 중학교 과정(Junior
  Certificate: 3년)과 고등학교에 해당하는 시니어 과정(Senior Cycle: 2년)으로 구분
  됨. 전환학년제(Transition Year)는 시니어 과정에 들어가기 전, 1년 동안 운영되는 학
  교 교육과정임.
- 전환학년 1년간은 50여 개의 특별과목 중 원하는 과목을 택할 수 있고 각종 직업
  체험, 야외 현장학습, 사업체 운영, 사회봉사활동 등 다양한 교육경험을 체험할 수
  있음.
- 전환학년제로 인한 학생들의 교우관계 증진, 학생-교사 관계, 부모-자녀 관계 증진,
  사회성 발달, 자기주도적 학습 능력과 문제해결능력 향상 등이 교육적 효과로 입증
  됨. 특히 일정 기간 이상(보통 한 달 이상)의 직업체험 활동을 통해 직업세계를 이
  해하고, 진로개발 역량을 향상시키는 직업적 발달 측면의 성과가 주목할 만함.
- 1974년에 도입된 전환학년제는 1994년부터 본격적으로 확대되어 현재 대부분의 중
  등학교에서 참여하고 있음(2012년 기준 97%).

출처: 김나라 외(2013).

3) 지역사회 기반의 청소년체험활동 활성화

교육과정 기반의 진로교육 못지않게 지역사회에서의 진로체험을 활성화
하는 것이 필요하다. 특히 중학교에서 자유학기제가 운영됨에 따라 지역 단
위에서 체험활동 인프라를 확충하고, 청소년을 위한 직업체험장(community
workplace) 프로그램을 확대해야 한다. 이러한 프로그램은 청소년에게 접근
성이 높을 뿐 아니라 공동체의 일원으로서 유대감을 강화할 수 있고 진로준비
에도 효과적이다. 또한 고등학교 이상의 청소년을 대상으로 재학 중 또는 졸

업 후에 인턴십 프로그램으로도 활용할 수 있다는 장점이 있다. 이와 관련하여 「진로교육법」을 근거로 지역 내에서 체계적인 진로개발 활동을 지원하기 위한 진로직업체험지원센터[8]가 전국적으로 설치 · 운영되고 있으며, 각 자치구별로 직업체험장과 학교의 연계 운영, 토요진로학교 및 상설 직업체험 프로그램 운영 등 지역사회와 함께하는 진로교육이 강화되고 있다. 또한 지역사회의 다양한 진로체험처와 프로그램을 관리하고 학교의 진로체험을 지원하기 위해 교육부는 진로체험지원 플랫폼인 '꿈길(꿈꾸는 아이들의 길라잡이)'을 운영하고 있다(꿈길, https://www.ggoomgil.go.kr).

이와 함께 초 · 중 · 고등학생의 경우 지역 내 대학 및 기업과 연계한 특별활동, 진로 멘토링, 특성화고등학생을 위한 전공 체험 및 실습 기회 확대, 대학생을 위한 모의면접, 직장체험 등을 확대하고, '가족사랑의 날'을 이용한 직장

진로체험을 위한 센터 중심의 지역사회 협력체계

| 지자체(시 · 군 · 구) | ↔ | 진로정책협의체 (진로체험지원단 등) | ↔ | 교육(지원)청 |

진로체험 정보, 예산, 인력제공 ↓   ↑ 애로사항 공유 및 협의

진로체험지원센터
인증제, 체험처 질 관리
자원봉사 인력풀 관리

체험처 발굴 및 학교 매칭 지원 ↓   ↑ 애로사항 공유 및 협의

| 체험처(일터) | 꿈길 ➡ | 단위학교 |

| 그림 8-8 | 진로체험지원센터 운영체계

출처: 꿈길(https://www.ggoomgil.go.kr).

---

8) 진로체험지원센터는 지역사회 내 체험처 발굴 · 관리 및 프로그램 컨설팅, 학교의 체험 지원, 교육부 진로체험기관 인증제 심사, 진로체험지원 자원봉사자 인력 모집 · 활용, 자체 진로체험 프로그램 운영 등을 담당한다(교육부, 한국직업능력개발원, 2018).

탐방, 직업탐색 프로그램 개설을 검토할 필요가 있다.[9] 특히 청소년의 수요를 고려한 지역사회 체험활동이 확대되어야 하며, 이를 위해 지역 내 청소년 활동시설과 학교와의 연계와 협력 기반을 강화하고, 교사 및 청소년지도사의 역량을 개발하는 연수 프로그램도 확충할 필요가 있다.

4) 청소년근로 보호를 위한 환경 조성

청소년의 학습권, 근로권, 건강권을 동시에 보호하는 근로환경 조성이 필요하다. 재학생의 경우 학교 수업이 진행되는 시간 동안은 고용할 수 없도록 하고, 학교 밖 청소년은 1일 7시간으로 제한된 근로시간 규제를 완화하는 다른 접근이 필요하다. 특히 주 5일제 시행 이후 청소년의 주말 근로가 증가함에 따라 방학과 학기 중, 주말 근로를 분리하여 근로시간 적용규제를 달리 설계하여야 한다. 이와 함께 연소근로자의 업무상 재해가 근절되지 않고 있어 업소, 업종뿐 아니라 유해 · 위험 작업 등 작업 및 직무 단위로 보다 세분화하여 규제할 필요가 있다. 근로보호의 핵심은 근로조건을 보호함과 동시에 근로과정에서 인권침해가 발생되지 않도록 하는 데 있다. 따라서 「청소년 보호법」과 「근로기준법」에 각각 명시된 청소년근로 보호에 관한 사항을 유기적으로 개선하여 상시적인 근로감독과 보호조치가 이루어져야 한다.[10]

---

9) 가족사랑의 날은 여성가족부가 2009년부터 매월 셋째 주 수요일을 패밀리데이(family day)로 지정 · 운영하던 것을 2010년부터 한글이름 공모전을 통해 변경하여 추진하는 캠페인이다. 매주 수요일에 정시에 퇴근하여 가족과 함께할 수 있도록 전국 건강가정지원센터 등에서 다양한 프로그램(제빵, 토피어리 만들기 등)을 개설 · 운영 중에 있다.

10) 한국의 경우 「근로기준법」 「청소년 보호법」 「초 · 중등교육법」 각각에서 근로가능 연령과 보호연령을 규정하고 있다. 「근로기준법」은 연소근로자를 18세 미만의 자로 정의하고 취업가능 연령을 15세 이상으로 정의한 반면, 「초 · 중등교육법」에는 의무교육을 받는 학생은 고용노동부 장관의 취업인허증이 없으면 근로를 할 수 없다고 규정되어 있다. 또한 「청소년 보호법」은 청소년을 19세 미만으로 정의하는 등 모호한 면이 있다.

5) 청소년 진로 · 취업 지원인력의 전문성 제고

2015년에 제정된 「진로교육법」에 의거하여 일선 초 · 중등학교에 학생의 진로교육을 전담하는 교사(진로전담교사)를 두고(제9조 제1항), 진로전담교사는 해당 담당교사와 협의를 거쳐 수업시간에 진로상담을 제공할 수 있다(제9조 제3항). 교육부는 진로진학상담교사를 양성하고, 학교당 1명의 진로진학상담교사 배치하고 있으며, 2023년 4월에 발표된 '진로교육 활성화 방안'(2023~2027)에 따라 학교 규모에 따라 진로진학상담교사 추가 배치를 추진한다(교육부, 2023).

지역사회 내 청소년의 진로 · 취업을 지원하는 전문인력은 고용지원센터의 직업상담원, 청소년상담복지센터의 청소년상담사, 진로체험지원센터 등의 진로직업(체험) 코디네이터가 대표적이며, 학교 밖 청소년의 경우 지원센터(꿈드림)를 통해 학업지원, 진로지원 등을 제공받을 수 있다. 이 중 직업상담원은 구직자나 미취업자에게 직업 및 취업정보를 제공하고, 직업선택, 경력설계, 구직활동 등에 전문적 도움을 주며, 청소년, 여성, 중고령자 등 여러 계층의 내담자에게 진로와 직업에 관한 전문적인 상담과 정보를 제공하는 사람이다(한국고용정보원, 2017). 직업상담사의 많은 업무량과 교육기회 및 경력 단계에 맞는 교육 프로그램 부족 문제가 지적되고 있어(김민규, 이찬, 2020) 직업상담사의 전문적인 직업상담 역량 개발이 가능할 수 있는 교육지원시스템 구축 및 교육과정의 전문성 확보가 필요하다(정현주, 이제경, 2022). 또한 진로체험 코디네이터는 청소년을 위한 진로체험처 발굴 및 관리, 체험처-학교 연결, 중학교 자유학기제 지원, 진로체험 프로그램 운영 및 관리 등 진로체험 활성화를 위한 전반적인 업무를 수행한다(최영순, 2023). 이와 같이 학교와 지역사회에서 청소년의 진로 · 취업을 지원하는 다양한 인력을 확충하는 노력과 함께, 이들이 청소년의 발달단계를 이해하고 해당 직무에 대한 전문성을 갖출 수 있도록 지원하는 관리체계가 구축되어야 한다.

중등학교 진로전담교사의 직무

1. 진로진학상담부장 등으로서 학교 진로교육 총괄

2. 학교 진로교육과정 운영계획 수립 및 프로그램 운영

  - 진로교육 집중학년·학기제 및 진로체험 교육과정 편성·운영 지원

3. '진로와 직업' 과목 수업, 창의적 체험활동 중 '진로활동' 지도(주당 10시간 이내)

4. 진로·진학 관련 학생 진로상담(주당 평균 8시간 이상)

5. 창의적 체험활동 중 진로활동 운영계획 수립 및 운영

6. 학교급에 따른 개인 맞춤형 진로지도 및 진학지도

  - 학교생활기록부 초·중·고등학교 진로 관련 정보연계 기반 개인별 맞춤형 진로지도

7. 선취업 후진학 학생의 진로설계 지원

8. 진로 및 학습 계획서 작성 지원

9. 진로 포트폴리오 지도

10. 커리어넷 등의 진로교육 관련 심리검사의 활용 및 컨설팅

11. 교내외 진로탐색 활동 기획·운영

12. 교내 교원 대상 진로교육 역량 강화 연수 총괄

13. 학부모 대상 진로교육 연수 및 컨설팅

14. 진로교육 관련 교육기부 등 지역사회 및 유관기관과의 네트워크 관리

15. 기타 학교장이 정한 진로교육 관련 업무

출처: 서울특별시교육청(2016), p. 6.

6) 진로발달을 위한 맞춤형 지원 운영

진로성숙도는 진로에 관한 태도, 지식, 능력, 진로선택이 단계적으로 발달해 간다는 개념으로, 진로발달 정도를 판단하는 핵심적인 변인이다. 즉, 진로성숙도가 발달한 청소년일수록 자신의 진로와 직업의 선택과 결정이 즉흥적이지 않고 보다 합리적이라고 예측할 수 있다는 의미다. 진로발달은 전 생애에 걸쳐 이루어지지만 청소년기는 생애주기 과정에서 자신에게 적합한 직업군을 선택하고 그 일을 준비하는 중요한 시기다. 그러나 교과과정 내에서 청소년들의 진로성숙도를 주기적으로 측정하고 결과를 감안한 적절한 지도와

개입은 이루어지지 않고 있는 실정이다. 청소년들은 진로나 직업 선택에 있어 여전히 주도적인 결정을 하지 못하고 있고, 자신의 적성과 역량보다는 경제적 수입이나 안정성을 직업선택의 최우선 요소로 고려하는 등 진로발달을 위한 체계적인 지도가 필요한 상황이다.

청소년의 진로성숙도 정도는 자아정체성, 적응유연성, 공동체의식, 학교적 응과 같은 요소들과는 정적인 상관관계가, 가출이나 비행, 학교부적응, 인터 넷 중독, 성관계 경험과 같은 비행 및 부적응 행동과는 부적인 상관관계가 있 다(김성아, 2012; 박소영, 정혜원, 2022; 유재만, 이병욱, 2016; 이쌍준, 강혜영, 2012; Hartung, Porfeli, & Vondracek, 2005). 이는 결국 청소년의 진로성숙도를 높이는 다양한 활동이 결국은 자아정체성 형성과 적응에 도움이 될 뿐만 아니라 다양 한 비행행동을 감소하는 보호요인으로 작용할 수 있다는 것을 의미한다. 따라 서 학교뿐 아니라 지역사회 청소년 관련기관 및 시설, 사회복지 인프라를 적 극 활용하여 청소년 개인의 상황과 환경을 고려한 맞춤형 진로발달 지원체계 가 구축ㆍ운영되어야 한다. 특히 보호처분 대상 청소년 등 저학력 위기청소 년, 비진학 미취업 청소년(니트 포함) 등은 구직을 돕기 전에 심리ㆍ정서 지원 과 생활습관의 개선이 우선되어야 하는 경우가 많다. 즉, 대상 청소년의 특성 을 고려하여 필요 시 상담ㆍ치료, 교육ㆍ훈련, 진로설계ㆍ직업체험 등 순차적 인 맞춤형 지원이 이루어질 때 진로발달이 가능하다. 또한 이러한 과정을 통 해 직업기초능력을 향상시켜 나아갈 수 있다(변숙영, 이수경, 이종범, 2009).

토의문제

1. 위기청소년, 청소년부모, 구직단념청년 등 취업취약계층 청소년을 대상으로 하는 취업지원제도 및 진로탐색 프로그램을 찾아보고 장점과 한계를 분석해 보자.

2. 연소근로자 고용 사업장의 근로조건 위반 사례를 스크랩하고 청소년근로 보호를 강화하기 위하여 현행 정책의 개선이 요구되는 부분을 찾아 논의해 보자.

3. 지역사회 내 사회복지기관 및 청소년 관련 기관에서 청소년의 진로·직업 관련 상담과 체험활동을 지원하는 사례를 찾아보고 효과와 발전방안을 제시해 보자.

참고문헌

KOSIS 국가통계포털, 통계청 경제활동인구조사(2023. 8., 2023. 10. 3.). 연령별 경제활동인구. https://kosis.kr/statHtml/statHtml.do?orgId=101&tblId=DT_1DA7179S&conn_path=I2(검색일: 2023. 10. 10.).

고용노동부(n.d.a). 대상자별 정책: 청년. https://www.moel.go.kr/policy/policyinfo/young/list.do(검색일: 2023. 9. 1.).

고용노동부(n.d.b). 청년도전지원사업 안내. https://www.work.go.kr/youngChallenge/index.do(검색일: 2023. 9. 1.).

고용노동부(2016). 열정페이 근절과 올바른 일경험 문화 정착을 위한 인턴·실습생 등 일경험 수련생 가이드라인 마련·시행. 고용노동부 보도자료(2016. 9. 1.).

고용노동부(2022). 고용형태별근로실태조사: 연령별 임금 및 근로시간.

고용노동부(2023). 2023년판 고용노동백서.

관계부처 합동(2015). 청년 고용절벽 해소 종합대책.

관계부처 합동(2023). 제5차 고용정책 기본계획.

교육부(2015). 자유학기제 평가, 어떻게 하나요?

교육부(2021). 2022 개정교육과정 총론 주요사항. 교육부 보도자료(2021. 11. 24.).

교육부(2023). 진로교육 활성화 방안(2023~2027).

교육부, 한국직업능력개발원(2018). 2018년 진로체험지원센터 길라잡이. 세종: 한국직업능력개발원.

구승신(2017). 아르바이트 청소년의 성장경험에 관한 현상학적 연구. 한국콘텐츠학회 논문지, 17(10), 406-419.

김기헌, 유성렬(2007). 청소년 아르바이트 종단 연구. 서울: 한국청소년정책연구원.

김기헌, 한지형(2016). 청년 삶의 질 개선을 위한 청년정책 방향과 과제: 2016년 청년정책포럼. 세종: 한국청소년정책연구원.

김나라, 이지연, 정윤경, 최수정, 방재현, 최지원(2013). 아일랜드의 전환학년제 적용방안 연구. 진로교육연구, 26(1), 21-46.

김민규, 이찬(2020). 직업상담사의 전문직업성과 임파워먼트, 슈퍼비전 및 자기성찰의 구조적 관계. 직업교육연구, 39(6), 63-88.

김성아(2012). 작용-개인-맥락-모델의 관점에서 본 초기청소년의 환경체계들과의 인지된 관계와 진로성숙도. 한국아동복지학, 38, 7-31.

김수정, 정익중(2017). 아동 빈곤의 사회경제적 비용 추계. 한국사회복지학, 69(3), 9-33.

김정숙, 연보라(2018). 소외계층 진로교육 활성화 방안. 세종: 한국청소년정책연구원.

김지연(2012). 아동, 청소년과 함께하는 공생의 사회구현 실행방안 연구. 서울: 한국청소년정책연구원.

김지연, 김승경, 백혜정, 황여정(2020). 2020년 청소년 매체이용 및 유해환경 실태조사. 서울: 여성가족부.

김희진, 서고운, 김미정, 류정희, 권지성(2021). 학교 밖 청소년 지역사회 지원방안 연구 IV: 질적 패널조사를 중심으로. 세종: 한국청소년정책연구원.

남재량(2021). COVID-19 충격이 청년 니트에 미치는 영향에 대한 연구. 2021년 한국노동패널 학술대회 자료집, 23-53.

박소영, 정혜원(2022). 청소년의 진로성숙도 주요 설명변인 및 변화 양상 탐색. 한국청소년연구, 33(2), 87-115.

변숙영, 이수경, 이종범(2009). 취약청소년의 직업능력향상을 위한 실태와 과제. 서울: 한국직업능력개발원.

변숙영, 이정민, 한상근, 류지은, 김호진, 임언, 정익중(2021). 취약청년의 자립과 취업지원방안: 시설보호청소년. 서울: 한국직업능력연구원.

서울특별시교육청(2016). 2016년 중등학교 진로전담교사 배치 및 운영지침.

여성가족부(n.d.). 청소년 근로권익 보호. http://www.mogef.go.kr/sp/yth/sp_yth_f012.do(검색일: 2024. 2. 18.).

여성가족부(2021). 2020년 청소년종합실태조사.

여성가족부(2023a). 2022년 청소년백서.

여성가족부(2023b). 2023년 청소년사업안내.

여성가족부(2023c). 2023년 청소년통계.

유민상, 신동훈(2021). 청년의 사회적 고립 실태 및 지원 방안 연구. 세종: 한국청소년정책
연구원.

유재만, 이병욱(2016). 마이스터고등학교 학생들의 진로성숙도가 학교 부적응에 미치
는 영향. 대한공업교육학회지, 41(2), 1-23.

이쌍준, 강혜영(2012). 학교청소년의 비행과 진로성숙도와의 관계: 전문계 고교를 중
심으로. 대한공업교육학회지, 37(1), 21-41.

전영옥(2022). 청소년의 아르바이트 동기와 진로결정 자기효능감 및 진로성숙의 관
계. 한국청소년활동연구, 8(4), 61-83.

정미경, 문은식, 박선환, 우지향(2016). 진로탐색과 취업전략. 경기: 공동체.

정세정, 류진아, 강예은, 김성아, 함선유, 김동진, 임덕영, 신영규, 김문길, 이혜정, 김기
태, 김태완, 이원진(2022). 2022년 청년 삶 실태조사. 세종: 한국보건사회연구원.

정철영(2022). 진로연계학기 도입에 대한 논의와 제안. 교육정책포럼, 344, 4-9.

정현주, 이제경(2022). 고용서비스 분야 직업상담사에 관한 국내연구의 동향과 시사
점. 직업교육연구, 41(3), 57-85.

최영순(2023). 꿈과 미래를 이어주는 진로체험코디네이터. 한국일보 오피니언.
https://m.hankookilbo.com/News/Read/A2023061310580000628?rPrev=A20
23072511030001334(검색일: 2023. 9. 1.).

통계청(2022). 2020년 기준 경제총조사결과(확정). https://kostat.go.kr/board.es?
mid=a10301010000&bid=10920&act=view&list_no=418958&tag=&nPage=
1&ref_bid=(검색일: 2023. 9. 1.).

통계청(2023). 2023년 5월 경제활동인구조사 청년층부가조사결과.

통계청, 통계설명자료서비스(n.d.). 비경제활동인구. https://www.k-stat.go.kr/
metasvc/msda100/worddc(검색일: 2023. 10. 1.).

한국고용정보원(2017). 2018 직종별 직업사전. 음성: 한국고용정보원.

한국교육개발원(2023). 교육기본통계.

황여정, 김정숙, 이수정, 변정현(2015). 청소년 아르바이트 실태조사 및 정책방안 연구Ⅱ.
세종: 한국청소년정책연구원.

Copa, G. H. (1992). *A Framework for the Subject Matter of Vocational
Education. National Center for Research in Vocational Education.*
University of California, Berkeley.

Hartung, P. J., Porfeli, E. J., & Vondracek, F. W. (2005). Child Vocational development: A Review and Reconsideration. *Journal of Vocatioinal Behavior, 66,* 385-419.

OECD. (2022). OECD Employment Outlook 2022. http://www.oecd.org/els/oecd-employment-outlook-19991266.htm(검색일: 2023. 9. 1.).

Porfeli, E., & Lee, B. (2012). Career development during childhood and adolescence. *New Directions for Youth Development, 134,* 11-22.

Super, D. E. (1990). A life-span, life-space approach to career development. In D. Brown et al. (Eds.), *Career choice and development* (pp. 197-261). San Francisco: Jossey Bass.

Super, D. E. (1994). A life-span, life-space perspective on convergence. In M. L. Savickas & R. W. Lent (Eds.), *Convergence in career development theories* (pp. 63-74). Palo Alto: CA: Consulting Psychologists Press.

「고용정책기본법」법제처 국가법령정보센터 http://www.law.go.kr

「근로기준법」법제처 국가법령정보센터 http://www.law.go.kr

「진로교육법」법제처 국가법령정보센터 http://www.law.go.kr

「청소년고용촉진특별법」법제처 국가법령정보센터 http://www.law.go.kr

「청소년 보호법」법제처 국가법령정보센터 http://www.law.go.kr

「청소년실업해소특별법」법제처 국가법령정보센터 http://www.law.go.kr

e-나라지표 www.index.go.kr

꿈길 https://www.ggoomgil.go.kr

사이버진로교육센터 http://www.work.go.kr/cyberedu/main.do

워크넷 https://www.work.go.kr

청소년근로권익센터 https://www.youthlabor.co.kr

커리어넷 https://www.career.go.kr

한국잡월드 http://www.koreajobworld.or.kr/Index.do

제9장

청소년과 가족

    가족(家族)은 혼인, 혈연, 입양으로 이루어진 사회의 기본단위이며, 가정(家庭)은 가족구성원이 생계나 주거를 함께 하는 생활공동체로서 구성원의 부양, 양육, 보호, 교육 등이 이루어지는 생활단위를 말한다(「건강가정기본법」 제3조). 청소년에게 최초의 사회적 환경이라 할 수 있는 가정의 기능과 역할은 청소년의 현재 삶뿐 아니라 성인기 전반에 걸쳐 지대한 영향을 미칠 수 있다. 이 장에서는 청소년과 다양한 가족의 유형 가운데 학대와 폭력 등으로 원가정에서 이탈한 '가정 밖 청소년', 24세 미만의 청소년이 자녀를 출산하고 양육하는 '청소년(한)부모', 돌봄이 필요한 가족 구성원을 돌보는 주체가 청소년 당사자인 '가족돌봄청년(영 케어러, young cares)'을 중심으로 이들의 현황과 지원방법을 살펴본다. 이들은 청소년기에 가족과 가정으로부터 적절한 보호와 지원을 받지 못한다는 점에서 위기 상황에 놓인 청소년(at-risk youth)이라는 공통점이 있다. 이들이 청소년으로서 정당한 권리를 보장받을 수 있도록 가정, 사회, 국가와 지방자치단체는 각각의 책임이 있으며, 위기청소년을 포함하여 다양한 가족을 지원하는 근거 법률이 상이하므로 각각의 법률과 제도를 학습할 필요가 있다.

1. 가정 밖 청소년

1) 가정 밖 청소년의 개념

가정 밖 청소년(out-of-home youth)은 '가정 내의 갈등 · 학대 · 폭력 · 방임, 가정해체, 가출 등의 사유로 보호자로부터 이탈된 청소년으로서 사회적 보호 및 지원이 필요한 청소년'을 말한다(「청소년복지 지원법」 제2조 제5항). 그간 법률과 제도에서 '가출청소년(runaway youth)'이라는 용어를 사용하였는데, 2021년 「청소년복지 지원법」 개정 시 가정 밖 청소년으로 명칭을 변경하였다. 그간 청소년의 가출은 '부모나 보호자의 동의 없이 집을 떠나 24시간 이상 돌아가지 않는 경우'로, 가출의 원인과 관계없이 청소년기의 비행 행동이자 일탈행위로 간주되었다. 이에 가출청소년에 대한 낙인을 완화하고 가출 행동보다 가정 밖이라는 위기 상황에 지원의 초점을 맞출 필요가 있다는 지적(국가인권위원회, 2017; 김지연, 정소연, 2014; 김지혜, 2013)에 따라 정책대상의 명칭을 변경한 것이다. 특히 우리나라 「소년법」은 가출청소년을 우범소년으로 규정하여 재판에 회부할 수 있도록 하고 있어 가출청소년이 비난과 처벌의 대상이 되거나 가출 상태에서 적극적으로 도움을 요청하기도 쉽지 않다. 최근에는 가정 밖 청소년을 「청소년복지 지원법」상 위기청소년(9세 이상 24세 이하)으로 규정하여 홈리스청소년(homeless youth)에 대한 자립지원을 강화하고 있다. 또한 18세 미만의 아동으로서 학대, 폭력 피해가 있는 가정 밖 청소년은 「아동복지법」상 보호대상아동(18세 미만)으로서 지방자치단체가 법률에서 규정한 보호조치[1]의 대상에도 해당한다(〈표 9-1〉 참조).

---

1) 시 · 도지사 또는 시장 · 군수 · 구청장은 관할 구역에서 보호대상아동을 발견하거나 보호자의 의

| 표 9-1 | 가정 밖 청소년 관련 용어

법정 용어	법적 정의	근거 법률과 해당 연령
가정 밖 청소년	가정 내 갈등 · 학대 · 폭력 · 방임, 가정해체, 가출 등의 사유로 보호자로부터 이탈된 청소년으로서 사회적 보호 및 지원이 필요한 청소년	「청소년복지 지원법」 제2조 (9세 이상 24세 이하)
위기청소년	가정 문제가 있거나 학업 수행 또는 사회 적응에 어려움을 겪는 등 조화롭고 건강한 성장과 생활에 필요한 여건을 갖추지 못한 청소년	
보호대상아동[1]	보호자가 없거나 보호자로부터 이탈된 아동 또는 보호자가 아동을 학대하는 경우 등 그 보호자가 아동을 양육하기에 적당하지 아니하거나 양육할 능력이 없는 경우의 아동	「아동복지법」 제3조 (18세 미만)
우범소년	• 집단적으로 몰려다니며 주위 사람들에게 불안감을 조성하는 성벽이 있는 소년 • 정당한 이유 없이 가출하는 소년 • 술을 마시고 소란을 피우거나 유해환경에 접하는 성벽이 있는 소년	「소년법」 제4조 (10세 이상 19세 미만)
노숙인 (홈리스청소년)	• 상당한 기간 동안 일정한 주거 없이 생활하는 사람 • 상당한 기간 동안 주거로서의 적절성이 현저히 낮은 곳에서 생활하는 사람 등	「노숙인 등의 복지 및 자립지원에 관한 법률」 (18세 이상)

주: 1) 보호대상아동의 발생원인은 유기, 미혼부모 · 혼외자, 미아, 비행 · 가출 · 부랑, 학대, 부모빈곤 · 실직, 부모사망, 부모질병, 부모교정시설입소, 부모이혼 등 9개 유형으로 구분하며 각 연도 통계는 KOSIS 국가통계포털(http://kosis.kr)에서 확인 가능함.

뢰를 받은 경우 아동의 최상의 이익을 위하여 보호자에 대한 상담뿐 아니라 학대 등으로 원가정에서 보호가 어려운 경우 가정위탁, 입양, 아동복지시설 입소 등의 보호조치를 하여야 한다(「아동복지법」 제15조).

2) 가정 밖 청소년의 현황과 실태

(1) 가정 밖 청소년의 현황

가정 밖 청소년의 현황에 대한 공식적인 통계는 부재하며 '실종아동 등 가출인 접수 현황'이나 청소년의 가출 경험률을 통해 추정하는 방식이 주로 활용되고 있다. 전자는 경찰에 신고·접수되는 가출인 통계에서 가정 밖 청소년의 현황을 파악하는 방식인데, 여기에는 실종아동이 포함되어 있고 신고되지 않은 가출청소년은 누락되어 있다. 후자는 청소년 대상 조사 결과를 활용하는 방식인데, 2021년 우리나라 초·중·고등학생 중 '최근 1년 동안 가출한 적이 있다.'는 응답률이 3.2%로, 이 비율을 재학생 수에 대입하여 그 규모를 파악하는 방식이다([그림 9-1] 참조). 여성가족부 자료에 따르면, 청소년 가출의 주된 이유는 부모님과의 문제가 압도적으로 많고, 그다음은 학업 문제, 친구들과 함께하기 위해서, 기타, 가정의 경제적 문제 등의 순이다([그림 9-2] 참조). 다만 조사대상에 학교 밖 청소년이 제외되어 있기 때문에 실제 가정 밖 청소년의 규모는 더 클 것으로 추정된다.[2]

한편, 2021년도 아동학대 통계에 따르면, 학대피해아동(3만 7,605명) 중 만 13~15세가 23.1%로 가장 많았고, 그다음은 만 10~12세(23.0%), 만 7~9세(19.2%), 만 4~6세(12.7%), 만 16~17세(10.3%), 만 1~3세(9.6%), 만 1세 미만(2.0%) 순으로 만 10세 이상 청소년이 과반(56.4%)에 달하였다(보건복지부, 2021: 22). 이러한 결과는 '부모님과의 문제'로 인한 가출의 경우 학대, 폭력을 피해 탈출한 경우를 배제할 수 없음을 시사한다. 실제로 18세 미만 가정 밖

---

[2] 2018년부터 격년으로 조사가 이루어지는 '청소년 매체이용 및 유해환경 실태조사(국가승인통계 제167001호)'에서 초·중·고등학생의 최근 1년간 가출 경험률은 2016년부터 감소세를 보인다 [(2.7%(2016), 2.6%(2018), 2.5%(2020)]. 반면 초등학생의 경우 2018년 대비 2020년에 소폭 증가한 것으로 나타나 초등학교 시기부터 가출과 관련한 위기상황이 발생했을 때 청소년쉼터, 청소년상담복지센터 등 전문기관의 도움을 받을 수 있는 있는 방법에 대한 교육이 필요함을 시사한다(김지연 외, 2020). 다만 청소년의 가출 경험률은 최근 1년 또는 생애경험 등 조사기준에 따라 상이할 수 있다.

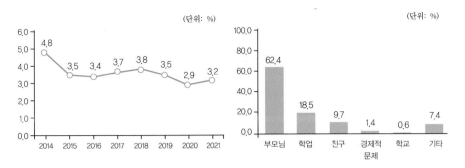

(단위: %)

(단위: %)

| 그림 9-1 | 초 · 중 · 고등학생의 가출 경험률

| 그림 9-2 | 초 · 중 · 고등학생의 가출 이유

출처: 여성가족부(2022b), p. 36; 한국청소년정책연구원(각 연도).

청소년의 아동학대경험에 대한 조사에서도 응답자의 과반 이상이 신체적 · 정서적 학대와 방임이 중첩적으로 나타나, 가정 밖 청소년 중 아동학대 피해 경험으로 인해 가정에서 탈출한 경우가 적지 않음을 알 수 있다(김정남, 2019).

가정 밖 청소년 가운데 청소년복지시설에 해당하는 청소년쉼터 입소자 현황을 보면, 2011년 이후 시설 수가 꾸준히 증가하면서 이용자 수도 함께 증가하여 2016년부터 연간 3만 명을 초과하였다. 2020년에 청소년쉼터 이용자가 2만 명대로 감소하였는데 이는 코로나19 팬데믹으로 인한 거리두기로 인해 예년에 비해 시설 입소가 원활하지 않았기 때문이다(〈표 9-2〉 참조).

| 표 9-2 | 연도별 청소년쉼터 입소 현황(2011~2021)   (단위: 명, 개소)

2011	2012	2013	2014	2015	2016	2017	2018	2019	2020	2021
11,657	11,764	15,242	24,079	25,012	30,329	31,197	32,109	32,402	20,401	21,475
83	92	103	109	119	119	123	130	134	133	138

주: 각 연도 전국 일시쉼터[이동형(버스), 고정형], 단기쉼터, 중장기쉼터 입소자(이용자) 합계
출처: 여성가족부(2022a), p. 209.

(2) 가정 밖 청소년의 실태

가정 밖 청소년에 대한 공식적인 실태는 '위기청소년 지원기관 이용자 생활
실태조사'를 통해 부분적으로 확인이 가능하다.[3] 이 조사는 「청소년복지 지
원법」 제2조의2(실태조사)를 근거로 2021년에 첫 조사가 이루어졌으며 향후
3년마다 조사가 이루어질 예정이다. 2021년 조사 표본에서 최근 1년간 위기
청소년의 가출 경험률은 22.6%로, 이는 같은 기간에 조사가 이루어진 초·
중·고등학생(3.2%)에 비해 7배 이상 높은 수준이다. 특히, 가출 경험이 있다
고 응답한 위기청소년 4명 중 1명(24.5%)은 가정 밖 생활 기간이 3개월 이상
이라고 응답하였고, 가정 밖 청소년의 보호와 자립을 지원하는 청소년쉼터
와 청소년자립지원관에서 생활하거나 지원을 받은 청소년 10명 중 1명 이상
(15.3%)은 가정 밖 생활 기간이 1년 이상으로 나타났다.

이와 함께 가정 밖 생활 중 지낸 곳은 친구 또는 선후배의 집(62.0%)이 가장
많았고, 그다음은 건물이나 길거리 노숙(29.8%), 청소년쉼터(27.5%), 여관·모
텔·달방·월세방(27.5%), 찜질방·고시원·PC방(17.6%) 등의 순이었다. 즉,
가정 밖 청소년의 상당수가 주거지로서 적절하지 않거나 임시 주거지 혹은 각
종 위험에 노출된 곳에서 노숙생활을 한 것을 의미한다. 위기청소년이 가정 밖
생활 중 가장 어렵고 힘들었던 부분은 생활비 부족이라는 응답이 가장 많았고
(54%), 그다음은 갈 곳이 없음/쉴 곳이 없음(42.4%), 우울/불안/좌절/두려움/외
로움 등 정서적 어려움(33.3%), 일자리가 없음(20.9%), 사람들의 안 좋은 시선
(17.5%), 건강이 안 좋아짐(15.0%), 도움을 요청할 곳이 없거나 어디에 요청할

---

3) 이 조사의 모집단은 조사시점 현재 2021년 한 해 동안 청소년쉼터, 청소년자립지원관, 청소년상
담복지센터(청소년동반자 이용 청소년), 학교밖청소년지원센터(꿈드림), 국립인터넷드림마을,
국립청소년디딤센터, 청소년회복지원시설, 아동보호전문기관, 소년원, 보호관찰소 등 총 10개의
시설이나 기관에 입소하거나 이용 경험이 있는 위기청소년이다. 2021년도 조사에 참여한 기관
은 총 474개소, 유효 표본 수는 4,203명이다(황여정 외, 2022). 이 조사를 통해 가정 밖 청소년의
규모를 파악할 수는 없지만 여러 법률에 근거한 아동복지시설, 청소년복지시설, 소년보호시설에
서 생활하는 가정 밖 청소년의 실태를 확인할 수 있는 정부 차원의 공식통계(국가승인통계, 제
154022호)라는 데 의미가 있다.

지 모름(14.5%), 같이 다니는 또래들과의 관계(9.4%), 거리에서의 폭력/범죄피해
(3.8%), 원하지 않는 조건만남/성매매하기(2.8%), 기타(1.0%) 등의 순이었다(황여
정 외, 2022: 65). 같은 조사에서 가정 밖 청소년에게 필요한 지원(1순위)은 경제
적 지원과 의·식·주 등 생활지원, 생활용품 제공, 상담/심리지원, 일자리 지원
등으로 나타나 이들이 생존에 필요한 복합적인 지원 요구가 있음을 알 수 있다.

한편, 청소년쉼터는 입소 기간에 따라 일시, 단기, 중장기쉼터로 구분하여
운영하고 있으며 쉼터의 유형별로 주된 입소 사유가 상이하다. 예를 들면, 일
시쉼터(이동형/고정형)에서는 '시위형(원하는 것을 얻기 위함)' '방랑형(자유로운
거리생활)' '유희형(친구와 놀기 위해 가출)' 가출이 발견되지만, 단기쉼터나 중장
기쉼터의 경우 가족의 폭력과 학대, 방임으로 가출한 '생존형' 가출이 높은 비
율을 차지한다. 또한 청소년쉼터 입소자 가운데 집으로 돌아가기 어렵다고 응
답한 경우 그 사유를 살펴보면 가정폭력으로 인해 집에 가기 두렵다, 집에 돌
아가도 전과 같은 문제를 겪을까 봐 걱정된다, 갈 집이 없다, 학교의 처벌이나
징계가 두렵다, 가족들이 싫어한다 등의 응답이 주를 이룬다(한국청소년쉼터협
의회, 2019). 이러한 결과는 청소년기 가출의 원인에 개인적 요인, 가정적 요인,
또래/학교/지역사회/매체 등 환경적 요인이 다양하게 작용할 수 있으며 가출
의 원인에 대한 맞춤형 지원이 필요함을 시사한다. 또한 가정 밖 상황에서 청
소년이 범죄와 같은 2차적인 위기 상황에 노출되지 않도록 아웃리치를 통해
조기 발견을 강화하고, 가정 내 방임과 학대에 대한 확인과 함께 가정 복귀가
어려운 홈리스청소년에 대한 체계적인 자립지원도 강화할 필요가 있다.

3) 청소년과 가정 외 보호

가정 밖 청소년을 포함한 위기청소년(at-risk youth)에 대한 가정 외 보호
(out-of-home care)는 「청소년복지 지원법」「아동복지법」 등 개별 법률을 근거
로 청소년복지시설(여성가족부), 아동복지시설과 위탁가정(보건복지부)을 중심
으로 이루어지고 있으며, 「소년법」「보호소년의 처우에 관한 법률」에 따라 소

년보호기관(법무부)도 미성년자의 가정 외 보호 기능을 일부 수행하고 있다.

(1) 청소년복지시설 보호:「청소년복지 지원법」

청소년복지시설은 청소년쉼터, 청소년자립지원관, 청소년치료재활센터, 청소년회복지원시설 등 총 4종으로 구분된다. 청소년쉼터와 청소년회복지원시설은 위기청소년에게 일정 기간 동안 숙식을 제공하는 시설이라는 공통점이 있으나, 청소년회복지원시설은「소년법」상 1호 보호처분[4]을 받은 청소년을 보호자를 대신하여 위탁보호하는 시설이라는 차이가 있다. 청소년자립지원관은 가정 밖 청소년의 주거 등 자립을 지원하는 기관이며, 청소년치료재활센터(디딤센터)는 위기청소년의 치료·재활을 목적으로 하는 단기 거주형 시설이다(〈표 9-3〉 참조).

청소년복지시설의 종류(「청소년복지 지원법」제31조)

1. **청소년쉼터**: 가정 밖 청소년에 대하여 가정·학교·사회로 복귀하여 생활할 수 있도록 일정 기간 보호하면서 상담·주거·학업·자립 등을 지원하는 시설(생활시설)
2. **청소년자립지원관**: 일정 기간 청소년쉼터 또는 청소년회복지원시설의 지원을 받았는데도 가정·학교·사회로 복귀하여 생활할 수 없는 청소년에게 자립하여 생활할 수 있는 능력과 여건을 갖추도록 지원하는 시설(이용시설)
3. **청소년치료재활센터**: 학습·정서·행동상의 장애를 가진 청소년을 대상으로 정상적인 성장과 생활을 할 수 있도록 해당 청소년에게 적합한 치료·교육 및 재활을 종합적으로 지원하는 거주형 시설(단기 생활시설)
4. **청소년회복지원시설**:「소년법」제32조 제1항 제1호에 따른 감호 위탁 처분을 받은 청소년에 대하여 보호자를 대신하여 그 청소년을 보호할 수 있는 자가 상담·주거·학업자립 등 서비스를 제공하는 시설(보호처분 1호 시설)

---

4) 1호 보호처분은 보호자 또는 보호자를 대신하여 소년을 보호할 수 있는 자에게 감호 위탁하는 제도로, 청소년회복지원시설은 부산·경남 지역 법원을 중심으로 2010년부터 사법형 그룹홈(청소년회복센터)으로 운영되었고 2016년에「청소년복지 지원법」개정 시 시설의 설치근거를 마련하였다.

| 표 9-3 | 청소년치료재활센터의 이용 대상과 지원 내용

구분	이용 대상	과정	주요 프로그램
국립 중앙 청소년 디딤센터	정서·행동에 어려움이 있는 청소년(만 9~18세) 및 인터넷 과의존에 어려움이 있는 청소년(만 9~18세)	디딤과정(4개월, 연 2회, 총 60명), 오름과정(1개월, 연 1회, 총 24명), 인터넷 과의존 과정(11박 12일, 연 5회, 총 120명)	• 상담·치료: 상담(개인, 집단, 부모), 치료(음악, 미술, 동작, 정서, 명상, 원예, 통합예술, 모래놀이 등) • 대안교육: 학습권 보장을 위한 대안교육 및 검정고시 준비 • 자립지원: 개인관심, 적성에 맞는 진료교육 및 자립 생활 • 공동체: 공동가정생활, 자치활동, 동아리활동 등 • 보호: 생활습관 및 사회적응 행동, 대인관계 기술 습득 • 인터넷·스마트폰 과다사용 예방 및 자기 조절력 향상
국립 대구 청소년 디딤센터	정서·행동에 어려움이 있는 청소년(만 9~18세) (우울증, 불안장애, ADHD, 학대 및 학교폭력, 학교 부적응 등의 문제를 갖고 있는 청소년)	오름과정(연 1회, 60명), 디딤과정(연 2회, 120명), 11박 12일 과정 (연 7회, 차수별 24명)	• 정신재활 상담 및 치료: 정신건강의학과 전문의, 심리치료사, 상담사 등의 종합적·전문적 상담·치료 지원 • 다양한 특수치료: 음악, 미술, 모래놀이, 통합예술, 동작, 원예, 요가명상, 동물매체 치료 등 • 대안교육 및 진로지원: 초·중·고 과정의 대안교육 및 검정고시 지원, 사회적응·자립을 위한 직업, 체험활동 등 • 치유적 돌봄: 생활습관 및 사회적응 행동, 대인관계 기술습득 지원 • 보호자 참여 프로그램: 패밀리멘토링(양육코칭), 보호자교육·정기상담, 가족캠프 운영 등

출처: 국립대구청소년디딤센터(youthfly.or.kr); 국립중앙청소년디딤센터(nyhc.or.kr).

(2) 아동복지시설 및 가정보호: 「아동복지법」

아동복지시설은 아동양육시설, 아동일시보호시설, 아동보호치료시설, 공동생활가정, 자립지원시설, 아동상담소, 아동전용시설, 지역아동센터, 아동보호전문기관, 가정위탁지원센터, 아동권리보장원, 자립지원전담기관, 학대피해아동쉼터 등 총 13종으로 구분된다(동법 제52조). 이 가운데 원가정에서 보호를 받지 못하는 아동을 '보호대상아동'이라고 하며 이들은 가정과 유사한 형태의 가정위탁, 공동생활가정(아동그룹홈) 그리고 양육시설에서 보호가 이루어진다(〈표 9-4〉 참조).

| 표 9-4 | 연도별 보호대상아동 보호조치 내용과 현황 (단위: 명)

연도	계	조치내용									
		시설입소					가정보호				
		소계	양육시설 등	일시보호시설	장애아동시설	공동생활가정	소계	소년소녀가정	입양	가정위탁	입양 전 위탁
2017년	4,125	2,421	1,467	310	19	625	1,704	2	285	994	423
2018년	3,918	2,449	1,300	494	7	648	1,469	1	174	937	357
2019년	4,047	2,739	1,707	401	6	625	1,308	5	104	1,003	196
2020년	4,120	2,727	1,603	342	68	714	1,393	0	88	1,068	237
2021년	3,437	2,183	1,311	243	83	546	1,254	0	75	1,028	151

출처: 보건복지부(각 연도).

(3) 소년보호기관 입소: 「소년법」, 「보호소년의 처우에 관한 법률」

소년보호기관에는 소년원, 소년분류심사원이 있다. 소년원은 「소년법」상 8호 보호처분(1개월), 9호 처분(6개월 이내), 10호 처분(2년 이내)을 받은 보호소년을 수용하는 교정시설로, 전국에 10개가 설치·운영 중이며 소년분류심사원은 전국에 1개소가 있다(법무부, 2022: 353). 「소년법」은 범죄소년뿐 아니라 우범소년도 보호처분의 대상으로 규정하고 있기 때문에 부모(보호자)가 없거나 거주지가 불안정한 위기청소년도 보호처분 대상이 될 수 있다. 이에 유엔아동권리위원회와 국가인권위원회는 「소년법」에서 우범소년 규정을 삭제할 것을 대한민국 정부에 지속적으로 권고하고 있다(국가인권위원회, 2021).

이와 관련하여 한국은 우범소년을 포함하여 소년보호기관 내에 있는 아동·청소년의 재범 예방 등에 대하여 지자체가 관여하지 않는 데 반해, 노르웨이는 15세 이상의 범죄소년은 복지체계와 형사사법체계가 동시에 관여하되

15세 미만의 소년은 아동복지부(child welfare office)가 전적으로 담당한다. 또한 지자체 내 아동보호위원회가 보호소년에 대한 절대적인 권한을 가지고 있고 아동에 대한 낙인과 시설 구금을 최소화하고 있다(류정희 외, 2022: 243).

4) 가정 밖 청소년 지원방안

현재 법률에서는 가정 밖 청소년의 지원과 관련하여 여성가족부 장관 또는 지방자치단체의 장은 가정 밖 청소년의 발생을 예방하기 위한 교육·홍보·연구·조사 등 각종 정책을 수립·시행해야 하며, 국가 및 지방자치단체는 가정 밖 청소년의 가정·사회 복귀를 돕기 위하여 상담, 보호, 자립, 지원, 사후관리 등 필요한 조치를 하여야 한다고 규정하고 있다. 또한 보호자의 책무도 명시하였는데, 보호자는 가정 밖 청소년의 발생을 예방하기 위해 노력해야 하고 국가 및 지방자치단체 등의 노력에 적극 협조해야 한다고 규정하고 있다(「청소년복지 지원법」 제16조). 특히 청소년쉼터, 청소년자립지원관과 같은 사회복지시설의 기능으로 가정 밖 청소년의 상담, 주거, 학업, 자립 등의 지원을 명시하고 있다(동법 제31조). 그러나 가정 밖 청소년에 대한 지원이 실제적인 효과를 얻기 위해서는 다음과 같은 방안들을 검토할 필요가 있다.

첫째, 가정 밖 청소년의 조기 발견을 위해 아웃리치 사업을 활성화할 필요가 있다. 아웃리치는 가정 밖 청소년이 기관을 찾아올 때까지 기다리지 않고, 직접 거리로 나가 정보와 상담을 제공하는 적극적인 개입방법이다. 이를 통해 청소년쉼터에 대한 정보가 없거나 쉼터에 대해 부정적인 이미지를 가지고 있는 청소년들에게 서비스를 즉각 연계하여 2차적인 위기를 예방할 수 있다는 장점이 있다. 그러나 청소년쉼터에 대한 평가 결과를 보면 프로그램 및 서비스 내용 중 아웃리치(거리상담 운영) 부분의 평가 점수가 상대적으로 가장 낮게 나타나 일시쉼터[5]의 아웃리치 기능을 강화하는 제도적인 노력이 필요함을

---

5) 현재 일시쉼터는 이동형(버스 등 차량), 고정형(7일 이내 일시보호)으로 운영되고 있으며, 사회

알 수 있다. 또한 가정 밖 위기 상황에 있는 청소년을 적기에 발굴하기 위해서는 일시쉼터의 소재지가 아니라 전국 단위 및 온라인에서의 적극적인 아웃리치가 이루어져야 할 것이다(황진구, 김지연, 2020).

둘째, 청소년쉼터에 입소하지 않더라도 가정 밖 청소년의 욕구와 상황을 고려한 맞춤형 지원을 확대해야 한다. 현재 가정 밖 청소년을 위한 청소년쉼터는 보호(입소) 기간에 따라 일시쉼터(7일 이내), 단기쉼터(최장 9개월 이내), 중장기쉼터(3년 이내)로 구분하여 상담, 가정·사회복귀, 자립지원 등을 제공하고 있다. 이는 청소년이 가정 밖 상황에 이르게 된 사유와 가정복귀 여부 등을 고려하여 체계적으로 대응하기 위해 시설의 유형을 구분한 것이다. 그러나 한 지역 내에 모든 유형의 시설이 설치되지 않은 경우 보호의 공백이 발생할 수밖에 없고 장기간 보호가 필요한 위기청소년의 경우 본인 의사와 관계없이 여러 시설을 이동해야 하므로 이 과정에서 관계와 적응상의 어려움이 발생할 수 있다. 특히 가정 밖 청소년 가운데 청소년쉼터와 같은 시설에 입소를 원하지 않는 경우 자립지원수당, 주거지원 등 자립지원을 받기 어렵기 때문에 가정 밖 청소년의 욕구와 상황을 고려하여 현행과 같은 시설 입소 중심의 지원 방식을 개선해 나아갈 필요가 있다.

셋째, 가정 밖 청소년 가운데 돌아갈 집이 없거나 가정복귀가 불가능한 홈리스(homeless) 상태의 청소년에 대한 지원을 강화해야 한다. 현행 청소년쉼터는 아동복지시설과 달리 시설의 입·퇴소 과정에 지자체가 개입하지 않고 청소년의 의사와 시설의 판단에 따른다. 반면 미국의 경우 「가출 및 홈리스청소년법(Runaway and Homeless Youth Act)」(1974), 「홈리스지원법(McKinney-Vento Homeless Assistance Act)」(1987)을 근거로 주정부가 홈리스청소년에 대한 아웃리치와 그룹홈 및 가정위탁과 같은 형태의 전환주거지원(Transitional Living Program: TLP), 영구적인 주거지원 등을 제공한다(NCHE, https://nche.ed.gov/legislation/mckinney-vento/).

복지시설인 청소년쉼터에 대한 평가는 3년마다 실시되고 있다.

우리나라의 경우 가정 밖 청소년이 홈리스청소년보다 가출청소년으로 인식되고 있고, 「노숙인 등의 복지 및 자립지원에 관한 법률」에서 노숙인은 만 18세 이상의 사람을 지원 대상으로 하여 10대 후반 또는 20대 초반의 홈리스청소년은 노숙인 지원제도의 대상에도 해당하지 않는다. 따라서 홈리스청소년에게 시설 입소를 통한 보호에서 벗어나 청소년의 주거권을 보장하는 측면에서 다양한 주거지원 제도를 마련할 필요가 있다(김지연 외, 2020; 김지연, 정소연, 2014).

마지막으로, 가정 밖 청소년에 대한 부정적인 인식과 함께 지원체계를 개선하여야 한다. 가정 밖 청소년이라 하더라도 지자체(아동보호팀)가 발굴하여 보호조치를 한 경우에는 「아동복지법」상 보호대상아동에 해당한다. 이들은 시설보호 또는 가정위탁 보호가 종료되면 자립준비청년(보호종료아동)에 해당하여 「아동복지법」에 따라 자립정착금, 자립수당, 주거지원, 5년간의 사후관리(자립지원)가 제공된다(동법 제38조). 반면 동일한 연령의 청소년이 지자체를 경유하지 않고 자발적 혹은 아웃리치를 통해 청소년쉼터에 입소할 경우 「청소년복지 지원법」상 가정 밖 청소년에 대한 자립지원을 받게 되며 「아동복지법」상 자립준비청년에는 해당하지 않는다. 이는 위기아동 및 청소년에 대한 복지정책이 개별 법률을 근거로 여러 부처의 사무로 추진되기 때문이며, 지원 과정에서 차별과 형평성의 문제가 발생하지 않도록 수요자 관점에서 지원체계를 정비해 나아가야 할 것이다.

2. 청소년부모

1) 청소년부모의 개념

'청소년부모'는 '자녀를 양육하는 부모 모두 24세 이하의 청소년'을 말한다. 그동안 '청소년한부모'는 「한부모가족지원법」에 따라 아동양육비, 아동교육

지원비, 검정고시 학습비, 고등학생 교육비, 자립촉진수당, 시설에 입소한 경우에는 생활보조금 등을 지원하였지만, 사실혼이나 법률혼 관계에 있는 청소년부모(부부)는 지원 대상에서 제외되었다. 이는 한부모가족 지원대상이 미혼, 사별, 이혼 등으로 인한 모자가족 또는 부자가족에만 국한되기 때문이다. 이에 지원제도의 사각지대에 있는 '청소년부모'를 지원하기 위하여 2021년 3월 「청소년복지 지원법」을 개정하여 법적 근거가 마련되었다(「청소년복지 지원법」 제2조 제6항). 즉, 현재 청소년부모와 청소년한부모의 지원을 위한 법적 근거가 상이하다.

한편 청소년부모의 연령을 보면 「아동복지법」상 아동(17세 이하), 「청소년기본법」상 청소년(9~24세), 「청년기본법」상 청년(19~34세)에 걸쳐 있다. 따라서 이들은 자녀를 양육하는 부모 당사자가 보호와 지원이 필요한 미성년 아동·청소년일 수 있고, 성년에 달하였지만 자립과 부모의 역할 수행이라는 발달 과업을 동시에 수행해야 하는 청년이기도 하다(김지연 외, 2022: 179).

2) 청소년부모의 현황과 실태

현재 청소년부모에 대한 공식 통계가 부재하다. 이에 통계청의 인구동향조사에서 출생신고가 이루어진 출생자와 그 부모의 연령 정보가 포함된 출생연간자료를 통해 청소년부모의 규모를 추산할 수 있다. 이 자료에 따르면, 2020년 기준 청소년부모는 7,876가구(1만 5,752명)로 파악되는데, 여기에는 자녀를 임신 중이거나 출산 후 자녀의 출생신고를 하지 않은 경우가 제외되어 있으므로 실제 규모는 더 클 것으로 예상된다(이상정 외, 2022).

15~19세 여성 청소년 1,000명당 출생아 수를 의미하는 청소년 출산율(adolescent fertility rate)은 세계적으로 감소세를 보이며, 우리나라는 OECD 회원국 가운데 가장 낮은 수준을 유지하고 있다(〈표 9-5〉 참조). 이는 세계보건기구(WHO)가 청소년 출산 자체의 위험성에 대해 경고하여 세계 각국에서 청소년 임신과 출산을 감소하는 전략을 취하고 있기 때문이다. 그러나 청소년

기 출산을 낮추는 전략과 함께 청소년 산모가 사회적으로 고립되어 홀로 위험한 임신과 출산을 맞이하지 않도록 하는 지원이 병행되어야 한다. 현재 우리나라는 청소년 산모가 적절한 산전·산후관리를 통해 건강관리의 사각지대에 놓이지 않도록 임신 1회당 120만 원 이내의 지원금을 지급하는 '청소년 산모 임신·출산 의료비 지원사업' 등을 시행하고 있다(국가바우처사업, www.voucher.go.kr).

| 표 9-5 | OECD 주요국의 청소년 출산(15~19세 여성 1,000명당 출생아 수)

(단위: 명)

국가		2016	2017	2018	2019	2020
아시아	대한민국	1.456	1.379	1.320	1.262	1.203
	일본	3.920	3.780	3.664	3.549	3.433
아메리카	캐나다	9.008	9.387	8.035	7.682	7.330
	미국	21.475	19.860	18.556	17.252	15.949
	콜롬비아	67.984	66.651	65.482	64.313	63.144
유럽	핀란드	6.135	5.813	5.656	5.505	5.350
	헝가리	23.246	23.979	24.276	24.572	24.869
	영국	14.392	13.370	12.641	11.912	11.183
	스위스	2.911	2.763	2.644	2.525	2.405
오세아니아	뉴질랜드	20.002	19.270	18.605	17.939	17.274
OECD 회원국(39개국) 평균		14.603	14.138	13.789	13.433	13.090

출처: KOSIS(https://kosis.kr); The World Bank(2022. 7.); OECD 회원국 데이터에서 발췌.

한편, 출산 후 자녀의 양육을 선택한 청소년부모에 대한 법정 실태조사가 없기 때문에 최근의 연구를 통해 부분적으로 실태를 확인할 수 있다. 이상정 등(2022)은 24세 이하 청소년부모의 주거, 건강, 취업, 경제상황, 학업, 가족 및 사회적 관계 영역의 실태와 지원 요구를 조사하고, 25세 이상 청년부모와의 차이 여부를 확인하였다.[6] 이들은 청소년, 청년기에 학교 졸업, 취업 등 성인 이행기 과업을 수행함에 있어 자녀의 출산과 양육을 병행한다는 공통점이 있는데 청소년부모는 부부 모두 24세 이하의 청소년이라는 점에서 삶 영역 전반에서 청년부모와 비교할 때 어떤 취약성이 있는지를 점검해 볼 필요가 있다.

첫째, 주거 영역의 특성을 보면, 조사표본 내 24세 이하 청소년부모(n=101)는 다세대나 빌라에 거주하는 비율(38.7%)이 가장 높은 데 반해 25세 이상 청년부모는 아파트(58.4%)에 거주하는 비율이 가장 높았다(주거 형태). 또한 청소년부모는 원룸, 오피스텔에 거주하는 비율이 상대적으로 높고, 보증금 있는 월세 형태가 가장 많은 데 반해(57.3%), 청년부모는 전세 거주(47.4%)가 가장 많아 청소년부모의 주거비(임대료) 지출 부담이 상대적으로 큰 것을 알 수 있다(점유 형태). 다만 청소년부모, 청년부모 모두 주거지 마련 시 가장 중요하게 고려하는 사항 1순위는 모두 주거비용인 것으로 나타나 자녀를 양육하는 청소년, 청년의 주거비 부담을 완화하는 지원이 필요함을 시사한다.

둘째, 건강과 관련하여 청소년부모가 청년부모에 비해 주관적인 건강 상태에 대한 평가가 부정적이었고, 지난 1년간 건강검진 수검 비율도 21.8%에 불과하였다(청년부모 48.6%). 특히 몸이 아프거나 다쳤을 때 아무런 조치를 취하지 않고 참았다는 비율은 청소년부모(14.9%)가 청년부모(4.4%)보다 많았는데, 그 이유가 경제적인 여유가 없어서라는 응답은 청년부모(7.2%)보다 청소년부모(29.4%)가 약 3배 이상, 시간적 여유가 없어서라는 응답은 청년부모(10.3%)보다 청소년부모(21.6%)가 두 배 이상 많았다. 특히 우울 위험군의 경우 청소년부모의 61.4%, 청년부모의 13.7%가 해당하였고, 조사대상 청소년부모 10명 중 2명(20.8%)은 아동·청소년기에 양육시설 등 가정 외 보호를 받은 경험이 있었고 10명 중 4명 이상(46.5%)이 가출 경험이 있었다. 이 외 청소년부

---

6) 청년부모의 경우 전국 19세 이상 34세 이하 청년을 조사대상으로 하는 2021년 청년사회경제실태조사(한국청소년정책연구원, 2021)의 원자료에서 25세 이상 34세 이하의 청년 가운데 자녀를 양육하고 있는 사례(n=154)를 추출하여 비교한 것이다.

모, 청년부모 가운데 아동·청소년기에 가정 형편이 급격히 어려워졌거나 학
대피해경험, 괴롭힘과 따돌림 등 위기사건을 경험한 적이 있다는 응답이 확인
되었는데, 그 비율은 청소년부모가 상대적으로 더 많았다. 이와 함께 건강 관
련 정책 중 확대가 필요하다고 생각하는 부분은 청소년부모, 청년부모 모두
출산지원에 대한 요구가 가장 높았고, 심리지원 서비스에 대한 요구도는 청소
년부모가 청년부모에 비해 더 높았다.

　셋째, 경제상황을 보면 청소년부모와 청년부모 모두 자녀의 양육과 경제활
동을 병행해야 한다는 점에서 맞벌이보다 외벌이인 경우가 압도적으로 많았
는데, 청년부모의 경우 응답자 중 정규직 비율이 과반(69.2%)인 데 반해, 청
소년부모는 응답자의 절반에도 미치지 않았다(43.3%). 또한 조사대상 청년부
모, 청소년부모 가운데 일을 하는 경우 전일제 비율은 각각 80.8%, 46.7%, 월
평균 근로소득은 각각 198.6만 원, 161.3만 원 수준이었다. 이와 함께 청소년
부모, 청년부모 모두 '구직활동을 했지만 일을 하지 못한 이유'가 육아나 돌봄,
출산, 가사 활동 때문이라는 응답이 가장 많았다. 특히 조사대상 청소년부모
의 41.6%가 은행이나 제2금융권, 대부업체 또는 개인에게 채무가 있다고 응
답하였고(청년부모 30.0%), 채무가 발생한 이유는 주거비 마련(40.5%), 생활비
마련(38.1%), 기타(11.9%), 학자금 마련, 임신 및 출산 비용 마련(각각 4.8%) 순
이었다.

　넷째, 학업 특성을 보면, 조사대상 청소년부모의 64.4%가 고졸 이하인 반
면 청년부모는 응답자의 75.0%가 대학 이상이었고 고졸 이하는 25.0% 수준
이었다. 대학 미진학자의 사유를 보면, 청소년부모의 경우 빨리 취업하여 돈
을 벌고 싶었기 때문에(40.6%)가 가장 많았고, 그다음은 자녀의 임신·출산
또는 양육 때문에(20.3%), 대학에 가고 싶은 생각이 없어서(15.6%) 순인데 반
해, 청년부모는 대학에 가고 싶은 생각이 없어서(43.7%)라는 응답이 가장 많
았고 빨리 취업하여 돈을 벌고 싶었기 때문에(19.9%), 가정 형편이 어려워서
(12.5%) 순으로 다소 차이를 보였다.

다섯째, 가족 및 사회적 관계 특성을 보면, 도움을 받을 수 있는 사람이 있는지 여부를 확인한 결과 청년부모에 비해 청소년부모의 지지체계 및 사회적 관계망이 측정한 모든 항목에서 상대적으로 취약하였다.[7]

한편, 청소년한부모가 임신·출산 과정에서 가장 필요한 지원은 임신·출산 진료비 지원에 대한 요구가 가장 많았고, 그다음은 임신·출산 준비에 드는 비용과 물품 지원, 임신·출산 기간 동안 지낼 수 있는 주거, 임신·출산 기간 동안의 생활 지원 등의 순이었다. 자녀를 양육하는 과정에서 어려운 점으로는 양육비나 교육비 부담, 아이를 맡길 곳이 마땅치 않은 점, 아이를 돌보거나 챙길 시간의 부족, 아이의 생활태도 지도나 훈육 등으로 경제적 부담뿐 아니라 학업, 일과 자녀 양육을 병행하는 데 따른 지지체계의 부족, 자녀 양육 기술과 관련된 어려움 등이 확인되었다.

3) 청소년부모 지원방안

현재 「청소년복지 지원법」에서 규정한 청소년부모에 대한 지원은 크게 네 가지로, 가족지원서비스, 복지지원, 교육지원, 직업체험 및 취업지원 등이다(〈표 9-6〉 참조). 예를 들어, 가족지원서비스에는 자녀양육 지도, 정서지원 등의 생활도움 서비스와 청소년부모에 필요한 서비스 연계 등을 통한 통합지원 관리 서비스가 포함된다. 복지지원에는 청소년부모와 그 자녀의 의·식·주 등 기초생활을 유지하는 데 필요한 지원과 건강관리를 위한 의료기관 연계 및 상담서비스 지원이 포함된다(동법 제18조, 동법 시행령 제10조의2).

---

7) 도움을 받을 수 있는 사람이 있는지 여부는 정보적 지지(나에게 필요한 주거/금융/법률 관련 정보를 물어볼 수 있는 사람 여부 등 2개 문항), 도구적 지지(내가 돈이 필요할 때 갑자기 큰돈을 빌릴 수 있는 사람 등 3개 문항), 정서적 지지(내가 갑자기 연락이 두절되었을 때 나의 안부(생사)를 확인해 줄 수 있는 사람 등 2개 문항)로 측정하였다.

| 표 9-6 | 청소년부모에 대한 법적 지원(청소년복지 지원법)

지원 영역	내용	근거
가족지원 서비스	• 아동의 양육 및 교육서비스 •「지역보건법」제11조의 방문관리사업서비스 • 교육 · 상담 등 가족 관계 증진 서비스 등	동법 제18조의2
복지지원	• 생활지원, 의료지원, 주거지원, 청소년활동 지원 등 • 물품 또는 서비스 형태로 제공	동법 제18조의3

교육지원	• (학교)학적 유지 지원 및 교육비 지원, 검정고시 지원,
	  교육 지원
	• 학력인정 평생교육시설에 대한 교육비 지원
	•「고등교육법」제2조의 학교에 설치된 직장어린이집
	  이용 지원 등
		동법
		제18조의4

직업체험 및 취업지원	• 직업적성 검사 및 진로상담프로그램 • 직업체험 및 훈련프로그램, 직업소개 및 관리 • 취업 및 직무수행에 필요한 직업교육 훈련 등	동법 제18조의5

주: 청소년부모에 대한 지원 주체는 국가 및 지방자치단체이며, 지원대상 청소년부모의 선정 기준, 범위
및 기간과 그 밖에 필요한 사항은 대통령령으로 규정함(동법 시행령 제10조의2, 제10조의3).

청소년부모의 양육비 부담을 완화하기 위해 2022년 7월부터 청소년부모에
대한 아동양육비 지원 시범사업이 시작되었다. 지원대상은 소득인정액 기준
중위소득 60% 이하의 청소년부모 가구의 자녀로, 2023년 기준 자녀가 한 명
인 청소년부모 가구의 소득인정액이 266만 890원인 경우 자녀 1인당 월 20만
원을 지원한다. 아동양육비는 주민등록 소재지 관할 읍 · 면 · 동 행정복지센
터/주민센터에 신청하고, 시 · 군 · 구청에서 해당 가구의 소득기준에 대한 조
사를 거쳐 지원 여부를 결정한다([그림 9-3] 참조). 2023년 기준 청소년부모의
자녀 1인당 월 35만 원의 아동양육비를 지원하고 있다(〈표 9-7〉 참조).

초기상담 및 서비스 신청
(읍 · 면 · 동 행정복지센터/주민센터) → 대상자 통합조사 및 확정
(시 · 군 · 구청) → 아동양육비 지원
(대상자)

| 그림 9-3 | 아동양육비 신청 절차

출처: 여성가족부(http://www.mogef.go.kr).

| 표 9-7 | 아동양육비 지원 비교

구분		근거법	부모 연령	가구소득 (기준 중위 소득)	자녀 연령	아동양육비 (자녀 1인당)	추가아동 양육비 (자녀 1인당)
한부모가족 아동양육비 지원	(청년) 한부모	「한부모 가족 지원법」	25~34세	52% 이하	5세 이하	월 20만 원	월 10만 원
					6세 이상 18세 미만		월 5만 원
	청소년 한부모		24세 이하	60% 이하	18세 미만	월 35만 원	–
							–
청소년부모 아동양육비 지원 (2022년 7월~)	청소년 부모	「청소년 복지 지원법」	부모 모두 24세 이하 *사실혼 인정	60% 이하	18세 미만	월 20만 원	–

주: 연령은 법률에 따라 만 나이 기준이며, 지원 내용은 2022년 12월 기준임.

청소년한부모는 아동양육비와 함께 한부모가족지원제도를 통해 학습지원, 교육비 지원, 자립촉진수당을 이용할 수 있지만 청소년부모는 이러한 지원 대상에서 제외된다. 이는 대상자의 취약성이나 욕구와 관계없이 법적 근거가 다르기 때문이며 향후 제도의 정비가 필요한 부분이다(〈표 9-8〉 참조). 이 외 임신·출산 진료비 지원, 아동수당, 아이돌보미서비스, 맞춤형 기초생활보장제도 등 자녀를 임신·출산·양육하거나 저소득 빈곤가구를 대상으로 하는 사회보장제도와 서비스는 청소년한부모, 청소년부모 모두 이용이 가능하다.

| 표 9-8 | 청소년한부모 자립지원

구분	청소년한부모 아동양육비	청소년한부모 검정고시 등 학습지원	청소년한부모 고교생 교육비	청소년한부모 자립촉진수당
지급시기	매월 지급	수시지급 (신청시)	분기별 지급	매월 지급
지원액	월 35만 원	연 154만 원 이내	실비	월 10만 원

지원대상	기준 중위소득 60% 이하	기준 중위소득 60% 이하	기준 중위소득 52% 초과~60% (교육급여 수급자 제외)	기준 중위소득 60% 이하
지원방식	계좌입금	해당 청소년한부모가 등록한 학원 또는 개인계좌로 입금	해당 청소년한부모가 재학 중인 학교로 계좌입금	계좌입금

주: 특수목적고 및 자율형사립고 등은 연간 최대 500만 원 한도 내에서 지원 가능
출처: 여성가족부(2022c), p. 169.

청소년부모의 자녀 양육과 성공적인 성인 이행을 지원하기 위해 다음과 같은 방안을 검토할 필요가 있다.

첫째, 청소년부모의 발굴 및 지원체계를 정비하여야 한다. 청소년부모의 상당수가 임신·출산 당시 도움을 받은 기관이 없다고 응답하여 제도적인 지원체계가 필요함을 시사한다.

둘째, 청소년부모의 임신·출산 및 양육 관련 통합지원을 강화하여야 한다. 청소년부모를 대상으로 한 조사에서 경제적 어려움이 가장 큰 것으로 나타났는데, 이들은 10대에 임신·출산을 경험함에도 가족으로부터 지원을 받지 못했다고 응답한 경우가 많았다(변수정 외, 2019; 이영호, 박지원, 2021). 이에 자녀의 출산과 양육을 선택한 청소년부모에게 임신·출산 진료비, 임신·출산 준비 비용 및 물품 지원, 임신·출산 기간 동안의 생활비 지원 등 경제적 지원과 함께 심리지원, 자녀 돌봄 지원 등이 통합적으로 이루어져야 할 것이다.

셋째, 자녀를 양육하는 초기 청년의 특성을 반영한 지원이 필요하다. '청소년부모'라는 명칭이 낙인의 소지가 있고, 이들에 대한 지원 근거가 「청소년복지 지원법」이기 때문에 제도적 지원을 위한 연령 상한이 24세 이하까지이다. 따라서 24세를 초과하더라도 자녀를 양육하는 초기 청년(청소년부모, 청소년한부모, 청년부모, 청년한부모)이 차별 없이 연속적인 지원을 받을 수 있도록 이들을 「청년기본법」상 취약계층청년에 포함하는 등 법적 근거를 재정비하는 방

안도 검토할 필요가 있다.

넷째, 청소년부모의 상황을 고려한 주거지원을 강화할 필요가 있다. 청년 1인 가구를 중심으로 하는 주거지원은 청소년부모가 이용하기 어렵다. 또한 보증금, 임대료 등 주거비를 마련하지 못해 분가하지 못하고 부모가구에 편입되어 있는 경우, 부모세대의 소득자산 기준을 적용하기 때문에 청소년부모가 정부지원 주택을 이용하지 못하는 요인이 되고 있다(이상정 외, 2022). 따라서 주택공급 정책에서도 자녀를 양육하는 초기의 상황을 고려하여 부모가구와 자산조사를 분리하거나 공공임대주택의 우선 입주 대상에 포함하는 등의 적극적인 우대가 필요하다.[8]

다섯째, 청소년부모가 이용 가능한 서비스에 대한 정보 접근성을 제고하고 지역사회 안전망을 강화하여야 한다. 청소년이 임신, 출산, 자녀양육의 전체 과정에서 필요한 지원을 손쉽게 이용할 수 있도록 온 · 오프라인을 활용한 지원제도의 홍보를 강화하여 이들이 사회적으로 고립되지 않도록 해야 한다. 일본의 경우 지자체 내 '아동청년종합센터'가 니트, 고립 · 은둔, 빈곤, 비행, 자녀 양육 등 다양한 위기 상황에 놓인 모든 청년을 대상으로 상담서비스 등 필요한 정보와 지원을 원스톱으로 제공하는 사례도 참고할 만하다(정세정 외, 2020). 이와 함께 대상자의 정보와 서비스 연계를 위해 지자체를 중심으로 보건소, 드림스타트, 청소년안전망, 시 · 군 · 구 희망복지지원단, 청소년상담복지센터, 가족센터 등 지역사회 내 공공 · 민간기관의 연계 · 협력을 강화하고 온라인 청년센터(https://youthcenter.go.kr)를 활용하여 각 지역별로 이용 가능한 서비스에 대한 정보를 확인하되 즉시 신청할 수 있는 기능도 확대해 나아가야 할 것이다.

---

8) 청소년부모를 포함하여 취약청년에 대한 지원과 우대는 청년 세대 내 격차를 해소하고 모든 청년의 인권과 권리를 보장한다는 점에서 기회의 평등만큼 중요한 부분일 수 있다. 우리 사회에서 '능력주의'는 차별로 인식되지 않고 오히려 평등, 공정으로 인식되기도 하는데 이와 같은 능력주의 안에서는 청소년부모와 같은 소수자에 대한 차별 시정 조치가 우대 조치가 공정하지 못한 것으로 인식되기도 한다. 능력주의와 불평등에 대한 자세한 내용은 박권일 등(2021)을 참고할 수 있다.

3. 가족돌봄청년

1) 가족돌봄청년의 개념

가족돌봄청년(영 케어러, young carer)은 장애, 정신·신체 질병, 약물 등의 문제를 가진 가족 구성원을 돌보기 위해 자신의 학업, 취업 등 진로 이행에 어려움을 겪는 10대 후반부터 20대 중반까지의 돌봄자이며 영 케어러라고 지칭한다. 우리나라는 아직까지 가족돌봄청년의 법적 정의가 부재한데, 영국의 경우 「아동 및 가족법(The Children and Families Act 2014)」에서 가족 내 성인 및 아동에게 돌봄을 제공하는 18세 미만인 자를 영 케어러로 정의한다. 또한 18~24세의 후기청소년(초기 청년)은 영 어덜트 케어러(young adult carer)로 「돌봄법(Care Act 2014)」에서 지원 내용을 규정하며(UK Legislation, 2014), 영국 국민건강서비스(National Health Service: NHS)는 장애, 질병, 정신건강, 약물 및 알코올 문제가 있는 가족 구성원을 돌보는 18세 미만의 자를 영 케어러로 정의하고, 성인 돌봄자와 구별되는 영 케어러의 욕구 사정(assessment)과 이들의 권리 보장을 중요한 문제로 다루고 있다.

> "할머니는 집에 불을 내기도 하고 음식물 쓰레기를 집안 곳곳에 두는 등의 행동을 반복했어요. 매일 할머니가 벌인 일들을 처리하느라 지쳐서 학업에 제대로 집중할 수가 없었고 언제 돌발 상황이 벌어질지 모른다는 생각에 우울감까지 깊어졌어요."
> "부양을 하느라 나의 미래를 준비해야 하는 시기를 놓치는 거예요. 더 큰 문제는 그걸 돌이킬 수가 없다는 거예요. 그 시기에 돈을 준다거나, 그 시기가 지난 뒤에 무슨 지원을 한다고 해도 그 손해를 만회할 수가 없어요."

출처: 관계부처 합동(2022).

가족돌봄청년은 진로, 돌봄, 생계와 관련하여 복합적인 어려움을 경험하는데([그림 9-4] 참조), 이를 크게 세 단계로 요약하면 다음과 같다. 첫 번째 단계는 갑자기 발생한 사고를 혼자 감당하는 과정에서 일과 학업의 중단, 무너진 일상생활(요리, 빨래, 청소 등 집안일, 수면 등), 간병과 신체 돌봄(약 복용 관리, 가래 제거, 목욕이나 용변보조 등), 경제적 부담(의료비, 간병비, 생계비 등), 심리정서 문제(혼란과 불안, 공포, 고립 등), 가족관계 악화(갈등) 등을 경험한다. 두 번째 단계는 외부에 도움을 요청하는 과정에서 어려움을 경험하는데, 돌봄자인 청소년의 연령을 고려할 때 돌봄 대상자의 연령이 노인에 해당하지 않거나, 장애판정을 받지 못한 경우 스스로 공적 지원을 받는 방법을 찾기 어렵다. 장기요양보험의 경우에도 판정을 받는 데 시간이 소요되어 보호의 공백이 발생할 수 있다. 세 번째 단계는 돌봄 상황에 적응한 과정에서 경제적인 어려움과 일, 학업, 취업과 미래준비 등 일상 활동의 제약, 간병에 필요한 지식과 정보의 부족, 사회적 고립 등을 겪게 된다. 마지막으로 돌봄 상황이 종료되는 과정에서 진로의 수정(불안정), 심리정서 문제, 부채(채무)나 파산 등 성인기 이행의 지체를 경험한다(김태완 외, 2022: 23-24).

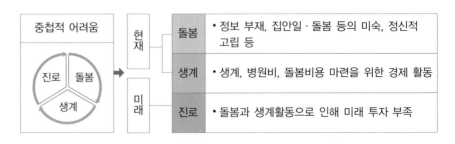

| 그림 9-4 | 가족돌봄청년의 현재와 미래의 어려움

출처: 관계부처 합동(2022).

2) 가족돌봄청년의 현황과 실태

우리나라에서 국가 차원의 가족돌봄청년 실태조사는 2022년에 처음으로 이루어졌다(보건복지부, 2023). 조사 결과 가족돌봄청년(13~34세)의 주당 평균 돌봄시간은 21.6시간이며(주돌봄자는 32.8시간), 평균 돌봄기간은 46.1개월(주돌봄자는 54.7개월)에 달하였다. 돌봄 대상 가족은 할머니(39.1%), 형제·자매(25.5%), 어머니(24.3%), 아버지 및 할아버지(각각 22.0%) 순이었고, 돌봄 대상자의 건강상태는 중증질환(25.7%), 장애인(24.2%), 정신질환(21.4%), 장기요양 인정 등급(19.4%), 치매(11.7%) 순이었다. 돌봄의 내용은 가사(68.6%), 함께 시간 보내기(63.7%), 병원동행 및 약 챙기기(52.6%), 식사 및 목욕 등 자기관리 돕기(39.1%), 이동 돕기(38.4%) 등이었다.

　가족돌봄청년 실태조사에서 '삶에 불만족한다.'는 응답은 22.2%로 일반청년(10.0%)보다 2배 이상 많았고, 주돌봄자의 경우 3배 이상(32.9%) 많았다. 우울감을 느끼는 비율도 61.5%로 일반청년(8.5%)보다 7배 이상 많았고 주돌봄자는 8배 이상(70.9%)이었으며 미래계획에 어려움을 겪는다는 응답 비율도 36.7%(주돌봄자는 46.8%)에 달하였다(보건복지부, 2023). 즉, 돌봄과 일상을 병행하면서 신체적·심리적·정서적인 위기 상황을 경험하거나 지지체계의 여부에 따라 생활고 등의 문제에도 노출되어 있음을 알 수 있다. 이로 인해 이들이 필요로 하는 복지지원은 생계지원(75.6%), 의료지원(74.0%), 휴식지원(71.4%), 문화여가지원(69.9%) 등으로 다양하였다(〈표 9-9〉 참조). 그러나 이 조사는 우리나라 가족돌봄청년 규모를 파악하는 데는 한계가 있다.[9] 이에 함선유(2023)가 가족돌봄청년의 규모를 파악하기 위해 인구주택총조사, 건강보험공단의 행정자료, 청년 삶 실태조사 등 원자료를 종합적으로 분석하여 19~34세 청년 인구 대비 약 6만 1,000명 정도로 추산하였다.

---

9) 조사는 전국 중·고등학생 및 만 13~34세의 청(소)년 4만 3,832명을 대상으로 하며 학교조사와 온라인 패널조사가 병행되었다(보건복지부, 2023). 이 조사 결과를 토대로 가족돌봄청년의 규모를 추정하면 18세 이하 청소년 중 0.9%, 19~34세 청(소)년의 4.3%로 각각 추정되는데, 이 조사는 대표성을 확보하지 못했다는 점에서 결과를 일반화하기 어렵다(함선유, 2023: 37). 또한 12세 이하 아동·청소년도 돌봄을 제공하는 주체가 될 수 있는데 「아이돌봄 지원법」에서 12세 이하 아동은 돌봄을 받는 대상으로 정의하고 있는 등 정부 차원의 조사대상에서도 제외되어 사각지대로 볼 수 있다.

| 표 9-9 | 가족돌봄청년의 복지지원 욕구 (단위: %)

구분	생계지원	의료지원	휴식지원	문화여가	심리상담	돌봄지원	취업지원	가사지원	진로교육	법률지원
전체	75.6	74.0	71.4	69.9	65.7	61.5	59.5	56.7	56.1	47.5
주돌봄자	84.3	81.8	79.6	74.9	76.8	72.4	67.7	68.7	64.9	53.6
19~34세	75.7	74.1	77.6	69.2	65.8	61.7	59.9	57.0	51.6	47.8

출처: 보건복지부(2023).

| 표 9-10 | 가족돌봄청년의 가족 간병 경험 요약

의미단위	하위범주	범주
• 가족이 아픈지 모르는 채로 지내 옴 • 어린 나이에 아픈 가족을 돌보고 집안일을 대신해 옴 • 폭력적으로 드러나는 증상은 내 삶을 침범해 옴	어릴 적부터 시작된 돌봄과의 사투	시한폭탄을 안고 살아옴
• 아픈 가족에게 갑작스럽게 닥친 사고/위기 • 사고 이후 감당하기 힘든 현실을 마주함	부정하고 싶은 처참한 현실	
• 제각기 간병하기 어려운 사정이 있는 가족들 • 무관심과 갈등으로 엮인 친척들	나 외에 감당할 사람이 없음	나홀로 떠맡게 됨
• 내 일과 돌봄 사이에서 갈등함 • 어쩔 수 없이 자처한 보호자 역할	내 일과 맞바꾼 간병 생활	
• 상상을 초월하는 아픈 가족의 상태 • 나홀로 견뎌야 하는 부담감과 책임감에 짓눌림 • 나를 돌보는 것조차 사치가 됨 • 길어지는 간병 생활로 인해 번아웃과 무기력에 시달림	고된 간병 생활	벼랑 끝에 몰림
• 절망적인 현실에 극단적인 생각까지 치달음 • 나름대로 해소하는 법을 배워감	우울한 시간을 견뎌냄	
• 내 일과에 돌봄이 우선순위가 됨 • 돌봄의 굴레에 갇힘	돌봄에 맞춰 돌아가는 내 시계	돌봄과 일상의 균형을 이루기 위해 애씀
• 주변 사람들의 응원과 지지가 힘이 됨 • 돌봄 과정에서 얻은 배움과 성장	한 줄기 빛이 된 주변의 도움과 회복	

출처: 김아롱, 정익중(2023), p. 87.

3) 가족돌봄청년 지원방안

현재 우리나라의 가족돌봄에 대한 지원은 「남녀고용평등과 일·가정 양립 지원에 관한 법률」에서 규정하는 가족돌봄휴가와 가족돌봄비용 긴급지원이 대표적이다. 가족돌봄휴가는 일과 가정의 양립을 위해 근로자에게 일시적인 돌봄 사유가 발생한 경우 휴가를 제공하는 제도이며, 가족돌봄비용 긴급지원은 코로나19와 같은 상황에서 가정에 머무는 학령기 아동의 돌봄을 지원하는 한시적인 제도이다. 가족돌봄청년을 위한 지원은 최근 청년 간병인 사건[10] 등을 계기로 필요성과 제도화 논의가 이루어지기 시작하였다.

가족돌봄청년이 지원제도를 이용하는 과정에서 경험하는 어려움은 다음과 같다. 첫째는 가족돌봄청년이 지원제도에 대한 정보가 없거나, 지원 제공자의 무성의나 고압적인 태도 등으로 복지제도 이용을 기피하는 등 접근성이 낮다. 둘째는 아직 가족돌봄청년에 대한 법적 정의가 마련되지 않아 청년들이 자신의 상황을 설명하는 데 상당한 노력이 필요하여 이 과정에서 지원을 받는 것을 포기하거나, 지방자치단체도 무엇을 지원하고 어디로 연계해야 할지 지침이나 기준이 미흡하다. 셋째는 현재의 복지사각지대 발굴시스템이 경제적 취약계층에 초점을 두고 있어 가족돌봄청년을 발굴하기가 쉽지 않고 학교, 병원 등을 활용한 새로운 발굴 방식이 마련되어 있지 않다. 이에 최근 정부는 제6차 청년정책조정위원회[11]에서 가족돌봄청년 지원대책을 마련하고, 가족돌봄청년 지원을 위한 법적 근거 마련, 대상자 발굴과 조사, 지원, 매뉴얼 개발 및 온라인 상담 활성화 등을 통해 앞으로 이들이 현재와 미래에 직면하는

---

10) 20대의 자녀가 뇌출혈로 쓰러져 거동을 할 수 없는 아버지를 홀로 돌보며 치료비에 대한 부담과 월세, 가스비, 전기료, 통신비 등을 내지 못하는 극심한 생활고 속에서 돌봄을 포기해 사망에 이르게 한 사건 등을 포함한다.

11) 청년정책조정위원회는 청년정책에 관한 주요 사항을 심의·조정하기 위하여 구성된 국무총리 소속의 위원회로, 청년정책 기본계획의 수립 및 변경에 관한 사항, 청년정책에 관한 국가와 지방자치단체 간 역할 조정에 관한 사항 등을 심의하며 국무총리를 위원장으로 하여 정부위원과 민간위원을 두고, 별도의 실무위원회, 전문위원회를 둘 수 있다(「청년기본법」 제13조).

진로, 돌봄, 생계의 중첩된 어려움에 대한 안전망을 강화할 것임을 공포하였
다(관계부처 합동, 2022).

　다음으로 해외의 가족돌봄청년 발굴, 지원, 학교와의 협력 사례를 살펴보
자.[12]

(1) 가족돌봄청년의 발굴과 평가

　영국은 「아동 및 가족법」(2014)에 지방정부가 지역 내 영 케어러의 현황과
서비스 수요(young carer's need assessment)를 파악하고, 18세 미만 아동이 적
절하지 않은 돌봄서비스(목욕이나 용변처리, 이동시키기 등 상당한 물리력을 필요
로 하는 일, 가족의 생계를 책임지는 일, 과도한 정서적 돌봄을 제공하는 일 등)를 감
당하는지를 평가할 책임이 있음을 규정하였다. 이를 위해 영국 전역에 가족
간병인을 지원하는 기관인 'Carers Trust'에서 가족돌봄청년에게 정보 제공,
맞춤형 지원, 정서지원, 생활기술 교육·훈련 등 맞춤형 지원 안내와 긴급지
원 서비스 등을 제공한다.

　아일랜드는 케어러 웰빙리뷰(cares well-being review)를 통해 영 케어러
의 돌봄 역할, 자신을 위한 시간, 가정생활, 경제적 문제, 평소의 감정, 건강,
학업 또는 근로상황 등 일곱 가지를 평가한다([그림 9-5] 참조). 이후 상담자
(young cares support manager)는 평가결과에 따라 청소년과 함께 가족돌봄계
획을 수립하고, 청소년이 가족돌봄을 위해 자신의 시간과 기회를 온전히 희생
하지 않도록 지원한다. 아일랜드 전역에는 15개의 Family Carer Center, 4개
의 아웃리치 센터, 온라인 플랫폼과 핫라인을 운영 중이며 가족 간병인 지원
매니저가 전화, 대면, 온라인 등의 방법으로 상담, 가정방문서비스, 간병서비
스, 주간보호시설 등 연계를 지원한다. 특히 10~24세의 가족돌봄청년은 카드
를 발급받아 도서구입, 교육·훈련, 문화·여가시설 이용 시 할인 혜택을 받
을 수 있는데 16세 미만의 청소년은 보호자의 동의가 필요하다.

---

12) 해외의 영 케어러 지원제도는 허민숙(2022)의 내용을 발췌·요약한 것이다.

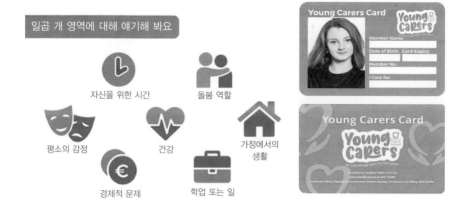

| 그림 9-5 | 아일랜드 가족돌봄청년 평가 영역과 영 케어러 카드

출처: Family Carers Ireland(https://www.familycarers.ie/carer-supports/your-carer-support-manager, https://familycarers.ie/carer-supports/young-carers/young-carers-card, 검색일: 2023. 4. 16.).

(2) 가족돌봄청년에 대한 지원

먼저, 수당 및 보조금 지원을 들 수 있는데, 영국과 스코틀랜드는 만 16세 이상으로 주당 최소 35시간의 돌봄서비스를 제공하는 경우 간병인 수당(carer allowance)을 지원한다. 스코틀랜드는 16~18세의 가족돌봄청년에게 연 1회 약 308파운드(약 42만 원)의 보조금(young carer grant)을 별도로 지급한다. 호주도 수당제도(care allowance)를 운영하며, 25세 미만의 학생에게 청소년수당(youth allowance)과 학업중단 예방을 위해 학비지원(the young carer bursary program)을 별도로 제공한다.

다음으로, 돌봄지원을 들 수 있는데 영국, 아일랜드, 호주는 지역사회 내 지원기관과 학교의 연계를 통해 가족돌봄청년의 조기 발굴과 복지(well-being), 정신건강 서비스 지원을 병행한다. 또한 학생 및 교직원 교육을 통해 인식 개선과 학업중단 예방을 위한 교내 지원 등을 제공하고 있다.

한편, 우리나라는 2022년에 가족돌봄청년에 대한 첫 번째 실태조사를 실시하고 이를 근거로 지원제도를 마련하고 있다. 우선 지원을 위한 법적 근거를 마련할 필요가 있고 이들이 인권과 권리를 보장받을 수 있도록 다음과 같은 방안을 구축할 필요가 있다.

첫째, 가족돌봄청년의 발굴을 포함한 지원체계를 구축하여야 한다. 즉, 아동기에 가족의 간병과 돌봄 등을 감당하는 경우 본인 스스로 지원을 요청하기 어렵다는 점에서 학교, 병원, 지역아동센터 등 지역사회에서 이들을 조기에 발굴하고 지원하는 절차와 구조가 마련되어야 한다.

둘째, 일선 학교와 학교 밖 청소년지원센터(꿈드림) 등이 가족돌봄청년의 학업과 진학지도 등 전반에서 체계적인 지원을 제공할 수 있도록 여건을 정비하여야 한다.

셋째, 가족돌봄청년이 의료비 부담과 생활고에 내몰려 자신의 현재와 미래에 대한 준비를 포기하지 않도록 사회안전망을 강화하여야 한다. 예를 들면, 의료비의 경우 본인부담상한제도[13]뿐 아니라 가구 소득 대비 간병비를 포함한 과도한 의료비 지출 부담에 대한 지원이 필요하다. 이와 함께 생계유지와 돌봄에 대한 부담을 완화하여 학업, 교우관계, 일상생활, 경제활동 등 전반에서 원만한 생활이 가능하도록 통합적인 지원이 이루어져야 한다. 특히 드림스타트, 청소년안전망, 시·군·구 희망복지지원단, 가족센터 등 공공과 민간기관의 연계를 통해 가족돌봄청년과 돌봄이 필요한 가족 구성원에 대한 사례관리 체계를 마련할 필요가 있다(좌현숙, 권지성, 2022; 최윤진, 김고은, 2022).

---

13) 의료비로 인한 가계 부담을 덜어 주기 위하여 환자가 부담한 건강보험 본인 부담금이 개인별 상한액을 초과하는 경우 그 초과금액을 건강보험공단에서 부담하는 제도이다. 다만 건강보험이 적용되지 않는 항목, 본인부담액 전액을 환자가 부담하는 진료비, 기타 비급여 진료비, 보험료 체납 후 진료, 간병비 등은 본인부담총액에서 제외된다(「국민건강보험법 시행령」 제19조).

토의문제

1. 청소년기 가출행동의 원인과 가정 밖 청소년에 대한 효과적인 아웃리치 방안에 대해 토의해 보자.

2. 청소년의 가정 외 보호 유형별 현황과 장·단점을 살펴보고, 시설보호를 원하지 않는 가정 밖 청소년을 위한 지원방안에 대해 토의해 보자.

3. 가정 밖 청소년, 아동복지시설에서 퇴소한 보호대상아동(자립준비청년)에 대한 자립지원 내용을 각각 살펴보고 개선방안을 토의해 보자.

4. 청소년부모를 대상으로 하는 제도와 서비스를 찾아보고, 이들이 자녀의 양육과 자립을 성공적으로 수행할 수 있도록 지원을 강화할 부분과 효과적인 서비스 제공 방식에 대해 토의해 보자.

5. 청소년한부모와 청소년부모가 경험하는 취약성의 정도와 관계없이 지원의 근거가 되는 법률과 제도적인 지원 내용이 다를 경우 당사자와 서비스 제공자 관점에서 어떤 문제나 어려움이 발생할 수 있는지 토의해 보자.

6. 자녀를 양육하는 24세 이하 청소년이 배제되지 않고 인권과 권리를 보장받기 위해 우리 사회가 중·장기적으로 해결해 나가야 할 부분에 대해 토의해 보자.

7. 가족돌봄청년은 이들이 도움을 요청하지 않을 경우 사례를 발굴하기도 쉽지 않다. 이와 같은 상황에 있는 청소년을 조기에 발굴하는 효과적인 방안에 대해 토의해 보자.

8. 가족돌봄이 청소년 당사자에게 미치는 영향과 이들의 지원 요구(욕구)에 대해 토의해 보자.

9. 가족돌봄청년을 지원하기 위하여 중앙정부, 지방자치단체, 학교, 병원, 민간기관 등의 역할에 대해 토의해 보자.

참고문헌

관계부처 합동(2022). 가족돌봄청년(영케어러) 지원대책 수립 방안.
국가인권위원회(2017). 가정 밖 청소년 인권보호정책 개선 권고. 국가인권위원회 보도자료(2017. 1. 24.).

국가인권위원회(2021). 우범소년 규정 삭제 등 소년사법제도 전면적 개선 필요. 국가
　　인권위원회 보도자료(2021. 9. 30.).

김아롱, 정익중(2023). 영캐어러의 가족 돌봄 경험. 한국가족복지학, 70(1), 77-105.

김정남(2019). 가정 밖 청소년의 학대경험과 범죄 가·피해 실태 연구: 학대와 범죄경
　　험 간 상관성을 중심으로. 어린이재단 연구논문 모음집 1~48. 서울: 초록우산 어
　　린이재단.

김지연, 김승경, 백혜정, 황여정(2020). 2020년 청소년 매체이용 및 유해환경 실태조사.
　　서울: 여성가족부.

김지연, 김승경, 임세희, 최은영(2020). 청소년의 주거권 실태와 보장방안 연구: 사회배제
　　관점을 중심으로. 세종: 한국청소년정책연구원.

김지연, 백혜정, 김미향, 이우태, 이상정, 박광옥(2022). 청년종합연구 I : 정책소외계층
　　청년 실태 및 정책개발. 세종: 한국청소년정책연구원.

김지연, 정소연(2014). 가출청소년 보호지원 실태 및 정책과제 연구. 세종: 한국청소년정
　　책연구원.

김지혜(2013). 가출의 비범죄화: 소년법상 가출 규정과 가정 밖 청소년의 인권. 소년보
　　호연구, 23(23), 35-60.

김태완, 함영진, 김문길, 김기태, 임완섭, 조성은, 정세정, 이주미, 김경휘, 성은미
　　(2022). 새로운 취약계층 현황과 대응방안 연구. 세종: 보건복지부, 한국보건사회
　　연구원.

류정희, 이상정, 김지연, 정익중, 정소희, 주하나(2022). 위기청소년 통합지원체계 구축방
　　안 연구. 세종: 교육부, 한국보건사회연구원.

박권일, 홍세화, 채효정, 정용주, 이유림, 이경숙, 문종오나, 김혜진, 김혜경, 공현
　　(2021). 능력주의와 불평등: 능력에 따른 차별은 공정하다는 믿음에 대하여. 서울: 교
　　육공동체 벗.

법무부(2022). 법무연감.

변수정, 김유경, 최인선, 김지연, 최수정, 김희주(2019). 미혼모가족의 출산 및 양육 특성
　　과 정책과제. 세종: 한국보건사회연구원.

보건복지부(각 연도). 보호대상아동 현황보고.

보건복지부(2021). 2021 아동학대 주요통계.

보건복지부(2023). 가족돌봄청년, 주당 21.6시간 가족 돌본다. 보건복지부 보도자료
　　(2023. 4. 27.).

여성가족부(2022a). 2022 청소년백서.

여성가족부(2022b). 2022 청소년 통계.

여성가족부(2022c). 2022 한부모가족사업안내.

여성가족부(2023). 2022년 청소년 매체이용 및 유해환경 실태조사 결과. 여성가족부 보도자료(2023. 6. 22.).

이상정, 류정희, 변수정, 하태정(2022). 청소년부모의 정책소외 실태 및 정책개발. 세종: 한국청소년정책연구원.

이영호, 박지원(2021). 청소년부모의 지원정책 개발을 위한 조사연구: 10대에 첫 자녀를 임신한 미혼한부모를 대상으로. 가족자원경영과 정책, 25(1), 113-132.

정세정, 김문길, 임덕영, 류진아, 임완섭, 이상림, 기현주, 신영규, 박대승, 강예은, 김보미(2020). 서울시 청년정책 추진체계 개선 방안 연구. 서울: 서울특별시.

좌현숙, 권지성(2022). 가족돌봄청년의 경험에 대한 맥락-패턴 분석. 서울: 초록우산 어린이재단.

최윤진, 김고은(2022). 영 케어러의 돌봄 경험에 대한 탐색. 청소년학연구, 29(11), 155-184.

통계청(각 연도). 인구동향조사.

한국청소년쉼터협의회(2019). 가정 밖 청소년 지원체계 개선을 위한 포럼.

한국청소년정책연구원(각 연도). 아동청소년인권실태조사.

함선유(2023). 가족돌봄청(소)년 현황과 정책과제. 보건복지포럼(2023. 5.), 34-46.

허민숙(2020). 자녀양육 청소년 부모 지원 현황, 해외사례 및 시사점. 현안분석 122호. 서울: 국회입법조사처.

허민숙(2021). 홈리스 청소년 지원 입법·정책과제: 가정복귀 프레임을 넘어. 서울: 국회입법조사처.

허민숙(2022). 해외 영 케어러(young carer) 지원 제도와 시사점. 현안분석 242호. 서울: 국회입법조사처.

황여정, 임희진, 정은주, 유설희, 정윤미(2022). 위기청소년 지원기관 이용자 생활실태조사. 서울: 여성가족부.

황진구, 김지연(2020). 가출청소년 지원 강화를 위한 청소년복지시설 재구조화 연구. 세종: 한국청소년정책연구원.

「건강가정기본법」 법제처 국가법령정보센터 https://www.law.go.kr

「노숙인 등의 복지 및 자립지원에 관한 법률」 법제처 국가법령정보센터 https://www.law.go.kr

「소년법」 법제처 국가법령정보센터 https://www.law.go.kr

「아동복지법」법제처 국가법령정보센터 https://www.law.go.kr

「청년기본법」법제처 국가법령정보센터 https://www.law.go.kr

「청소년복지 지원법」법제처 국가법령정보센터 https://www.law.go.kr

Family Carers Ireland, Carer Well-being Review. https://www.familycarers.ie/
carer-supports/your-carer-support-manager(검색일: 2023. 4. 16.).

KOSIS 국가통계포털 https://kosis.kr

National Center for Homeless Education(NCHE) https://nche.ed.gov/legislation/
mckinney-vento/(검색일: 2023. 7. 19.).

NHS. Being a young carer: your right. https://www.nhs.uk/conditions/social-
care-and-support- guide/support-and-benefits-for-carers/being-a-
young-carer-your-rights/(검색일: 2023. 4. 16.).

The World Bank https://www.worldbank.org

UK Legislation, Care Act 2014. https://www.legislation.gov.uk/ukpga/2014/23/
contents/enacted(검색일: 2023. 4. 15.).

UK Legislation, Children and Families Act 2014. https://www.legislation.gov.uk/
ukpga/2014/6/section/96/enacted(검색일: 2023. 4. 15.).

국가바우처사업 www.voucher.go.kr

국립대구청소년디딤센터 youthfly.or.kr

국립중앙청소년디딤센터 nyhc.or.kr

여성가족부 홈페이지 http://www.mogef.go.kr

온라인 청년센터 https://youthcenter.go.kr

제**10**장

청소년과 학교

청소년은 활동시간 중 가장 많은 시간을 학교에서 보내기 때문에 학교라는 환경은 청소년에게 매우 큰 영향력을 발휘한다. 학교환경은 청소년의 성장과 발달을 위협할 수도 있고 지지할 수도 있다. 이 장에서는 학교에서 나타나고 있는 심각한 문제인 학업중단과 학교폭력에 대해 살펴보고, 이 문제에 대한 대책을 논의한다. 또한 학교를 청소년의 성장과 발달을 지지하는 환경으로 만들기 위한 학교사회복지에 대해 알아본다.

1. 학업중단

1) 학업중단의 개념

학업중단은 정규교육과정을 끝내지 않고 중도에 그만두는 것을 의미한다.

학업중단 청소년들은 학교중퇴자, 학교 중도탈락자, 등교 거부자, 탈학교학생 등 다양한 명칭으로 불렸으나 2002년 교육부가 공식적으로 '학업중단 청소년'이라는 용어를 사용하면서 용어 사용에 있어 통일성을 가지게 되었다(조성연, 이미리, 박은미, 2009). 학업중단은 일탈이나 패배 등 부정적인 의미를 내포하지 않은 중립적인 용어로서, 학업을 지속하지 못하는 원인과 책임을 청소년과 사회 모두에게서 발견하게 한다(조성연 외, 2008).

학업중단 청소년의 유형은 학업중단 원인에 따라 다양하게 분류된다. 박창남과 도종수(2003)는 학교교육을 거부하는 '적극형', 학습부진 등으로 중퇴하는 '소극형', 비행 등으로 학교로부터 중퇴당하는 '강제형', 가출로 학교까지 나오지 않게 되는 '가출동반형', 상급학교 진학에 유리한 조건을 만들기 위한 '수월추구형'으로 학업중단을 분류한다. 대부분의 '적극형'과 '수월추구형'의 청소년들에게는 학업중단보다는 학교중단이라는 용어가 더 적절하게 여겨진다.

2) 학업중단의 실태와 문제

(1) 학업중단의 실태

초 · 중 · 고등학생의 학업중단율은 〈표 10-1〉과 같다. 2021학년도 전체 학생 532만 3,075명 중 학업중단자는 4만 2,755명으로, 전체 학업중단율은 0.8%에 이른다. 학교급별 학업중단율을 살펴보면, 초등학교는 전체 267만 2,340명 중 학업중단자 1만 5,389명으로 0.6%의 학업 중단율을 보였고, 중학교의 경우 전체 135만 770명 중 학업중단자는 7,235명으로 0.5%의 학업중단율을 보였다. 고등학교 총 학생 수는 129만 9,965명이고 학업중단자는 2만 131명으로, 학업중단율이 1.5%에 달해, 고등학생의 학업중단율이 초 · 중학생의 학업중단율에 비해 높아 고등학생의 학업중단문제가 심각함을 알 수 있다.

┃표 10-1┃ 학교급별 학업중단율   (단위: %)

연도	초등학교	중학교	고등학교
2019	0.7	0.8	1.8
2020	0.4	0.5	1.1
2021	0.6	0.5	1.5

출처: 여성가족부(2023).

(2) 학업중단으로 인한 문제

학업중단은 개인적으로나 사회적으로 많은 손실을 가져온다(정규석, Bronson, 2000). 개인적 손실 측면에서 보면, 학업중단자들은 성장과 발달을 위한 기회를 갖지 못하게 되며, 경제적ㆍ심리적으로 많은 어려움을 겪는다. 학업중단자들은 고등학교 졸업자보다 안정적인 직업을 가질 수 있는 가능성이 낮으며, 취직한다 하더라도 임금이 상대적으로 낮을 가능성이 높다. 그리고 카플란, 댐포스와 카플란(Kaplan, Damphousse, & Kaplan, 1996)의 연구에 따르면, 학업중단이 자기비하감, 불안감, 인지적 장애, 우울증을 포함하는 여러 가지 심리적 장애와 관련된다. 학업중단 청소년들은 문제아 혹은 실패자라는 낙인과 소외감, 좌절감으로 인해 심리적 고통을 겪는다.

학업중단은 개인적 비용뿐만 아니라 사회적 비용을 가져온다. 학업중단의 대표적인 사회적 비용으로는 국가소득 손실과 세수입의 감소를 들 수 있다(Catterall, 1987; Rumberger, 1987; Weis, Farrar, & Petrie, 1989). 또한 학업중단자들은 복지수당과 실업수당에 의존할 가능성이 상대적으로 많다(Catterall, 1987; Dryfoos, 1990). 비행이나 범죄를 저질러 사법적ㆍ형사적 절차에 개입될 가능성도 상대적으로 높았다(Catterall, 1987; Chavez, Oetting, & Swaim, 1994).

3) 학업중단의 원인

학업중단과 관련한 요인을 파악하기 위해 수많은 연구가 실시되어 왔다(예: Astone & McLanahan, 1991; Ekstrom, Goertz, Pollack, & Rock, 1986; Wehlage &

Rutter, 1986). 기존 연구에서 밝혀진 요인들은 개인체계 요인, 가족체계 요인, 친구체계 요인, 학교체계 요인, 사회체계 요인의 다섯 가지 유형으로 나누어 볼 수 있다(정규석, Bronson, 2000).

(1) 개인체계 요인

개인체계 요인으로는 학생의 교육적 기대, 임신 여부가 학업중단과 관련되어 있음이 밝혀졌다(Brooks-Gunn, Guo, & Furstenburg, 1993; Ekstrom et al., 1986; Rumberger, 1983; Wehlage & Rutter, 1986). 즉, 학생의 학력 소유에 대한 기대가 낮을수록, 자신의 아이를 임신하고 있을수록 학업을 중단할 가능성이 높았다. 학업중단 청소년의 낮은 교육적 기대는 학교 및 학습에 대한 소극적 혹은 부정적 태도로 이어지며, 임신은 학업을 지속하는 데 큰 장애요인이 된다. 의사소통 및 대인관계 능력의 부족, 자기조절능력의 부족, 주의력결핍 및 과잉행동장애, 품행장애 및 반항성 장애 등도 학업중단과 관련된다(유진이, 2009).

(2) 가족체계 요인

가족체계 요인으로는 부모의 지도 정도와 자녀양육방법(Alpert & Dunham, 1986; Astone & McLanahan, 1991; Dornbusch, Ritter, Leiderman, Roberts, & Fraleigh, 1987; Lamborn, Mounts, Steinberg, & Dornbusch, 1991; Steinberg, Elman, & Mounts, 1989), 가정의 사회경제적 지위와 가족구조(Martin, 1981; Mensch & Kandel, 1988; Velez, 1989), 부모의 자녀에 대한 교육적 기대(Astone & McLanahan, 1991; Howell & Frese, 1982), 형제들의 학업중단(Avila, Bonilla, Janicki, Jarns, & Szulgit, 1984; Valverde, 1987)이 학업중단과 관련된 것으로 나타났다. 즉, 자녀의 친구, 활동 및 행방을 알고자 하는 부모 노력의 정도가 클수록, 비효과적인 방법(독재적 혹은 방임적 방법)이 아닌 효과적인 방법(민주적 방법)으로 자녀를 양육할수록, 사회경제적 지위가 높을수록, 친부모로 구성된 가족구조일수록, 부모의 자녀에 대한 교육적 기대가 높을수록, 학업을 중단

한 형제자매의 수가 적을수록 학업을 중단할 가능성이 낮았다.

(3) 친구체계 요인

친구체계 요인으로는 학업중단자와의 교제가 학업중단과 관련된 것으로 나타났다(Alpert & Dunham, 1986; Ekstrom et al., 1986; Rumberger, 1983). 즉, 친한 친구 중 학업중단자의 수가 많을수록 학업을 중단할 가능성이 높았다.

(4) 학교체계 요인

학교체계 요인으로는 성적(Barrington & Hendricks, 1989; Ekstrom et al., 1986), 교사와의 관계(Martin, 1981), 결석(Barrington & Hendricks, 1989; Wehlage & Rutter, 1986), 징계 혹은 낙제(Curtis, Doss, MacDonald, & Davis, 1983; Ekstrom et al., 1986; Fernandez, Paulsen, Hirano-Nakanishi, 1989; Roderick, 1994)가 학업중단과 관련된 것으로 나타났다. 즉, 성적이 낮을수록, 교사와의 관계가 좋지 않을수록, 결석이 많을수록, 징계 혹은 낙제 경험이 많을수록 학업을 중단할 가능성이 높았다. 이러한 학교체계 요인들로 인하여 학교부적응을 경험하게 되고 학교부적응은 학업중단으로 이어지게 된다.

(5) 사회체계 요인

사회의 향락문화, 공교육의 문제, 다문화가정의 증가가 청소년의 학업중단과 관련되어 있다(조성연 외, 2009). 사회의 향락문화와 공교육의 문제가 심각할수록 학업중단이 증가하는 경향이 있으며, 다문화가정 청소년과 탈북 청소년이 증가하면서 이들의 학교부적응에 따른 학업중단이 증가하고 있다. 이와 같이 학업중단에는 개인, 가족, 친구, 학교, 사회체계 요인이 복합적으로 영향을 미치고 있음을 알 수 있다.

4) 학업중단에 대한 대책

학업중단의 원인이 다양하고 복합적이므로 학업중단의 원인에 따른 개입 방안 모색, 개별 학생에 대한 맞춤형 사례관리서비스가 필요하다.

(1) 개인 요인 관련 대책

학업중단을 예방하고 학업중단자의 긍정적 발달을 위해서는 임파워먼트 프로그램의 실시가 필요하다. 임파워먼트 프로그램은 자기평가, 문제해결능력 향상, 목표설정 등을 통하여 청소년이 인지적·정서적·행동적 측면에서 자신의 삶을 통제할 수 있다는 자신감을 가지고 자신이 가진 능력과 자원을 활용하여 삶에서 발생하는 문제에 대해 긍정적으로 대처할 수 있게 한다(홍봉선, 남미애, 2018). 이러한 맥락에서 임파워먼트 프로그램은 학생의 교육적 기대를 높이고, 임신 등의 문제에도 긍정적으로 대처하게 할 것이다.

(2) 가족 요인 관련 대책

청소년기에 있는 자녀에 대한 이해와 교육적 관심을 높이고 자녀를 효과적으로 지도할 수 있도록 돕는 실제적인 부모교육 프로그램의 실시가 필요하다. 또한 저소득층 가정의 청소년을 위해 장학금과 후원금이 제공되어야 할 것이다.

(3) 친구 요인 관련 대책

비슷한 문제를 가진 친구집단에 대한 개입이 필요하다. 즉, 개인이 속해 있는 문제친구집단을 건전한 집단으로 변화시키는 것이다. 이를 위해 학생을 위한 서비스 제공자는 먼저 문제집단과 친밀한 관계를 형성해야 할 것이며, 이 관계를 매개로 집단의 욕구, 즉 경제적·직업적·교육적·문화적 욕구를 파악하고 이 욕구를 충족시킬 수 있도록 도움을 제공함으로써 집단의 성격을 건전한 방향으로 이끌어 가야 할 것이다(정규석, 김영종, 2003).

(4) 학교 요인 관련 대책

학교가 학업중단문제에 효과적으로 대처하기 위해서는 학교사회복지의 제도화가 필요하다. 학교사회복지사는 학생에 대한 높은 접근성을 가지고 지속적으로 전문적인 서비스를 제공함으로써 학업중단위기에 처해 있는 학생의 학교부적응문제의 해결과 학업중단 후 복교한 학생의 학교생활 적응에 크게 기여할 것이다. 학교사회복지사는 학부모와의 협조체계 구축 및 지역사회와의 연계에도 전문적인 역할을 할 것이다.

(5) 사회 요인 관련 대책

학업중단자에 대한 효과적 지원을 위한 제도 및 서비스체계의 강화가 필요하다. 현재 「학교 밖 청소년 지원에 관한 법률」에 따라 전국적으로 설치되어 있는 학교 밖 청소년지원센터를 통하여 상담지원, 교육지원, 직업체험 및 취업지원, 자립지원 등의 프로그램이 내실 있게 제공되어야 한다. 학업중단자의 학습권을 보장하기 위해서는 유연한 대안교육체계의 개발 및 확대가 이루어져야 하며, 학업중단자 지원을 위한 지역사회 종합지원체계 및 통합적 협력체계가 구축되어야 한다. 학업을 중단한 청소년들이 학업을 지속할 수 있도록 돕고, 자신의 적성과 능력에 대해 탐색하고 인생을 설계하도록 도우며, 직업관련 정보를 제공하고, 취업관련 자격요건을 갖출 수 있도록 지역사회에서 학습, 진로지도 및 취업지원서비스를 제공하는 것이 필요하다. 또한 한국청소년상담복지개발원에서는 교육청 및 학교와의 적극적인 협조체계 구축과 CYS-Net을 활용하여 학업중단 청소년 발굴과 지원을 강화하고 있는데, 이러한 통합적 협력체계가 구축되고 활발하게 운영되어야 할 것이다(홍봉선, 남미애, 2018).

2. 학교폭력

1) 학교폭력의 개념

대구 학교폭력 피해중학생 자살 사건(2011년 12월 20일)

20일 오전 8시 대구 수성구의 한 아파트 7층 거실. 중학교 2학년 A군(14)은 A4용지 4장에 유서를 적어 어머니가 핸드백을 놓아두는 곳에 둔 채 베란다로 향했다. 베란다 문을 연 A군은 아파트 화단을 향해 몸을 던져 생을 마감했다.

A군이 남긴 유서에는 9개월 동안 가족에게도 털어놓지 못했던 고통이 상세히 적혀 있었다. 유서에 따르면 A군의 고통은 올해 3월부터 시작됐다. 2학년이 되면서 처음 알게 된 같은 반 B군과 C군이 인터넷 온라인 게임을 하면서 자신들의 아이템을 키우라고 협박하기 시작했다. 잘 하지 않던 인터넷 온라인 게임을 하기 위해 날마다 컴퓨터 앞에 앉아 있게 된 것도 이 때문이었다. 이들의 숙제도 A군이 다 해야 했다. 순진했던 A군은 이들의 괴롭힘을 그냥 참아 냈다.

2학기가 되면서 괴롭힘은 더 세졌다. 아이템을 키우라며 공부도 못하게 책과 문제집을 빼앗아 갔다. 때리는 날도 많아졌다. 날마다 집에 와서 때렸다. 피아노 의자에 엎드려 놓고 손을 묶은 뒤 때리기도 했다. 칼로 상처를 내려다 안 되자 오른쪽 팔에 불을 붙이려고도 했다. 라디오선을 뽑아 목에 묶고 끌고 다니며 방바닥에 떨어진 과자 부스러기를 주워 먹도록 했다. 돈도 빼앗아 갔다. 용돈과 통장에 있는 돈까지 다 줬지만 그것으로 모자랐다. 아르바이트까지 해야 했다. 특정 상표 옷을 사 오도록 한 뒤 빼앗아 가기도 했다. 할머니 칠순잔치 사진을 보면서는 A군 가족을 욕했다.

출처: 동아일보(2011. 12. 23.).

학교폭력은 신체적·심리적 위해 혹은 재산상의 위해를 가하는 일련의 행동으로 정의될 수 있다.

학교폭력은 힘의 균형점에서 우위에 있는 자를 중심으로 형성된 패거리 또는 한 개인이 지속적이고 위협적인 자극을 학생 개인이나 집단에 가함으로써 피해 학생이나 집단이 심리적인 소외감과 극도의 불안감을 겪고, 신체적인 상처와 물리적인 손해를 감수하게 되는 상태를 말한다(고성혜, 정진희, 2003).

학교폭력에는 때리기, 차기, 피해자의 물건 빼앗기, 침 뱉기, 금품을 갈취하면서 폭력을 행사하기, 흉기로 위협하기 등 신체적으로 위협적인 행동을 하는 것을 비롯해 다른 사람의 마음을 상하게 하고 모욕감을 주는 말이나 별명 부르기, 인종차별적 말을 하는 것과 사이버상의 언어폭력을 포함한다. 또한 집단에서 제외시키거나 집단으로 무시하기, 헛소문 혹은 사악한 소문 퍼뜨리기, 지속적으로 귀찮게 하는 행위, 공개적으로 망신 주기, 비웃기, 바보 만들기 등이 포함된다(고성혜, 정진희, 2003).

2023년에 개정된 「학교폭력예방 및 대책에 관한 법률」에서는 학교폭력을 학교 내외에서 학생을 대상으로 발생한 상해, 폭행, 감금, 협박, 약취·유인, 명예훼손·모욕, 공갈, 강요·강제적인 심부름 및 성폭력, 따돌림, 사이버 따돌림, 정보통신망을 이용한 음란·폭력 정보 등에 의하여 신체·정신 또는 재산상의 피해를 수반하는 행위로 정의하고 있다.

2) 학교폭력의 실태와 문제

(1) 학교폭력의 실태

교육부의 실태조사에 따르면, 최근 학교폭력의 추이는 〈표 10-2〉와 같다.

| 표 10-2 | 학교폭력 피해율 및 가해율 (단위: %)

연도	피해율	가해율
2019	1.6	0.6
2021	1.1	0.4
2022	1.7	0.6

출처: 교육부(2022).

연도별 추이를 보면 피해율은 감소하였다가 다시 증가하는 경향을 보인다. 2021년에는 2019년 대비 0.5%p 감소하였다가 2022년에는 2021년 대비 0.6%p 증가하였다. 가해율 추이도 유사하다. 2021년에는 2019년 대비 0.2%p 감소하였다가 2022년에는 2021년 대비 0.2%p 증가하였다.

2022년 학교폭력 피해율을 분석해 보면, 학교급별로는 초등학교 3.8%, 중학교 0.9%, 고등학교 0.3%로 나타나 초등학교의 비율이 가장 높다. 학교폭력 유형으로는 언어폭력 41.8%, 신체폭력 14.6%, 집단따돌림 13.3%, 사이버폭력 9.6% 순으로 나타나 언어폭력의 비율이 가장 높다.

(2) 학교폭력으로 인한 문제

학교폭력은 신체건강을 위협할 뿐만 아니라 심각한 정신건강상의 문제를 초래한다(김현수, 2006). 학교폭력피해 사례연구(김현수, 2006)에 따르면, 외상 후 스트레스 장애, 우울증, 품행장애 등으로 인해 정상적인 학교생활이 어려워진 것으로 나타났으며, 집단 따돌림을 당했던 학생들이 경험하는 우울과 불안, 분노의 증가가 다수의 연구에서 보고되었다. 또한 학교폭력 발생 이후 학교적응이 어려워질 뿐만 아니라 외로움을 경험하고 자신감을 상실하며 집중력과 학업성취도가 낮아진다는 연구결과도 보고되었다.

학교폭력은 피해자뿐만 아니라 가해자에게도 문제를 초래한다. 9세에서 17세 사이의 비행 및 폭력 청소년 500명을 조사한 연구에서, 이들 중 80%가 이후 8년 내에 다시 수감되었다는 연구결과와 범죄행동에 개입한 성인의 대다수가 과거에 비행 및 폭력 청소년이었다는 또 다른 연구결과는 학교폭력 가해자가 성인 범죄자가 될 가능성이 높음을 시사하고 있다(한상철, 2004).

3) 학교폭력의 원인

학교폭력의 원인을 파악하기 위해 그동안 많은 연구가 수행되었으며, 그 결과 학교폭력에 영향을 미치는 요인은 소수가 아니라 다양하고 복합적임이 밝혀졌다. 기존 연구에서 유의미한 영향요인으로 밝혀졌던 요인을 개인 요인, 가족 요인, 친구 요인, 학교 요인, 사회 요인의 다섯 가지 유형으로 정리하면 다음과 같다(정규석, 2008).

(1) 개인 요인

학교폭력과 관련된 개인 요인은 공격성, 충동성, 분노통제력, 자긍심, 대인 관계능력, 반사회적 행동에 대한 태도, 인지적 왜곡 등으로 나타나고 있다. 공격성과 충동성이 높을수록, 분노통제력과 자긍심 및 대인관계능력이 낮을수록, 반사회적 행동에 대해 우호적 태도를 가질수록, 다른 사람의 의도를 적대적으로 보는 인지적 왜곡이 심할수록 학교폭력을 행할 가능성이 큰 것으로 나타났다(김경집, 2005; 장덕희, 2007; 한상철, 2004; Henggeler, Schoenwald, Borduin, Rowland, & Cunningham, 1998). 학교폭력에 관한 한 질적 연구에서는 반복적인 폭력자극에의 노출경험이 공격성에 대한 민감성을 떨어뜨려 개인의 지속적인 성격으로 자리 잡게 되고, 이러한 공격적 성격으로 인하여 공격행위 자체를 하나의 놀이처럼 인식하게 된다고 설명한다(이웅혁, 2006).

(2) 가족 요인

학교폭력과 관련된 가족 요인은 가정폭력, 부모의 자녀지도방식, 부모와의 관계로 나타나고 있다. 가정폭력의 피해자일수록, 자녀에 대한 부모의 감독이 부족할수록, 자녀에 대한 훈육이 지나치게 엄격하거나 허용적일수록, 부모와의 친밀감이 낮고 갈등이 높을수록 학교폭력의 가해자가 될 가능성이 높은 것으로 나타났다(최운선, 2005; 한상철, 2004; Henggeler et al., 1998).

(3) 친구 요인

학교폭력과 관련된 친구 요인은 친사회적 친구와의 관계와 비행경험이 많은 친구와의 관계, 또래의 폭력 허용도로 나타났다. 친사회적 친구와 어울리는 정도가 낮을수록, 비행경험이 많은 친구와 어울리는 정도가 높을수록, 또래의 폭력 허용도가 높을수록 학교폭력을 행할 가능성이 높은 것으로 나타났다(김미영, 2007; 김순혜, 2007; 장덕희, 2007; 최운선, 2005). 최운선(2005)의 학교폭력 관련 요인에 관한 메타분석에서 32개의 관련 요인 중 또래의 폭력 허용도가 학교폭력 가해경험에 가장 크게 영향을 미치는 것으로 나타났으며, 김준호(1998) 또한 문헌검토에 근거하여 폭력의 발달적 과정에서 일탈또래집단에 대한 헌신적 참여가 핵심요소라고 밝히고 있다.

(4) 학교 요인

학교폭력과 관련된 학교 요인 중 가장 중요한 것은 학교폭력에 대처할 수 있는 시스템의 결여 혹은 미흡이다. 또한 학업에 대한 헌신도, 학업성취도, 학교적응도가 학교폭력과 관련되어 있다. 즉, 학업에 대한 헌신도가 낮을수록, 학업성취도가 낮을수록, 학교적응도가 낮을수록 학교폭력의 가해자가 될 가능성이 높은 것으로 나타났다(장덕희, 2007; Henggeler et al., 1998). 근본적으로는 현재 우리 사회가 갖고 있는 입시 위주의 교육풍토가 학생들을 경쟁으로 내몰고 있으며, 이러한 경쟁에서 탈락하거나 경쟁을 포기한 학생들이 학교폭력에 쉽게 빠져들고 있다(최덕경, 강기정, 2001).

(5) 사회 요인

학교폭력과 관련된 대표적인 사회 요인으로 폭력성이 강한 대중매체를 들 수 있다. 많은 청소년은 대중매체를 통해 과도하게 폭력에 노출되고 있으며, 이러한 경험이 폭력에 대한 모방, 폭력에 대한 무감각 혹은 미화 등으로 이어져 학교폭력을 유발하게 된다.

4) 학교폭력에 대한 대책

학교폭력을 초래하는 각 요인과 관련한 대책을 살펴보면 다음과 같다.

(1) 개인 요인 관련 대책

학교폭력 가해자의 공격성과 충동성을 낮추고, 분노통제력과 자긍심 및 대인관계능력을 향상시키며, 반사회적 행동에 대한 태도와 인지적 왜곡을 바로잡을 수 있는 개인상담 및 집단 프로그램이 필요하다. 인지행동치료적 접근과 문제해결과정 훈련이 효과적인 방법으로 알려져 있다(Henggeler et al., 1998).

(2) 가족 요인 관련 대책

가정폭력문제를 해결하고 부모와의 관계를 개선하기 위한 가족상담과 부모의 자녀지도방법을 변화시키기 위한 부모교육이 필요하다. 예를 들면, 자녀지도를 위한 규칙을 만들고 규칙 준수 여부에 따른 보상 혹은 책임을 부여하거나 비효과적인 자녀지도방법(독재적: 높은 통제와 낮은 애정, 허용적: 낮은 통제와 높은 애정, 방임적: 낮은 통제와 낮은 애정)에서 효과적 방법(권위적: 높은 통제와 높은 애정)으로 변화시키기 위한 부모교육이 필요하다(Henggeler et al., 1998).

(3) 친구 요인 관련 대책

친구 요인과 관련한 개입방법으로는 세 가지를 들 수 있다(정규석, 김영종, 2003). 첫째는 개인을 보호하기 위해서 문제친구집단과의 관계를 단절시키고 새로운 건전한 친구집단에 속하도록 돕는 방법이다. 대인관계기술을 향상시킬 뿐만 아니라, 부모로 하여금 자녀의 친구관계를 감독하도록 하고, 친구 및 친구 부모를 만나도록 하며, 보상 및 벌을 적극적으로 활용하고, 자녀의 관심과 잠재력을 활용하여 친사회적 활동에 참여하도록 촉진하는 것이 필요하다. 둘째는 개인이 속해 있는 문제친구집단을 건전한 집단으로 변화시키는 것이다. 이를 위해 학생을 위한 서비스 제공자는 먼저 문제집단과 친밀한 관계를 형성해야 할 것이며, 이 관계를 매개로 집단의 욕구, 즉 경제적 · 직업적 · 교육적 · 문화적 욕구를 파악하고 이 욕구를 충족시킬 수 있도록 도움을 제공함으로써 집단의 성격을 건전한 방향으로 이끌어 가는 것이다. 셋째는 앞의 방법이 성공적이지 못할 때, 문제집단으로부터 자신을 보호할 수 있도록 자기주장기술을 훈련시키는 것이다.

(4) 학교 요인 관련 대책

학교 요인과 관련한 기본적인 개입방법은 학생들의 학교적응도를 향상시키고 학교폭력을 예방하는 학교 내 체계를 구축하는 것이다. 이는 이러한 역할을 담당할 전담인력뿐만 아니라, 학교 및 학급 차원에서의 학교폭력예방을 위한 체계를 구축하는 것을 의미한다. 예를 들면, 학교폭력예방을 위한 교육 강화 및 신고 활성화, 학교폭력에 대처하는 개입체계 구축, 학교폭력에 대한 모니터링 강화, 교사 및 학부모 교육 강화 및 학부모와의 협조체계 구축, 학교폭력에 대한 명확한 학급규칙의 수립 및 규칙을 명확하게 하는 정기적인 학급회의의 운영, 학급공동체 강화를 위한 활동 등을 들 수 있다(Astor, Marachi, & Benbenishty, 2007).

노르웨이의 학교폭력예방프로그램(Bullying Prevention Program)

- **참여자**: 노르웨이의 42개 초등학교와 중학교 학생 2,500명(이 프로그램은 현재 15개 국가에 적용되고 있음)
- **프로그램 구성**: 학교, 학급, 개인 수준에서 다음 사항을 실행함
  - 학교폭력의 현황을 파악하기 위한 학생 대상의 무기명 설문
  - 학교폭력을 해결하기 위한 관리체계 구성 및 운영
  - 학교폭력에 대처하기 위한 학교 및 학급 규칙의 수립 및 강화
  - 학교폭력에 대한 지식과 공감능력을 증가시키기 위한 토론과 비디오를 활용한 교실연수
  - 학교폭력 피해자에 대한 개입
  - 학교와 부모의 적극적인 협력(예: 부모와 함께하는 토론)

출처: Astor et al. (2007).

(5) 사회 요인 관련 대책

사회 요인과 관련한 개입방법은 폭력성이 강한 대중매체에 대한 모니터링을 강화하고, 학교폭력을 예방하고 줄이는 데 대중매체가 기여하도록 하는 것이다. 예를 들면, 대중매체가 학교폭력에 대한 지속적인 관심을 가지고 학교폭력의 심각성을 보도하여 학교폭력에 대한 사회적 관심을 끌어내고 학교폭력예방을 위한 체계구축을 위해 사회적 노력을 기울이도록 촉구하는 것이다. 또한 현재 시행되고 있는 「학교폭력예방 및 대책에 관한 법률」이 실효성 있게 학교 현장에 적용될 수 있도록 관련자의 노력과 제도적 뒷받침을 촉구해야 할 것이다.

학교폭력이 개인, 가족, 친구, 학교, 사회적 요인과 폭넓게 연관되어 있으므로 이러한 다양한 요인의 복합적인 상호작용을 무시하고 단일 요인에만 초점을 두는 개입은 비효과적이다. 학교폭력을 효과적으로 예방하고 감소시키기 위해서는 위에서 제시된 학교폭력을 초래하는 개별 요인 관련 대책을 포괄하여 유기적으로 연결하는 종합적 대책이 필요하다.

3. 학교사회복지

1) 학교사회복지의 개념

학교의 목적이 모든 학생의 전인교육을 실현하는 것이지만 학교폭력, 집단따돌림, 학교부적응 등의 많은 문제가 나타나고 있어 학교의 붕괴를 우려하는 목소리가 높아지고 있는 실정이다. 특히, 1997년 경제위기 이후 빈곤과 이혼의 증가에 따라 부모의 양육능력이 약화되면서 학령기 아동의 결식, 기초 학력 저하, 가출, 학교폭력 등의 문제들이 급증하고 있다.

학생들의 학교적응도를 높이고 위와 같은 문제들을 해결하고 예방하기 위해서는 학교, 가정, 지역사회의 공동 노력이 필요하고 이러한 노력은 학교사회복지제도를 통하여 효과적으로 수행될 수 있다. 미국, 영국, 스웨덴, 홍콩 등 여러 나라에서 학교사회복지제도를 활용하고 있으며, 특히 미국에서는 약 100년 전부터 학교에서 학생들의 학교적응을 돕고 학생문제를 해결·예방하기 위해 활용해 왔다.

　학교사회복지를 이루고 있는 구성요소에 기초하여 학교사회복지의 개념을 살펴보면 다음과 같다(성민선 외, 2009). 첫째, 학교사회복지실천이 이루어지고 있는 장소 또는 체계는 학교다. 학교는 물리적 공간만이 아닌 하나의 사회체계로서 이해되어야 한다. 따라서 학교체계의 요청에 의한 활동 또는 학교체계에 영향을 주기 위한 활동은 학교 밖에서 실시되더라도 학교사회복지활동으로 간주된다. 둘째, 학교사회복지에서 다루어야 할 주된 문제는 다양한 학교부적응, 학업부진, 심리사회적 문제다. 또한 학교사회복지실천은 학생들의 강점, 즉 학생들의 능력과 잠재력을 제고하며, 궁극적으로는 교육의 목적인 전인교육의 실현과 학생들의 삶의 질 향상에 기여한다. 셋째, 학생들이 겪고 있는 문제는 학생-가정-학교-지역사회 간의 역기능적 상호작용에서 기인한 것으로 보기 때문에 학교사회복지실천의 주된 방법은 학생-가정-학교-지역사회 간의 기능적 상호작용을 촉진하는 것이다. 넷째, 학교사회복지는 전문적인 지식과 기술을 가진 사회복지사에 의해 수행되는 사회복지의 한 전문영역이다.

　이러한 맥락에서 한인영, 홍순혜, 김혜란과 김기환(1997)은 학교사회복지를 "학교를 실천장소로 하여 학생-가정-학교-지역사회의 역기능적 상호작용에 의해 발생하는 학생의 심리사회적 문제를 예방하고 해결하며, 모든 학생이 자신의 잠재력과 능력을 최대로 발휘할 수 있는 교육환경을 제공하며, 이를 통하여 학교가 교육의 본질적인 목적을 달성할 수 있도록 도와주는 교육기능의 한 부분이며 사회사업(social work)의 전문 분야"라고 정의하였다. 한인영 등(1997)의 정의를 부분 수정하고 명료화하여 학교사회복지를 재정의한다면, 학교사회복지는 학교를 실천장소로 하여 학생-학교-가정-지역사회 간의 기능적 상호작용을 촉진함으로써 학생들의 다양한 교육적·심리사회적 문제를 해결 및 예방하고, 또한 학생의 능력과 잠재력을 키워 궁극적으로 전인교육의 실현에 기여하며, 학생들의 삶의 질을 높이는 사회복지의 한 전문영역이라 할 수 있다.

2) 학교사회복지의 역사 및 현황

(1) 학교사회복지의 역사

우리나라 최초의 공식적인 학교사회복지활동은 1993년 서울의 은평종합사회복지관에서 초등학교 특수학급아동을 대상으로 집단 프로그램을 실시한 것이었다. 그 이후 우리나라에는 여러 가지 형태의 학교사회복지사업이 실시되었으며, 학교상주형 사업을 중심으로 역사를 살펴보면 다음과 같다(성민선외, 2009).

첫째, 교육부 주관으로 1997년에 실시한 '학교사회사업 시범연구사업'은 우리나라에서 실시된 본격적인 학교상주형 학교사회복지사업이라고 볼 수 있다. 교육부의 시범사업은 서울, 대전, 광주, 대구의 4개 지역에서 실시되었다. 둘째, 1997년부터 3개교에서 실시된 서울시 교육청의 시범사업이다. 지방교육청으로는 처음으로 본격적인 학교사회복지 시범사업을 폄으로써 학교사회복지에 대한 관심을 지속시키는 데 크게 기여해 왔다. 셋째, 사회복지공동모금회 기획사업으로 2002년부터 2005년까지 학교사회복지 제도화를 목적으로 학교사회복지 시범사업을 전개하였다. 넷째, 2003년부터 실시된 교육복지우선지원사업으로 교육복지의 사각지대인 도시 저소득 지역 내 학교에서 학생들의 삶의 질을 높이기 위해 해당 학생과 가정 그리고 지역에 교육, 문화, 복지서비스를 제공하는 사업이다. 다섯째, 2004년에 시작한 교육인적자원부의 교육복지 증진 및 학교폭력 예방을 위한 사회복지사 활용 연구학교사업을 들수 있다. 이 사업으로 2004년부터 2005년까지 2년에 걸쳐 전국 96개 학교에 학교사회복지사들이 상주하게 되었다. 이후 2007년 4월, 연구학교사업의 종결을 앞두고 학교사회복지사업을 지속할 수 있는 방법을 모색한 결과, 보건복지가족부와 교육과학기술부의 공동주관으로 2007년 5월부터 2008년 12월까지 학교사회복지사 파견사업이라는 이름으로 계속해서 학교사회복지사업을 실시할 수 있었다.

그동안 수행되었던 학교사회복지사업에서는 지역사회 및 학교 내에 학교사회복지를 실행할 수 있는 여건을 구축하고, 학생의 욕구 파악 및 주요 서비스에 대한 계획을 수립하며, 학생 상담 및 사례관리서비스를 제공하고, 가정방문 및 가족상담과 지역사회서비스 연계, 예방교육 및 집단 프로그램(폭력예방, 사회성증진, 학습증진, 진로탐색, 자아발견 등)을 실시하는 등 다양한 활동을 하며 학교사회복지사업의 제도화를 위한 토대 구축에 힘써 왔다.

(2) 학교사회복지의 현황

현재 다양한 형태의 학교사회복지사업이 실시되고 있으며, 사업의 운영현황을 살펴보면 다음과 같다(한국학교사회복지사협회, 2022; 한국학교사회복지사협회, http://kassw.or.kr).

첫째, 2022년 현재 전국에 3,847개의 학교가 교육복지우선지원사업에 참여하고 있으며, 교육복지사 또는 지역사회교육전문가가 배치된 학교는 1,572교이다(한국교육개발원, 2023). 사업의 목적은 저소득 아동의 건강한 신체 및 정서발달, 다양한 문화적 욕구 충족, 학습결손 예방과 치유를 통한 학력증진과 가정-학교-지역사회 차원의 종합적인 교육복지 지원망을 구축하는 것이다. 사업의 주된 내용은 학습결손 치유와 예방 프로그램, 정서발달을 위한 문화활동 프로그램, 정신 건강을 위한 심리 · 심성 개발 프로그램, 지역네트워크 구축을 통한 복지 프로그램, 출발점 평등을 위한 영 · 유아 교육 · 보육 프로그램 등을 운영하는 것이다.

둘째, 지방자치단체가 지원하는 학교사회복지사업이다. 경기도에서 총 117개교에서 실시되고 있다. 사업의 목적은 개인 또는 가족의 문제, 학교적응과 관련된 문제 등을 가지고 있는 학생을 위한 사회복지서비스의 강화뿐만 아니라, 일반학생을 위한 교육 · 문화 · 복지 서비스를 제공하여 최적의 교육환경을 만듦으로써 청소년 문제를 예방하고, 학생복지를 증진하며, 교육의 본질적인 목적을 달성하는 것이다. 사업의 주된 내용은 학생들의 개별적 욕구와 어려움에 대한 상담 및 지역사회 자원연계를 통한 문제해결과 가정지원서비스로 가정에서의 자녀지도를 지원하며, 교육지원서비스로 교사의 학생지도와 인성교육을 지원하는 것이다.

셋째, 민간이 지원하는 학교사회복지사업이다. 강원 6개교에서 실시되고 있으며, 사업의 목적과 내용은 지방자치단체가 지원하는 학교사회복지사업과 유사하다.

넷째, 학교사회복지 관련 주요사업으로 교육부가 2023년부터 시범사업으로 진행 중인 학생맞춤통합지원사업이다. 2023년 7월 기준 선도학교 94개교와 시범교육지원청 19개청, 총 113개 기관이 참여하고 있다. 사업의 목적은 기초학력 미달, 경제적 어려움, 심리적·정서적 어려움, 아동학대 등 다양한 어려움에 처한 도움이 필요한 학생에게 학습·복지·상담 등을 통합한 맞춤형 지원을 제공함으로써 교육 사각지대를 해소하고 학생의 전인적 성장을 도모하는 것이며, 사업영역은 복지 지원, 학업·진로 지원, 심리·정서 지원, 안전 지원 등을 포괄한다. 이 사업을 제도화하기 위해 학생맞춤통합지원법안이 2023년 5월 31일에 국회의원 28인에 의해 발의된 상황이다.

3) 학교사회복지사의 역할 및 관련 전문가와의 차이

학교사회복지사의 역할은 크게 다섯 가지로 나누어 말할 수 있다. 첫째, 사례관리자로서의 역할이다. 학생의 복합적 욕구를 파악하고 욕구를 충족시키기 위한 자원연계 및 조정과 지속적으로 모니터링하는 역할이다. 둘째, 학생과 학생의 가족에 대한 상담자로서의 역할로서 대상자의 필요에 따라 개인상담, 집단상담, 가족상담 등을 실시한다. 셋째, 학생과 학생의 가족에게 포괄적 서비스를 제공하기 위하여 학생-가족-학교-지역사회를 연계하는 연계자로서의 역할이다. 이러한 역할을 효과적으로 수행하기 위해서는 학생과 가족의 욕구에 대한 정확한 사정과 지역사회 자원에 대한 폭넓은 이해와 지역사회와의 공조체계 형성이 전제되며 또한 효과적 연계를 위한 지역사회 자원개발이 요구된다. 넷째, 학생문제와 관련하여 학생, 학부모, 교사, 학교행정가를 교육함으로써 학생문제에 대한 이해를 돕고, 궁극적으로 문제를 해결·예방하는 교육자로서의 역할이다. 학교폭력 예방교육, 약물남용 예방교육, 부모교육 등이 주요 교육내용이 될 수 있다. 다섯째, 학생의 학교적응을 방해하는 학교·지역사회의 제도와 문화를 변화시키는 정책가로서의 역할이다. 처벌 위주의 학생지도에서 선도 위주의 학생지도로, 지역사회 유해환경을 건전한 환경으로 변화시키기 위하여 학교행정가, 교사, 학부모, 관련 단체 및 지역사회 주민과 협력하여 일한다.

이러한 학교사회복지사의 역할은 관련 전문가의 역할과 비교해 볼 때 사례관리자의 역할과 연계자의 역할은 고유의 역할로 볼 수 있지만, 상담자, 교육자, 정책가의 역할은 관련 전문가와 공유하는 역할로 볼 수 있다. 윤철수와 안정선(2010)은 학교사회복지사와 관련 전문가와의 차이를 〈표 10-3〉과 같이 제시하였다. 즉, 학교사회복지사는 학생-가정-학교-지역사회의 연계자로서, 전문상담교사는 상담전문가로서, 청소년지도사는 전문화된 프로그램을 통한 청소년활동전문가로서의 정체성 차이를 보여 준다.

| 표 10-3 | 학교사회복지사와 관련 전문가의 역할 차이

구분	학교사회복지사	전문상담교사	청소년지도사
공통요소	• 학생에 대한 긍정적 인식 • 학생문제 해결에 대한 자신만의 관점을 가짐 • 각자 자신만의 전문적인 접근기술이 있음		
전문요소	• 지역사회 자원개발 • 사례관리자 • 학생-가정-학교-지역사회 연계자	• 교육전문가 • 상담전문가 • 생활지도 • 자문과 조정	• 청소년 전문가 • 청소년활동 전문가 • 프로그램 전문가 • 청소년 변화에 초점
정체성	생태체계적 관점으로 학생-가정-학교-지역사회를 연계하여 학생문제 해결과 학생복지 향상에 기여하는 전문사회복지사	상담에 관한 전문지식과 기술로써 학생의 문제해결을 돕는 교사	전문적 프로그램을 통해 청소년의 성장과 변화를 도모하는 전문가

출처: 윤철수, 안정선(2010)을 부분 수정함.

4) 학교사회복지의 성과 및 과제

(1) 학교사회복지의 성과

그동안 수행된 학교사회복지사업의 성과에 대한 평가결과를 사업유형에 따라 정리하면 다음과 같다(정규석, 2010).

첫 번째, 서울시 교육청 학교사회복지 시범사업의 성과다. 노혜련(2006)은 2000년부터 2005년까지의 서울시 교육청 학교사회복지 시범사업의 평가결과를 다음과 같이 제시하였다. 첫째, 폭력 관련 태도와 행동의 변화가 나타났는데 프로그램 실시 전에 비해 실시 후에 폭력에 허용적인 태도를 가진 학생의 비율이 감소하였으며(62.2%에서 4.9%로 감소함), 폭력 사용 학생의 비율 또한 감소하였다(83.0%에서 4.9%로 감소함). 둘째, 자존감과 사회성이 향상되고, 흡연량과 스트레스가 감소하였다. 셋째, 학생의 수업근태 건수와 징계가 감소하여 출결상황과 징계상황에서 긍정적인 변화를 보였으며, 중퇴율도 감소하였다. 넷째, 교사 중 대다수(평균 80.0%에서 92.1%)가 학교사회복지가 학생지도에 도움이 되었다고 밝혔다. 이러한 긍정적인 변화는 학교사회복지 시범사업이 학생들의 학교생활 적응력 향상에 효과적임을 보여 준다.

두 번째, 사회복지공동모금회 학교사회복지 시범사업의 성과다. 2002 사회복지공동모금회 기획사업 학교사회복지 전문위원회(2005)는 2002년부터 2005년까지 4년간 실시된 사회복지공동모금회 기획사업인 학교사회복지사업에 대한 평가결과를 다음과 같이 제시하였다. 첫째, 학생의 자아존중감, 행복감, 가정생활, 학교생활에 있어 긍정적인 변화를 보였으며, 학교폭력 가해행동, 방관행동 및 피해가 유의미하게 감소하였다. 둘째, 학생의 징계율과 중퇴율이 뚜렷이 감소하였다. 셋째, 학교사회복지사의 활동으로 지역사회 자원의 효과적인 활용 및 네트워크 구축이 이루어졌다. 이러한 평가결과는 제공된 학교사회복지서비스가 학생들의 문제해결에 실질적인 도움이 되었으며, 학생복지 증진 및 교육목표 달성에 기여하였음을 보여 준다.

세 번째, 학교사회복지사 파견사업의 성과다. 김혜래, 김상곤, 최승희와 조성우(2008)는 2007년부터 2008년까지 2년간 시행된 '보건복지가족부와 교육과학기술부 공동 주관 학교사회복지사 파견사업'에 대한 평가에서 다음과 같은 결과를 제시하였다. 첫째, 학교사회복지 서비스와 프로그램이 학생들의 건강한 심리적·사회적 발달을 촉진하고 문제행동을 감소시키는 것으로 나타났다. 둘째, 학교 근태율에서 지각, 조퇴, 결석이 감소하여 근태상황이 많이 개선된 것으로 나타났다. 셋째, 학생을 위한 지역사회 자원개발에서도 탁월한 성과를 보여 주었는데, 학교사회복지사가 연계활동이나 직접적인 자원개발 활동을 통해 창출한 경제적 효과는 20억 원을 초과하는 것으로 나타났다.

또한 정규석(2010)은 부산 지역 학교사회복지사 파견사업의 성과를 질적으로 분석하여 다음과 같은 결과를 제시하였다. 첫째, 학생들의 변화다. 학생들은 공통적으로 심리·정서적으로 안정되었고, 태도 및 행동에서도 긍정적인 변화가 있는 것으로 나타났다. 그리고 이러한 변화는 학생들의 성적을 향상시키는 원인이 되기도 했다. 즉, 학생들은 학교사회복지실의 상담 및 프로그램 활동을 통해 심리·정서적으로 안정되었고, 또한 생활습관, 수업태도, 교사에 대한 태도 및 근태상황에서도 긍정적인 변화를 보였다. 둘째, 가족의 변화다. 학부모들은 학교사회복지사로부터 얻은 학생에 대한 정보를 통해 학생에 대해 관심을 갖게 되고, 인식 또한 긍정적으로 변화되었으며, 학부모교육이나 학부모상담을 통해 가족의 문제도 학교, 가정, 지역사회가 연계하여 함께 해결해 나아갈 수 있음을 인식하게 된 것으로 나타났다. 셋째, 학교의 변화다. 학교사회복지사가 학교에 상주하게 되면서 학교에서는 학생들의 변화를 통해 학교 분위기가 긍정적으로 변하였고, 학교사회복지사업에 대한 학교관리자 및 교사의 인식도 긍정적으로 변한 것으로 나타났다. 끝으로, 학교와 지역사회의 관계 변화다. 학교사회복지사의 상주로 학교와 지역사회가 긍정적인 관계를 형성하게 되었다.

네 번째, 교육복지우선지원사업의 성과다. 이혜영(2005)은 사례분석을 통하여 교육복지투자 우선지역 지원사업을 추진하는 개별학교의 교육활동, 학생의 교육활동 측면에서 긍정적 변화가 있었음을 보여 주었다. 김정원과 박인심(2007)도 교육복지투자우선지역 지원사업의 효과 분석에서 사업이 진행됨에 따라 학생의 자아개념이 높아지고, 학교생활 및 학업에 대한 태도가 향상되는 것을 보여 주었다. 또한 이봉주, 김예성과 김광혁(2008)은 교육복지투자 우선지역 지원사업 참여학교 학생과 비참여학교 학생의 발달에 대한 종단적 비교를 통해 학교만족도, 자아존중감, 우울과 같은 발달영역에서 유의미한 차이가 있으며, 교육복지투자 우선지역 지원사업이 학교생활 만족도 향상에 긍정적인 영향력을 미쳤고, 학생들의 심리적 적응에 긍정적인 효과를 발휘하였음을 보여 주었다. 이와 같이 많은 선행연구에서는 사업에 참여한 학생들의 학업성취도가 향상되고, 자존감과 행복도가 높아졌으며, 학교생활이 개선되고 학교적응력이 향상된 것을 보여 주었다(정규석, 황영애, 김미정, 2019).

(2) 학교사회복지의 과제

이러한 성과에도 불구하고 학교사회복지는 아직 제도화되지 못한 상태에 있다. 사업의 법적 근거가 약하기 때문에 학교사회복지사업이 불안정적으로 운영되고 있어 이 문제에 대한 근본적 해결을 위한 학교사회복지의 제도화가 필요하다.

학교사회복지의 제도화를 위해서는 무엇보다도 학교사회복지에 대한 사회인식을 제고하는 것이 필요하다. 사회복지계뿐만 아니라 학생, 학부모, 교사 및 교육행정가, 입법관계자 등이 학교사회복지의 취지, 필요성, 역할, 효과성에 대한 이해를 제고해야 한다. 학교사회복지에 대한 인식을 제고하기 위한 방법을 대상에 따라 정리하면 〈표 10-4〉와 같다.

| 표 10-4 |　학교사회복지에 대한 인식 제고방법

인식 제고 대상	인식 제고방법
사회복지계	학교사회복지 교과목 개설 확대 및 관련 교과목의 신설, 교육 프로그램, 세미나, 학술대회, 제도화 추진위원회 구성 및 운영
교사 및 학교행정가	교사 및 학교행정가 대상 연수 프로그램 및 특강, 학교사회복지사업 평가회, 홍보물(학교사회복지사업 평가보고서, 사례집 등), 학교사회복지사업 확대 실시
학생, 학부모, 일반 시민	대중매체(신문, TV, 리디오 방송 등) 및 인터넷, 거리 홍보
교육부 및 교육청	관계자와의 면담 및 회의, 교사단체 및 학부모단체와의 연대 형성을 통한 정책건의, 학교사회복지사업 평가회, 홍보물
교사단체 및 학부모단체	설명회, 토론회, 세미나, 홍보물
입법관계자	관계자와의 면담 및 회의, 토론회, 입법 제의, 홍보물, 문자 보내기, e-mail 보내기, 전화하기

출처: 성민선 외(2009), p. 465.

　　제도화를 위한 과정에서는 현재 나타나고 있는 학교폭력, 집단따돌림, 학교부적응 등의 학생문제를 사회문제로 부각시키고, 이 문제를 해결하기 위한 제도의 결여에 대한 사회적 관심을 형성하고, 이러한 문제의 해결책으로서 학교사회복지를 제시하여야 할 것이다. 또한 법제화 과정에 결정적인 역할을 할 국회의원들의 관심과 지지를 이끌어 내기 위하여 국회의원들과의 협조체계를 적극적으로 형성해야 할 것이다.

토의문제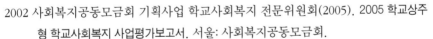

1. 학업중단이 개인과 사회에게 미치는 영향은 무엇인지 토의해 보자.

2. 학업중단과 관련한 요인 가운데 가장 큰 영향을 미치는 요인은 무엇인지 토의해 보자.

3. 학업중단에 대한 대책으로 가장 중요하게 여겨야 할 것은 무엇인지 토의해 보자.

4. 공식적으로 보고되는 학교폭력 통계와 설문조사에서 나타나는 통계는 차이가 크다. 그 이유는 무엇인지 토의해 보자.

5. 노르웨이 학교폭력예방 프로그램이 가지고 있는 장점은 무엇인지 토의해 보자.

6. 현재 우리나라에서 시행되고 있는 학교폭력 대책과 개선방안에 대해 토의해 보자.

7. 학교사회복지의 현황을 볼 때 개선되어야 할 점은 무엇인지 토의해 보자.

8. 학교사회복지사와 관련 전문가의 협력방안은 무엇인지 토의해 보자.

9. 학교사회복지의 제도화를 이루어 내기 위한 효과적 방안은 무엇인지 토의해 보자.

참고문헌

2002 사회복지공동모금회 기획사업 학교사회복지 전문위원회(2005). 2005 학교상주형 학교사회복지 사업평가보고서. 서울: 사회복지공동모금회.

고성혜, 정진희(2003). 2003 청소년보호백서. 서울: 국무총리 청소년보호위원회.

교육부(2022). 2022년 1차 학교폭력 실태조사 결과 발표.

김경집(2005). 초기 청소년의 또래폭력에 영향을 미치는 요인: 학교환경과 학구를 중심으로. 한국청소년연구, 16(1), 421-448.

김미영(2007). 학교체계가 중학생의 학교폭력에 미치는 영향. 한국청소년연구, 18(2), 287-314.

김순혜(2007). 학교폭력 관련변인에 관한 연구. 교육논총, 27(2), 67-85.

김정원, 박인심(2007). 교육복지투자우선지역 지원사업 효과 분석. 한국교육, 34(4), 131-154.

김준호(1998). 한국의 학교폭력에 대한 연구: 피해와 가해를 중심으로. 한국사회, 1,

109-131.

김현수(2006). 학교폭력과 정신건강: 학교폭력 피·가해 학생의 정신과적 진단 중심. 청소년폭력예방 교육 전문가 양성과정(pp. 61-70). 서울: 국가청소년위원회.

김혜래, 김상곤, 최승희, 조성우(2008). 학교사회복지사 파견사업 효과성 평가 연구. 교육과학기술부·보건복지가족부·한국학교사회복지사협회.

노혜련(2006). 2000년-2005년 6년간의 서울시 교육청 학교사회복지 시범사업의 평가와 전망. 학교사회복지, 10, 1-39.

박창남, 도종수(2003). 청소년 학교중퇴의도의 원인에 관한 연구. 청소년학연구, 10(3), 207-238.

성민선, 조흥식, 오창순, 홍금자, 김혜래, 홍봉선, 노혜련, 윤찬영, 이용교, 조미숙, 노충래, 정규석, 오승환, 이상균, 김경숙, 김상곤, 진혜경, 윤철수, 최경일, 이태수(2009). 학교사회복지의 이론과 실제. 서울: 학지사.

여성가족부(2023). 2022 청소년백서.

유진이(2009). 학교중도탈락 청소년의 심리적 지도방안. 청소년학연구, 16(11), 229-257.

윤철수, 안정선(2010). 학생복지 관련 전문가들의 역할·정체성 비교 연구. 청소년학연구, 17(2), 333-361.

이봉주, 김예성, 김광혁(2008). 교육복지투자우선지역 지원사업 효과분석: 참여학교와 비참여 학교아동의 발달에 대한 종단적 비교. 한국청소년연구, 19(3), 169-195.

이웅혁(2006). 학교폭력행위에 대한 질적 연구. 한국공안행정학회보, 25, 245-265.

이혜영(2005). 교육복지투자우선지역지원사업 효과분석과 발전방안. 서울: 한국교육개발원.

장덕희(2007). 청소년 학교폭력의 중복특성과 요인에 관한 연구. 청소년학연구, 14(6), 69-97.

정규석(2008). 초등학생과 중학생의 학교폭력 영향요인 비교. 사회과학연구, 24(4), 323-338.

정규석(2010). 부산지역 학교사회복지사 파견사업의 성과(미출판).

정규석, Bronson, D. E. (2000). 미국 고등학생의 학교중퇴에 관한 다체계 모델: 모델 검증과 학교중퇴 예방프로그램에 주는 의미. 한국아동복지학, 9, 205-225.

정규석, 김영종(2003). 다체계적 관점에서 본 청소년 성매매의 원인과 대처방안. 사회과학연구, 19(1), 77-90.

정규석, 황영애, 김미정(2019). 교사의 시각에서 본 교육복지우선지원사업의 의미. 사회복지 실천과 연구, 16(2), 5-41.

조성연, 유진이, 박은미, 정철상, 도미향, 길은배, 김민정(2008). 청소년복지론. 서울: 창지사.

조성연, 이미리, 박은미(2009). 학업중단 청소년. 아동학회지, 30(6), 391-403.

최덕경, 강기정(2001). 청소년의 학교폭력 실태 및 관련변인에 대한 탐색적 연구: 안성시 중·고등학생을 중심으로. 청소년복지연구, 3(2), 89-103.

최운선(2005). 학교폭력 관련변인에 관한 메타분석. 한국가족복지학, 10(2), 95-111.

한국교육개발원(2023). 2022년 교육복지우선지원사업 및 교육복지안전망 운영 현황 조사 결과.

한국학교사회복지사협회(2022). 2022 학교 내 사회복지사업 현황 자료. 서울: 한국학교사회복지사협회.

한상철(2004). 청소년 폭력의 원인과 대처 방안: 통합정책의 필요성과 방향. 청소년 폭력예방 사업평가와 통합정책 추진 모색을 위한 토론회(pp. 1-34). 서울: 청소년보호위원회.

한인영, 홍순혜, 김혜란, 김기환(1997). 학교와 사회복지. 서울: 학문사.

홍봉선, 남미애(2018). 청소년복지론(제5판). 경기: 공동체.

Alpert, G., & Dunham, R. (1986). Keeping academically marginal youth in school. *Youth in Society, 17*(4), 346-361.

Astone, N., & McLanahan, S. (1991). Family structure, parental practices and high school completion. *American Sociological Review, 56*(3), 309-320.

Astor, R. V., Marachi, R., & Benbenishty, R. (2007). School violence. In P. Allen-Meares (Ed.), *Social work services in schools* (5th ed.). MA: Pearson Education, Inc.

Avila, D., Bonilla, R., Janicki, P., Jarns, C., & Szulgit, A. (1984). *Hispanic youth dropout: An exploratory study*. (ERIC Document Reproduction Service No. ED 323 064)

Barrington, B. L., & Hendricks, B. (1989). Differentiating characteristics of high school graduates, dropouts, and nongraduates. *Journal of Educational Research, 82*(6), 309-319.

Brooks-Gunn, J., Guo, G., & Furstenburg, F. (1993). Who drops out of and who continues beyond high school? A 20 year follow-up of urban black youth. *Journal of Research on Adolescence, 3*(3), 271-294.

Catterall, J. (1987). On the social costs of dropping out of school. *The High School Journal, 71*, 19-30.

Chavez, E. L., Oetting, E. R., & Swaim, R. C. (1994). Dropout a nd delinquency:

Mexican-American and Caucasian non-Hispanic youth. *Journal of Clinical Child Psychology*, *23*(1), 47-55.

Curtis, J., Doss, D., MacDonald, J., & Davis, W. (1983). *Dropout prediction* (Report No. 82.56). Austin, TX: Austin Independent School District. (ERIC Document Reproduction Service No. ED 233 282)

Dornbusch, S., Ritter, P., Leiderman, P., Roberts, D., & Fraleigh, M. (1987). The relation of parenting style to adolescent school performance. *Child Development*, *58*, 1244-1257.

Dryfoos, J. G. (1990). *Adolescents at risk: Prevalence and prevention*. New York: Oxford University Press.

Ekstrom, R. B., Goertz, M. E., Pollack, J. M., & Rock, D. A. (1986). Who drops out of high school and why? Findings from a national study. *Teachers College Record*, *87*(3), 356-373.

Fernandez, R. M., Paulsen, R., & Hirano-Nakanishi, M. (1989). Dropping out among Hispanic youth. *Social Science Research*, *18*, 21-52.

Henggeler, S. W., Schoenwald, S. K., Borduin, C. M., Rowland, M. D., & Cunningham, P. B. (1998). *Multisystemic treatment of antisocial behavior in children and adolescents*. New York, NY: The Guilford Press.

Howell, F. M., & Frese, W. (1982). Early Transition into Adult roles: Some antecedents and outcomes. *American Educational Research Journal*, *19*, 51-73.

Kaplan, D. S., Damphousse, K. R., & Kaplan, H. B. (1996). Moder ating effects of gender on the relationship between not graduating from high school and psychological disfunction in young adulthood. *Journal of Educational Psychology*, *88*(4), 760-774.

Lamborn, S., Mounts, N., Steinberg, L., & Dornbusch, S. (1991). Patterns of competence and adjustment among adolescents from authoritative, authoritarian, indulgent, and neglectful families. *Child Development*, *62*(5), 1049-1065.

Martin, D. L. (1981). *Identifying potential dropouts: A research report*. Frankfort, KY: Kentucky State Department of Education, Office of Research and Planning. (ERIC Document Reproduction Service No. ED 216 304)

Mensch, B. S., & Kandel, D. B. (1988). Dropping out of high sch ool and drug involvement. *Sociology of Education, 61*(2), 95–113.

Roderick, M. (1994). Grade retention and school dropout: Invest igating the association. *American Educational Research Journal, 31*(4), 729–759.

Rumberger, R. W. (1983). Dropping out of high school: The influence of race, sex, and family background. *American Educational Research Journal, 20*(2), 199–220.

Rumberger, R. W. (1987). High school dropouts: A review of issues and development. *Review of Educational Research, 57*(2), 101–121.

Steinberg, L., Elman, J., & Mounts, N. (1989). Authoritative parenting, psychosocial maturity and academic success among adolescents. *Child Development, 60*, 1424–1436.

Valverde, S. A. (1987). A comparative study of Hispanic high school dropouts and graduates. *Education and Urban Society, 19*(3), 320–329.

Velez, W. (1989). High school attrition among Hispanic and non–Hispanic White youths. *Sociology of Education, 62*(2), 119–133.

Wehlage, G., & Rutter, R. (1986). Dropping out: How much do schools contribute to the problem. *Teachers College Record, 87*, 374–392.

Weis, L., Farrar, E., & Petrie, H. G. (Eds.). (1989). *Dropouts from school: Issues, dilemmas, and solutions.* Albany, NY: State University of New York Press.

한국학교사회복지사협회 http://www.kassw.or.kr

동아일보(2011. 12. 23.). "9개월 괴롭힘에"… 4쪽 유서 남긴 중2 소년의 절규.

제11장

청소년과 문화

청소년에게 문화는 생활이자 권리다. 청소년이 문화를 향유할 권리(cultural rights)는 세계인권선언(Universal Declaration of Human Rights)뿐 아니라 예술을 포함한 표현의 자유를 명시한 아동권리협약(Convention on the Rights of the Child) 그리고 「헌법」과 「교육기본법」에도 명시되어 있다. 2006년에는 시민사회의 주도로 문화헌장이 제정된 바 있고, 2010년에는 경기도의회의 '학생인권조례안' 가결을 시작으로 학생인권 차원에서 학교문화의 전반적인 개혁이 이루어지고 있다. 문화는 청소년이 사람답게 살기 위한 기본권임에도 불구하고 한국 청소년은 여가시간의 절대적인 부족으로 문화 향유에 여전히 취약하다. 이 장에서는 청소년문화의 특성과 청소년문화환경을 살펴보고, 청소년의 복지증진 차원에서 청소년문화활동 활성화 방안을 모색해 보도록 한다.

1. 청소년문화의 개념과 특성

1) 청소년문화의 개념

문화는 인간의 기본권으로서 생활양식이자 취향으로 이해되고 있다. 문화의 개념을 광의와 협의로 구분하여 정의할 수 있는데, 먼저 광의의 문화는 인간 집단 내에서 공통적으로 나타나는 가치 또는 행동양식과 사고 방식 등의 삶의 양식을 의미하며 '전통 문화' '청소년문화' '대중문화' '인터넷 문화'와 같은 용법으로 나타난다. 다음으로, 협의의 문화는 문학이나 예술 분야와 관련된 활동으로 정신적으로나 물질적으로 진보된 상태로 '문화인' '문화생활' '문화행사'와 같이 세련되고 교양 있는 모습을 지칭하는 표현으로 사용되기도 한다(한완상, 한균자, 2013).

문화의 개념은 시대와 사회에 따라 다양한 함의를 내포하고 있어 청소년문화 역시 관점에 따라 상이하게 정의된다. 일반적으로 청소년문화는 '청소년의 독특한 행동양식과 태도, 의식을 포괄하는 생활양식의 총체'로 지칭되며, 청소년의 지위와 상황을 설명하는 사회환경 자체로 보고 학교문화, 성문화, 모바일문화, 팬덤문화 등으로 지칭하기도 한다.

지금까지 청소년문화는 주로 '보호와 육성'의 관점에서 설명되었다. 즉, 기성세대에게 당혹감을 안겨 주고 성인에 비해 미숙한 문화, 주류인 기성세대의 문화에 순응하지 않는 대항문화, 사회규범과 법질서에 어긋나는 비행문화 등으로 폄하된 측면이 없지 않다(김신일, 1992). 그러나 최근에는 청소년문화를 인간의 생애주기에서 특정한 연령집단의 행위양식인 하위문화의 한 형태로 설명하거나 신선한 문화로 보는 시각이 공존한다. 이는 과거에 비해 우리 사회의 다양성에 대한 수용의 폭이 넓어졌고, 청소년이 새로운 유행을 선도하고 문화소비의 주요 세력으로 등장하면서 단순히 문화를 소비하는 것을 넘어 문화를 창조하는 주체가 되고 있기 때문이다.

2) 청소년문화의 특성

문화는 다수가 공유하고 다양한 형태로 나타나며, 사회집단 내에서 학습과 사회화(socialization)라는 상호작용을 통해 공유된다. 또한 구성원이 지속적으로 교체되고 충원되는 과정에서 끊임없는 축적과 변화를 거듭하는 속성이 있다. 청소년문화도 전통과 같이 그 명맥을 유지하는 것이 아니라 시대별로 뚜렷한 특성이 나타나며, 학교, 또래, 인터넷을 통해 문화를 학습하고 내면화하는 과정에서 일종의 규율과 같은 형태를 보이기도 한다. 최근의 사회변화에 따른 청소년문화의 특성은 다음과 같다.

첫째, 인터넷과 SNS는 이제 단순한 매체나 도구적 수단이 아니라 청소년의 교제, 교류, 참여, 여가, 생활이 이루어지는 생활영역이다. 이로 인해 최근의 청소년문화는 탈지역적이며 사이버 커뮤니티가 활성화되는 특성을 보인다. 청소년의 높은 휴대전화 사용률, ICT 활용률 확대 등 유비쿼터스로 대변되는 정보통신기술의 확산과 정보화에 따라 이러한 특성은 더욱 가속화될 것으로 전망된다.

둘째, 청소년의 인터넷 · 스마트폰 과몰입 문제와 채팅 앱을 통한 성폭력 노출, 인터넷 도박 등 새로운 형태의 유해환경이 지속적으로 출현하고 있다. 정보화의 진전은 우리 사회의 시대 흐름이라는 점에서 인터넷 · 스마트폰 과몰입을 포함한 문화의 역기능에 대한 국가 차원의 규제와 청소년의 대응역량 증진 필요성이 지속적으로 강조될 것으로 전망된다.

셋째, 1990년대 이후 청소년은 본격적으로 미디어, 대중문화, 대중소비에서 프로슈머(prosumer) 또는 생비자(生費者)로 자리매김하였다. 프로슈머는 생산자(producer) 또는 전문가(professional)와 소비자(consumer)가 결합된 단어로, 생산자와 소비자의 역할을 동시에 하는 '생산하는 소비자' 또는 '전문가적 생산소비자'를 의미한다(백혜란, 이기춘, 2009: 137-138). 청소년이 대중문화의 구매력을 가지고 문화소비의 적극적인 공략 대상으로 자리매김하면서 1990년대 중반 이후 팬덤문화(fandom culture)라는 신조어도 만들어졌다.

　　마지막으로, 사회구조의 변화에 따른 청소년문화 트렌드는 네트워킹 (networking), 이동성(mobility), 개인화(individualization)로 요약된다(국가청소 년위원회, 2006: 94-96). 첫째, 네트워킹은 또래집단에 대한 의존성, 통신수단 을 활용한 탈지역적인 연결을 의미한다. 둘째, 이동성은 공간에 제약받지 않 고 흥미와 체험을 찾아 유랑하는 행태를 총칭하는 것이다. 셋째, 개인화는 문 화와 여가활동에 있어 기존의 전통과 가치개입적인 강제와 같은 외부의 통제 보다는 개인의 선호가 우선시되는 경향이 보다 뚜렷하다는 것을 의미한다.

3) 청소년의 문화 향유 권리

　　청소년문화권, 즉 청소년이 문화를 향유할 권리에 대한 해석은 인권을 도 덕적 권리로 볼 것인가, 아니면 법적인 권리로 볼 것인가의 잣대에 따라 달라 질 수 있다. 즉, 인권을 도덕적 권리로 볼 경우 청소년의 문화권은 '모든 청소 년은 문화를 누릴 동등한 권리가 있다.'라는 정도의 자연권과 동일한 의미로 이해된다. 반면, 법적인 권리로 볼 경우 청소년문화권은 법과 제도에 의해 반 드시 보장받아야 하는 최소한의 권리로 해석할 수 있다.

　　청소년문화권의 법적 근거는 「헌법」뿐 아니라 「청소년 기본법」 「청소년활 동 진흥법」에서 명시한 '활동'의 개념에서도 찾을 수 있다. 「청소년활동 진흥 법」에서 '청소년문화활동'은 청소년이 예술활동 · 스포츠활동 · 동아리활동 · 봉사활동 등을 통하여 문화적 감성과 더불어 살아가는 능력을 함양하는 체험 활동으로 정의된다(동법 제2조). 또한 이와 같은 문화활동은 청소년의 균형 있 는 성장을 위해 필요한 활동이라고 명시되어 있다(「청소년 기본법」 제3조).

　　한편, 「문화예술교육 지원법」에는 "모든 국민은 나이, 성별, 장애, 사회적 신분, 경제적 여건, 신체적 조건, 거주지역 등에 관계없이 자신의 관심과 적성 에 따라 평생에 걸쳐 문화예술을 체계적으로 학습하고 교육받을 수 있는 기 회를 균등하게 보장받는다."(제3조)라고 명시되어 있다.

2. 청소년의 여가 · 문화활동의 기능과 효과

여가는 시간, 활동, 정의적 개념으로 이해된다. 시간적 개념의 여가는 '노동에서 벗어난 자유로운 시간', 활동적 개념의 여가는 '일이나 공부 외의 자유시간에 행해지는 자발적인 활동', 정의적 개념의 여가는 '자유로운 마음의 상태'를 의미한다(노용구, 박원임, 2000). 이 가운데 활동적 개념이 청소년에 있어 여가의 의미와 취지를 가장 적절하게 설명한다. 즉, 자발성을 전제로 하는 청소년의 여가활동은 다음과 같은 기능과 효과를 기대할 수 있다.

1) 바람직한 사회화에 기여

청소년기의 조직화된 여가활동은 건전한 여가선용을 위한 다양한 방법을 습득하도록 하여 인격형성에 도움이 되며, 비행의 보호요인으로 작용할 수 있다. 이는 비행이론 가운데 사회통제이론(Social Control Theory)을 적용하면 보다 쉽게 설명된다. 즉, 사회통제이론에 따르면 사람들은 사회화 과정을 통하여 사회적 규범을 내면화함으로써 일탈을 행하지 않게 되며, 사회적 결속이 일탈의 정도를 조정할 수 있다고 본다(Hirschi & Gottfredson, 1995). 결국 청소년기에 의미 있는 양질의 문화활동으로 여가를 보낼 경우 범죄와 일탈에의 노출이 줄어들어 비행예방과 바람직한 사회화에 기여하는 것이다. 특히, 학교 내에서 행해지는 다양한 여가 · 문화활동 역시 예방적 · 치료적 효과가 있으며 학교생활의 동기를 향상하는 데 도움이 된다(서희정, 2003). 따라서 청소년기 여가활동은 개인적인 선호 이상의 사회적인 의미가 큰 활동임을 알 수 있다.

2) 생활 전반에 대한 긍정적 태도와 역량 강화

문화예술활동은 청소년이 삶에 대한 희망을 가지고 보다 적극적인 생활자세를 취하게 한다는 점에서 취약·위기 청소년에게 더욱 지원이 필요하다. 실제로 문화예술활동은 소외계층 아동과 청소년의 문화예술적 소양을 제고하고, 일상생활 태도에 긍정적인 변화를 가져올 수 있다(곽윤정, 2010). 또한 소년원생의 충동조절, 인성 함양, 자아개념 및 자아존중감, 우울 감소, 정서 안정, 대인관계능력 향상, 유능감, 자기표현능력 개선에도 도움이 되는 것으로 나타났다(한국문화예술교육진흥원, 2009).

이와 같이 문화예술활동과 같은 능동적인 체험활동은 TV 시청이나 게임과 같은 수동적인 활동에 비하여 사회적 상호작용을 통한 성취감을 제공한다는 점에서 정신건강에 도움이 된다(Tyson, Wilson, Crone, Brailsford, & Laws, 2010). 또한 문화예술활동은 스트레스를 해소하고, 자아존중감, 자기효능감을 증진하며 우울, 불안, 공격성은 감소시켜 학교생활 적응 및 삶의 만족도에 긍정적인 영향을 미친다(이성학, 원주연, 권정두, 2012; 조윤혜, 2023; 차동혁, 옥선화, 2014).

3) 자기성찰과 성숙의 기회 제공

문화예술활동 경험은 청소년이 서로 다른 가치와 문화를 존중하고 타인을 배려하며 자신을 성찰하는 기회가 된다(노정호, 2007; 이영라, 이숙종, 2019). 또한 문화예술작품을 창작하고 감상하며 즐기는 법을 배우면서 남들과 다른 방식으로 생각하는 기회를 가짐으로써 보다 성숙해질 수 있다. 이러한 활동경험은 청소년이 단순반응단계에서 반성적 사고단계로, 흑백논리 사고단계에서 역지사지(易地思之)가 가능한 사고단계로, 폭력을 통한 해결단계에서 협상을 통한 해결단계로 도약하는 데 기여한다(Shorris, 2000).

3. 청소년의 여가 · 문화환경

1) 1일 평균 여가생활시간

여가시간은 개인의 생활방식(life style)과 삶의 질을 보여 주는 지표다. 한국 국민이 하루 24시간 중 여가에 사용하는 시간의 비율은 17.9%로 OECD 33개국 중 28위로 하위권에 해당한다(조규준, 2023). 통계청 자료에 따르면, 한국 청소년의 생활시간에서 드러난 가장 뚜렷한 특징은 학습에 투입되는 시간이 많아 일상생활에서 여가시간이 차지하는 비율에 영향을 미친다는 점이다. 여가시간은 '필수 · 의무시간이 아닌, 개인이 자유롭게 사용이 가능한 시간'을 의미하는데, 5년마다 실시되는 통계청의 '생활시간조사' 결과를 통해 10대 청소년들의 1일 평균 여가시간 추이를 확인할 수 있다. [그림 11-1]에서 보는 바와 같이 2004년 주말을 포함한 하루 평균 약 4시간 26분이던 청소년의 여가시간이 2009년 약 26분이 감소한 것으로 나타났다. 이후 주 5일 수업제가 전면 도입된 2012년 이후에 실시된 2014년과 2019년 조사에서는 10대 청소년의 여가 사용시간이 각각 4시간 27분과 4시간 52분으로 점차 증가한 것으로 나타나 주 5일 수업제가 청소년의 여가시간 확보에 일부 기여한 것으

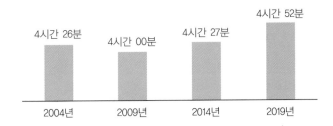

┃ 그림 11-1 ┃ 10대 청소년의 하루 평균 여가생활시간

주: 여가생활시간에는 '교제 및 참여활동' '문화 및 여가활동' '자원봉사 및 무급연수'에 사용한 시간을 모두 포함함
출처: 통계청(2004, 2009, 2014, 2019).

로 볼 수 있다. 한편 10대 청소년들의 1일 평균 학습시간은 2019년에 5시간 25분으로 전체 생활시간의 22.6%를 차지하였는데, 이는 교제 및 참여활동, 문화 및 여가활동 등으로 구성된 여가활동 사용시간 비율보다 약 2.2%p 높은 수치이다.

청소년들의 평일 여가활동 사용시간은 한국청소년정책연구원의 '아동·청소년 인권실태조사' 결과에서 확인할 수 있다(〈표 11-1〉 참조). 초등학교 4학년 이상부터 고등학생을 대상으로 한 2022년 조사에서 평일에 자유롭게 활용할 수 있는 여가시간이 하루 '2시간 이상~3시간 미만'이라고 응답한 비율이 24.1%로 가장 높았으며, 다음으로 '1시간 이상~2시간 미만'이 전체의 23.5%를 차지하였다. 학교급이 높아질수록 평일 여가시간 2시간 미만인 학생의 비중이 높아지는 반면, 5시간 이상인 학생의 비중은 감소하는 경향이 나타났다.

┃표 11-1┃ 10대 청소년의 평일 여가시간(2022년) (단위: %)

구분		1시간 미만	1~2시간 미만	2~3시간 미만	3~4시간 미만	4~5시간 미만	5시간 이상
전체		11.4	23.5	24.1	17.2	10.0	13.8
성별	남자	11.1	24.2	24.1	16.6	9.5	14.6
	여자	11.7	22.9	24.1	17.8	10.4	13.1
교급	초등학생 (4~6학년)	12.4	18.0	21.2	17.4	13.3	17.7
	중학생	8.1	24.4	26.2	19.1	8.8	13.4
	고등학생	13.9	28.3	24.9	15.0	7.7	10.1

주: 여가활동 시간: 평일 학생이 자유롭게 활용할 수 있는 하루 여가(자유)시간
출처: 김영지, 최홍일, 유성렬과 이은주(2022: 288)의 표를 재구성함.

2) 제한적인 여가문화와 문화공간

지금까지 청소년을 대상으로 하는 문화예술활동은 교육과정 내에서 예체

능 교과를 중심으로 수행되어 왔다. 그러나 입시 위주의 교육으로 인해 관련 교과의 수업시수가 축소되거나 선택 교과로 전환되는 등, 교육과정에서 다양한 문화예술 장르를 접할 기회는 더욱 줄어든 실정이다. 최근 학교폭력이 사회문제로 대두되면서 교내 스포츠클럽 활성화, 문화예술 및 스포츠강사 파견 등 정부 차원의 노력이 강화되고 있으나, 청소년의 문화 향유능력과 문화기반시설이 전반적으로 취약한 실정이다.

통계청의 '생활시간조사' 자료를 통해 연도별 청소년의 여가활동 유형별 사용 시간을 살펴보면, '미디어를 이용한 여가활동' 시간이 가장 많은 것을 알 수 있다. 다음으로 게임 및 놀이 활동으로 대표되는 '기타 여가활동'이 여가시간 중에 차지하는 비율이 높게 나타난 반면 '스포츠 및 레포츠' 활동과 '문화 및 관광활동' 시간은 상대적으로 낮게 보고되었다(〈표 11-2〉 참조).

┃ 표 11-2 ┃　10대 청소년의 여가활동 유형별 하루 평균 여가시간 추이

연도 여가활동 유형	2004	2009	2014	2019
교제활동	45분	42분	49분	57분
미디어를 이용한 여가활동	2시간 17분	2시간 24분	1시간 35분	1시간 50분
종교활동	5분	6분	5분	4분
문화 및 관광활동	4분	4분	4분	4분
스포츠 및 레포츠	15분	21분	17분	18분
기타 여가활동[1]	2시간 11분	2시간 6분	1시간 20분	1시간 42분

주: 초 단위는 일괄 삭제함
　1) 게임 및 놀이, 개인 취미활동, 자원봉사 등
출처: 통계청(2004, 2009, 2014, 2019).

'2021년 사회조사' 결과를 통해 청소년(13~24세 이하)의 여가활동 유형을 좀더 자세하게 살펴보면, 동영상 콘텐츠 시청, 컴퓨터 게임 및 인터넷 검색 등미디어를 활용한 활동에 집중된 경향이 뚜렷하게 드러난다(〈표 11-3〉 참조). 다만 청소년들은 앞으로 시간적 · 경제적 여유가 생긴다면 여행과 캠핑 등 관

광이나 문화예술관람, 자기개발활동을 하고 싶다고 응답하였다(통계청, 2021).
이는 청소년이 처해 있는 상황과 욕구 간에 괴리가 있고, 청소년들이 현재의
여가활동 내용에 만족하지 않는다는 것을 의미하는 결과다.

　미디어의 활용은 여가활동뿐 아니라 청소년의 문화 및 생활의 일부분으
로, 모바일 인터넷 사용이 일상화됨에 따라 여가활동을 위한 청소년의 스마트
폰 사용도 증가하고 있다(과학기술정보통신부, 한국지능정보사회진흥원, 2022).
특히 20대보다 10대 청소년, 10대 가운데서도 중학생의 경우 스마트폰에 대
한 과몰입 문제가 더욱 뚜렷하게 나타나는데, 이는 제한적인 여가활동 내용
에서도 그 원인을 찾을 수 있다([그림 11-2] 참조). 미디어가 청소년의 문화 전
반에 미치는 의미와 영향력이 커지고 있는 상황임을 감안할 때 이로 인한 역
기능 문제를 예방하고 치유하는 프로그램에 대한 수요도 함께 증가할 것으로
전망된다.

┃ 표 11-3 ┃ 청소년(13~24세 이하)의 여가활용　　　　　　　　　　　　　　(단위: %)

구분	동영상 콘텐츠 시청	문화 예술 관람	문화 예술 활동	스포츠 경기 관람	스포츠 활동	관광 활동	컴퓨터 게임, 인터넷 검색 등	취미· 자기 개발 활동	휴식 활동	사회 활동	기타
주중 여가활용	87.9	8.4	8.3	2.9	11.8	1.1	68.3	26.8	60.0	2.1	0.0
주말 (휴일 포함) 여가활용	83.5	10.9	7.0	2.8	12.2	5.0	66.7	25.4	60.2	5.4	0.0
향후 하고 싶은 여가활용	43.9	35.7	15.6	15.2	22.6	49.5	36.3	39.2	27.4	5.5	0.0

출처: 통계청(2021), 표 19-1, 19-2, 19-3을 재구성함.

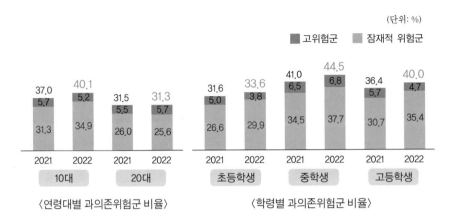

(단위: %)

■ 고위험군   ■ 잠재적 위험군

|그림 11-2| **연령대별 · 학령별 스마트 과의존 비율**

출처: 과학기술정보통신부, 한국지능정보사회진흥원(2023), p. 38, 41.

한편, 청소년의 청소년활동시설 이용 여건도 좋지 않다. 생활권 내에 있는 청소년수련관, 청소년문화의집 등 공공시설의 경우 개방시간이 제한되어 있고, 심야시간에는 개방하지 않는 경우가 많다. 이로 인해 청소년들이 방과 이후의 시간을 안전하고 즐겁게 보낼 수 있는 공간 자체가 제한적인 상황이다.[1]

3) 문화권리에 대한 인식 개선

(1)「문화예술교육 지원법」및 문화헌장 제정

「헌법」에서 규정한 문화를 누릴 권리를 구체적으로 실현하고 문화예술의 저변을 강화하기 위한 기본법으로 「문화예술교육 지원법」을 들 수 있다. 이 법률은 2005년 12월에 제정되었으며, 국민의 문화적 삶의 질을 향상시키기 위해 문화예술교육의 지원에 필요한 사항을 정하고, 문화예술교육을 활성화하는 데 목적이 있다(동법 제1조). 특히 학교와 지역사회를 기반으로 이루어지는 학교문화예술교육, 사회문화예술교육을 추진함에 있어 국가와 지방자치

---

1) 청소년활동시설의 경우 일반적으로 평일 오후 8시, 주말 오후 6시까지 개방하고 법정공휴일에는 휴관하는 경우가 많아 재학생들이 시간의 제약 없이 여가시간을 보내기에는 한계가 있다.

단체의 의무와 학생 및 보호자의 권리를 구체적으로 명시하였다는 데 의미가 있다. 문화예술교육시설은 「문화예술진흥법」에 근거한 문화시설, 「청소년활동 진흥법」에 의거한 청소년활동시설, 「평생교육법」에 따른 평생교육시설 중 문화예술교육을 실시하는 시설을 말한다(동법 제2조 제3항). 따라서 이 법률을 근거로 교내에서 이루어지는 동아리활동, 축제, 학예회, 청소년활동시설에서 주최하는 문화예술교육활동에 대하여 국가와 지자체가 경비 등을 지원할 수 있다. 학교에서 이루어지는 문화예술교육은 교육과정 및 교육과정 외에서 다양한 형태로 운영될 수 있다(〈표 11-4〉 참조).

┃ 표 11-4 ┃ 교육과정 내외 문화예술교육(2022년 8월 기준)

구분	활동	교과(군)	초등학교		중학교	고등학교
			1~2학년	3~6학년		
교육과정 편제 내	정규 교과	체육	즐거운 생활	체육교과 중 표현활동 단원		
		예술		음악		
				미술		
			국어교과 중 연극 관련 단원			연극 (일반선택)
	창의적 체험 활동	자율활동	자치 · 적응/창의주제 활동 등			
		동아리활동	예술·체육/학술문화/실습노작/청소년단체 활동 등			
		봉사활동	이웃돕기/환경보호/캠페인 활동 등			
		진로활동	자기이해/진로탐색/진로설계 활동 등			
	자유학기제		중학교 자유학기제			
교육과정 편제 외	방과 후 학교		정규 수업 이외의 교육 및 돌봄 활동 (토요 동아리, 방과후 학교, 초등 돌봄교실 등)			

출처: 김영미 외(2022), p. 145.

　2006년에는 시민사회의 주도로 '문화헌장'이 제정되었다. '문화헌장'은 아동 · 청소년을 포함한 약자 및 소수집단의 문화적 권리에 대한 보장을 담은 내용으로 총 13개 조항으로 구성되어 있다. 헌장에는 시민이 문화를 권리로 향유하고 국가가 이를 권리로써 보장하기 위해 노력해야 하며, 문화적 발전을 도모하기 위하여 국가와 시민사회가 함께 노력해야 한다는 의지가 담겨 있다. 다만 법적 구속력이 없는 선언에 불과하다는 한계가 있다. 따라서 「문화예술교육 지원법」 등 관련 법에서 권리 실현을 위한 구체적인 수단을 포함하여야 한다. 다음은 '문화헌장'의 전문이다.

문화헌장

　문화는 사람이 사람답게 살 수 있는 사회의 기초이다. 문화는 시민 개개인이 삶의 다양한 목표와 염원들을 실현해 나갈 자유로운 활동의 터전이고 공동체를 묶어 주는 공감과 정체성의 바탕이며 사회가 추구해야 할 가치, 의미, 아름다움의 원천이다. 우리가 전통의 가장 좋은 부분들을 이어받고 보존과 혁신, 성찰과 희망을 결합하여 사람의 사회를 열어 갈 창조적 동력은 문화로부터 나온다. 인간의 품위와 생명의 존엄이 모든 가치의 중심에 놓이고 사람들의 삶이 높은 성취와 행복에 도달할 수 있는 성숙한 문화사회가 사람의 사회다. 우리는 이 땅에 사는 모든 사람이 다 같이 누려야 할 문화적 권리들을 확인하고 공동체의 초석이 될 문화적 가치들을 찾아내며 사회발전의 문화적 원칙들을 천명하여 인간다운 삶의 토대를 다지고자 2006년 5월 이 헌장을 공표한다.

1. (기본 권리) 문화적 권리는 시민의 기본 권리다. 모든 시민은 부당한 검열, 감시, 위협에 시달리지 않을 권리, 양심의 자유를 제한받지 않을 권리, 사상과 표현의 자유를 적극적으로 실현할 권리, 이 땅 어디에서나 품위 있는 삶을 영위할 권리를 갖는다.

2. (창조, 참여, 향유의 평등한 권리) 문화적 권리는 시민의 평등한 권리다. 모든 시민은 계층, 지역, 성별, 학벌, 신체조건, 소속집단, 종류, 인종 기타에 의해 어떠한 차별도 받음이 없이 문화를 창조하고 문화활동에 참여하며 문화를 향유할 평등한 권리를 갖는다. 시민은 삶의 질을 높일 창조적 문화환경과 여가를 누릴 권리, 모든 분야의 지식정보와 전달매체에 평등하게 접근하고 자유로운 표현수단을 가질 권리, 자신의 문화적 삶에 영향을 주는 공공정책의 결정과 그 집행 과정에 참여할 권리를 갖는다.

3. (공동체의 문화적 토대) 사회공동체는 더불어 사는 삶의 토대가 될 문화적 가치들을 늘 확인하고 존중해야 한다. 공동체를 지탱하는 기본적인 문화적 가치들에는 사람과 생명의 존중, 평화애호, 이웃에 대한 배려와 선의, 공정성과 관용, 자연과의 상생이 포함된다. 아름답고 선한 것의 존중, 공적 가치의 옹호, 역사적 기억과 경험의 공유, 옳고 그름에 대한 이성적 판단과 같은 가치들도 공동체를 묶어 줄 시민적 덕목의 원천이고 신뢰, 협력, 유대의 기초다.

4. (다양성의 원칙) 문화다양성은 개인의 정체성과 집단적 자주성의 토대이고 사회를 풍요롭게 하는 다양성의 원천이며 평화와 공존의 기틀이다. 시민은 자유롭고 다양한 방식으로 의미를 생산하고 가치를 표현하며 다른 문화의 차이들을 존중하여 나라 안팎의 문화다양성을 증진하고 세계 평화에 기여한다.

5. (약자와 소수자의 문화권) 여성, 어린이, 청소년, 장애인, 노약자, 혼혈인을 포함한 사회적 약자와 소수집단의 문화적 권리는 특별히 보호되어야 한다. 외국인, 이주민, 이주노동자도 이 땅 어디에서나 시민과 동등한 문화적 권리를 누릴 수 있어야 한다. 성적 소수자를 포함하여 언어적 · 종교적 · 민족적 소수자와 소수집단은 자기 고유의 문화유산과 문화적 정체성을 지킬 권리를 가지며, 자신의 의사에 반하는 순응을 강요받지 않는다.

6. (문화유산 보존의 원칙) 민족의 경험과 염원이 담긴 유무형의 문화유산과 역사유적들은 이 땅에 사는 모든 이의 공유 자산임과 동시에 훼손할 수 없는 인류문화유산의 일부이다. 문화유산들은 아름답게 보전되어 새로운 창조의 기반이 되어야 한다. 문화적으로 중요한 자연환경도 넓은 의미의 문화유산에 포함된다.

7. (지역문화 창달의 원칙) 지역문화는 지역사회를 발전시키고 지역공동체를 지
탱하는 정체성과 활력의 원천이다. 지역문화를 가꾸어 나아가는 일은 주민의
자주적 참여와 자치의 원리를 따라야 한다. 지역주민은 자기 고장의 언어, 민
속, 전통 같은 고유의 표현형식들을 포함한 자생적 문화자원들을 보존하고 창
조적으로 활용할 수 있어야 한다.

8. (예술과 학문의 자유 원칙) 예술과 학문은 창조와 혁신의 원천이며 사회의 지
적 · 감성적 · 윤리적 능력의 토대이다. 시민은 누구나 그 능력과 재능에 따라
예술 창조와 학문 활동에 참여하고 자신이 이룩한 창조적 성과에 대해서는 정
당하게 보상받을 수 있어야 한다. 예술과 학문은 과도한 상업주의와 이념적 독
선의 폐해로부터 보호되고 표현, 사상, 탐구의 적극적 자유를 보장받아야 한
다. 모든 시민은 예술과 과학의 혜택을 고르게 누릴 수 있어야 한다.

9. (민주주의의 문화적 토대) 민주사회를 튼튼히 발전시키고 유지하는 데는 민주
주의의 원칙, 가치, 태도를 존중하고 함양하는 문화적 토양이 필요하다. 정부
와 자방자치단체들은 정치, 경제, 사회를 비롯한 시민생활의 모든 영역에서 민
주주의가 뿌리내리고 발전할 수 있는 문화적 토대를 힘써 다져 나아가야 하며,
주요 국가 정책에서 민주주의 문화의 기조를 항상 유지해야 한다.

10. (경제발전의 문화적 토대) 문화는 경제발전을 이끄는 강력한 요소이며 사회
발전과 번영의 궁극적 목표다. 경제발전과 번영은 인간다운 삶의 실현이라
는 문화적 목표에 따라 안내되고 그 목표로부터 발전의 지속적 동력을 얻어야
한다.

11. (문화산업의 균형 원칙) 문화산업은 산업 활동임과 동시에 시민의 정신생활
과 정체성 형성에 영향을 주는 문화적 활동이다. 문화산업은 시장논리와 문
화적 가치 사이의 균형 속에서 인간 발전을 돕고 국제 평화에 기여할 수 있어
야 한다. 시민의 문화생활에 중요한 역할을 담당하면서도 시장경쟁력의 열세
에 놓인 문화산업 분야나 시장에만 맡길 수 없는 예외적 분야들에 대해서는
적절한 사회적 지원이 제공되어야 한다.

12. (국가의 책무)

(가) 문화권리 보장의 책무: 국가는 이 헌장에 천명된 시민의 문화적 권리를 보장하는 정책을 세우고 실시할 의무가 있다. 정부와 지방자치단체들은 공공의 문화기반시설을 부단히 확충하고 봉사체제를 강화하며, 문화적 관점에서 시민의 생활환경과 활동 공간을 개선하고 법률과 제도에도 늘 문화의 관점을 도입해야 한다.

(나) 문화활동 지원의 책무: 시민의 문화적 능력은 그의 사회적·정치적·경제적 능력의 기초이며 행복의 기반이다. 정부와 지방자치단체들은 시민 개개인과 민간단체들이 전개하고자 하는 교육, 능력계발, 창작 기타의 문화활동을 적극 장려하고 지원해야 한다.

(다) 제휴협력의 원칙: 정부와 지방자치단체들은 시민생활의 질을 높이기 위한 인간의 창의적 제안을 환영하고 존중하며, 문화 사업을 계획하고 시행할 때에는 시민사회 민간단체들과의 제휴협력을 적극 모색해야 한다.

13. (실행의 약속) 정부와 지방자치단체들은 이 헌장의 정신을 구현하기 위한 법적·제도적·정책적·재정적 조치와 그 밖의 구체적이고 유효한 조치들을 지속적으로 강구하고 실행해야 한다. 시민사회와 시장의 영역도 이 헌장이 천명하는 문화적 이상을 실현하기 위해 노력할 의무를 지닌다.

출처: 노명우(2006), pp. 233-236.

(2) 학생인권 조례 제정

2000년대 중반 이후 학생 청소년의 두발을 포함한 표현의 자유에 대한 논의는 학생인권 전반에 대한 관심으로 이어졌다. 이에 2010년 경기도의회가 '학생인권 조례안'을 가결하고 경기도교육청이 2011년 3월부터 학생인권 조례(조례 제4085호, 2010. 10. 5. 제정)를 시행하였다. 현재 경기, 광주, 대전, 서울, 전북, 충남 6개 광역시·도와 제주특별자치도에서 학생인권이 보장되는 학교문화를 조성하기 위한 장치로 학생인권 조례를 제정·시행하고 있다. 학생인권은 『대한민국 헌법』 및 법률에서 보장하거나 「유엔 아동의 권리에 관한 협약」 등 대한민국이 가입 · 비준한 국제인권조약 및 국제관습법에서 인정하는 권리 중 학생에게 적용될 수 있는 모든 권리"를 의미한다(서울특별시 학생인권 조례 제2조 제6항).

(경기도 학생인권 조례 해설서 총칙)

"본 조례는 학생을 훈육과 관리의 대상이 아닌 인권의 주체라는 관점에서 바라보고 대한민국 헌법과 법령 및 우리나라가 가입 · 비준한 국제인권조약 등 상위 법 규범에 근거를 두어 자유 · 자율 · 참여 · 평등 · 안전 · 복지 등 모든 영역에서 학생의 인권이 존중되고 보장될 수 있도록 그 규범적기준을 구체화하고 있습니다(경기도교육청, 2011, p. 22)."

학생인권 조례에서 명시한 학생의 문화활동에 관한 권리

"경기도 학생인권 조례 제22조(문화활동을 향유할 권리) ① 학생은 다양한 문화활동을 향유할 권리를 가진다. ② 학교는 학생의 다양한 문화활동을 지원하기 위하여 학생의 의견을 수렴하여, 교육, 공연, 전시 등의 문화 프로그램을 개발 · 운용하여야 한다. ③ 교육감은 제2항의 원활한 운영을 위하여 학교 및 지역의 협조체계를 구축하여야 한다."

"광주광역시 학생인권 보장 및 증진에 관한 조례 제18조(휴식과 문화 활동에 관한 권리) ① 학생은 개성 있는 자아의 발달을 위한 적절한 휴식과 놀이를 누릴 권리를 가진다. ② 학생은 건강한 문화를 형성하고 누리기 위하여 공간 및 행 · 재정적 지원을 받을 권리를 가진다. ③ 학교는 학생의 다양한 문화 활동을 위하여 교육, 공연, 전시, 축제 등의 문화 프로그램을 개발 · 운영하도록 노력하여야 한다. ④ 교육감은 제3항의 원활한 운영을 위해 학교와 지역사회의 협조체계를 구축하여야 한다. ⑤ 교육감은 학생의 휴식을 취할 권리를 보장하기 위해 정규교과 이외의 교육활동을 제한할 수 있다."

"서울특별시 학생인권 조례 제11조(문화활동을 향유할 권리) ① 학생은 다양한 문화활동을 누릴 권리를 가진다. ② 학생은 건강한 문화를 형성하고 누리기 위하여 행·재정적 지원을 받을 권리를 가진다. ③ 학교의 장 및 교직원은 학생의 다양한 문화활동을 지원하기 위하여 학생의 의견을 수렴하고, 교육, 공연, 전시 등 다양한 문화프로그램을 개발·운용할 수 있다. ④ 교육감은 제3항의 원활한 운영을 위하여 학교 및 지역사회의 관계기관과 협조체계를 만들어야 한다."

학생인권 조례는 학생인권과 교육권의 양립문제, 체벌을 포함한 생활지도 전반에 관한 사안이 쟁점이 될 수 있으나 교내에서 학생의 문화예술활동 등 사적인 자유를 보장하는 제도적인 장치가 마련되었다는 데 의미가 있다(최형찬, 2011). 각 자치단체별 학생인권 조례의 세부내용은 차이가 있으나 일반적으로 표현, 복지, 참여, 적법절차, 인권침해의 구제 등에 관한 사항과 학생의 문화활동 향유 권리 및 교육감의 책임이 함께 명시되어 있다. 따라서 학생인권 조례는 학교 현장에서 이루어지는 청소년의 문화활동에 대한 인식을 개선하고 활성화하는 데 필요한 일차적인 장치로 평가된다.

| 표 11-5 | 자치단체별 학생인권 조례 현황

자치단체	법령명	재정·개정 구분	공포일자
경기도교육청	경기도 학생인권 조례	일부개정	2023. 4. 7.
	경기도 학생인권 조례 시행규칙	타법개정	2023. 2. 17.
광주광역시교육청	광주광역시 학생인권 조례	타법개정	2023. 8. 1.
	광주광역시 학생인권 조례 시행규칙	일부개정	2020. 6. 5.
서울특별시교육청	서울특별시 학생인권 조례	일부개정	2021. 3. 25.
	서울특별시 학생인권 조례 시행규칙	전부개정	2023. 4. 28.
전라북도교육청	전라북도 학생인권 조례	타법개정	2023. 4. 28.

제주특별자치도 교육청	제주특별자치도교육청 학생인권 조례	제정	2021. 1. 8.
	제주특별자치도교육청 학생인권 조례 시행규칙	제정	2021. 12. 23.
충청남도교육청	충청남도 학생인권 조례	제정	2020. 7. 10.
	충청남도 학생인권 조례 시행규칙	제정	2021. 7. 12.

출처: 법제처 국가법령정보센터(https://www.law.go.kr).

4) 문화예술교육 인프라

문화예술교육 인프라는 크게 시설, 단체, 전문인력으로 구분할 수 있다. 「문화예술교육 지원법」에 의거한 문화예술교육시설은 다음과 같다(동법 제2조 제3항).

■ 「문화예술진흥법」 제2조 제1항 제3호의 규정에 따른 문화시설

　가. 「공연법」 제2조 제4호에 따른 공연장 등 공연시설

　나. 「박물관 및 미술관 진흥법」 제2조 제1호 및 제2호에 따른 박물관 및 미술관 등 전시시설

　다. 「도서관법」 제3조 제1호에 따른 도서관 등 도서시설

　라. 「문학진흥법」 제2조 제5호에 따른 문학관

　마. 문화예술회관 등 공연시설과 다른 문화시설이 복합된 종합시설

　바. 예술인이 창작활동을 영위하기 위한 창작공간으로서 다중이용에 제공되는 시설 또는 예술인의 창작물을 공연·전시 등을 하기 위하여 조성된 시설

　사. 그 밖에 대통령령으로 정하는 시설

■ 「청소년활동 진흥법」 제10조의 규정에 따른 청소년활동시설

　1. 청소년수련시설

　　가. 청소년수련관

　　나. 청소년수련원

　　다. 청소년문화의집

　　라. 청소년특화시설

　　마. 청소년야영장

　　바. 유스호스텔

　2. 청소년 이용시설: 수련시설이 아닌 시설로서 그 설치목적의 범위에서 청소년활동의 실시와 청소년의 건전한 이용 등에 제공할 수 있는 시설

■「평생교육법」제2조 제3호의 규정에 따른 평생교육시설 중 문화예술교육을 실시하는 시설

　　가. 이 법에 따라 인가 · 등록 · 신고된 시설 · 법인 또는 단체

　　나.「학원의 설립 · 운영 및 과외교습에 관한 법률」에 따른 학원 중 학교교과교습학원을 제외한 평생직업교육을 실시하는 학원

　　다. 그 밖에 다른 법령에 따라 평생교육을 주된 목적으로 하는 시설 · 법인 또는 단체

■ 그 밖에 대통령령이 정하는 시설

「문화예술교육 지원법」에서 문화예술교육단체는 "문화예술교육을 주된 기능의 하나로 실시하는 법인 또는 단체와 이에 준하는 법인 또는 단체"로, 문화예술교육사는 "문화예술교육 관련 교원 외에 문화예술교육에 관한 기획 · 진행 · 분석 · 평가 및 교수 등의 업무를 수행하는 사람"으로 규정한다(제2조 제4항, 제5항). 한편, 문화예술 인프라는 서울과 수도권에 집중되어 있어 지역 간 문화향유 격차 문제가 꾸준히 지적되고 있다. '2022년 전국문화기반시설 총람'에 따르면, 수도권(서울, 경기, 인천)은 1개 시 · 도당 문화시설 수가 382.7개인 것과 비교하여 비수도권인 14개 시 · 도는 142.4개에 불과하다(문화체육관광부, 2022). 문화예술교육단체의 경우도 수도권에 밀집되어 있고, 운영예산과 인력 면에서도 수도권 소재 단체와 지방 소재 단체 간에 격차가 발생하고 있다. 이러한 지역 간 편차는 문화예술교육 프로그램의 규모와 질, 접근성에 직 · 간접적인 영향을 미칠 수밖에 없다는 점에서 지방의 문화예술 관련 인프라에 대한 투자와 개선 노력이 요구된다.

4. 청소년문화활동 정책과 환경

1) 문화예술교육 관련 주요 정책 및 프로그램

문화예술교육의 개념은 이론적 배경과 사회적 여건, 국가별로 다양하게 정의된다. 일반적으로 음악, 미술, 무용, 연극 등 개별적인 장르의 예술에 대한 교육을 의미하는 예술교육(arts education)을 들 수 있다. 다음으로 예술 그 자체에 대한 이해와 감상을 넘어서 예술이라는 매체를 통해 또 다른 교육적 목적, 즉 창의적인 문제해결능력을 배양하고 삶에 대한 성찰과 사회 및 역사에 대한 이해, 공동체 의식 함양 등을 지향하는 교육 안의 예술(arts in education)의 의미가 있다. 마지막으로 예술을 통한 학습(learning through the arts)과 예술교육을 넘어 생활 속의 다양한 경험을 통해 이루어지는 미적 경험(aesthetic experience)까지를 포함하는 개념이 있다(통계청, 관련용어, http://www.index.go.kr). 요약하면, 문화예술교육은 "감정, 생각과 경험의 표현인 문화예술활동의 창작과 감상에 참여자의 자발적인 참여를 유도하고 문화예술 향유의 삶을 지향하는 배움과 관련된 일체의 활동"을 의미한다(노정호, 2007). 한편, 학교문화예술교육의 기초통계를 확보하고 관련 정책과 전략 수립을 위해 2014년부터 매년 전국의 초·중·고등학교를 대상으로 전수조사를 실시하는 '학교문화예술교육 실태조사'에서는 문화예술활동의 범위를 다음과 같이 구분한다(한국문화예술교육진흥원, 2022).

- 음악(국악, 양악, 합주, 대중음악, 감상, 비평 등)
- 미술(회화, 디자인, 공예, 조소, 서예, 사진, 만화 등)
- 연극(연극, 뮤지컬, 넌버벌 퍼포먼스 등)
- 영상(영화, 애니메이션, 방송, 게임, 첨단영상 등)

- 무용(한국무용, 현대무용, 발레 등)
- 문학(창작, 감상, 토론, 평론 등)
- 전통문화(사물, 풍물놀이, 연희 등)
- 기타(융합 예술 등)

출처: 한국문화예술교육진흥원(2022), p. 401.

문화예술교육 지원정책은 2004년 11월 문화체육관광부와 교육부가 공동으로 수립한 '문화예술교육 활성화 종합계획'에 따라 본격적으로 추진되었다. 이듬해인 2005년에 「문화예술교육 지원법」의 제정을 계기로 문화예술교육의 저변 확대와 문화예술교육 인력의 전문성 강화를 위한 기반이 마련되었다.[2] 「문화예술교육 지원법」 제6조에 따라 문화체육관광부 장관은 5년마다 문화예술교육지원을 위한 종합계획을 수립한다. 2023년 2월에 발표된 '제2차 문화예술교육 종합계획'(2023~2027)은 '누구나, 더 가까이, 더 깊게 누리는 K-문화예술교육'을 비전으로 '누구나: 일상에서 참여하는 문화예술교육' '더 가까이: 지역에서 즐기는 문화예술교육' '더 깊게: 문화예술교육 기반 고도화'의 3개의 추진전략과 7개의 추진과제를 수립하였다. 3대 추진전략별로 아동·청소년과 관련된 대표적인 중점과제 및 사업들은 〈표 11-6〉과 같다(문화체육관광부, 2023a).

그 밖에도 2015년에 제정된 「인성교육진흥법」에 따라 학교교육활동 전반에서 인성을 함양할 수 있도록 교내 스포츠클럽 활성화, 1학생 1예술활동 등 다양한 문화예술활동 체험 기회가 확대되었다. 특히 「인성교육진흥법」을 근거로 교육부(2020)는 '제2차 인성교육 종합계획'(2021~2025)을 수립하였다. 이에 각 시·도 교육청은 교육과정을 편성하거나 운영지침을 마련하고, 학교는 특색 있는 인성교육중심 교과과정을 운영하고 있다.

---

2) '문화예술교육 프로그램 보급 추이' 지표 설명에 포함된 문화예술정책 개요이다(e-나라지표, https://www.index.go.kr).

| 표 11-6 | 제2차 문화예술교육 종합계획(2023~2027): 아동 · 청소년 대상 주요 사업

구분		주요 사업
추진전략 1-누구나: 일상에서 참여하는 문화예술교육		
추진과제 1-1 국민 체감형 문화예술교육 지원 강화		
중점 과제	약자프렌들리 문화예술교육 사업 확대	• 꿈의 오케스트라 · 꿈의 댄스팀: 취약계층 포함 아동 · 청소년의 오케스트라 · 무용 교육 등 지원 • 문화취약계층 문화예술교육지원 확대: 학교 밖 청소년 지원센터, 아동 · 청소년복지시설(청소년쉼터 등), 지역 아동센터연계아동 맞춤형 문화예술 프로그램 운영
추진과제 1-2 "창의력과 상상력" 문화예술교육		
중점 과제	사회적 가치 확산을 위한 협력사업 개발	• 대학-사회 연계: 지역 아동 · 청소년, 일반인, 취약계층 대상 문화예술프로그램 운영 등 고등교육예술기관의 예술자원 나눔 지원
	다양한 영역에서 문화 예술교육 확대	• 문화유산 방문학교, 문화유산 체험교실, 교과연계청소 년문화유산 교육 등 문화유산 활용 체험 · 교육 확대
추진전략 2-더 가까이: 지역에서 즐기는 문화예술 교육		
추진과제 2-2 학교 연계 문화예술교육 지원		
중점 과제	아동대상 문화 예술교육 돌봄 프로그램 확대	• 아동 대상 문화예술교육을 직 · 간접적으로 지원하여 방과후 에듀케어 확대 지원 • 학교에서 활용할 수 있는 아동 대상 온라인 예술교육 콘 텐츠 지속개발 및 보급 · 확산
	학교 예술활동 지원	• 체험수업 다양화: 학생별 흥미, 소질 중심의 교육방 식 개발지원—학생 흥미 · 특성 및 교육환경 변화를 반 영한 창의 · 혁신형 문화예술교육 콘텐츠 발굴 · 보급 지원 • 학생주도 예술활동: 지역 협력 강화를 통한 학생 주도 참여 확대—학교교육 수요 및 지역의 여건과 특성에 기 반하여 다양한 분야 · 주제를 중심으로 학생들이 주도 적으로 참여하는 예술활동 확대. '1학생 1예술활동 활 성화 지원'을 위한 학생예술동아리 등 지원

추진전략 3-더 깊게: 문화예술교육 기반 고도화

추진과제 3-2 디지털 문화예술교육 환경 조성		
중점 과제	디지털 문화예술교육 콘텐츠 개발 · 보급	• 대상 · 매체 · 주제 등 맞춤형 온라인 문화예술교육 콘텐츠 개발 · 운영

구분	세부 내용
생애주기	아동, 청소년, 청년, 중장년, 노년, 전 생애(가족/장애인/공동체) 등
교육유형	향유형(관람 · 감상), 배움형(학습 · 실습), 활동형(창작 · 발표), 혼합형
주제/내용	예능 개발, 개인 관심사(취향/취미), 공동체(계층), 사회적 가치 등
예술 분야	연극, 영화, 무용, 음악, 만화 애니메이션, 공예, 사진, 디자인, 미술, 문학, 게임, 문화재 등

↓ 쌍방향 강좌형 프로그램 개발 및 운영

공공/민간 온라인 플랫폼에 문화예술교육 프로그램(콘텐츠) 탑재

출처: 문화체육관광부(2023a)에서 아동 · 청소년 관련 추진과제 및 주요 사업을 정리함.

꿈의 오케스트라

꿈의 댄스팀

출처: 문화체육관광부(2023a), p. 11.

예술꽃 씨앗학교(농 · 어촌 소규모 학교 지원)

출처: 문화체육관광부(2023a), p. 17.

〈표 11-7〉은 지난 10년 동안의 문화예술교육 프로그램 보급 건수와 프로그램 참여자 수 현황으로, 문화체육관광부의 문화예술교육정책을 통해 학교와 지역사회에 문화예술교육이 어느 정도 보급되고 있는지를 보여 준다. 먼저, 문화예술교육 프로그램의 보급 추이를 보면, 2012년 9,181건, 2016년 1만 3,743건, 2020년 1만 3,957건으로 전반적으로 증가 추이를 보이는데, 이는 생애주기별 맞춤형 문화예술교육 지원을 위해 학교, 사회 및 지역기반 문화예술교육 예산과 사업규모 확대와 관련이 있다. 특히 초ㆍ중ㆍ고등학교 학생 대상 예술강사 지원사업 및 토요문화학교 운영, 전국의 문화예술기반시설 인프라를 활용한 아동ㆍ청소년 및 동반 가족 대상 예술 감상 및 체험 교육 프로그램이 점차 확대되고 있다. 프로그램 참여자 수의 경우 2016년까지 큰 폭으로 증가하다가 소폭 감소하여 2022년에는 약 267만 9,000명 이상이 참여한 것으로 파악된다(e-나라지표, http://www.index.go.kr).[3]

| 표 11-7 | **문화예술교육 프로그램 보급 추이**   (단위: 천 명, 건)

연도	2012	2013	2014	2015	2016	2017	2018	2019	2020	2021	2022
프로그램 참여자 수	1,982	2,313	2,670	2,803	3,034	2,605	2,691	2,715	2,509	2,730	2,679
프로그램 보급	9,181	10,907	11,664	12,267	13,743	13,090	13,390	14,316	13,957	13,163	12,159

출처: e-나라지표, 문화예술교육 프로그램 보급 추이, https://www.index.go.kr/unity/potal/main/ EachDtlPageDetail.do?idx_cd=1637(검색일: 2023. 8. 18.).

---

3) 이 통계는 한국문화예술교육진흥원 및 17개 시도의 사업성과를 취합한 것으로, 전국의 모든 문화예술교육 프로그램 보급건수와 참여자 수를 포함하여 작성된 통계는 아니다(e-나라지표, https://www.index.go.kr).

2) 청소년문화활동 지원

(1) 청소년어울림마당 및 청소년동아리활동 지원

여성가족부와 지방자치단체는 「청소년활동 진흥법」 제60조(청소년문화활동의 진흥)를 근거로, 청소년동아리활동 및 청소년어울림마당을 지원하고 있다. 먼저, 청소년어울림마당은 청소년이 생활권 주변에서 다양한 문화예술, 스포츠 등을 소재로 한 공연, 경연, 전시, 놀이 체험 등 문화체험을 즐길 수 있는 상설공간이다. 또한 청소년이 지역사회에서 다양한 문화활동의 생산자, 소비자로서 주체적으로 참여할 수 있도록 '문화 존(zone)'을 제공하는 사업이다. 2004년에 8개 시·도(29개 시·군·구)에서 시범운영을 시작하여 2008년에 16개 시·도(90개 시·군·구)로 확대되었으며, 현재 16개 시·도 대표 어울림마당과 110개 시·군·구 어울림마당이 지원·운영되고 있다(여성가족부, 2023a: 165).

청소년동아리활동은 문화·예술·스포츠 등 다양한 취미활동을 통해 건강한 또래관계를 형성하고 자신의 특기와 소질을 계발하는 자율적인 활동단체로. 여성가족부는 전국 시·도별 청소년시설 및 각급 학교의 동아리활동 활성화를 위하여 인근 청소년수련시설과 연계해 우수 청소년동아리를 선정·지원하고 있다(여성가족부, 2023b). 청소년어울림마당은 지역사회 내 다양한 분야의 청소년동아리가 프로그램을 기획하고 참여하는 체험의 장이 되고 있다(여성가족부, 2023a).

| 표 11-8 | **청소년어울림마당 및 동아리활동 지원 현황**

구분	지원 규모	지원 금액
청소년어울림마당	총 126개소	1,512백만 원
	시·도 대표 어울림마당 16개	개소당 71.25백만 원
	시·군·구 어울림마당 110개	개소당 24백만 원
청소년동아리활동	총 2,500개	총 1,250백만 원 (1개 동아리당 125만 원 이내)

출처: 여성가족부(2023b), p. 242, 250.

(2) 청소년증 발급 및 청소년프로그램 공모사업(활동 분야)

청소년증은 청소년의 생활 편의와 문화체험의 기회에 있어 학생 신분 여부에 관계없이 차별 없는 할인과 우대를 받을 수 있는 신분증이다. 즉, 그간 학생증을 소지한 학생을 대상으로 한 우대제도의 범위를 청소년증을 소지한 비재학 청소년까지 확대한 것이다. 2003년에 문화관광부 훈령으로 제정되었던 청소년증 발급제도는 2004년에 「청소년복지 지원법」이 제정되면서 제도화되어 만 9세 이상 18세 이하 청소년 누구나 발급받을 수 있다. 청소년증을 소지한 경우 버스·기타·선박 등 수송시설, 문화시설, 여가시설에서 이용료가 면제 또는 일부 할인되며, 사설 박물관 등 민간이 운영하는 시설을 이용할 때에도 일부 우대혜택을 받을 수 있다.

이와 함께 2001년부터 청소년활동 프로그램 공모사업이 운영되고 있다. 이 사업은 「청소년활동 진흥법」 제5조를 근거로 하며, 청소년의 눈높이와 수요에 맞는 양질의 프로그램을 발굴하여 보급하는 데 목적이 있다. 문화·예술·과학·환경, 진로·직업, 모험·봉사, 역사, 가족·인성 등 다양한 분야의 청소년활동 프로그램을 공모하여 선정된 단체에게는 소정의 사업비가 지원된다.[4]

(3) 통합 문화이용권 지원 사업

통합 문화이용권(문화누리카드)은 삶의 질 향상과 문화격차 완화를 위해 기획재정부 복권위원회의 복권기금을 지원받아 문화체육관광부, 한국문화예술위원회, 지방자치단체가 6세 이상 기초생활수급자, 차상위계층을 대상으로 문화예술, 국내여행, 체육활동을 지원하는 사업이다.

이 사업은 2005년 문화바우처 시범사업으로 시작되어 2006년에 문화바우처(이용권) 사용이 전국으로 확대되었으며, 2011년에는 문화이용권 카드제가 도입되었다. 2014년부터는 기존의 문화·여행·스포츠관람권 이용권이 통합

---

[4] 2022년의 경우 학교 연계 청소년활동, 사회정서 역량 개발 등 44개 활동 프로그램을 선정하여 지원하였다(여성가족부, 2023a: 163).

된 카드 형태의 '통합 문화이용권(문화누리카드)'으로 발전하였다. 통합 문화이용권 보조금은 2017년 6만 원에서 매년 1만 원씩 인상되어 2022년부터는 1인당 11만 원이 지원되고 있다. 2022년 기준 전체 발급대상자는 263만 명으로, 통합 문화이용권은 공연·영화·전시관람을 비롯해 국내여행, 4대 스포츠 관람(축구, 농구, 야구, 배구) 등 다양한 분야에서 사용할 수 있다. 통합 문화이용권은 전국 주민센터, 온라인(한국문화예술위원회 홈페이지), 앱 접속을 통해 발급 신청을 할 수 있다(한국문화예술위원회, https://www.mnuri.kr).

5. 청소년문화활동 활성화 방안

1) 학교문화예술교육 확대

학교문화예술교육은 교과(군)와 비교과 과정에서 모두 이루어질 수 있다. 초·중·고등학교 학교급별 전체 수업시수 중 예술교과군(음악/미술) 시수가 차지하는 비율을 살펴보면, 초등학교는 전체 수업 중 약 12.5~13.8%에 예술교과군이 할당되는 데 반해, 중학교는 8.1%, 일반·자율고등학교는 4.9%, 특성화고등학교 2.9%, 특목고등학교 2.5%에 불과하다. 즉, 상급학교로 갈수록 문화예술 관련 교과의 비중은 감소하는 경향을 보인다(한국문화예술교육진흥원, 2022: 29). 학교문화예술교육이 교과 성적 향상에 유의한 영향을 미치는지에 대해서는 이견이 존재한다. 그러나 문화예술교육을 통해 축적된 문화자본은 문화예술에 대한 감수성 및 친숙성을 증대시키고(정태연 외, 2021), 청소년의 자존감(self-esteem), 자기효능감(self-efficiency)을 향상시켜 학업성취와 학교적응에 긍정적인 영향을 줄 수 있다(임고은, 2012; 조정은, 2012). 이와 관련하여 프랑스는 지난 2000년 문화부와 교육부가 공동으로 수립한 문화예술교육 5개년 계획을 통해 예술은 더 이상 기초 과목들에게 시간을 양보해야 하는 과목으로 인식해서는 안 되며, 학교는 예술의 민주화를 실현하기 위해 가장 적합한 장소로, 문화예술에 대한 접근 불평등을 줄일 수 있는 곳이라는 문화예술교육 정책의 원칙과 목표를 분명히 해 오고 있다(학교문화예술교육진흥원, 2014). 일본은 유·초등시기의 문화예술교육을 위한 다양한 교육과정을 마련하고 있다(현은령, 2012). 문화자본은 청소년기뿐 아니라 성인기 이후의 생활방식과 삶의 질과도 관련이 있으므로 초·중등교육 내 교과 및 비교과 과정을 통한 학교문화예술교육의 비중을 확대하고 내실 있게 추진되어야 할 것이다.

2) 사회문화예술교육의 다변화

사회문화예술교육은 문화의 향유가 특정 계층의 사람들만 누릴 수 있는 권리가 아니라 청소년을 포함한 모든 시민의 기본권이라는 인식을 전제로 한다. 특히 문화예술교육은 직·간접적인 사회적 효과를 유발한다. 즉, 문화 소비자의 감수성, 사고력, 심리·정서에 긍정적인 영향을 미치고 생산적인 여가활동에 기여하는 직접효과뿐 아니라 보다 풍요롭고 안전한 사회환경을 조성하는 간접효과가 있다. 이에 지역사회 내 예술가와 청소년이 함께하는 지역사회 봉사활동, 농산어촌 등 찾아가는 공연, 청소년과 지역주민이 함께하는 문화예술 공연 등 내용을 다변화하여 효과를 극대화하는 노력이 요구된다.

지역사회 내 주민이 함께 도시공간의 디자인을 고민하고 이를 통해 범죄예방 효과를 거두는 영국의 사례, 다문화사회에서 사회통합을 위한 수단으로 문화예술교육을 활용하는 프랑스의 사례 등을 참고할 필요가 있다(현은령, 2012). 주요국의 경우 정부 주도로 학교와 지역사회에 다양한 문화예술교육을 확대·보급하는 경우가 많다. 이는 문화예술이 삶의 질, 자존감, 사회통합에 미치는 긍정적인 영향에 대한 확고한 신념을 기반으로 한다. 이에 「문화예술교육 지원법」을 기반으로 추진되는 중앙행정기관 및 지방자치단체의 사회문화예술교육 내용을 모니터링하고, 정책 환류(feedback)를 통해 개선·활성화해 나아가는 전략이 요구된다.

3) 학교와 지역사회가 연계한 청소년문화존 확대

　창의적 체험활동 확대와 중학교의 자유학기제 운영 등으로 학교와 지역사회의 연계를 통해 다양한 문화활동에 대한 시도가 가능해졌다. 최근에는 예술작품을 감상하면서 수학, 과학, 사회 등 다른 과목과 연계한 융합교육을 실시하거나 학교와 지역사회가 함께하는 문화 프로젝트 등이 활발하게 이루어지고 있다(예: 광주의 '신비한 예술학교'). 특히 이러한 활동 전반에서 청소년이 문화예술활동의 소비자에 머무르지 않고 기획자, 창조자의 역할을 수행하는 체험 프로젝트가 활성화될 필요가 있다. 이러한 프로그램은 학교와 지역사회자원의 연계를 기반으로 하며, 학교의 문화예술행사에 지역사회가 참여하고 지역사회의 문화예술활동에 학교가 기여하는 좋은 모델이 될 수 있다.

　학교와 지역사회가 함께하는 문화예술활동은 청소년에게 단순한 즐거움이 아닌 새로운 것을 창조하고 세계에 대한 이해와 다양성의 가치를 배우는 교육의 장(場)이 될 수 있다. 이러한 활동은 청소년이 상업주의적인 대중문화에 압도되지 않고 문화의 생산자로서 건강한 청소년문화를 만들어 나아갈 수 있다는 데 의미가 있다. 이를 위해 학교와 지역사회가 함께 '청소년문화존'을 활성화해 나아가고, 청소년이 그들의 생활문화를 표출할 수 있고 지역사회와 공유할 수 있는 기회를 확대할 필요가 있다.

〈교육부 · 문화체육관광부의 지역운영기관 기획사업 운영사례〉

■ (경기) 무색유취(무색유취) 예술과의 만남, 창의 · 융합 문화예술교육
- 경기도 교육청 예술 강사 지역운영기관과 협력하여 원도심 · 벽지 등 문화취약지역 초등학교 돌봄교실 참여 학생 대상 융 · 복합 프로그램 제공
- '연극 + 디자인' '국악 + 무용' 등 타 분야 간의 융합 교안 · 프로그램 개발 및 제공

| 프로그램 '선으로 만나는 세상과 예술'
(무용+디자인) | 프로그램 '선으로 만나는 세상과 예술'
(무용+디자인) |

■ (광주) 신비한 예술학교

- 광주 지역의 문화자원(역사·문화 관련 시설 및 지역예술가 등)을 활용한 공연형·
  프로젝트형의 문화예술교육 프로그램을 관내 학교에 제공

| (공연형) '얼씨구 노래하고 절씨구 춤추고' | (프로그램형) 신비한 악기나라 |

출처: 교육부(2022), p. 22.

4) 문화·예술 인프라의 지역 간 격차 해소

1995년 지방자치제의 실시와 함께 지역 주민의 문화향유 욕구에 부응하기 위하여 지역문화, 문화복지에 대한 관심이 증가하기 시작하였다. 이에 2000년 대에 접어들면서 문화·예술 기반시설이 상당 부분 확충되었으나 비수도권은 문화인프라의 양과 질에서 모두 취약한 실정이다(문화체육관광부, 2022). 그뿐만 아니라 수준 높은 문화예술 프로그램은 여전히 수도권에 집중되어 있다. 수도권의 연간 공연 건수는 전국의 62%이며, 특히 서울 공연 건수가 전국의 47%

로 높은 비중을 차지한다. 이는 거주 지역에 따른 문화 향유 기회의 격차로 이어지는데, 실제로 읍·면 지역 거주자(50.0%)의 문화예술관람률이 대도시 거주자(60.7%)보다 낮은 것으로 보고되고 있다(문화체육관광부, 2022). 워라밸에 대한 인식이 점차 확산됨에 따라 여가시간과 문화 수요는 증가하고 있는 데 반해, 지자체의 여건에 따라 문화·예술을 향유하는 보편적인 권리를 보장받는 정도에 차이가 발생하고 있다. 따라서 각 지자체의 문화·예술 이용 접근성을 향상시킬 뿐만 아니라 지역의 문화·예술 인프라 정도를 정기적으로 모니터링하고 지역 간 격차를 해소하기 위한 정부 차원의 노력이 필요하다. 이와 관련하여 최근 문화체육관광부는 '문화의 힘'으로 지방소멸을 막기 위해 '지방시대 지역문화정책 추진전략'(2023. 3.)을 발표하였다. '지방시대 지역문화정책 추진전략'은 '함께 누리는 문화, 문화로 매력 있는 지역'을 비전으로 설정하고, ① 대한민국 어디서나 자유롭고 공정한 문화 누림, ② 지역 고유의 문화매력 발굴·확산, ③ 문화를 통한 지역자립과 발전이라는 3대 추진전략에 따른 11개 추진과제를 수립한 바 있다(문화체육관광부, 2023b). 지역별 문화 인프라·프로그램·인력 맞춤지원 등의 정책 세부과제들이 잘 실행되어 거주지역에 관계없이 청소년들의 문화를 누릴 수 있는 권리가 증진되기를 바란다.

토의문제

1. 최근 보도된 청소년문화 관련 기사를 스크랩하여 사회환경과 청소년문화의 특성을 연결하여 설명해 보자.
2. 학교 및 사회문화예술교육의 청소년 참여율을 제고할 수 있는 방안과 문화·예술활동이 청소년의 건강한 성장과 발달에 미치는 영향에 대해서 토의해 보자.
3. 학교, 지역사회, 정부 차원에서 각각 청소년문화·예술활동을 활성화하기 위한 방안에 대해서 토의해 보자.

참고문헌

경기도교육청(2011). 경기도 학생인권 조례 해설서.

과학기술정보통신부, 한국지능정보사회진흥원(2023). 2022 스마트폰과의존실태조사. 세종: 과학기술정보통신부.

곽윤정(2010). 문화예술교육 프로그램이 아동복지시설 아동의 우울성향, 자아상, 정서지능에 미치는 영향. 인간발달연구, 17(1), 1-14.

교육부(2020). 제2차 인성교육 종합계획(2021~2025).

교육부(2022). 2022년도 학교예술교육 활성화 기본계획(안).

국가청소년위원회(2006). 2020 미래사회와 청소년연구 I (종합보고서): 청소년을 둘러싼 사회환경 변화와 정책과제. 서울: 국가청소년위원회.

김신일(1992). 청소년문화론. 세종: 한국청소년정책연구원.

김영미, 이은주, 현안나, 안지언(2022). 2022년 아동정책영향평가: 여가 · 놀이 · 문화정책 전문영향평가. 서울: 아동권리보장원.

김영지, 최홍일, 유성렬, 이은주(2022). 2022 아동 · 청소년 권리에 관한 국제협약 이행 연구: 한국아동 · 청소년 인권실태: 총괄보고서. 세종: 한국청소년정책연구원.

김휘정(2012). 지역주민의 공연예술 향수권의 신장과 공연 인프라 확충을 위한 정책 방향. 이슈와 논점, 511. 서울: 국회입법조사처.

노명우(2006). 문화헌장 제정과 실현을 위한 토론회. 문화헌장과 한국사회 자료집.

노용구, 박원임(2000). 여가의 개념정립을 위한 연구. 한국여가레크리에이션학회지, 19(1), 91-103.

노정호(2007). 소외계층 문화예술교육 프로그램에 대한 연구. 경희대학교 대학원 석사학위논문.

문화체육관광부(2022). 2022 전국 문화기반시설 총람. 문화체육관광부 문화기반과.

문화체육관광부(2023a). 제2차 문화예술교육종합계획(2023~2027).

문화체육관광부(2023b). 지방시대 지역문화정책 추진 전략.

백혜란, 이기춘(2009). 프로슈머의 개념화와 성향측정도구 개발. 소비자학연구, 20(3), 135-161.

서희정(2003). 학교 내 여가활용이 학교생활동기에 미치는 영향에 관한 연구. 연세대학교 대학원 석사학위논문.

여성가족부(2023a). 2022년 청소년백서.

여성가족부(2023b). 2023년 청소년 사업 안내.

이성학, 원주연, 권정두(2012). 청소년의 방과 후 스포츠 활동 참여가 심리적 변인(우울증, 공격성, 불안)에 미치는 영향. 청소년문화포럼, 31, 85-120.

이영라, 이숙종(2019). 문화예술활동이 다문화수용성에 미치는 영향: 자아탄력성과 공동체의식의 매개효과. 다문화사회연구, 12(3), 251-288.

임고은(2012). 문화자본이 사회과 학업성취에 미치는 영향. 서울대학교 대학원 석사학위논문.

정태연, 성충모, 이태헌(2021). 2020 문화예술교육 효과분석 연구. 서울: 한국문화예술교육진흥원.

조규준(2023). 우리나라 여가 시간 사용현황과 삶의 만족도. 월간 노동리뷰, 217, 59-61.

조윤혜(2023). 문화예술 관람이 자아존중감과 삶의 만족도에 미치는 영향 연구. 한국산학기술학회논문지, 24(4), 89-97.

조정은(2012). 방과후학교 음악프로그램이 ADHD성향 청소년의 사회적 기술에 미치는 영향. 음악교육공학, 14, 227-244.

차동혁, 옥선화(2014). 청소년의 여가문화활동이 자기조절능력, 학업성취도 및 자아존중감에 미치는 영향: 부의 학력에 따른 차이를 중심으로. 보건사회연구, 34(1), 353-378.

최형찬(2011). 인권, 학생인권, 학생인권 조례. 범한철학, 61, 415-428.

통계청(2004, 2009, 2014, 2019). 생활시간조사.

통계청(2021). 2021 사회조사결과 통계표.

한국문화예술교육진흥원(2009). 2009 소외계층 아동·청소년문화예술교육지원사업 만족도 조사연구. 서울: 한국문화예술교육진흥원.

한국문화예술교육진흥원(2014). 국가별 사회문화예술교육 정책사례연구보고서. 서울: 한국문화예술교육진흥원.

한국문화예술교육진흥원(2022). 2021 학교 문화예술교육 실태조사. 서울: 한국문화예술교육진흥원.

한완상, 한균자(2013). 인간과 사회. 서울: 한국방송통신대학교 출판부.

현은령(2012). 문화예술교육의 사회적 확산을 위한 성공사례연구. 한국과학예술포럼, 10, 101-109.

Hirschi, T., & Goffredson, M. (1995). Control theory and life course perspective. *Studies on Crime and Crime Prevention*, 4(2), 131-142.

Shorris, E. (2000). *Riches for the poor: The Clemente course in the humanities*. New York: W. W. Norton & Company.

Tyson, P., Wilson, K., Crone, D., Brailsford, R., & Laws, K. (2010). Physical activity and mental health in a student population. *Journal of Mental Health*, 19(6), 492-499.

「경기도 학생인권 조례」 법제처 국가법령정보센터 http://www.law.go.kr
「교육기본법」 법제처 국가법령정보센터 https://www.law.go.kr
「대한민국헌법」 법제처 국가법령정보센터 http://www.law.go.kr
「문화예술교육 지원법」 법제처 국가법령정보센터 http://www.law.go.kr
「서울특별시 학생인권 조례」 법제처 국가법령정보센터 http://www.law.go.kr
「인성교육진흥법」 법제처 국가법령정보센터 http://www.law.go.kr
「청소년 기본법」 법제처 국가법령정보센터 https://www.law.go.kr
「청소년복지 지원법」 법제처 국가법령정보센터 http://www.law.go.kr
「청소년활동 진흥법」 법제처 국가법령정보센터 http://www.law.go.kr
「평생교육법」 법제처 국가법령정보센터 http://www.law.go.kr
e-나라지표 http://www.index.go.kr
청소년활동정보서비스 포털 http://www.youth.go.kr
통계청 http://www.index.go.kr
한국문화예술위원회 https://www.mnuri.kr

제12장

청소년과 유해환경

최근 청소년의 디지털 미디어 이용이 크게 증가함에 따라 인터넷·스마트폰 과의존 위험, 온라인을 통한 유해정보 접촉 및 폭력 피해 경험률이 증가하고 있다. 안전하지 못한 매체환경, 청소년에게 불법적으로 유통되는 신·변종 유해약물과 유해물건, 청소년의 출입·고용이 금지된 유해업소에의 노출은 청소년의 건강한 성장 발달에 부정적인 영향을 미친다. 청소년은 자신의 생활공간에서 건강하고 안전하게 성장할 수 있도록 보호받을 권리가 있다. 이 장에서는 청소년보호와 유해환경의 개념과 실태를 살펴보고, 청소년 유해환경이 청소년의 발달에 미치는 영향에 대한 경험적 연구들을 소개한다. 아울러 유해환경으로부터 청소년에 대한 보호를 강화하기 위한 다양한 제도적 노력들과 유해환경에 노출된 피해 청소년을 위한 지원방안에 대해 살펴본다.

1. 청소년보호와 청소년 유해환경

1) 청소년보호

(1) 청소년보호의 개념

청소년보호의 개념은 학문적·법률적 및 정책적 차원으로 구분하여 정의할 수 있겠다. 먼저, 배규한(2014)은 청소년보호의 개념을 협의와 광의의 개념으로 구분하였다. 협의의 개념은 청소년보호를 개인적 차원에서 바라보는 입장으로 "청소년들이 성장과정에서 위험요인에 노출되지 않도록 유해한 환경으로 부터 안전하게 보호하는 것"(배규한, 2014: 115)이다. 광의의 개념은 청소년보호를 사회적 차원인 미래의 바람직한 사회 구성원 육성이라는 견해에서 "위험에 노출된 청소년뿐 아니라, 모든 청소년이 건강한 성장을 통하여 각자의 잠재적인 역량을 최대한 개발할 수 있도록 제도적으로 보호하고 지원해 주는 것"(배규한, 2014: 115)이다. 이와 유사한 맥락으로 청소년보호를 청소년을 둘러싼 유해환경 규제·차단을 통해 유익한 환경 조성이라는 소극적 개념과 청소년의 건전한 발달을 지원하여 사회 구성원으로 성장할 수 있도록 하기 위한 제도적 지원이라는 적극적 개념으로도 정의할 수 있다(오윤선, 최아람, 2019: 33).

다음으로, 법률적 정의는 청소년이 사회 구성원으로 정당한 대우와 권익을 보장받고, 스스로 생각하고 자유롭게 활동할 수 있도록 하며, 보다 나은 삶을 누리고 유해한 환경으로부터 보호하여 건전한 민주시민으로 성장하도록 하는 것을 기본이념으로 하는 「청소년 기본법」에서 찾을 수 있다. 「청소년 기본법」은 제3조 제5항에서 청소년보호를 "청소년의 건전한 성장에 유해한 물질·물건·장소·행위 등 각종 청소년 유해 환경을 규제하거나 청소년의 접촉 또는 접근을 제한하는 것을 말한다."로 정의하였다.

마지막으로, 「청소년 보호법」에 따라 유해환경으로부터 청소년보호를 위해

3년마다 수립하는 '제4차 청소년보호종합대책'에서는 보호정책의 영역을 매체활용, 유해약물, 유해업소, 유해행위, 근로보호로 설정하였으며, 정책 영역별로 ① 안전한 청소년보호 환경 조성, ② 유해환경에 대한 청소년의 주도적으로 대응역량 강화라는 정책목표 달성을 위한 추진방향과 과제를 수립한 바 있다.

(2) 청소년보호권

청소년보호권은 앞서 제2장에서 살펴본 바와 같이 「아동의 권리에 관한 국제협약(유엔아동권리협약)」에서 규정하고 있는 청소년의 4대 권리 중 하나다. 「유엔아동권리협약」은 보호권의 범주에 청소년의 성장을 위협하는 요인들 (예: 경제적 착취, 신체·정서·성학대, 방임과 유기, 전쟁, 차별대우 등)과 이러한 위협요인들로 인해 발생한 위기에 처한 청소년들의 보호를 포함하고 있다(국제아동인권센터, 2019; 김윤나, 2022). 또한 '청소년헌장'은 "청소년은 물리적 폭력뿐만 아니라, 공포와 억압을 포함하는 정신적인 폭력으로부터 보호받을 권리를 가진다."라는 권리조항을 포함하여 청소년이 폭력으로부터 보호받을 권리를 명시하였다(문화관광부, 1985).

청소년의 보호받을 권리와 그 영역은 「청소년 보호법」의 목적에 잘 나타나 있다. 「청소년 보호법」은 "청소년에게 유해한 매체물과 약물 등이 청소년에게 유통되는 것과 청소년이 유해한 업소에 출입하는 것 등을 규제하고 청소년을 유해한 환경으로부터 보호·구제함으로써 청소년이 건전한 인격체로 성장할 수 있도록 함을 목적"(제1조)으로 하고, 청소년이 유해한 환경으로부터 보호와 구제를 받아야 함을 강조하였다. 또한 제2조에서 청소년 유해환경의 영역을 유해매체, 유해물질, 유해업소, 유해행위로 규정하고 이러한 환경으로부터 청소년의 보호에 주목하였다.

김윤나(2022)는 청소년보호권의 영역을 신체적 학대, 성매매 및 성적 착취, 경제적 착취 등 '학대와 보호로부터 보호', 성, 민족, 지역, 연령, 고용, 장애, 종교 등의 '차별로부터 보호', 대안양육, 범죄, 가출 등을 포함한 '위기와 응급

상황으로부터 보호', 유해업소, 유해매체, 유해약물 등 '유해환경로부터 보호'로 구분한 바 있다(김윤나, 2022: 53). 이 장에서는 김윤나(2022)에 의한 청소년보호 영역 가운데 네 번째 영역인 유해환경으로부터의 청소년보호에 초점을 둔다.

2) 청소년 유해환경의 개념과 실태

(1) 청소년 유해매체

「청소년 보호법」에서는 청소년 유해매체물을 제7조 제1항 및 제11조에 따라 청소년보호위원회가 청소년에게 유해한 것으로 결정하거나 확인하여 여성가족부 장관이 고시한 매체물이나, 제7조 제1항 단서 및 제11조에 따라 각 심의기관이 청소년에게 유해한 것으로 심의하거나 확인하여 여성가족부 장관이 고시한 매체물로 정의하였다. '청소년 유해성'에 대한 명확한 법률적 정의는 없으나 청소년 유해매체 개별 심의 기준을 통해서 살펴보면, 유해매체는 청소년에게 ① 성적인 욕구를 자극하는 선정적인 것이나 음란한 것, ② 포악성이나 범죄의 충동을 일으킬 수 있는 것, ③ 성폭력을 포함한 각종 형태의 폭력의 행사와 약물남용을 자극·미화하는 것, ④ 도박과 사행성을 조장하는 등 청소년의 건전한 생활을 현저히 해칠 우려가 있는 것, ⑤ 청소년의 건전한 인격과 시민의식 형성을 저해하는 반사회적·비윤리적인 것, ⑥ 그 밖에 청소년의 정신적·신체적 건강에 명백히 해를 끼칠 우려가 있는 것 등이 이에 해당한다(「청소년 보호법」제9조 및 동법 시행령 제9조). 즉, 청소년보호에 유해한 영향을 미칠 가능성이 있는 모든 미디어를 유해매체로 볼 수 있다(주승희, 2011).

한국 청소년의 유해매체 이용 현황은 여성가족부의 '청소년 매체이용 및 유해환경 실태조사'의 주요 결과를 통해 파악할 수 있다. 2022년 조사 결과, 최근 1년 동안 '청소년관람불가' '19세 이상 시청가'로 표시된 성인용 TV 프로그램, 영화, 동영상을 본 적이 있다고 응답한 청소년은 전체의 47.5%이며, 학교급별로는 고등학생의 56.6%, 중학생의 46.1%, 초등학생의 40.0%가 성인용 영상물 이용 경험이 있었다(〈표 12-1〉 참조). 특히 2018, 2020, 2022년 3개년도의 조사 결과 추이는 초등학생의 성인용 영상물 이용 경험이 지속적으로 증가하여 초등학생 대상 유해매체 예방사업이 확대될 필요성을 제기하고 있다(여성가족부, 2023c). 또한 2020년 조사 결과를 통해 청소년들의 성인용 영상물 이용 경로를 살펴보면, 청소년들은 '인터넷 포털 사이트'(23.9%)를 통해서 성인용 영상을 접하는 경우가 가장 많았으며, 그 밖에 '인터넷 개인방송 및 동영상 사이트'(17.3%), 'TV방송'(13.5%), '스마트앱'(13.4%), 'SNS'(12.8%), '인터넷/모바일 메신저'(12.6%)로 나타났다. 인터넷상에서의 유해매체에 대한 모니터링 확대와 유해매체 제작 · 유통 · 판매자에 대한 관리를 더욱 강화하고, 아울러 스마트폰을 통한 유해매체 노출 여부에 대한 점검과 즉각적인 차단 방안 마련이 필요하다(김지연 외, 2020).

| 표 12-1 | 청소년의 성인용 영상 이용률 (단위: %)

구분	전체	성별		학교급		
		남자	여자	초등학교	중학교	고등학교
2018	39.4	48.7	29.4	19.6	41.6	53.3
2020	37.4	44.3	29.7	33.8	32.2	45.1
2022	47.5	–	–	40.0	46.1	56.6

주: 1) "최근 1년 동안 '청소년 관람불가' '19세 이상 시청가'로 표시된 성인용 TV프로그램, 영화, 동영상 등을 본 적 있나요?"에 대해 '있다.'고 답한 응답자 비율임
　　2) 초등학교는 4~6학년을 조사대상으로 함
　　3) 2022년 조사 결과는 여성가족부 보도자료에서 제공하는 수치를 활용하였으며 성별 경험률 통계 미제공
출처: 김지연 외(2020), p. 76; 여성가족부(2023c), p. 6.

청소년들은 다양한 신 · 변종 유해매체에도 노출되어 있다(〈표 12-2〉 참조). 지난 1년 동안 '성인용 인터넷 게임'을 이용한 경험이 있는 청소년은 16.4%로 남학생(24.1%)의 경험률이 여학생(8.1%)보다 높게 나타났다. 그 밖에 '성인용 음반, 음원 뮤직비디오 등의 영상파일' 이용률은 12.7%, 돈 또는 사이버머니를 걸

고 하는 '도박성 게임' 경험률은 5.0%, '조건만남 메신저 또는 채팅 앱' 이용률은 3.8%인 것으로 나타났다. 특히 도박성 게임과 채팅앱의 경우 중학생보다 초등학생의 경험률이 높고 증가 추이를 보이고 있어 이에 대한 대응이 필요하다.

| 표 12-2 | 신 · 변종 유해매체 이용률(중복 응답): 2020년 (단위: %)

구분		성인용 인터넷 게임	도박성 게임	19세 이상 이용 음반, 음원, 뮤직비디오 등 음악영상파일	조건만남 메신저 또는 데이트, 미팅, 랜덤채팅, 소개팅용 채팅 앱
전체		16.4	5.0	12.7	3.8
성별	남자	24.1	7.0	13.4	4.2
	여자	8.1	2.8	12.0	3.3
학교급	초등학교	9.8	6.2	7.1	5.5
	중학교	17.5	3.4	11.4	3.0
	고등학교	21.8	5.2	19.2	2.8

출처: 김지연 외(2020), p. 93 표를 재구성.

2022년 조사 결과, 최근 1년 동안 인터넷 사용 시 허락 없이 다른 사람의 ID를 사용한 경험률은 5.8%이고, 다른 사람의 주민등록번호를 사용한 경험률도 1.7%로 보고되었다. 이를 [그림 12-1]과 같이 유해매체 유형별로 살펴보면 도

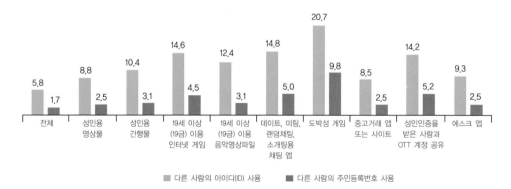

| 그림 12-1 | 유해매체 이용 청소년의 타인 정보 도용 경험률: 2022년
출처: 여성가족부(2023c), p. 6.

박성 게임을 이용한 청소년들의 타인 정보 도용 경험률이 가장 높음을 확인할 수 있다. 그 밖에 성인용 영상물이나 간행물, 신·변종 유해매체를 이용하는 경우 다른 사람의 정보를 도용한 경험이 높게 나타났다(여성가족부, 2023c).

(2) 청소년 유해행위

「청소년 보호법」 제30조(청소년 유해행위의 금지)에는 다양한 유해행위의 유형이 명시되어 있다. 청소년에게 성적 접대 및 유흥접객, 음란행위를 시키는 행위, 장애·기형 등을 관람시키는 행위, 청소년을 구걸시키는 행위, 학대하는 행위, 이성혼숙 등 풍기문란 장소제공 행위 등을 포괄한다.

〈「청소년 보호법」 제4장 청소년 유해약물 등, 청소년 유해행위 및 청소년 유해업소 등의 규제〉

제30조(청소년 유해행위의 금지) 누구든지 청소년에게 다음 각 호의 어느 하나에 해당하는 행위를 하여서는 아니 된다.
1. 영리를 목적으로 청소년으로 하여금 신체적인 접촉 또는 은밀한 부분의 노출 등 성적 접대행위를 하게 하거나 이러한 행위를 알선·매개하는 행위
2. 영리를 목적으로 청소년으로 하여금 손님과 함께 술을 마시거나 노래 또는 춤 등으로 손님의 유흥을 돋우는 접객행위를 하게 하거나 이러한 행위를 알선·매개하는 행위
3. 영리나 흥행을 목적으로 청소년에게 음란한 행위를 하게 하는 행위
4. 영리나 흥행을 목적으로 청소년의 장애나 기형 등의 모습을 일반인들에게 관람시키는 행위
5. 청소년에게 구걸을 시키거나 청소년을 이용하여 구걸하는 행위
6. 청소년을 학대하는 행위
7. 영리를 목적으로 청소년으로 하여금 거리에서 손님을 유인하는 행위를 하게 하는 행위
8. 청소년을 남녀 혼숙하게 하는 등 풍기를 문란하게 하는 영업행위를 하거나 이를 목적으로 장소를 제공하는 행위
9. 주로 차 종류를 조리·판매하는 업소에서 청소년으로 하여금 영업장을 벗어나 차 종류를 배달하는 행위를 하게 하거나 이를 조장하거나 묵인하는 행위

다양한 청소년 유해행위 중 청소년의 폭력 및 성폭력 피해에 대한 주요 현황을 살펴보자. 여성가족부의 '청소년 매체이용 및 유해환경 실태조사'는 최근 1년 동안 다른 학생이나 친구, 선후배 등으로부터 경험한 폭력피해 경험을 묻는 문항을 포함하고 있다. 2020년도 조사 결과, 일곱 가지 폭력피해 유형 중 한 가지라도 경험한 적이 있는 청소년은 5.9%였으며, 유형별로는 언어적 폭력에 해당하는 '욕설이나 무시하는 말을 들은 경우'가 4.1%로 가장 많았다. 성별로 살펴보면, 남자청소년(6.3%)이 여자청소년(5.4%)보다 폭력 피해율이 높았으며, 학교급별로는 초등학생의 피해율이 9.8%로 중학생(5.3%), 고등학생(2.8%)보다 높게 보고되었다(〈표 12-3〉 참조).

| 표 12-3 | 청소년 폭력피해 경험률(중복 응답): 2020년 (단위: 명, %)

구분		사례 수	청소년 폭력 피해율[1]	청소년폭력 유형별 피해율(중복 응답)						
				욕설이나 무시하는 말을 들음	손, 발 또는 물건으로 맞거나 그로 인해 다침	돈이나 물건을 빼앗김	때리거나 괴롭히겠다고 위협을 당함	왕따 (따돌림)를 당함	강제 심부름 (빵셔틀, 와이파이셔틀, 게임셔틀 등)을 당함	온라인 (인터넷)에서 따돌림이나 괴롭힘을 당함
전체		13,796	5.9	4.1	1.6	0.7	1.1	1.3	0.3	1.1
성별	남자	7,212	6.3	4.7	2.0	0.8	1.4	0.9	0.3	1.0
	여자	6,584	5.4	3.5	1.1	0.7	0.8	1.8	0.2	1.2
학교급	초등학교	4,494	9.8	6.5	3.1	1.1	1.9	2.3	0.4	1.8
	중학교	4,435	5.3	3.9	1.2	0.7	1.1	1.2	0.2	1.0
	고등학교	4,866	2.8	2.2	0.5	0.5	0.5	0.6	0.2	0.6

주: 1) 제시된 일곱 가지 유형 중 한 가지라도 경험해 본 적이 있는 응답자 비율임
2) 무응답을 제외하고 분석한 결과임
출처: 김지연 외(2020), p. 120 표를 재구성.

　　최근 1년 동안 폭력피해 경험이 있는 청소년 가운데 온라인 공간에서의 피
해 경험률은 2016년 7.7%에서 2020년 26.7%로 크게 증가하였다. 이와 관련
하여 2022년도 실태조사에는 기존의 폭력피해 경험 문항에 온라인(사이버 공
간)에서 피해 유형을 구체화한 조사 항목들이 추가되었으며, 조사 결과 청
소년들의 폭력피해 경험률은 16.3%로 보고되었다(초: 22.1%, 중: 18.1%, 고:
8.5%).[1] 사이버 공간에서의 피해 유형별로는 '온라인에서 욕설이나 무시하
는 말을 들음'이 7.3%로 가장 많았고, '온라인에서 괴롭히겠다고 위협을 당함'
(1.7%), '사이버 머니나 게임 아이템, 데이터 등을 빼앗김'(1.4%) 등의 순으로
나타났다([그림 12-2] 참조). 또한 최근 1년간 성폭력피해 경험률은 2022년 조
사 결과 5.5%로, '말이나 눈짓, 몸짓으로 성적 모욕감을 주거나 괴롭힘을 당
함'이 2.5%, '온라인에서 스토킹이나 성희롱 피해를 당함'이 1.7%로 나타났다
([그림 12-2] 참조).

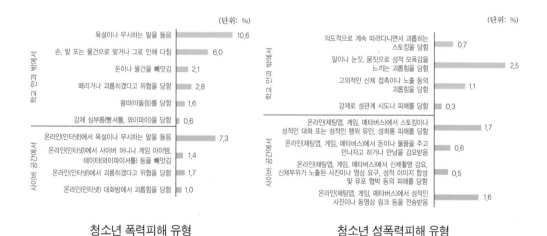

청소년 폭력피해 유형　　　　　　　　청소년 성폭력피해 유형

| **그림 12-2** |　**최근 1년간 청소년 폭력 및 성폭력 피해 경험률(중복 응답): 2022년**

출처: 여성가족부(2023c), p. 8.

---

1) 2020년 조사까지는 온라인에서의 폭력피해 경험은 1개 문항(온라인에서 욕설이나 무시하는 말
을 들음)이었으나 2022년 조사에는 기존의 1개 문항을 포함한 총 5개 문항으로 조사하였기 때문
에 2022년 조사 결과와 이전 실태조사 결과 비교 시 주의가 필요하다(여성가족부, 2023c).

청소년 폭력피해의 가해자에 대한 조사 결과 '같은 학교에 다니는 사람' 이 62.2%, '잘 모르는 사람'이 17.3%, '온라인(인터넷)에서 새로 알게 된 사람' 9.9% 순으로, 잘 모르는 사람이나 온라인에서 새로 알게 된 사람으로 인한 피해가 증가하고 있다. 성폭력 가해자의 경우 '같은 학교에 다니는 사람'이 47.6%, '잘 모르는 사람' 25.5%, '온라인(인터넷)에서 새로 알게 된 사람' 17.3% 순으로 나타났으며, 과거에 비해 온라인상에서의 폭력 및 성폭력 피해 경험이 증가하고 있다(김승경, 배정희, 2021). 이는 청소년들의 온라인(인터넷) 공간에서 폭력 예방교육뿐만 아니라 피해 청소년에 대한 지원이 강화되어야 함을 시사한다.

한편, 2021년도 여성가족부의 '아동·청소년대상 성범죄 발생 추세와 동향 분석' 결과에 따르면 2019년 유죄가 확정된 아동·청소년 대상 성범죄자 수는 2,753명으로 전년(3,219명) 대비 14.5%p 감소하고, 피해 아동·청소년은 3,622명으로 전년(3,859명) 대비 6.1%p 감소하였다. 최근 사회적 이슈가 되고 있는 아동·청소년 대상 디지털 성범죄[2]의 피해자 수는 2018년 251명에서 2019년 505명으로 전년 대비 피해자의 수가 두 배 이상 증가하였다([그림 12-3] 참조). 다른 유형과 비교하여 범죄자 대비 피해자가 많았는데 한 명의 범죄자가 다수의 아동·청소년을 대상으로 범죄를 저지를 수 있는 디지털 성범죄의 특성을 반영하고 있다(김승경, 배정희, 2021). 디지털 성범죄는 물리적인 시공간이 아닌 디지털 공간이라는 특성상 피해가 빠르고 광범위하게 확산되는 경향이 있으며, 최근에는 딥페이크 등의 디지털기술을 활용한 편집, 합성, 가공 및 유포 등의 범죄가 증가하는 추세이다. 아울러 불법촬영물의 재유포 가능성이 높아 성범죄 가해 및 피해 지속 시간이 영속적이라는 특성이 있다(한국여성인권진흥원, 2020). 이로 인해 디지털 성범죄 피해자는 영상 유포에 대한 불안감과 심리적 고통을 겪을 뿐만 아니라 가해자로부터 성적 촬영물을 이용

---

2) 디지털 성범죄는 카메라나 인터넷과 같은 디지털 매체를 이용하여 상대의 동의 없이 신체를 불법촬영하여 저장, 유포협박, 전시·판매하는 등의 사이버 공간, 미디어, SNS 등에서의 성적 괴롭힘을 의미한다(한국청소년상담복지개발원, 2020).

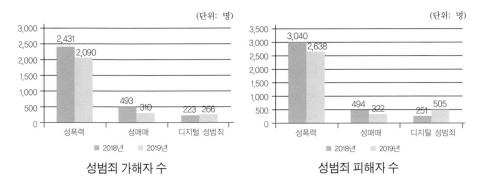

┃ 그림 12-3 ┃ 아동 · 청소년 대상 성범죄 가해자 수와 피해자 수

출처: 김승경, 배정희(2021), p. 34.

한 협박을 받고, 원치 않은 행위를 하도록 강요받는 등 추가적인 피해를 경험하는 사례가 많다(한국청소년상담복지개발원, 2020). 따라서 디지털 성범죄 피해자 지원센터, 성매매아동청소년지원센터 등을 통해 피해 청소년에 대한 즉각적인 지원과 전문적 개입이 이루어질 필요가 있다.

(3) 청소년 유해약물(물질)

청소년 유해약물은 주류, 담배, 마약류,[3] 환각물질, 그 밖에 ① 청소년의 정신기능에 영향을 미쳐 일시적 또는 영구적 정신장애를 초래할 수 있는 약물, ② 청소년의 신체기능에 영향을 미쳐 정상적인 신체발육에 장애를 초래할 수 있는 약물, ③ 습관성, 중독성, 내성(耐性) 또는 금단증상 등을 유발하여 청소년의 정상적인 심신발달에 장애를 초래할 수 있는 약물을 의미한다(「청소년 보호법」 제2조 제4호, 동법 시행령 제3조). 이러한 유해약물로부터 청소년을 보호하기 위하여 「청소년 보호법」 제28조(청소년 유해약물 등의 판매 · 대여 등의 금지)에는 청소년에게 유해약물 등을 판매 · 대여 · 배포해서는 안 된다고 규정되어 있다. 이러한 조항은 청소년의 요청으로 청소년 유해약물 등을 구입하여 제공하는 것뿐만 아니라 청소년에게 권유 · 강요하여 청소년 유해약물 등

---

3) 「마약류 관리에 관한 법률」에서는 마약 · 향정신성의약품 및 대마를 마약류로 분류한다(제2조 제1호).

을 구매하게 하여서는 안 되며, 청소년 유해약물 등을 판매할 때는 반드시 상대방의 나이 및 본인 여부를 확인해야 한다는 것을 명시한 것이다.

'청소년건강행태조사'는 매년 청소년들의 음주 및 흡연 실태를 조사한 것이다. 〈표 12-4〉에 제시된 바와 같이, 청소년의 흡연율은 감소 추이를 보이다 최근 3년간은 비슷한 수준으로 유지되고 있다. 2022년 조사 결과, 중·고등학생의 4.5%는 최근 30일 내 흡연한 적이 있으며, 남학생(6.2%)의 흡연 경험률이 여학생(2.7%)보다 높았다. 한편 중·고등학생의 13.0%는 최근 30일 내 한 잔 이상의 술을 마신 적이 있다고 보고하였는데, 이는 2021년의 10.7% 대비 2.3%p 증가한 수치다. 중학생(7.0%)과 비교하여 고등학생(19.5%)이, 여학생(10.9%)보다 남학생(15.0%)의 음주 경험률이 높다(여성가족부, 2023d).

'2022년 청소년 매체이용 및 유해환경 실태조사' 결과에 따르면 최근 1개월

┃표 12-4┃ 청소년의 현재 흡연율 및 음주율 추이(2015~2022): 교급 비교

(단위: %)

연도	현재 흡연율[1]			현재 음주율[2]		
	전체	중학생	고등학생	전체	중학생	고등학생
2015	7.8	3.3	11.7	16.7	7.4	24.9
2016	6.3	2.5	9.5	15.0	6.5	21.9
2017	6.4	3.0	9.2	16.1	7.6	23.0
2018	6.7	3.0	9.8	16.9	8.5	24.2
2019	6.7	3.2	9.9	15.0	7.6	21.8
2020	4.4	1.7	7.1	10.7	5.4	15.9
2021	4.5	1.9	7.2	10.7	5.6	16.0
2022	4.5	2.1	7.1	13.0	7.0	19.5
남자	6.2	2.3	10.4	15.0	7.7	22.9
여자	2.7	1.8	3.6	10.9	6.3	15.9

자료: 교육부, 질병관리청, 「청소년건강행태조사」, 중·고등학생 대상
주: 1) 최근 30일 동안 1일 이상 일반담배(궐련)를 흡연한 사람의 분율
　　2) 최근 30일 동안 1잔 이상 술을 마신 적이 있는 사람의 분율
출처: 여성가족부(2023d), p. 32.

간 담배를 직접 구입한 경험이 있는 중·고등학생이 담배를 주로 구입한 장소는 '편의점, 가게, 슈퍼마켓'이 91%로 가장 높았으며, 다음으로 '대형마트' (32.5%), '담배 및 전자담배 판매점'(24.1%), '중고거래 사이트(앱)'(15.6%), '식당·음식점'(14.2%) 등의 순으로 보고되었다. 최근 1개월간 술을 직접 구입한 경험이 있는 중·고등학생이 술을 구입한 장소도 마찬가지로 '편의점, 가게, 슈퍼마켓'이 95.1%로 가장 높았으며, '식당·음식점'(43.6%), '대형마트' (36.3%), '배달 주문하면서'(26.7%), '노래방'(23.6%) 등으로 나타났다. 한편, 청소년의 담배 및 술 구입이 가장 많이 이루어진 편의점, 가게, 슈퍼마켓에서의 나이나 본인 확인이 이루어지는 비율은 각각 16.2%, 18.5%로 매우 낮았다.

한편, 청소년의 약물경험은 '사용, 오용, 남용, 의존, 중독' 등의 용어와 함께 복합명사로 사용되고 있으며, 일반적으로 '어떤 기분이나 경험을 유도하기 위해 처방 없이 유해 약물을 사용하는 것'으로 정의할 수 있다(한국마약퇴치운동본부, 2019). 질병관리청에 실시하는 '청소년건강행태조사'를 통해 청소년의 습관적 약물사용 실태를 일부 확인할 수 있는데, 청소년의 0.8%가 치료목적 이외에 습관적으로 약물이나 물질(예: 각성제, 신경안정제, 부탄가스, 본드 등)을 사용한 경험을 보고한 바 있다(남은정, 이진화, 권민, 2021). 아울러 '2020년 청소년 매체이용 및 유해환경 실태조사' 결과, 최근 1년 동안 환각성 물질(예: 부탄 가스, 본드, 마약류 등)을 이용한 경험이 있는 청소년은 0.4%를 차지하였다. 환각성 물질 이용 경험이 있는 청소년들이 환각성 물질을 획득한 주된 경로는 '집'(58.7%)이 가장 많았고, 다음으로 '편의점·가게 직접 구입'(24%), '대형마트 직접 구입'(13.7%), '성인에게 얻어서'(12.4%), '인터넷·모바일 직접 주문' (7.3%), '친구 또는 선배'(7.2%) 순으로 나타났다(김지연 외, 2020).

(4) 청소년 유해업소

청소년 유해업소는 유해매체, 유해약물 등과 함께 청소년들에게 유해한 영향을 미칠 가능성이 있는 유해환경으로 「청소년 보호법」은 '청소년 유해업소'를 청소년의 출입과 고용이 청소년에게 유해한 것으로 인정되는 '청소년 출입·고용 금지업소'와 청소년의 출입은 가능하나 고용이 청소년에게 유해한 것으로 인정되는 '청소년 고용 금지업소'로 규정하였다(제2조 제5호). 그뿐만 아니라 제2조 제5호의 가목에 따라 청소년의 출입·고용을 금지하는 업소를 여성가족부 장관이 고시할 수 있도록 규정하였다. 「청소년 보호법」에 따른 청소년 출입·고용 금지업소로는 유흥주점, 단란주점, 노래연습장, 무도학원, 무도장, 비디오감상실 등이 있으며, 청소년 고용 금지업소에는 소주방, 호프, 카페 등의 일반음식점, 휴게음식점, 이용업, 숙박업, 게임제공업 등이 있다.

청소년의 건전한 성장과 발달을 저해할 수 있는 유해업소는 매년 증가하고 있는 추세다. 〈표 12-5〉에 제시된 바와 같이 2022년 청소년 유해업소는 약 101만 5,000여 개소에 달한다. 여성가족부의 '2020년 청소년 매체이용 및 유해환경 실태조사'에 따르면, 청소년 출입이 제한적으로 허용되는 업소 가운데 청소년들이 가장 많이 이용한 업소는 코인 노래방으로 70.7%의 청소년이 이용경험이 있다고 보고하였다. 여자청소년의 경우 '코인 노래방'(79.4%), 남자청소년의 경우 'PC방'(71.8%) 이용률이 높았다(〈표 12-6〉 참조).

| 표 12-5 | 연도별 청소년 유해업소 현황 (단위: 개소)

연도	총계	유흥주점	단란주점	일반음식점	휴게음식점	무도학원(무도장)	이용업, 목욕장	숙박업	노래연습장	비디오감상실, 비디오물 소극장업	복합영상물제공업	게임 제공업계				
												인터넷게임시설제공업	게임제공업	청소년게임장	일반게임장	복합유통게임제공업
2020	984,843	26,975	12,776	658,451	175,484	772	23,155	26,118	31,212	530	19	18,589	250	5,797	2,096	2,619
2021	1,004,019	26,298	12,386	669,242	189,266	744	22,555	25,259	29,810	482	15	18,006	241	5,133	2,040	2,542
2022	1,015,803	25,841	12,139	676,445	197,839	710	21,980	24,488	29,280	434	14	17,332	196	4,711	1,956	2,438

주: 1) 출입·고용금지업소: 유흥주점, 단란주점, 노래연습장, 무도학원, 무도장, 비디오감상실, 기타(비디오물 소극장업, 복합영상물제공업, 제한관람가 비디오물 소극장업)
   2) 고용금지업소: 일반음식점, 휴게음식점, 이용업, 숙박업, 게임제공업을 지칭(일반음식점의 경우 소주방, 호프, 카페 등이 청소년 고용금지 업소에 해당하며 숙박업에 경우 휴양콘도미니엄업 등은 청소년 고용금지업소에서 제외)
출처: 여성가족부(2023a), p. 327.

| 표 12-6 | 청소년 출입가능/제한적 허용 업소 연간 이용률(중복 응답): 2020년

(단위: %)

구분		전자 오락실	술집 (소주방, 호프집)	PC방	노래방		찜질방	VR 체험카페
					일반 노래방	코인 노래방		
전체		25.0	3.9	61.3	44.7	70.7	25.4	13.1
성별	남자	26.0	2.6	71.8	40.0	62.7	26.2	11.7
	여자	24.0	1.9	49.8	49.8	79.4	24.4	14.7
학교급	중학교	25.3	1.4	56.7	37.3	63.6	24.4	14.8
	고등학교	24.8	3.1	65.6	51.2	77.1	26.2	11.6

주: 오락실, PC방, 노래방, 찜질방은 심야시간대 이용이 제한되며, 소주방·호프집은 일반음식점이지만 주류 이용을 목적으로는 이용할 수 없음

출처: 김지연 외(2020), p. 233 표를 재구성함.

한편 멀티방이나 룸카페는 청소년 출입·고용 금지업소임에도 청소년의 이용률이 비교적 높았다. '2022년 청소년 매체이용 유해환경 실태조사' 결과, 최근 1년간 '멀티방/룸카페'를 이용한 경험이 있는 청소년은 13.8%였으며, 그 밖에 '일반숙박업소'(3.1%), '비디오/DVD방'(1.7%), '무인숙박업소'(1.4%) 등도 일부 청소년의 이용 경험이 있는 것으로 나타났다([그림 12-4] 참조).

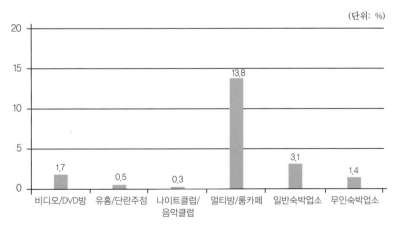

(단위: %)

| 그림 12-4 | 청소년 출입·고용금지업소 이용률: 2022년

출처: 여성가족부(2023c), p. 13의 그래프를 재구성함.

3) 청소년 유해환경의 영향

(1) 청소년 매체환경과 유해행위

청소년의 건전한 성장에 유해한 물질·물건·장소·행위 등의 유해환경은 청소년의 심리·정서뿐만 아니라 문제행동에 직·간접적인 영향을 미치는 것으로 알려져 있다(김소연, 이순희, 안권순, 2018; 김재엽, 최선아, 임지혜, 2015; 주영선, 정익중, 2019; Church, Jaggers, & Taylor, 2012). 특히, 폭력성 게임과 같은 유해매체 노출 경험은 청소년의 폭력 행위에 영향을 미친다(정의롬, 이윤호, 2012). 이와 관련하여 김재엽 등(2010)의 연구에서는 청소년의 인터넷 게임 중독이 폭력생각을 증가시키고, 이는 다시 학교폭력 가해행동을 증가시킨다고 설명하였다.

지속적으로 증가하고 있는 청소년들의 인터넷·스마트폰 사용 시간과 뉴미디어 이용 증가는 온라인상에서의 유해정보 과다 노출뿐만 아니라 인터넷·스마트폰 과의존 문제와도 연결되어 있다. 또한 온라인상에서의 생활과 소통이 일상화됨에 따라 온라인 게임, 메타버스 등 가상공간에서의 청소년 폭력 피해 경험도 증가하는 추세이다(관계부처 합동, 2023a). 스마트폰의 랜덤채팅앱이나 데이팅앱은 성폭력 피해의 대표적 위험요인이며(Choi et al., 2018), 스마트폰 중독은 인터넷 유해매체 노출을 증가시켜 청소년의 성폭력 가해행동에도 영향을 미친다는 연구결과가 있다(김재엽, 곽주연, 2017).

(2) 유해약물 사용의 영향

청소년의 음주 및 흡연경험은 청소년의 주관적 건강, 스트레스, 우울감, 자살생각 등의 정신건강 문제와 관련이 있다(김경나, 2020; 송혜영, 두은영, 최수진, 2017; 이혜경, 2020). 특히 음주와 흡연, 약물의 동시 사용은 정신건강뿐만 아니라 문제 행동의 발생 가능성도 증가시키는 것으로 알려져 있다(Orlando et al., 2005). 전해성(2015)의 연구에서는 음주, 흡연, 약물을 동시에 사용하였을 때 한 가지만 사용한 경우보다 자살생각이 3.7배로 증가하는 것으로 나타났다. 또한 청소년의 음주, 흡연, 약물사용 경험과 성경험의 관계를 연구한 표은영 등(2016)에서는 음주보다는 흡연 경험이 있는 경우, 흡연보다는 약물을 사용한 경험이 있는 경우 성경험 위험이 증가함을 보고한 바 있다.

　청소년들의 약물남용은 담배나 술 등의 약한 약물에서 점점 강도가 강한 약물로 전이되는 특성을 가지고 있으며, 습관성과 의존성, 중독과 내성으로 인해 중단하기 어려워 일상생활의 장애를 포함한 신체적·정신적 건강 문제를 초래한다(박성수, 2017; 이혜경, 2020). 신체적 성장이 빠른 청소년기의 약물남용은 성인병과 정신질환을 초래하기도 하며, 약물남용으로 인한 인지능력 저하로 학습부진, 합리적인 사고 부족, 또래관계에서의 어려움 등을 경험하게 되기도 한다(천정웅, 이지민, 성윤숙, 2013). 특히 환각물질, 마약류 등의 유해약물 사용은 청소년 일탈 및 범죄로 연결되는 경우가 많은데, 이는 비행청소년의 경우 약물과 접촉할 기회가 많고, 약물로 인한 환각상태에서 범죄 가능성이 높은 것과 관련이 있다(박성수, 2017).

(3) 지역사회 유해환경과 청소년 비행

　지역사회 유해환경은 청소년 비행의 위험요인이다. 청소년의 출입이 제한되거나 금지되는 유해업소는 청소년의 일탈이나 문제행동이 유발될 수 있는 공간으로, 해당 시설에서 청소년이 일탈행위를 할 수도 있고, 유해약물이나 유해매체를 접촉하게 될 위험이 있다(김종오, 성용은, 2006). 정자유(2012)의 연구에서는 단란주점 및 유흥주점, 숙박업소, 비디오방 수 등을 토대로 지역별 유해환경변수를 구성하였는데, 연구 결과 지역사회 내 유해시설이 많을수록 청소년의 일탈과 청소년 지위비행 정도가 유의미하게 증가함을 밝힌 바 있다. 또한 청소년 유해환경이 청소년 비행에 미치는 영향을 규명하기 위해 서울특별시를 연구대상지역으로 설정하고 공간회귀분석을 활용한 심수현(2020)의 연구에서는 청소년 비행을 증가시키는 지역사회 환경요인은 노래방, 음식점(패스트푸드점, 분식점), 학원(입시학원 등) 밀집도이며, 이 중 노래방의 밀집도가 청소년 비행에 가장 큰 영향을 미치는 것으로 나타났다. 이와 유사하게 행

정자료를 활용하여 시·군·구별 단란주점과 유흥업소 수로 지역사회 유해
환경 수준을 측정한 주영선과 정익중(2019)의 연구에서는 지역사회 유해환경
수준이 높아질수록 청소년의 중비행 수준과 심각도가 유의미하게 증가하는
것으로 나타났다. 청소년의 문제행동 예방을 위해 생활지역 인근 유해업소에
대한 단속과 모니터링이 더욱 강화될 필요가 있겠다.

2. 유해환경으로부터 청소년보호

1) 청소년이 안전한 매체환경 조성

지금의 청소년들은 디지털 활용 환경에서 성장하여 일상생활 전반에서 디
지털·온라인을 활용하고, 컴퓨터, 휴대전화, 인터넷 활용에도 능숙한 디지털
네이티브(Digital Native) 세대다(관계부처 합동, 2023b). 이러한 청소년에게 보
다 건강하고 안전한 성장환경을 조성하기 위해 매체물의 유해성을 심의하고
유해매체물의 접촉을 예방하기 위한 다양한 조치가 이루어지고 있다. 먼저,
여성가족부의 청소년보호위원회와 간행물윤리위원회, 방송통신심의위원회,
영상물등급위원회 등의 심의기관들은 유해매체물이 청소년에게 유통되는 것
을 차단하기 위하여 「청소년 보호법」 제9조의 청소년 유해매체물 심의기준에
따라 청소년 유해성 여부를 심의·결정하고 있다. 여성가족부의 청소년보호
위원회[4]는 각 심의기관에서 심의를 요청한 매체물이나 심의받지 않고 유통되
는 매체물의 심의 및 등급분류, 음반 및 음악파일의 유해성을 심의한다. 여성

---

4) 청소년보호위원회는 「청소년 보호법」 제36조에 의거, 여성가족부산하에 설치된 위원회로 ① 청
   소년 유해매체물, 청소년 유해약물, 청소년 유해업소 등의 심의 결정 등에 관한 사항, ② 정기간
   행물 등을 발행하거나 수입한 자에 대한 과징금 부과에 관한 사항, ③ 청소년보호를 위하여 여성
   가족부 장관이 필요하다고 심의를 요청한 사항, ④ 그 밖에 다른 법률에서 심의 및 결정하도록 정
   한 사항에 대한 심의결정을 담당한다.

가족부 장관은「청소년 보호법」과 하위법령에 따라 청소년 유해매체물의 목록표를 고시하고, 청소년 또는 매체물과 관련이 있는 중앙행정기관, 지방자치단체, 청소년보호와 관련된 지도·단속 기관, 그 밖에 청소년보호를 위한 관련 단체 등에 통보하고 있다(동법 제21조, 동법 시행규칙 제7조).

여성가족부 장관은「청소년 보호법」제33조에 따라 관계부처와 협의를 통해 유해환경으로부터 청소년을 보호하기 위한 종합대책을 3년마다 수립·시행하고 있다. 제4차 청소년보호종합대책(2022~2024)은 '건강하고 책임감 있는 미디어 이용환경 조성'을 주요 전략으로 제시하였으며, 유관부처에서는 '청소년 이용자 보호 및 유해성 점검 확대'라는 중점 추진정책을 실현하기 위한 여러 과제를 추진하고 있다. 이와 관련하여 방송통신위원회는 성인광고 음란물, 불법 성매매 등 스팸 문자 등에 대한 집중 단속을 실시하고, 도박, 마약 등의 불법정보를 보다 신속하게 삭제 및 차단하기 위한 전자 심의 도입을 검토하고 있다. 문화체육관광부는 청소년에게 유해한 게임 광고나 선전을 제한하고, 확률형 아이템 표시의무 부과[5]를 추진하는 등 뉴미디어에서의 불법 유해정보 차단을 위한 규제체계를 정비하고 있다(여성가족부, 2022c).

여성가족부는 지난 2013년부터 유해매체로부터 청소년을 보호하고 청소년 건전매체 이용환경 조성을 위한 청소년매체환경보호센터의 운영을 지원하고 있다. 또한 청소년 유해매체물 제공 사업자의「청소년 보호법」상 의무사항(예: 청소년 유해 표시 의무, 성인인증 의무 등)의 이행 점검과 인터넷상 청소년 유해정보 등에 대한 상시 점검을 강화하기 위해 2021년에 청소년 유해매체점검단을 시범운영하였으며, 2022년부터 정규 사업으로 전환하여 지속 운영하고 있다. 청소년 유해매체점검단은 특히 유해 영상물, 술·담배 대리구매, 청소년 유해물건 및 유해업소 홍보, 도박, 청소년성매매 등 불법 유해정보를 중점 점

---

5) 확률형 아이템은 게임물 이용자가 직접적·간접적으로 유상 구매한 게임아이템 중 구체적 종류, 효과 및 성능 등이 우연적 요소에 의하여 결정되는 것을 말한다(「게임산업진흥에 관한 법률」제3조 제11호). 청소년의 사행심을 예방하기 위하여 청소년 게임물을 제작, 배급 또는 제공하는 자가 해당 게임물과 그 인터넷 홈페이지 및 광고·선전물마다 확률형 아이템의 종류 및 확률정보 표시를 의무화하는 등으로「게임산업진흥에 관한 법률」을 일부 개정하였다(2023. 3. 21.).

검한다. 여성가족부는 점검결과를 최종 확인하여「청소년 보호법」및 관련 법령에 따라 업계자율규제, 관계 기관에 심의·차단 요청, 사업자 시정 요구, 형사 고발 등의 조치를 한다(여성가족부, 2022a)

2) 청소년 유해환경 감시·정화 활동

(1) 청소년 대상 유해약물 불법 유통·판매 근절

청소년 유해약물은 청소년의 사용을 제한하지 않을 경우 심신을 심각하게 훼손할 우려가 있다. 이에 정부는 주류·담배 판매업자에게 청소년을 대상으로 주류와 담배의 판매·대여·배포를 금지하는 내용을 업소에 표시하도록 의무를 부과하는 등 청소년 유해약물이 청소년에게 유통되는 것을 차단·단속하고 있다(이경상, 김지연, 최수미, 이순래, 2012). 또한「청소년 보호법」은 청소년 유해약물·물건에 대하여 유해표시를 하도록 규정하고 주류와 담배 등에 '19세 미만 청소년에게 판매금지' 문구를 표시하고 청소년에게 판매할 수 없도록 하였다(동법 제28조, 동법 시행령 제25조 제2항). 그러나 청소년이 신분증을 위조·변조하여 유해약물을 직접 구매하거나, SNS, 온라인 중고장터, 비대면 배달서비스 등을 통한 대리구매도 빈번히 이루어지고 있는 실정이다. 주류, 담배 구입 시 성인인증을 의무화하고, 온라인상에서의 유해약물의 불법 유통과 판매를 근절하기 위한 모니터링 및 단속이 강화되어야 한다(김승경, 배정희, 2021).

- 청소년 대상 주류·담배 판매: 2년 이하의 징역 또는 2,000만 원 이하 벌금(행정처분 또는 위반 횟수마다 100만 원 과징금)
- 환각물질 및 유해물건의 청소년대상 판매·대여·배포한 자: 3년 이하 징역 또는 3천만 원 이하 벌금(행정처분 또는 위반 횟수마다 100만 원 과징금)
- 청소년 유해약물·물건 등에 청소년 유해표시 불이행: 2년 이하 징역 또는 2천만 원 이하 벌금(시정명령 대상: 표시명령, 표시방법, 변경명령)

출처:「청소년 보호법」및 하위법령, 법제처 국가법령정보센터(http://www.law.go.kr).

(2) 청소년의 건강한 생활 및 교육 환경 조성

청소년의 생활공간인 주거지역 및 학교 주변에 증가하고 있는 유해환경을 개선하기 위해 다양한 「청소년 보호법」 위반 행위에 대한 감시활동이 이루어지고 있다. 여성가족부는 2010년에는 키스방 등 신·변종 업소의 광고를 청소년 유해매체물로 지정하고, 2011년에는 해당 업소를 청소년 출입고용·금지업소로 지정 고시한 바 있으며, 지자체는 청소년 출입 및 고용금지업소의 위반 여부를 상시적으로 단속하고 있다.[6] 2015년부터 술·담배 판매업자에게 청소년 대상 주류 담배의 판매·대여·배포를 금지하는 내용을 업소 내에 표시하도록 의무화되었다(여성가족부, 2023a).

다음으로, 청소년에게 신체적·정신적 건강을 해칠 우려가 있는 구역을 「청소년 보호법」 제31조 및 각 지자체별 조례에 따라 '청소년 통행금지·제한구역'으로 지정하여 운영하고 있다. 청소년 통행금지구역(레드존)은 윤락행위가 행해지거나 행해질 우려가 있는 지역으로 24시간 통행이 금지되며 전국적으로 35개 지역이 지정되어 있다. 청소년 통행제한구역은 청소년 유해업소가 밀집한 지역으로 청소년 유해매체물과 약물 등의 판매, 대여 행위가 빈번하게 이루어지거나 행해질 우려가 있는 지역으로 총 18개 지역이 지정되어 있다(여성가족부, 2023a: 329).

이와 함께 학교 주변의 쾌적한 교육환경 조성을 목적으로 제정된 「교육환경 보호에 관한 법률」에 의한 학교환경 보호구역이 함께 추진되고 있다. 「교육환경 보호에 관한 법률」에는 교육감이 학교 경계 또는 학교 설립 예정지 경계로부터 직선거리 200미터 범위 안의 지역을 '교육환경 보호구역'으로 설정·고시해야 하며, 학생의 보건 위생, 안전, 학습과 교육환경 보호를 위하

---

[6] 청소년 고용금지 위반자는 3년 이하 징역 또는 3,000만 원 이하 벌금(행정처분 또는 1명 1회 고용 1,000만 원 과징금), 청소년 출입금지 위반자는 2년 이하 징역 또는 2,000만 원 이하 벌금(행정처분 또는 출입허용 1회 300만 원 과징금), 청소년 이용제한(출입·고용금지업소) 표시 위반자는 2년 이하 징역 또는 2,000만 원 이하의 벌금이 부과된다(「청소년 보호법」 및 하위법령, 법제처 국가법령정보센터, http://www.law.go.kr).

| 표 12-7 | 「청소년 보호법」위반사범 단속실적 (단위: 개소)

구분 (연도)	총계	단속내용													조치	
		유해업소				유해매체물				유해약물				기타	형사입건	
		소계	청소년 고용	청소년 출입	기타	소계	판매 대여	포장 표시등	기타	소계	술판매	담배 판매	기타	소계	구속	불구속
2016	9,313	412	187	174	51	86	6	5	75	8,444	7,025	1,393	26	371	1	9,312
2017	9,750	360	196	127	37	70	2	2	66	8,927	7,521	1,390	16	393	2	9,748
2018	9,567	276	149	116	11	71	5	3	63	8,800	7,167	1,609	24	420	3	9,564
2019	8,399	299	174	100	25	20	3	1	16	7,617	6,486	1,103	28	463	21	8,378
2020	7,935	229	104	82	43	40	7	9	24	7,093	6,003	1,071	19	573	9	7,926
2021	5,120	145	93	19	33	35	7	13	15	4,288	3,381	891	16	652	15	5,105
2022	5,996	243	122	88	33	12	3	4	5	5,025	4,004	1,002	19	716	13	5,983

출처: 여성가족부(2023a), p. 328.

여 교육환경 보호구역에서 금지하는 행위와 시설이 명시되어 있다. 여기에는 대기오염물질 배출시설, 폐기물처리시설 등의 학생의 보건과 위생을 위협하는 다수의 시설뿐만 아니라 「청소년 보호법」에 따른 청소년 유해업소가 포함되어 있다. 「교육환경 보호에 관한 법률」의 제4조에 따라 수립된 '제1차 교육환경보호기본계획'(2018~2022)은 학교 주변 유해시설 관리 강화와 교육환경영향평가제도 내실화를 주요 내용으로 하고 있다. 2021년 6월 기준 교육환경보호구역 내 불법금지시설은 총 206개소이며, 그 중 폐기물 처리시설의 수가 125개소로 가장 많은 비중을 차지하고 있다. 청소년의 유해성 정도가 심각한 키스방 안마방, 귀청소방 등의 신·변종업소가 49개소로 조사된 바 있다(여성가족부, 2023a: 332).

끝으로, 청소년 유해환경에 대한 시민단체들의 활발한 감시활동을 통해 청소년이 건강하게 자랄 수 있는 환경을 조성하기 위한 민간 중심의 청소년 유해환경감시단의 활동이 있다. 청소년 유해환경감시단은 1994년 서울 YMCA 청소년 유해환경감시단 운영으로 시작되었으며, 1997년에 제정된 「청소년 보호법」상에 근거 규정이 마련되면서 전국사업으로 확대되었다(여성가족부,

2023a). 유해환경감시단은 ① 「청소년 보호법」 위반행위에 대한 감시 및 신고·고발활동, ② 청소년의 보호·선도 및 건전생활의 지도, ③ 청소년 유해환경 정화를 위한 업주·지역주민 등 계도활동, ④ 캠페인 전개, 유해환경 교육 및 홍보 등 청소년보호를 위한 유해환경 정화활동, ⑤ 계기별(청소년의 달, 수능 전·후 등) 청소년 유해환경 점검·단속활동을 주요 역할로 하고 있다. 감사단 참여단체는 한국청소년보호연맹, 한국청소년보호육성회, YMCA, YWCA 등으로, 2022년 6월 기준, 전국 17개 시·도에 249개 감시단이 지정되었으며, 총 2만 294명의 감시단원이 활동하고 있다(여성가족부, 2022b).

3) 청소년의 대응역량 강화 및 업계의 자율정화 활동

청소년에게 유해환경은 비단 유해약물, 유해업소, 유해매체뿐 아니라 가정에서의 학대와 방임, 학교에서의 따돌림과 폭력, 지역사회의 무관심과 편견 등 청소년의 성장에 유익하지 않은 모든 환경요소가 포함될 수 있다. 그럼에도 불구하고 과도한 학업 부담으로 인한 정신적 스트레스와 같은 유해요인을 해소해 줄 수 있는 정책적 배려 자체가 충분하지 않은 것도 문제점으로 지적된다. 또한 청소년에게 유해한 모든 요인을 차단하거나 제거하기는 사실상 불가능하다는 점에서 유해환경에 대한 규제뿐 아니라 청소년 스스로가 다양한 위험요인에 탄력적으로 대처할 수 있도록 적응유연성을 증진하고 적극적인 대처전략(positive coping strategy)을 개발하는 등 긍정적인 발달을 촉진하는 접근이 병행되어야 한다(Lerner, Von eye, Lerner, Levin-Bizan, & Bowers, 2010). 이와 같이 청소년 개인과 지역사회의 보호요인을 강화하는 노력은 유해환경에 대한 청소년 스스로의 자정능력을 향상시키는 데 도움이 될 수 있다(한상철, 김판희, 2012).

최근에는 인터넷·스마트폰 기반의 게임업체 등이 소비자인 청소년에게 건전한 서비스를 제공할 수 있도록 스스로 청소년 관련 법규를 준수하는 자율정화체계를 갖추는 곳도 증가하고 있다. 이와 같은 업계의 자율정화 활동은 청소년보호를 통해 기업이 사회적 책임을 실현하는 사회공헌 활동의 일환으로 이루어지고 있다. 기업의 이러한 노력은 청소년 유해정보의 유통을 차단함과 동시에 기업의 경쟁력 향상에도 기여한다는 점에서 지속 가능하며 건강한 매체환경 조성에 도움이 될 수 있다.[7]

청소년 유해환경에 대한 보호 · 위험요인

(개인요인) 낮은 도덕적 태도 및 저항(거절)기술

(가정요인) 방과후 보호자 부재, 자녀에 대한 부모의 낮은 존중, 부모-자녀 간 낮은 친
밀도

(또래요인) 또래들의 친사회적 성향 부족, 문제행동에 대한 또래의 제어 부족

(학교요인) 낮은 규정운영 및 지도의 적절성

(지역사회) 지역사회 내 유해환경 접근성, 유해환경에 대한 지역사회의 용인, 지역사회
해체, 만족스럽지 않은 지역사회 환경 등

출처: 김지연, 정소연(2017), p. 207, 210; 김승경, 배정희(2021), p. 164.

4) 피해 청소년 치료 · 회복지원

(1) 인터넷 · 스마트폰 과의존 청소년 치료지원

여성가족부는 학령전환기 청소년(초4, 중1, 고1)을 대상으로 매년 '인터넷 · 스마트폰 이용 습관 진단조사'를 실시하고 있다. 조사 결과, 고위험사용자군에 대해서는 청소년상담복지센터에서, 주의사용자군은 학교별로 찾아가는 집단상담을 지원하고 있다. 또한 진단조사 결과 공존질환(comorbidity)이 있는 청소년에 대해서는 청소년상담복지센터 상담 · 심리치료, 치료협력병원 연계 및 치료비를 지원한다(여성가족부, 2023a).

「청소년 보호법」 제27조와 제35조에 따라 인터넷 · 스마트폰 과의존 청소년

---

7) 여성가족부는 이러한 사업자의 활동을 지원하기 위하여 각 업체별 청소년보호책임자 등을 대상
으로 청소년보호 교육을 제공하고 있다.

대상으로 심리·정서적 치료 및 상담, 대안활동 등 종합적·전문적 치유 프로
그램을 제공하는 국립청소년인터넷드림마을에서는 인터넷·스마트폰 과의
존 위험 정도에 따라 1~4주 과정의 기숙 치유프로그램을 운영하고 있다(여성
가족부, 2023b). 기숙 치유 프로그램 유형별 대상과 프로그램 주요 내용은 〈표
12-8〉, 〈표 12-9〉와 같다.

| 표 12-8 | 국립청소년인터넷드림마을 대상별 프로그램 개요

구분		대상
심층 프로그램	4주(25박 26일)	• 인터넷·스마트폰 과의존 고위험군 청소년으로 일상생활 지도 등 보다 체계적·집중적인 개입이 필요한 청소년
	3주(18박 19일)	• 인터넷·스마트폰 과의존 위험군 청소년 중 보다 전문적인 개입이 필요한 청소년
일반 프로그램	2주(11박 12일)	• 인터넷, 스마트폰 과의존 위험군 및 주의사용자군 청소년
	1주(7박 8일)	※ 사이버 도박 경험 청소년 대상 캠프(2회)

출처: 여성가족부(2023b), p. 876.

| 표 12-9 | 국립청소년인터넷드림마을 주요 프로그램 내용

프로그램	내용
집단상담	• 청소년 인터넷·스마트폰 과의존 부정적인 영향 인식과 변화 동기 증진 • 자신의 원하는 모습을 구체화하고 변화 동기 촉진 • 꿈 찾기, 꿈 실현에 대한 동기 유발 및 꿈을 실현하기 위한 방법 습득 • 스트레스 다루기 및 관계 형성, 유지 훈련 등
개인 상담	• 대상자별 맞춤형 서비스 구현 • 청소년 인터넷·스마트폰 과의존 내담자 변화 목표 설정 • 청소년 인터넷·스마트폰 과의존 원인 및 스트레스 해소방법 탐색 • 변화 동기 증진과 행동 수정 경험을 통한 자기 통제력 증진
부모교육	• 청소년 인터넷·스마트폰 과의존 특성 및 원인, 폐해 등을 소개하고 정확한 이해 도모 • 대상자의 심리사회적 특성 이해 증진

부모상담 가족상담	• 자녀의 인터넷 · 스마트폰 과의존 특성 이해 및 자녀양육의 어려움에 대한 공감 • 보호자와 함께 갈등해소 방안 모색 • 새로운 가족 행동 규칙 설정을 통해 변화유지 및 재발방지
특수치료	• 언어적으로 표현하기 어려운 정서를 표현할 수 있도록 도움 • 심리적 정서적 힐링 프로그램 추구
체험활동	• 참여자 간 공동협력 활동을 통한 관계형성 능력 강화 • 적극적인 자기표현 능력 증진과 공동 합의를 통한 의사결정 능력 배양 • 지역자원과 외부 시설을 활용한 자연체험, 문화 체험 등의 다양한 활동과 경험 기회제공
자치활동	• 치유학교 생활을 통해 새로이 알게 된 자신의 상황에 대해 생각해 보고 토론을 통해 풀어 나아갈 수 있도록 민주적인 토론 문화 활성화
동아리 활동	• 인터넷 · 스마트폰 이외의 대체활동을 탐색하고 성취 경험
대안활동	• 인터넷 게임 이외의 재미있는 놀이 경험 • 참여 구성원간의 협력활동을 통한 관계형성 강화
봉사활동	• 이타적인 활동을 통한 자신감 함양
산책 · 명상	• 하루 일정을 되돌아보고, 신체의 긴장을 이완시킴

출처: 여성가족부(2023b), p. 881.

　　도박위험군 청소년에 대한 조기발굴과 치유지원을 위해 '2023년 인터넷 · 스마트폰 이용습관 진단조사'부터 사이버 도박 진단을 위한 문항을 추가하였다. 미디어 과의존 위험군이면서 사이버 도박 문제 청소년을 대상으로 청소년상담복지센터에서 개별상담 및 스크리닝 이후에 전문기관인 도박문제예방치유센터에 연계하게 된다([그림 12-5] 참조). 국립청소년인터넷드림마을에서도 사이버 도박 문제 청소년 대상 기숙 치유캠프를 운영하고 있다(관계부처 합동, 2023a).

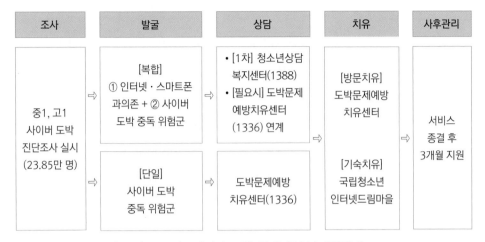

조사	발굴	상담	치유	사후관리
중1, 고1 사이버 도박 진단조사 실시 (23.85만 명)	[복합] ① 인터넷·스마트폰 과의존 + ② 사이버 도박 중독 위험군	• [1차] 청소년상담 복지센터(1388) • [필요시] 도박문제 예방치유센터 (1336) 연계	[방문치유] 도박문제예방 치유센터	서비스 종결 후 3개월 지원
	[단일] 사이버 도박 중독 위험군	도박문제예방 치유센터(1336)	[기숙치유] 국립청소년 인터넷드림마을	

┃그림 12-5┃ 사이버 도박 문제 청소년지원체계도

출처: 관계부처 합동(2023a), p. 9.

(2) 마약류 및 알코올 문제 청소년 치유지원 및 예방 강화

온라인을 활용한 마약류, 도박, 사이버 폭력 등의 청소년보호 위험요인에 대응하고자 2023년 5월에 '신·변종 유해환경으로부터 청소년보호 강화방안'이 발표되었다(관계부처 합동, 2023a). 유해약물 영역에 대응하고자 '마약류 등 유해약물 차단 및 치유지원'을 추진과제로 수립하였으며 중점과제로 마약류 중독 청소년 치유 확대를 포함하였다. 2023년 현재 마약류 중독 회복관리 지원을 위한 중독재활센터는 2개소(서울, 부산)로 강화방안에 따라 2024년까지 17개 시·도로 확대를 목표로 하고 있다. 한편, 청소년치료재활시설인 국립청소년디딤센터는 정서·행동에 어려움을 겪는 만 9~18세 청소년의 문제행동 변화를 위한 거주형 상담·치료·보호·교육 서비스를 제공하는 기관이다(여성가족부, 2023b). 마약류 및 알코올 문제 청소년의 치유지원을 강화하기 위해 기존의 국립청소년디딤센터의 프로그램에 알코올 및 마약류 문제 치유를 추가하여 지원 대상을 확대하게 되었다. 청소년치료재활시설은 국립중앙청소년디딤센터 및 국립대구청소년디딤센터 2개소가 현재 운영 중으로 기관의 사업 대상이 확대됨에 따라 센터의 추가설치 및 전문 인력 보강이 요구된다.

이러한 치료적 지원뿐만 아니라 청소년의 마약류 및 약물남용 실태를 정확하게 파악하고 청소년의 약물 오남용을 예방하기 위한 노력도 강화되어야 한다. 이를 위해 여성가족부는 2년마다 실시하는 '청소년 매체이용 및 유해환경 실태조사'의 약물사용 경험 문항에 구매경로, 복용횟수 등의 문항을 추가하여 유해약물 접촉실태를 주기적으로 파악할 계획이다. 또한 교육부는 「학교보건법」 등 관련 법령에 근거하여 초·중·고등학교 학생을 대상으로 마약류를 포함한 약물오남용 예방교육을 실시하고, 법무부는 청소년쉼터, 청소년자립지원관, 청소년회복지원시설, 학교 밖 청소년지원센터 등 청소년복지시설에 찾아가는 법교육을 확대한다(관계부처 합동, 2023a).

(3) 성범죄 피해 청소년 회복지원

2020년에 개정된 「아동·청소년의 성보호에 관한 법률」에 의해 성매매에 유입된 청소년을 '대상 청소년'이 아닌 '성매매 피해 청소년'으로 규정하게 되었다. 이러한 성매매 피해 청소년을 지원하기 위하여 여성가족부는 성매매 피해 아동·청소년지원센터 중앙지원센터 1개소와 지역지원센터 17개소를 운영하고 있다. 지역지원센터의 주요 지원 내용에는 ① 위기 상황 발생 시 긴급구조와 주거를 포함한 생계비를 제공하여 일시적으로 피해 아동·청소년의 안전과 일상생활 보장을 지원하는 긴급지원, ② 피해자의 일상복귀를 위해 보호자 및 가족 대상 교육 및 심리지원, ③ 경찰·검찰 조사 동행, 재판 동행, 민사소송 지원 등의 법률지원, ④ 검정고시, 학원비 등의 학업지원, ⑤ 필요 시 유관기관으로 연계 지원이 포함된다(여성가족부, 2023a).

증가하는 청소년 대상 디지털 성범죄는 불법촬영, 불법촬영물의 비동의 유포, 유포협박, 합성물 제작, 온라인 그루밍 등의 다양한 형태로 나타나고 있다. 디지털 성범죄 피해 청소년을 지원할 수 있는 대표적인 기관으로는 디지털 성범죄 피해자 지원센터가 있으며, 디지털 성범죄 피해자 지원을 위한 통합지원체계를 구축하여 심리상담, 피해영상물 삭제, 유포 현황 모니터링, 수

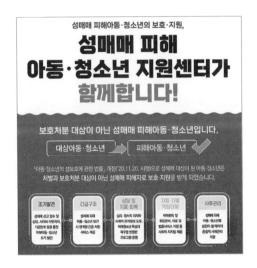

| 그림 12-6 | 성매매 피해아동 · 청소년지원센터 안내
출처: 한국청소년상담복지센터(2021).

사동행, 법률자문, 치유프로그램(개별, 집단, 캠프), 의료비 지원, 필요기관 연계 등을 지원한다. 2023년 현재 서울, 부산, 인천, 경기도에 5개 시설이 설치되어 운영 중이다(부산광역시 여성폭력방지종합지원센터, https://www.egen.or.kr).

| 표 12-10 | 디지털 성범죄 피해자 보호 · 지원제도

구분	지원내용
수사	• 경찰관서 방문 신고 또는 사이버경찰청을 통한 온라인 신고 가능 • 피해 영상물은 담당 수사관 외에 제3자에게 공개되지 않음 • 동성 경찰관에게 조사(배석)받을 수 있으며, 개인정보를 보호하기 위하여 피해자 실명 대신 가명을 활용, 사건서류를 작성할 수 있음 • 가족 · 상담원 등 피해자와 신뢰관계에 있는 사람이 조사과정에 참여할 수 있으며, 피해 진술 반복을 최소화하기 위하여 진술녹화 지원을 받을 수 있음 • 변호사를 선임할 수 있으며, 무료 국선변호인 선임 안내를 받을 수 있음

삭제 지원	• 디지털 성범죄 피해자 지원센터(☎ 02-735-8994, d4u.stop.or.kr)에서 상담을 통해 피해 영상물에 대한 삭제를 지원하고, 재유포 방지를 위하여 24시간 모니터링 실시, 법률·의료·수사 지원 연계 • 방송통신심의위원회(☎ 1377)에서 피해 영상물에 대하여 심의 후, 접속을 차단하거나 정보통신사업자에게 삭제 등 시정조치를 명령
심리 지원	• 경찰관서별 '피해자 전담요원'을 지정, 다각적인 보호·지원 • 가해자의 보복이 우려되는 경우 신변보호를 요청할 수 있음 • 해바라기센터, 여성긴급전화(☎ 1366), 성폭력상담소 등에서 피해자에 대한 심리상담 지원 • 주민번호가 유출되어 범죄 피해를 입거나 입을 우려가 있는 경우, 주민등록번호변경위원회(각 자치단체 주민센터 소속)에 주민등록번호 변경 신청 가능
법률 지원	• 경찰과 디지털 성범죄 피해자 지원센터(☎ 02-735-8994, d4u.stop.or.kr)에서 피해 영상물에 대한 증거확보, 채증자료 작성 지원 등 법적 절차에 필요한 상담 및 지원 • 대한법률구조공단(☎ 132), 대한변협법률구조재단(☎ 02-3476-6515), 한국성폭력위기센터(☎ 02-883-9285)에서 법률상담, 소송구조 등의 법률서비스 무료 지원
경제적 지원	• 범죄로 인해 신체적·정신적 피해를 입은 경우, 범죄피해자지원센터(☎ 1577-1295, www.kcva.or.kr)에서 치료비, 긴급 생계비, 학자금 등 지원 • 성폭력 피해자가 가해자의 보복 우려 등으로 주거지를 옮기는 경우, 국가에서 이전비 지원(검찰청 피해자지원실, ☎ 1577-2584)
주거 지원	• 긴급 주거지원이 필요한 경우 여성긴급전화(☎ 1366)에서 긴급피난처 제공 • 주거공간이 필요한 경우 여성긴급전화(☎ 1366), 성폭력 상담소 등을 통해 그룹홈 형태의 임대주택 입주를 지원받을 수 있음

출처: 한국여성인권진흥원 디지털 성범죄 피해자 지원센터 홈페이지. '디지털 성범죄 피해자 보호·지원제도 안내'를 참고하여 작성(https://d4u.stop.or.kr/support_consulting, 검색일: 2023. 10. 1.)

토의문제

1. 청소년의 건강한 디지털 미디어 이용문화를 조성하기 위해서는 온라인상의 불법 유해정보에 대한 점검과 차단 등의 보호조치를 강화하는 제도적 노력이 요구된다. 그 밖에 권리의 주체인 청소년의 자율적 대응역량을 강화하기 위한 방안에는 어떤 것이 있을지 토의해 보자.

2. 청소년 유해환경 개선과 관련된 지역사회 단위에서의 다양한 사업을 스크랩하고, 파급효과와 사업의 발전방안을 논의해 보자.

참고문헌

관계부처 합동(2023a). 신·변종 유해환경으로부터 청소년보호 강화 방안. 보도자료 (2023. 5. 9.).

관계부처 합동(2023b). 제7차 청소년정책 기본계획(2023~2027).

국제아동인권센터(2019). 유엔아동권리협약 번역본(국문). https://drive.google.com/file/d/1taZcO2-a_MD54j038bjfwSg58_684U8L/view(검색일: 2023. 8. 1.).

김경나(2020). 청소년의 정신건강 관련 요인 연구: 2019년 청소년건강행태온라인조사 자료를 이용하여. 한국산학기술학회논문지, 21(6), 475-481.

김소연, 이순희, 안권순(2018). 청소년의 유해업소, 유해물질 및 유해매체가 정신건강에 미치는 영향. 청소년학연구, 25(2), 447-475.

김승경, 배정희(2021). 제4차 청소년보호종합대책수립을 위한 기초연구. 세종: 한국청소년정책연구원.

김윤나(2022). 청소년의 보호권 및 참여권 연령범주 인식에 관한 종단적 연구: 2012, 2019, 2022 차이 분석. 교육법학연구, 34(3), 47-76.

김재엽, 곽주연(2017). 청소년의 스마트폰 중독과 인터넷 유해매체 노출이 성폭력 가해행동에 미치는 영향. 한국청소년연구, 28(4), 255-283.

김재엽, 이진석, 이선우(2010). 인터넷 게임의 폭력성이 청소년의 학교폭력 가해행동에 미치는 영향과 폭력생각의 매개효과. 청소년학연구, 17(1), 249-278.

김재엽, 최선아, 임지혜(2015). 지역사회 환경이 청소년의 학교폭력 가해행동에 미치

는 영향: 폭력허용도의 매개효과 검증. 청소년학연구, 22(11), 111-135.

김종오, 성용은(2006). 유해환경이 청소년비행에 미치는 영향에 관한 실증적 연구. 한국범죄심리연구, 2(2), 203-225.

김지연, 김승경, 백혜정, 황여정(2020). 2020년 청소년 매체이용 및 유해환경 실태조사. 서울: 여성가족부.

김지연, 정소연(2017). 청소년보호정책 현황분석 및 개선방안 연구. 세종: 한국청소년정책연구원.

문화관광부(1985). 청소년헌장, 청소년인권운동 연대. https://yhrjieum.kr/main(검색일: 2023. 8. 1.).

박성수(2017). 청소년의 물질중독 예방전략: 마약류 등 유해약물을 중심으로. 한국중독범죄학회보, 7(4), 43-62.

배규한(2014). 미래 청소년보호의 바람직한 방향. 한국청소년연구, 24(4), 113-136.

송혜영, 두은영, 최수진(2017). 한국 청소년의 건강행태 및 정신건강과 흡연의 관련성. 한국콘텐츠학회논문지, 17(7), 557-570.

심수현(2020). 청소년 유해환경이 청소년비행에 미치는 영향: 공간회귀분석의 적용. 경찰학연구, 20(2), 211-233.

여성가족부(2022a). 청소년 유해정보 연중 상시 점검한다. 여성가족부 보도자료(2022. 1. 5.).

여성가족부(2022b). 청소년 유해환경감시단 현황. 여성가족부 정책자료(2022. 6. 15.).

여성가족부(2022c). 새로운 불법·유해환경으로부터 청소년 안전 지킨다: 디지털 미디어 환경을 고려한 제4차 청소년보호종합대책 발표. 여성가족부 보도자료(2022. 6. 28.).

여성가족부(2023a). 2022년 청소년백서.

여성가족부(2023b). 2023년 청소년사업 안내.

여성가족부(2023c). 2022년 청소년 매체이용 유해환경 실태조사 결과. 여성가족부 보도자료(2023. 6. 22.).

여성가족부(2023d). 2023년 청소년통계.

오윤선, 최아람(2019). 청소년 문제와 보호. 경기: 양서원.

이경상, 김지연, 최수미, 이순래(2012). 청소년 흡연·음주 실태와 정책적 대응방안. 서울: 한국청소년정책연구원.

이혜경(2020). 약물경험 청소년의 자살위험 예측요인: 흡연, 음주행위와 정신건강 특성을 중심으로. 사회과학연구, 59(1), 291-327.

전해성(2015). 2008~2014년까지 청소년건강행태조사를 활용하여 흡연·음주·약물

사용이 청소년 자살생각에 미치는 영향. 한국학교보건학회지, 28(2), 99-110.

정의룡, 이윤호(2012). 청소년의 유해매체물 이용이 폭력행위에 미치는 영향. 한국범죄심리연구, 8(3), 173-191.

정자유(2012). 지역사회환경이 청소년의 일탈에 미치는 영향. 한국청소년연구, 23(1), 89-119.

주승희(2011). 청소년 유해매체 규제성 청소년 유해성 개념의 상대성과 청소년의 자기결정권 보호. 형사정책연구. 22(2), 31-65.

주영선, 정익중(2019). 지역사회 빈곤, 범죄, 유해환경 수준이 청소년 비행에 영향을 미치는가?. 한국청소년연구, 30(4), 33-62.

천정웅, 이지민, 성윤숙(2013). 청소년 문제와 보호. 서울: 양서원.

표은영, 안지연, 정진옥, 이윤정(2016). 청소년의 음주, 흡연, 약물사용 경험이 성경험에 미치는 영향: 2010~2014년 청소년건강행태온라인조사를 활용하여. 한국학교보건학회지, 29(3), 299-309.

한국마약퇴치운동본부(2019). 2019년도 마약류 심각성에 관한 국민인식도 조사 결과 보고서.

한국여성인권진흥원(2020). 디지털 성폭력 피해지원 및 연계 매뉴얼. 서울: 한국여성인권진흥원.

한국청소년상담복지개발원(2020). 디지털 성범죄 피해 청소년 상담 매뉴얼. 서울: 여성가족부.

한국청소년상담복지센터(2021). KYCI Webzine 2021. NOV. https://www.kyci.or.kr/news /2021_11 /tips06.asp(검색일: 2023. 9. 1.).

한상철, 김판희(2012). 유해환경에 대한 청소년의 자정능력 향상방안. 청소년문화포럼, 31, 122-146.

Choi, E. P. H., Wong, J. Y. H., & Fong, D. Y. T. (2018). An emerging risk factor of sexual abuse victimization: The use of smartphone dating applications. *The Journal of Sexual Medicine*, *30*(4), 343-366.

Church, W. T., Jaggers, J. W., & Taylor, J. K. (2012). Neighborhood, poverty, and negative behavior: An examination of differential association and social control theory. *Children and Youth Services Review*, *34*(5), 1035-1041.

Lerner, R. M., Von eye, A., Lerner, J. V., Levin-Bizan, S., & Bowers, E. P. (2010). Special issues introduction: The meaning and measurement of thriving: A view of the issues. *Journal of Youth and Adolescence*, *39*, 707-719.

Orlando, M., Tucker, S., Ellickson, L., & Klein, D. J. (2005). Concurrent use of alcohol and cigarettes from adolescence to young adulthood: An examination of developmental trajectories outcomes. *Substance Use & Misuse, 40*(8), 1051-1069.

「게임산업진흥에 관한 법률」 법제처 국가법령정보센터 http://www.law.go.kr
「교육환경 보호에 관한 법률」 법제처 국가법령정보센터 http://www.law.go.kr
「아동 · 청소년의 성보호에 관한 법률」 법제처 국가법령정보센터 http://www.law.go.kr
「청소년 기본법」 법제처 국가법령정보센터 http://www.law.go.kr
「청소년 보호법」 및 하위법령 법제처 국가법령정보센터 http://www.law.go.kr
「학교보건법」 법제처 국가법령정보센터 http://www.law.go.kr
한국여성인권진흥원 디지털 성범죄 피해자 지원센터 http://www.law.go.kr

제**13**장

이주배경 청소년

한국 사회에 다양한 이주배경을 가진 가족이 증가하면서 이주배경 청소년의 규모도 증가하고 있고 그 유형도 다양해지고 있다. 이주배경 청소년은 동질적인 집단이 아니라 본인의 출생지와 부모의 배경에 따라 매우 이질적이고 다양한 특성을 보인다. 이주배경 청소년은 '다문화'나 '이주' '탈북' 등의 이유로 소외되지 않고, '우리 청소년'으로서 권리보장과 사회적 관심을 받으면서 건강하게 성장해야 한다. 이 장에서는 이주배경 청소년으로 다문화청소년과 중도입국 청소년, 탈북배경 청소년을 중심으로 특성과 현황 및 지원정책을 살펴본다.

1. 이주배경 청소년의 개념 정의

우리는 '이주배경 청소년'보다는 '다문화청소년'이라는 용어에 익숙하다. 우리 사회에 결혼이민여성의 수가 증가하면서 '다문화'라는 용어가 사용되었고, 대중매체를 통해 '다문화가정'은 '결혼이민자 결혼가정' 혹은 '국제결혼가정'이라는 이미지가 형성되었다(이민경, 이수정, 2010). 동시에 다문화청소년은 '적어도 부모 한쪽이 한국인'인 대다수의 국내 출생 국제결혼가정 자녀를 일컫는 용어로 통용되었다. 그러나 현재 우리 사회에는 더욱 다양한 배경의 청소년집단인 국내외 출생 외국인가정 자녀, 중도입국 청소년, 탈북배경 청소년 등이 함께 살고 있다. 이러한 다양한 배경의 청소년을 포괄하는 용어로 '이주배경 청소년'이라는 용어가 점차 확산되고 있다.

「청소년복지 지원법」에 근거하여 이주배경 아동 · 청소년 서비스를 제공하는 기관인 이주배경 청소년지원재단은 이주배경 청소년의 범위를 다문화청소년, 외국인근로자가정 자녀, 중도입국 청소년, 탈북 청소년, 제3국 출생 북한이탈주민 자녀 등 총 다섯 가지 범주로 구분하였다. 이 중 「다문화가족지원법」에서 규정한 다문화가족 자녀를 '다문화청소년'으로 지칭함으로써 이들을 이주배경 청소년의 하위 범주로 포함하였다. 또한 최근 발표된 범정부 차원의 연구는 이주배경 청소년지원재단의 개념 정의를 적용하여 이주배경 청소년을 '부모 또는 본인이 이주의 경험을 지닌 만 24세 이하의 연령에 속하는 사람'으로 정의하였다(양계민, 장윤선, 정윤미, 2020). 이 연구는 '이주'를 외국뿐 아니라 북한도 포함하여 국경을 넘는 경우로 정의하였으며, 청소년의 출생지와 부모의 배경을 기준으로 이주배경 청소년의 하위 유형을 〈표 13-1〉과 같이 7개 범주로 구분하였다.

| 표 13-1 | 이주배경 아동 · 청소년의 정의에 따른 유형

본인 출생지 부모 배경	국내 출생	국외 출생
부모 중 한 명이 한국인	① 국내 출생 국제결혼가정 자녀	② 국외 출생 국제결혼가정 자녀
부모 모두 외국인	③ 국내 출생 외국인가정 자녀	④ 국외 출생 외국인가정 자녀

부모 배경 \ 본인 출생지	남한 출생	남한 외 출생
부모 중 한 명 이상이 북한이탈주민	⑤ 남한 출생 탈북배경 아동 · 청소년	⑥ 북한 출생 아동 · 청소년
북한이탈주민과 외국인결혼가정		⑦ 제3국 출생 탈북배경 아동 · 청소년

출처: 양계민 외(2020b), p. 22.

　7개 하위유형별 특성을 살펴보면 다음과 같다. 첫째, 국내 출생 국제결혼가정 자녀는 부모 중 한 명이 한국인인 국제결혼가정의 자녀로 이들 청소년은 모두 한국 국적을 지닌 한국인이다. 이들은 「다문화가족지원법」의 주요 지원 대상이며 일반적으로 '다문화청소년'으로 불리고 있다. 둘째, 국외 출생 국제결혼가정 자녀는 부모 중 한 명이 한국인인 국제결혼가정의 자녀 중 외국 출생자로 어느 정도 성장한 후에 한국에 입국한 청소년을 의미한다. 이들은 '중도입국 청소년'으로 지칭되며, 한국에 입국한 후 귀화를 하거나 혹은 출생한 국가의 국적을 그대로 유지하고 있다. 셋째, 국내 출생 외국인가정 자녀는 부모가 모두 외국 국적을 지닌 가정의 자녀를 의미한다. 넷째, 국외 출생 외국인가정 자녀는 부모가 모두 외국 국적을 지니고 있고, 본인도 외국 국적을 지니고 있으며, 대부분이 부모와 함께 동반 입국한 경우이다. 다섯째, 탈북배경 청소년의 유형은 청소년의 출생지에 따라 남한 출생 탈북배경 청소년, 북한 출생 청소년, 제3국 출생 탈북배경 청소년으로 구분된다(양계민 외, 2020a).

2. 다문화청소년

1) 다문화청소년의 특성과 현황

(1) 다문화청소년의 특성

다문화청소년의 다수는 국내 출생 국제결혼가정의 자녀다. 교육부에서 2023년 4월 기준으로 발표한 통계를 보면, 초·중·고등학교에 재학 중인 다문화청소년[1] 중 국내 출생 국제결혼가정의 자녀는 71.7% 정도다. 우리 사회에 다문화청소년 집단이 등장한 이후 오랫동안 이들 청소년은 하나의 동질집단으로 인식되었다. 그러나 다문화청소년은 발달단계와 가족배경, 거주환경에 따라 다양한 발달특성을 보이는 것으로 확인된다(양계민 외, 2020a; 양계민 외, 2021; 최윤정 외, 2022), 다문화청소년의 발달특성을 살펴보면 다음과 같다.

첫째, 다문화청소년은 자신을 '한국 사람'으로 인식하며 한국인의 정체성을 갖고 있다. '다문화청소년패널' 자료를 활용한 정체성 변화추이 분석결과를 보면(양계민 외, 2020a), 다문화청소년 대다수는 모든 조사 시점에서 자신을 '한국 사람'이라고 응답했고, 연령이 올라감에 따라 한국인 정체성과 다문화수용성은 전반적으로 높아지는 것으로 나타났다. 국가정체성 및 민족정체성은 자신은 어느 나라 사람이며 어떤 민족의 문화를 따르고 있는가를 확신하는 신념으로(Jones & Galliher, 2007), 외국인 부모의 고유문화와 한국문화를 동시에 접하고 있는 다문화청소년에게는 자아정체성의 중요한 영역이다. 그러므로 자신의 국가정체성을 적절히 탐색하고 해결한 청소년은 그렇지 않은 청소년보다 자아존중감이 높고 긍정적 발달을 보인다. 반면 국가정체성이나 민족정체성에 혼란을 겪는 청소년은 지역사회에 융합하지 못하고 사회적응

---

1) 교육부의 다문화학생 현황에는 국내 출생 국제결혼가정 자녀, 중도입국 자녀, 외국인가정 자녀 가운데 초·중·고등학교에 재학하고 있는 학생이 포함되며, 탈북배경 학생은 포함되어 있지 않다.

에 어려움을 경험하는 것으로 보고된다(Jones & Galliher, 2007; Phinney et al., 2001). 같은 맥락에서, '다문화청소년패널'을 분석한 국내 연구들도 다문화청소년의 국가정체성이 자아존중감의 변화과정과 관련이 있고(조윤영, 2023), 학교적응에 긍정적 역할을 하고 있음을 확인했다(이희정, 2018; 차한솔, 2021).

둘째, 다문화청소년은 '다문화'라는 배경보다는 부모의 사회경제적 배경에 따라 발달특성에 차이를 보인다. 가구 월평균 소득수준과 부모의 학력, 거주지의 규모가 아동·청소년의 학업성취와 희망교육수준, 삶의 만족도, 사회적 역량, 부모의 관심과 지지 등을 결정한다는 것은 이미 검증된 사실이다. 현재 다문화청소년의 대다수를 차지하는 국내 출생 국제결혼가정 자녀의 경우, 다른 청소년집단에 비해 가구 소득수준이 낮고, 읍·면 지역 거주비율이 높으며, 부모 사이의 나이 차이가 크고, 부모의 교육수준이 전반적으로 낮은 경향을 보인다(양계민 외, 2020a). 일반적으로 이들 청소년은 한국 국적이 있고 한국어 소통에 어려움이 없으므로, 다른 이주배경 청소년과 비교하면 적응상 문제가 없을 것으로 생각할 수 있다. 그러나 저소득층 국내 출생 국제결혼가정 청소년은 가족의 사회경제적 자본이 충분하지 않기 때문에, 이주배경 청소년 집단의 다양한 유형 내에서도 심리사회적 적응이나 학업성취 및 가족관계 등에서 상대적으로 취약한 집단으로 확인된다(양계민 외, 2020a; 최윤정 외, 2022).

셋째, 후기 청소년기 다문화청소년은 진로 및 노동시장 진출에 어려움을 겪고 있다. 만 19세부터 24세까지의 연령에 속하는 후기 청소년기는 고등학교를 졸업하고 대학에 진학하거나 취업을 통한 사회 진출을 처음 시작하는 시기다. 최근까지 국내 출생 다문화청소년의 진로지원은 주로 중·고등학교 학령기 청소년에 대한 진로개발 및 진로지도 등이 중심이 되었고, 고등학교 졸업 이후 청소년에 대한 지원은 미흡했다. 2021년 만 15~24세 다문화청소년의 고용률은 20.9%로 동일 연령대 청소년 고용률(27.0%)에 비해 다소 낮은 수준이다. 국내 출생 국제결혼가정 청소년들은 노동시장에서 다문화 집단으로 분류되어 차별받는 문제와 약한 네트워크를 취업의 장애요인으로 언급했다(김진희, 2022). 또한 '2021년 전국다문화가족실태조사' 결과를 보면, 만 15세 이상 다문화청소년 중 비재학·비취업(NEET) 비율은 14.0%로 2018년 10.3%에서 3.7%p 증가한 것으로 확인된다(최윤정 외, 2022). 이러한 결과들은 후기 청소년기에 이른 다문화청소년들이 진로준비와 노동시장 진출에 취약한 상황에 있음을 설명해 준다.

(2) 다문화청소년 현황

다문화청소년 현황은 행정안전부의 외국인주민 자녀현황과 교육부의 다문화학생 통계를 통해 파악할 수 있다. 먼저, 행정안전부의 다문화가족 자녀 현황을 살펴보면, 2020년 11월 기준 총 27만 5,990명으로 매년 증가 추세에 있다. 이 중 미취학아동이 56.3%(11만 5,579명)로 가장 많고, 초등학생 연령 38.9%(10만 7,286명), 중·고등학생 연령 19.2%(5만 3,125명) 순으로 나타났다. 〈표 13-2〉에서 2015~2020년의 다문화가족 자녀 연령별 현황 추이를 보면 초등학생과 중·고등학생 연령의 비율이 점차 증가하고 있음을 알 수 있다. 행정안전부 통계에서 다문화가족 자녀는 18세 이하를 의미하기 때문에 19~24세의 후기 청소년기 연령의 비율은 파악이 어렵다. 그러나 중·고등학생 연령 비율이 증가하는 경향을 보이기 때문에 앞으로 19~24세의 다문화청소년의 규모도 증가할 것으로 추정할 수 있다.

| 표 13-2 | 다문화가족 자녀 연령별 현황 (단위: 명)

연도	연령별 현황				
	계	만 6세 이하	만 7~12세	만 13~15세	만 16~18세
2015	197,550	116,068	61,625	12,567	7,290
2016	201,333	113,506	56,768	17,453	13,606
2017	222,455	115,085	81,826	15,753	9,791
2018	237,506	114,125	92,368	19,164	11,849
2019	264,626	117,045	104,064	26,524	16,993
2020	275,990	115,579	107,286	34,445	18,680

출처: 행정안전부(2020)를 재구성.

교육부의 다문화학생 현황을 〈표 13-3〉에서 살펴보면, 2023년 8월 전체 다문화학생 수는 18만 1,178명으로 전체 학생의 3.4%를 차지한다. 이는 2015년 당시 전체 학생의 1.35%인 것에 비하면 7년 만에 100% 이상 증가한 결과이다. 다문화학생 중에는 국내 출생 국제결혼가정 자녀가 압도적으로 많고, 다음으로 외국인가정 자녀, 중도입국 자녀 순이다. 특히 2018년 이후 외국인가정 학생 수가 지속적으로 증가하고 있는 경향은 주목해야 할 현상이다.

┃ 표 13-3 ┃　연도별 다문화학생 현황　　　　　　　　　　　　　　　　(단위: 명, %)

연도	전체 학생 수[1]	다문화학생 수[2]				
		다문화학생 계		국제결혼가정		외국인가정[3]
		학생 수	비율	국내 출생	중도입국	
2015	6,097,297	82,536	1.35	68,099	6,261	8,176
2016	5,890,949	99,186	1.68	79,134	7,148	12,634
2017	5,733,132	109,387	1.91	89,314	7,792	12,281
2018	5,592,792	122,212	2.19	98,263	8,320	15,629
2019	5,461,614	137,225	2.51	108,069	8,697	20,459
2020	5,355,832	147,378	2.75	113,774	9,151	24,453
2021	5,332,075	160,058	3.00	122,095	9,427	28,536
2022	5,284,164	168,645	3.19	126,029	9.938	32,678
2023	5,209,029	181,178	3.40	129,910	10,896	40,372

주: 1) 초등학교, 중학교, 고등학교, 각종 학교의 총 학생 수
　　2) 초등학교, 중학교, 고등학교, 각종 학교의 다문화학생 수(국제결혼가정 자녀+외국인가정 자녀)
　　3) 외국인 부모 사이에서 출생한 자녀
출처: 교육부(2023a)를 재구성.

2) 다문화청소년 지원정책

다문화청소년 대상의 지원정책은 여성가족부와 교육부, 고용노동부에서 실시하고 있다. 먼저, 여성가족부는 「청소년복지 지원법」을 근거로 이주배경 청소년지원재단을 설치하여 다문화청소년을 위한 한국어교육과 진로지원, 상담 및 심리 · 정서지원, 전문가양성 사업, 인식개선사업 등을 수행하고 있다. 여성가족부의 다문화청소년 지원정책을 살펴보면 〈표 13-4〉와 같다(여성가족부, 2022b). 여성가족부는 다문화청소년의 한국어 교육과 진로교육 및 사회정착 지원을 위해 '레인보우스쿨'을 운영한다. 레인보우스쿨은 2022년 전국 13개 시 · 도의 27개 기관에서 일반형과 진로형으로 구분되어 운영되고 있다. 일반형은 전국 23개 기관에서 위탁운영하며 한국에 대한 기본 정보 제공과 TOPIK, 검정고시, 한국어 교육 프로그램을 중점으로 실시하고 있다. 진로형은 4개 기관에서 위탁운영하며, 진로교육 기초과정과 예비사회인 다문화청

| 표 13-4 | 여성가족부 다문화청소년 지원정책 현황

사업명	대상	내용
레인보우스쿨	만 9~24세	• 일반형: 23개소 위탁운영 　– 한국어교육, 특화프로그램, 진로지도 등
	만 16~24세	• 진로형: 4개소 위탁운영 　– 단계별, 맞춤형 진로교육, 사회정착 지원 　및 사회통합기초 마련
상담 및 지역사회 연계프로그램	만 9~24세 부모, 기관실무자	• 대면, 비대면, 온라인 등 심리상담 • 집단프로그램 운영: 마음돋보기, Job돋보기 　– 심리정서지원 거점지역 위탁기관 2개소 　운영 • 부모상담 및 부모교육
상담통역지원 사업	만 9~24세	• 한국어 소통의 어려움이 있는 청소년 지원 　– 심리상담 및 치료통역 지원: 중국어, 러시 　아어, 베트남어 등

출처: 여성가족부(2022b).

소년을 위한 진로교육 심화과정을 지원하고 있는데, 주로 후기 청소년기 다문화청소년 진로지원에 중점을 둔다.

교육부는 '2022년 다문화교육 지원계획'에서 다문화학생의 교육기회 보장 및 교육격차 해소를 목표로 하였다. 〈표 13-5〉에서 추진과제를 살펴보면, 다문화학생의 공교육 진입지원과 초·중학교 적응을 위한 징검다리 과정 운영, 맞춤형 한국어교육 강화, 다문화학생 배움-채움 프로그램 운영, 대학생 멘토링을 활용한 기초학력 지원, 진로지도, 학교생활 및 정서지원 등을 수행하고 있다. 이 중 다문화학생 배움-채움 프로그램은 다문화학생의 초기 적응부터 학습결손 보완과 진로지도까지 맞춤형 지원 프로그램으로 진입형과 적응형, 성장형으로 구분하여 운영된다. 진입형은 한국어교육 지원, 적응형은 기초학습지원과 멘토링 지원, 성장형은 이중언어 및 진로지도 등에 중점을 두면서 교육수요에 맞춘 특색 프로그램을 시행한다. 또한 교육부는 다문화학생 밀집학교(다문화학생 비율이 30% 이상인 학교)를 정책학교로 지정하여 교육력 제고 및 교육격차 해소를 위해 교육국제화특구를 운영하며, 기초학력보장을 위해 기초학력 '두드림 학교' 우선 지정을 권장하고 있다(교육부, 2022).

한편, 고용노동부에서는 '한국폴리텍 다솜고등학교'를 2012년에 설립하였으며, 이 학교는 고등학교 교육과정을 편성하여 운영하는 대안학교이다. '한국폴리텍 다솜고등학교'는 만 22세 이하의 후기 다문화청소년의 취업역량을 높이기 위해 수준별 한국어 수업, 국가기술자격증 취득의 기술교육, 맞춤형 진로 및 취업교육 등을 지원하고 있다(양계민 외, 2022).

┃ 표 13-5 ┃ **교육부 다문화청소년 지원정책 현황**

사업명	대상	내용
학교적응을 위한 징검다리 과정	초·중학교 다문화학생	• 초등학교: 입학·편입학 예정 학생 대상으로 학교생활 조기적응 지원 • 중학교: 입학·편입학 예정 학생 대상으로 학교급 전환기·학습자 특성을 반영한 프로그램 운영
한국어 교육과정 운영	초·중·고등학교 다문화학생	• '한국어 말오름'을 활용한 학습 영상자료 개발 • 한국어능력 진단-보정 시스템 운영
배움-채움 프로그램	초·중·고등학교 다문화학생	• 진입형: 한국어교육 등 초기 지원 • 적응형: 교과학습 지원, 멘토링 등 • 성장형: 이중언어 및 진로지도
기초학력 향상 지원	초·중학교 다문화학생	• 대학생 멘토링: 학습지원, 숙제지도, 고민상담 등 • 교과 보조교재와 연계한 영상콘텐츠 제작
진로지도	초·중·고등학교 다문화학생	• 원격영상 진로 멘토링, 소외계층 대상 맞춤형 진로멘토링 운영 • 진로교육 프로그램 지속 보급, 진로위기청소년 유형별 진로교육 실천과제 공모사업 추진
학교생활 및 정서 지원	초·중·고등학교 다문화학생	• 다문화학생 정서·행동발달 지원 접근성 개선 • 정서지원 지역사회 연계체계 운영

출처: 교육부(2022).

3. 중도입국 청소년

1) 중도입국 청소년의 특성과 현황

(1) 중도입국 청소년의 특성

중도입국 청소년은 친부모 중 한 명이 한국인 배우자와 재혼한 후 본국에 살던 자녀를 데려온 경우와 국제결혼가정 자녀 중 외국인 부모와 본국에서 성장하다가 청소년기에 입국한 경우를 포함한다(양계민, 조혜영, 2011; 임선일 외, 2020). 중도입국 청소년의 대다수는 출생한 본국에서 언어습득과 초기 사회화 과정을 거친 후 한국으로 이주했기 때문에, 한국에서 출생해서 성장한 다문화청소년(국내 출생 결혼이주가정 자녀)과는 또 다른 경험과 특성이 있다. 예컨대, 이들 청소년은 본국에서 부모의 이혼과 재혼, 가정해체, 부모와의 일시적 분리 등을 경험했을 뿐만 아니라 한국에서 새로운 가족과 학교체계 및 사회에 적응해야 하는 상황에 직면한다. 이러한 중도입국 청소년의 특성을 정리하면 다음과 같다.

첫째, 중도입국 청소년은 언어장벽과 문화정체성 문제를 경험한다. 한국어 능력은 한국 사회 초기적응과 공교육 진입을 위한 기본 역량이며, 학업과 진로준비 등 한국 사회에 터전을 잡고 살아가는 데 가장 중요한 요소이다. 중도입국 청소년의 절반 이상은 10세 이후에 한국에 입국했기 때문에 언어문제가 한국 사회 초기적응에 가장 큰 어려움인 것으로 나타났다(서덕희, 조은혜, 2017; 전경숙, 2017). 한국어 능력은 중도입국 청소년의 공교육 진입 기간과 학교적응, 진로준비 및 노동시장 진출과도 밀접한 관계가 있다. 중도입국 청소년은 한국어 장벽으로 인해 학교생활과 학업적응이 어렵고 진로 및 취업기회가 제한된다. 특히 10대 중·후반 이후에 한국에 입국한 중도입국 청소년은 이미 출생국의 문화와 가치관이 내재화되었기 때문에, 한국 사회 적응과정에서 정체성 혼란과 문화적 갈등을 더욱 심각하게 경험하는 것으로 나타났다(김윤영, 2022; 배상률, 2017; 양계민 외, 2020a; 임선일 외, 2020; 전경숙, 2017).

둘째, 중도입국 청소년은 공교육체계 진입과 학교적응에 어려움을 겪고 있다. 앞서 언급했듯이, 중도입국 청소년은 입국 초기 언어문제로 바로 일반학교 전학이 거의 불가능하고, 대부분 대안학교나 민간기관에서 한국어를 익힌 후 일반학교로 진입한다. 과거에는 체류자격 불안정과 관련서류 미비 등이 학교진입에 큰 장애가 되었다. 원칙적으로 우리나라는 '유엔아동권리협약' 당사국으로서 아동·청소년의 교육권 보장 차원에서 미등록 외국인까지 국내 공교육 진입을 보장해야 한다. 다행히 최근 중앙정부는 「출입국관리법 시행규칙」 개정[2]을 통해 외국인 등록 시 취학 여부를 파악한 후 중도입국 청소년들의 공교육 진입과정을 지원하고 있다(교육부, 2022). 그러나 중도입국 청소년은 학교 편입학 이후 학교적응 과정에서 한국어 이해의 어려움과 학업부담, 교육과정 및 학년별 학습내용의 차이, 교사의 몰이해와 역할 부족, 문화적 차이로 인한 또래관계 갈등 등의 이유로 학교를 이탈하는 경우가 많다(김현숙, 2021; 박옥현, 오영섭, 2022; 임선일 외, 2020).

셋째, 중도입국 청소년은 가족환경의 변화와 긴장을 경험한다. 가족과의 유대감과 지지는 청소년이 느끼는 안정감과 안전감의 기본 토대다. 중도입국 청소년은 가족의 이러한 혜택을 충분히 받지 못한 경우가 많다. 출생국에서 이미 부모의 이혼, 상실, 별거 등의 가족해체를 경험하였고, 부모가 재혼 후 한국에 먼저 입국하면서 상당 기간 부모와 헤어져 지냈다. 또한, 한국 입국 후에는 낯선 한국 사회에서 느끼는 문화적 이질감과 재혼가정의 자녀로서 새로운 가족체계에 적응해야 하는 긴장으로 이중고에 노출되어 있다. '이주배경 청소년 실태조사' 결과에 따르면(양계민 외, 2021), 중도입국 청소년은 이주배경 청소년집단 중에서 부모의 방임수준을 가장 높게 보고한 것으로 나타났다. 또한 중도입국 청소년은 한 연구에서 이러한 가족환경의 변화와 입국 후 스트레스 상황을 '자신의 존재를 박탈당한 채 유예인으로 살아가는 삶'으로 묘사하기도 했다(석희정, 하춘광, 2015; 이수진, 김현주, 2016).

---

2) 「출입국관리법 시행규칙」(2020년 9월 개정) 제47조(외국인등록사항).

넷째, 중도입국 청소년은 상급학교 진학과 노동시장 진출이 취약한 상황에 있다. 중도입국 청소년은 한국어능력 부족과 학교중단 및 경제적 문제, 진로 정보 접근성 문제 등으로 인해 대학입학과 직업선택을 위한 능력과 자원을 충분히 개발하지 못한 경우가 많다. 또한, 일부 선행연구에서는 중도입국 청소년이 교육과 취업을 선택하지 못하고 위축되어 사회로 진출하지 못하는 요인으로 심리적 불안정을 들고 있다. 예컨대, 상당수의 중도입국 청소년은 사전 준비 없는 입국 과정과 학교 진학을 위한 서류 불충분, 체류자격 불안정 등으로 심리적 혼란과 스트레스를 경험하였다(이승미, 이해응, 이화용, 2017). 이러한 심리적 불안정에 언어장벽 문제가 가중되어 한국 사회 적응에 어려움을 느끼면서, 중도입국 청소년은 특별한 목표나 진로의식 없이 지내거나 무분별하게 단기노동 혹은 아르바이트 현장에 뛰어드는 경우가 많은 것으로 확인된다(양계민 외, 2021). 우리 사회가 중도입국 청소년의 진학과 노동시장에서의 취약성을 방치할 경우, 이들의 한국 사회 정착은 더욱 힘들어지고 결국 사회적으로도 교육과 고용이 소외된 청소년이 될 가능성이 크다(임선일 외, 2021).

(2) 중도입국 청소년 현황

중도입국 청소년의 정확한 규모와 현황 파악은 쉽지 않다. 국내 출생이 아닌 중도입국 청소년은 현행법상 취학의무가 없고, 한국어능력 부족, 가족배경 등의 이유로 정규학교에 다니지 않거나 단기체류 및 미등록으로 인해 정확한 실태 파악이 어려운 실정이다.[3] 또한, 현재 정부 부처별로 '중도입국 청소년'을 정의하는 방식이 상이하여 이들 청소년의 정확한 규모파악이 어렵다. 〈표 13-6〉의 교육부 통계에서 중도입국 학생 수를 확인할 수 있는데, 중도입

---

[3] 결혼이민자의 전혼 관계에서 태어나 국내에 입국하는 '중도입국 자녀'는 주로 방문동거자격이나 거주자격 등으로 입국한다(법무부, 2020). '방문동거자격'이란 결혼이민자의 전혼관계에서 출생한 외국인 자녀로서 한국인 배우자에 의해 입양되지 않은 미성년 외국인 자녀(F-1-52)를 말하며, '거주자격'은 한국인 배우자에 의해 입양된 미성년 외국인 자녀(F-2-2)를 의미한다. 그런데 중도입국 청소년 중 일부는 방문비자, 학생비자, 관광비자 등의 형식으로 입국하여 공교육에 진입하지 않거나 귀화신청을 하지 않고 머무는 경우가 많아 정확한 실태 파악이 어렵다.

국 학생 수는 전체 다문화학생과 마찬가지로 매년 증가 추세임을 알 수 있다. 2023년 8월 현재 중도입국 학생 수는 1만 896명으로 전체 다문화학생의 6%에 해당된다. 중도입국 학생의 학교급별 분포를 보면(교육부, 2023), 초등학생이 5,617명(51.5%)으로 가장 많고, 중학교 3,108명(28.5%), 고등학생 1,928명(17,7%), 기타학교 243명(2.2%) 순으로 분포를 보였다.

┃ 표 13-6 ┃ 연도별 다문화학생 구성 현황   [단위: 명(%)]

연도	국제결혼가정		외국인가정[2]	다문화학생 수[1] 전체
	국내 출생	중도입국		
2019	108,069(78.7)	8,697(6.3)	20,459(14.9)	137,225(100.0)
2020	113,774(77.2)	9,151(6.2)	24,453(16.6)	147,378(100.0)
2021	122,095(76.3)	9,427(5.9)	28,536(17.8)	160,058(100.0)
2022	126,029(71.1)	9.938(5.9)	32,678(19.4)	168,645(100.0)
2023	129,910(71.7)	10,896(6.0)	40,372(22.3)	181,178(100.0)

주: 1) 초등학교, 중학교, 고등학교, 각종 학교의 다문화학생 수(국제결혼가정 자녀+외국인가정 자녀)
　　2) 외국인 부모 사이에서 출생한 자녀
출처: 교육부(2023a)를 재구성함.

〈표 13-7〉의 행정안전부의 외국인주민 현황조사 결과는 '귀화 및 외국 국적' 현황을 보여 주는데, 이를 통해 중도입국 아동·청소년 수를 일정 부분 파악할 수 있다. 행정안전부에서 파악한 2020년 11월 기준 다문화가족 자녀 수는 전체 27만 5,990명으로, 이 중 국내 출생 아동·청소년은 94.8%, 중도입국(귀화 및 외국 국적) 아동·청소년은 5.2%로 파악된다. 중도입국 아동·청소년은 초등학생 연령이 5,437명으로 가장 많고, 영유아 3,666명, 중학생 연령 2,773명, 고등학생 연령 2,468명 순으로 나타났다. 이들 중도입국 아동·청소년은 모든 연령대에서 매년 뚜렷한 증가 추세를 보이고 있다.

┃표 13-7┃ 다문화가족 자녀 유형별 현황   (단위: 명)

연도	유형	연령별 현황				
		계	만 6세 이하	만 7~12세	만 13~15세	만 16~18세
2020	총계	275,990	115,579	107,286	34,445	18,680
	국내 출생	261,646	111,913	101,849	31,672	16,212
	귀화 및 외국 국적	14,344	3,666	5,437	2,773	2,468
2019	총계	264,626	117,045	104,064	26,524	16,993
	국내 출생	251,966	113,920	99,144	24,068	14,834
	귀화 및 외국 국적	12,660	3,125	4,920	2,456	2,159
2018	총계	237,506	114,125	92,368	19,164	11,849
	국내 출생	226,145	111,338	87,888	17,100	9,819
	귀화 및 외국 국적	11,361	2,787	4,480	2,064	2,030

출처: 행정안전부(2020)를 재구성함.

2) 중도입국 청소년 지원정책

중도입국 청소년을 위한 지원정책은 교육권 보장에 우선순위를 둔다. 먼저, 법무부와 교육부는 중도입국 청소년들이 정보 취득의 어려움으로 공교육에 진입하지 못하는 문제를 해소하기 위해 두 부처 간의 정보연계를 위한 협업을 강화하였다. 법무부는 2017년 개인정보보호위원회 결정에 따라 만 6~17세 중도입국 자녀 및 난민 자녀의 개인정보를 교육부에 제공하고 있다. 특히 2020년 법무부는「출입국관리법 시행규칙」개정으로 외국인등록 시 취학 여부를 파악하여 공교육 진입을 지원하고 있다. 2022년 기준 이주배경 아동의 공교육 진입관련 규정 내용을 정리하면 다음과 같다(교육부, 2022).

- 「헌법」과 「유엔아동권리협약」에 따라 체류신분에 관계없이 만 18세 미만의 모든 아동에게 의무교육을 받을 권리를 보장
  - 출입국사실증명 또는 외국인등록사실증명의 제출이 어려운 경우, 거주사실을 확인할 수 있는 서류(임대차계약서, 거주사실에 대한 인우보증서 등)로 대체할 수 있음
- 학력증빙 서류가 있는 경우에는 이에 근거하여 학력인정 및 학년결정. 학력증빙이 곤란한 경우, 시·도교육청 학력심의위원회 또는 학력인정과 학년결정을 할 수 있는 학교의 학력심의를 통해 결정

교육부는 지역다문화교육지원센터를 통해 중도입국 청소년의 입학·편입학, 학적 생성 등의 공교육 진입 전 과정을 원스톱으로 지원한다. 2020년 제18차 다문화가족정책위원회에서는 편입학 과정에서 중도입국 청소년에 대한 학교장들의 입학거부를 방지하고자, 학교장에게 하던 입학신청 방식을 교육장 배정으로 일괄 변경하였다. 또한 초·중학교 입학, 편입학 예정 중도입국 청소년을 대상으로 '징검다리 과정'을 실시하여, 학교생활 조기적응 지원을 위한 준비교육과 학교급 전환기 학습자 특성을 반영한 프로그램을 운영하고 있다. 또한 교육부는 입국 초기 중도입국 학생을 위한 한국어 집중교육 특별학급을 운영하고, 특별학급 미운영 학교의 경우 찾아가는 한국어교육과 한국어 원격콘텐츠 개발·보급을 지원하고 있다(교육부, 2022; 김현숙, 2021).

여성가족부의 중도입국 청소년 지원정책은 이주배경 청소년지원재단 무지개청소년센터가 중심이 되어 운영하고 있다. 무지개청소년센터는 브릿지 프로그램인 '레인보우스쿨(Rainbow School)' 운영을 통해 중도입국 청소년의 입국초기부터 지역사회 정착까지의 한국 사회 적응과정에서 체계적으로 지원한다. 레인보우스쿨은 9~24세 중도입국 청소년을 대상으로 한국어교육, 심리정서 지원, 생활문화 프로그램 등 3개 영역의 교육과정을 제공하고 있다(양계민 외, 2022).

4. 탈북배경 청소년

1) 탈북배경 청소년의 개념과 특성

(1) 탈북배경 청소년의 개념

우리나라에 입국한 북한이탈주민[4]은 2023년 6월 기준 3만 3,898명이다. 입국 당시 19세 미만의 아동 · 청소년은 5,111명으로 전체 북한이탈주민 중 15.1%를 차지하고, 10~19세 청소년은 3,814명으로 약 11.3% 정도다(통일부, 2023).

탈북배경 청소년은 '부모 중 최소한 한 명이 북한 출신으로 북한 혹은 제3국에서 출생한 후 한국으로 입국한 청소년'을 말한다. 또한, 이 중 학교에 재학하고 있는 청소년은 '탈북학생'으로 부른다(탈북청소년교육지원센터, 2023a). 현재 국가 정책 차원에서는 '탈북 청소년'[5] '탈북학생'이라는 용어가 통용되고 있으나, 일부에서는 이 용어의 포괄성에 대해 문제를 제기한다. 즉, 북한에서 출생하거나 거주한 적이 없으며, 북한을 이탈한 경험도 없는 제3국 출생 청소년을 '탈북'이라는 범주로 포괄하는 것은 적절하지 않다는 것이다. 그러므로 '탈북 청소년'이라는 용어 대신에 '탈북배경 청소년' 혹은 '북한배경 청소년'으로 범주 명칭을 변경해야 한다는 의견들이 제시되었다(김정원, 2022; 이기영, 김민경, 2015). 이 장에서는 이러한 맥락을 고려하여, 북한 출생 탈북 청소년, 무연고 탈북 청소년, 제3국 출생 탈북 청소년 등을 포괄하는 범주로 '탈북배경

---

[4] 「북한이탈주민의 보호 및 정착지원에 관한 법률」에는 북한이탈주민을 '군사분계선 이북지역(이하 '북한'이라 한다)에 주소, 직계가족, 배우자, 직장 등을 두고 있는 사람으로서 북한을 벗어난 후 외국 국적을 취득하지 아니한 사람'으로 규정되어 있다.

[5] 탈북 청소년을 지칭하는 용어로 '새터민'이라는 용어가 사용되었으나 자유를 찾아 북한을 떠났다는 의미를 강조하기 위해 사회적으로 '탈북자'라는 용어가 더 많이 통용되었다. 이를 반영하여 2009년부터 정부부처에서는 '북한이탈청소년' 혹은 이를 줄여 '탈북 청소년' '탈북학생' 용어를 사용하였다(김지혜 외, 2019).

청소년'이라는 용어를 사용한다.

탈북배경 청소년의 유형은 출생지와 법적 지위에 따라 다양하며 〈표 13-8〉
과 같이 분류할 수 있다(김정원, 2022; 주승현, 2020). 우선, 출생지에 따른 탈북
주민 자녀의 유형을 살펴보면 '북한 출생 탈북 청소년' '북한 출생 무연고 탈북
청소년' '제3국 출생(중국 등) 탈북 청소년' '남한 출생 탈북 청소년'으로 분류된
다. 여기서 '북한 출생 무연고 탈북 청소년'은 북한에서 출생했지만 다양한 상
황으로 인해 아무런 연고자 없이 한국에 홀로 입국한 청소년을 말한다.

| 표 13-8 | **탈북 청소년의 출생지 및 법적 지위에 따른 분류**

출생지	분류	법적 지위
북한	북한 출생 탈북 청소년(가족동반)	북한이탈주민
	북한 출생 무연고 탈북 청소년(단독 입국)	
중국 등 제3국	중국 등 제3국 출생 탈북 청소년	제3국 출생 탈북민 자녀
한국	남한 출생 탈북 청소년	남한 출생 탈북민 자녀

출처: 주승현(2020), p. 3.

다음으로, 법적 지위에 따른 분류에 의하면, '북한 출생 탈북 청소년'은 「북
한이탈주민의 보호 및 정착지원에 관한 법률」 제2조 제1항에 따라 북한이탈
주민 청소년으로서 법적 지위를 갖는다. 이들은 통일부 차원에서 북한이탈주
민에게 제공하는 보호 및 정착지원 대상이다. 이에 반해, 제3국 출생 혹은 남
한 출생 탈북배경 청소년은 「북한이탈주민의 보호 및 정착지원에 관한 법률」
에 근거할 때 '북한이탈주민'에 해당하지 않으므로 통일부 지원대상이 되지
않는다(주승현, 2020; 탈북청소년교육지원센터, 2023a). 그러나 교육부에서는 제
3국에서 출생한 탈북가정 자녀들의 교육권 보장을 위해 이들 청소년을 '탈북
학생' 범위에 포함해 북한이탈주민 청소년과 같은 차원의 교육지원을 실시하
고 있다.

(2) 탈북배경 청소년의 특성

탈북배경 청소년은 한국에 입국한 후 이질적인 문화와 교육제도, 학업수준의 격차, 가족환경 변화 등으로 정체성 혼란과 심리·사회적 적응 문제에 직면한다. 탈북배경 청소년이 한국 사회 적응과정에서 경험하는 특성과 이슈를 살펴보면 다음과 같다.

① 정체성 혼란 문제

탈북배경 청소년은 청소년기 발달이슈와 탈북과정 및 한국 사회 정착단계에서의 경험이 복합적으로 작용하면서 정체성 혼란에 직면한다. 북한 출생 탈북 청소년은 북한에서 성장 과정 동안 내재화된 생활방식과 가치관, 탈북과정에서의 극도의 긴장과 불안감, 한국 입국 후 정착과정에서의 이질적 문화와 사회경계와 부딪히면서 문화적응 스트레스와 정체감 혼란을 경험한다(원미순, 유영림, 방진희, 2015; 최인아, 이소연, 2023). 이 청소년들은 탈북 동기가 자발적인 경우가 매우 드물며, 아무런 사전 준비 없이 부모의 결정에 이끌려 갑작스럽게 탈북한 경우가 대부분이다. 또한 탈북 이후 남한 입국까지 생존의 위험과 같은 극한 체험 속에서 극도의 불안과 긴장과 혼란을 겪기도 했다. 탈북과 이주과정에서 경험한 이러한 극도의 스트레스와 정신적 외상은 입국 이후 남한 사회 적응에 부정적 영향을 미치고 정체감 혼란을 가중시키는 것으로 나타났다(원미순 외, 2015; 진은영, 강명진, 엄태완, 2013).

한편, 중국을 비롯한 제3국에서 출생한 탈북 청소년들은 출생국에서의 성장과 학업경험, 북한 출신 혹은 제3국 출신 부모세대와의 갈등, 입국 후 한국 사회에서의 언어소통의 어려움을 겪으면서, 자신이 북한 사람도, 중국(제3국) 사람도, 한국 사람도 아니라고 인식한다(주승현, 2020). 그럼에도 대다수의 탈북배경 청소년은 한국이라는 새로운 공간적·사회문화적 상황에 적응하기 위해 노력하고 있다. 우리 사회에는 아직도 탈북민이나 중국 출신 이주민에 대한 이중적 경계의 시선이 존재하며, 탈북배경 청소년을 '한국인'으로 온전히 인정하지 못하는 분위기가 남아 있다. 탈북배경 청소년이 '한국의 청소년'

으로서 정체감을 확립하기 위해서는 이들의 이주배경에서 유래한 가치관과 문화를 인정하면서 지역사회 공동체의 일원으로 소속감을 느끼며 적응할 수 있도록 지원해야 한다.

② 한국어 이질성 문제

탈북배경 청소년은 언어 이질성 문제에 직면한다. 탈북민이 한국 사회 적응에서 가장 큰 어려움으로 밝힌 한 가지는 언어의 상이성이다. 언어는 의사소통 수단이므로 사회문화 적응과 밀접하게 연결된다. 특히 청소년집단은 그들의 언어를 통해 그들만의 응집력과 유대감을 만들고 그들만의 문화를 형성한다. 선행연구에서도 한국어 능력이 높은 탈북 청소년은 한국인 친구가 있고, 스스로를 한국인으로 느끼며, 문화적응 스트레스 수준이 낮은 것으로 나타났다(최정희, 김성운, 김정남, 2014). 즉, 탈북 청소년의 한국어 능력은 또래관계 형성과 사회문화적응, 정체감 형성뿐만 아니라 학교적응과도 밀접한 관계가 있다.

한국에 입국한 탈북 청소년은 남한과 북한 언어의 이질성과 한국 사회에서 일반적으로 활용되는 외래어와 한자어 상용화 등으로 어려움을 겪는다. 이들 청소년은 탈북과정과 제3국 체류기간 동안 정상적인 교육기회를 놓치게 되어, 기본적인 어휘능력과 읽기, 쓰기능력을 제대로 갖추지 못한 경우가 많다. 또한 제3국 출생 탈북 청소년의 경우 북한어나 한국어가 아닌 출생국가(중국어 등) 언어를 모국어처럼 사용했기 때문에 입국 후 의사소통 문제로 사회적 고립을 느끼며, 학교적응 및 사회적 관계 형성에 혼란을 겪고 있는 것으로 나타났다(원미순 외, 2015; 주승현, 2020).

③ 교육체계 차이 문제

탈북배경 청소년은 남북한 교육체계 차이로 인해 학업수행과 학교적응에 어려움을 겪는다. 학력을 중시하는 한국 사회에서 학교에서의 정규교육과 학업성취는 탈북배경 청소년의 한국 사회 정착과 지위 상승의 주요 과정이 될 수 있다. 탈북배경 청소년은 출생지역과 입국 전 체류기간, 가정환경 등으로

인해 학업수행에 편차가 큰 것으로 나타났다. 북한 출생 탈북 청소년은 북한
에서 정규교육을 받았다 하더라도 남북한 학제 및 교육과정 차이와 탈북과정
에서의 학업 공백으로 인해 학교적응에 어려움을 겪는다(이슬기, 2022).

　2022년 교육부 통계를 보면, 전체 탈북학생 중 북한 출생 학생은 30.8%이
고 중국 등 제3국 출생 학생은 69.2%로, 초 · 중 · 고등학교급 모두에서 북한
출생 청소년보다 중국 등 제3국 출생 청소년이 높은 비율을 차지하고 있다.
제3국 출생 탈북 청소년은 대부분 중국어를 사용하고 한국어 능력이 부족하
기 때문에 공립학교 진입이 어려워서 대안학교를 선택하는 경우가 많다(주승
현, 2020).

④ 가족환경 변화와 경제적 문제

　탈북배경 청소년의 적응은 탈북과 입국 전후 과정에서의 가족환경에 의해
전면적 영향을 받는다. 가족은 청소년이 어느 사회에 살든지 정서적 지지, 경
제적 안전, 보호와 사회화 기능을 제공하는 기본 환경이다. 특히 '북한이탈'
'제3국 출생 혹은 체류' '남한이주'로 이어지는 힘든 여정을 거친 탈북배경 이
주민에게 가족은 절대적인 지지체계다. 가족과 함께 남한에 입국한 청소년은
가족을 통해 정서적 유대와 경제적 지원을 얻을 수 있고, 북한에 두고 온 가족
에 대한 죄책감이나 외로움 등에서 자유로울 수 있다. 그러나 탈북가정이 탈
북과 국내 정착과정에서 가족해체와 갈등 및 재결합과정을 겪으면 자녀들은
적절한 보호와 돌봄을 받기 어렵다(이현심, 박주현, 최덕경, 2011). 이런 경우,
탈북배경 청소년은 탈북 자체보다는 가족의 해체와 가족갈등 과정의 상처로
인해 한국 적응에 더욱 어려움을 겪는다.

　탈북배경 가정이 한국 정착과정에서 직면하는 주요 문제는 경제적 어려움
이며, 이는 가족기능과 자녀양육에 직접적 영향을 미친다. '2020년 북한이탈
주민 사회통합조사'와 '2020 한국 사회통합실태조사' 자료를 분석한 연구를
살펴보면(윤인진, 한기덕, 2022), 탈북민의 고용률은 54.4%로 전체 인구 고용
률 59.1%, 결혼이민자 고용률 66.4%보다 낮았다. 또한, 월 가구소득 100만 원

미만 비율이 탈북민은 33.8% 정도인데, 전체 인구에서는 6.8%, 결혼이민자의 경우 8.8% 수준으로 보고되었다. 특히, 2020년 코로나19 상황에서 탈북민의 실업률은 전년도 6.3%에서 9.4%로 악화되어 일반 국민의 실업률 변화(3.0%에서 3.1%로 변화)보다 훨씬 높은 것으로 나타났다. 탈북민의 이러한 경제적 취약성과 고용 불안정은 탈북가족의 안정적 정착과 가족기능을 약화시키고, 탈북배경 청소년이 성장과 학업에 필요한 충분한 가족자원을 얻는 데 제약이 될 수 있다.

2) 탈북배경 청소년 현황과 지원정책

(1) 탈북배경 청소년 현황

〈표 13-9〉의 통일부 통계를 보면, 2005년 이후 국내에 입국한 북한이탈주민은 지속적으로 증가하였다. 그러나 2012년 이후 다소 감소하는 추세를 보이다가, 코로나19 확산 등의 이유로 2020년 이후에는 대폭 감소하였다. 2023년 6월까지의 잠정 통계를 포함하여 현재 국내에는 총 3만 3,981명의 북한이탈주민이 입국했다. 이 수치는 성인과 아동·청소년을 모두 포함한 통계이며 2021년을 제외하고는 전체적으로 여성의 비율이 월등히 높다.

┃ 표 13-9 ┃ 북한이탈주민 입국인원 현황 및 여성 비율 (단위: 명)

연도 구분	2011	2013	2015	2017	2019	2021	2023년 6월	합계
남성	795	369	251	188	202	40	23	9,533
여성	1,911	1,145	1,024	939	845	23	76	24,448
합계	2,706	1,514	1,275	1,127	1,047	63	99	33,981
여성 비율	70%	76%	80%	83%	80.7%	36.5%	76.8%	71.9%

출처: 통일부(2023).

2022년 4월 기준으로 국내 초·중·고등학교에 재학하고 있는 탈북학생은 2,061명이다(교육부, 2022). 이는 2005년 기준 421명에서 약 5배 증가한 수치다. 학교급별 재학 인원 비율은 고등학교가 725명(35.2%)으로 가장 많고, 다음으로 중학교 659명(32.0%), 초등학교 522명(25.3%), 기타학교 155명(7.5%) 순으로 나타났다(2022년 4월 기준). 〈표 13-10〉과 같이, 탈북학생의 출생국은 2015년을 기점으로 중국 등 제3국 출생 재학생의 비율이 북한 출생 재학생 비율보다 높아져 계속 증가세를 보인다. 2022년 4월 기준, 중국 등 제3국 출생 비율이 전체 탈북학생의 69.2%를 차지하였다. 또한, 중국 등 제3국 출생 학생 비율은 초등학교가 82.4%로 가장 높고, 중학교 70.6%, 고등학교 57.9%로 나타났다.

| 표 13-10 | 연도별 탈북학생 현황 및 출생국별 비율 (단위: 명)

구분	2011	2013	2015	2017	2019	2021	2022
북한 출생	1,703	1,182	1,226	1,101	982	789	635
중국 등 제3국 출생	608 (36.2%)	840 (41.5%)	1,249 (50.5%)	1,437 (56.6%)	1,549 (61.2%)	1,498 (65.5%)	1,426 (69.2%)
합계	1,681	2,022	2,475	2,538	2,531	2,287	2,061

주: 2022년 4월 기준으로 전국의 초등학교, 중학교, 고등학교 및 기타학교(특수학교, 각종학교, 공민학교, 고등공민학교, 방송통신중고등학교 등)에 재학 중인 탈북학생 인원을 합산함
출처: 탈북청소년교육지원센터(2023b).

탈북학생의 학업중단율은 2019년 이후 매년 감소 추세를 보이며 2022년에는 1.6%로 보고되었다. 그러나 이것은 2022년 우리나라 전체 학생의 학업중단율 1.0%보다 높은 수치다. 2022년 탈북학생의 학업중단율을 학교급별로 살펴보면, 고등학생의 학업중단율이 2.6%로 가장 높고, 중학생 1.8%, 초등학생 0.3% 순으로 나타났다. 2022년 우리나라 전체 학생의 학업중단율은 고등학생이 1.9%, 중학생 0.7%, 초등학생 0.7% 순으로 보고되었다(교육부, 2023).

| 표 13-11 | **탈북학생 학업중단율 변화**   (단위: %)

구분	2011	2013	2015	2017	2019	2020	2021	2022
학업중단율	4.7	3.5	2.2	2.0	3.0	2.9	1.2	1.6

출처: 탈북청소년교육지원센터(2023).

(2) 탈북배경 청소년 지원정책

탈북배경 청소년 지원을 위한 법적 근거는 「북한이탈주민의 보호 및 정착 지원에 관한 법률」과 「초·중등교육법」 「다문화가족지원법」 「청소년복지 지원법」 등이다. 이러한 법률에 기초하여, 통일부와 교육부, 여성가족부가 중심이 되어 탈북배경 청소년을 위해 체계적인 지원을 실시하고 있다. 현재 탈북 청소년을 위한 정부와 민간 차원의 지원체계는 [그림 13-1]과 같다. 통일부는 남북하나재단(북한이탈주민재단)을 통해 탈북민의 한국 입국 초기 적응을 돕고 있다. 교육부는 한국교육개발원 탈북청소년교육지원센터를 통해 학령기 연령에 속하는 탈북배경 청소년의 교육적 지원을 시행하고 있다. 또한 여성가족부의 무지개청소년센터는 탈북배경 청소년의 사회·문화적 적응을 위한 사업을 진행하고 있으며 최근에는 제3국 출생 탈북 청소년 지원에 집중하고 있다. 민간 지원기관은 남북하나재단 지원 청소년교육·생활시설(대안교육시설, 방과 후 공부방, 그룹홈 등), 무지개청소년센터 위탁 레인보우스쿨, 탈북민 지원

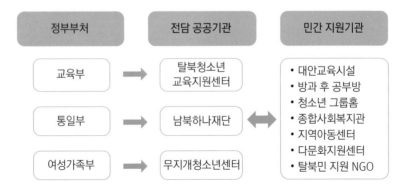

| 그림 13-1 | **탈북 청소년을 위한 정부와 민간 차원의 지원체계**

출처: 이기영 외(2015), p. 116을 수정·보완함.

사업을 하는 종합사회복지관, 탈북민 지원 NGO 등이 있다.

① 탈북배경 청소년 교육지원체계

학령기에 해당하는 탈북 청소년은 일반 북한이탈주민[6]과 달리 필수적으로 교육지원이 제공된다. 교육지원은 [그림 13-2]와 같이 3단계 교육으로 체계화되어 있으며, 교육부의 탈북청소년교육지원센터가 중심이 되어 단계별 교육기관 간의 연계를 지원한다.

1단계는 '입국초기 교육'으로 기초학습지도와 심리적응 치료, 초기 적응교육에 초점을 둔다. 하나원 내 하나둘학교는 24세 이하의 아동·청소년을 대상으로 1개의 유치반, 2개의 초등반, 3개의 청소년반을 운영하고 있다. 2단계는 '전환기 교육'으로 일반 초·중·고등학교 적응에 어려움이 있을 것으로 판단되는 학생을 대상으로 일반학교 전입을 위한 학업보충 교육과 사회적

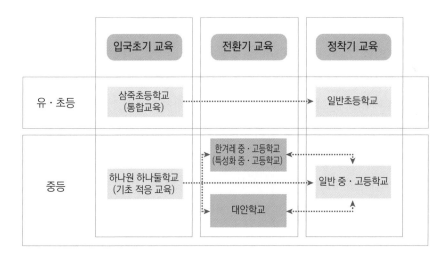

| 그림 13-2 |　**탈북 청소년 단계별 교육절차**

출처: 탈북청소년교육지원센터(2023c).

---

6) 탈북민이 한국으로 입국하면 먼저 정부의 합동조사와 보호결정 과정을 거쳐 하나원에서 12주간 400여 시간의 사회적응교육을 받는다. 하나원의 사회적응교육 프로그램은 '정서안정 및 건강지원' '직업교육과 진로지도' '한국 사회 이해증진' '기초 정착지원' 등으로 구성되었다.

응교육을 실시한다. 2단계 교육은 통일부와 교육부 지원을 받는 한겨레 중·고등학교에서 실시하며, 6개월 또는 1년 전환기 교육 후 일반학교에 전출이전·편입학을 할 수 있다. 3단계 '정착기 교육'은 탈북학생이 다수 재학하고 있는 학교(밀집학교)에 특별반을 운영하여 교육과정 적응을 지원한다. 또한, 학령기 나이를 초과했거나 일반학교에 부적응을 보이는 탈북학생을 위한 대안학교로 여명학교, 드림학교, 하늘꿈학교 등을 지원하고 있다(좌동훈, 이민영, 2016; 탈북청소년교육지원센터, 2023c).

② 정부 부처별 지원사업

정부 부처의 탈북배경 청소년 지원사업은 대부분 산하 지원기관을 통해 실시된다. 통일부는 남북하나재단, 교육부는 탈북청소년교육지원센터, 여성가족부는 무지개청소년센터를 통해서 지원사업을 실시한다. 먼저, 통일부 산하의 남북하나재단은 탈북 청소년의 교육지원에 중점을 두고서, 학습역량 강화와 교육시설 운영, 대학진학 지원 및 글로벌 리더 육성을 위한 사업을 진행하고 있다. 또한, 가족과 동행하지 않고 혼자서 입국한 탈북무연고 청소년을 위한 안정적 보호와 다양한 지원사업을 제공하고 있다.

교육부 산하의 탈북청소년교육지원센터는 탈북학생의 학교적응과 진로지원을 위해 멘토링과 진로 및 심리상담 등을 진행하고 있다. 또한 탈북학생 담당 교원 대상의 연수와 워크숍, 우수사례 공모전 등을 실시하고 있다. 여성가족부 산하기관인 무지개청소년센터는 탈북 청소년의 한국 생활 정착에 필요한 생활체험과 생활주제별 교육, 교육지원을 위해 비교문화체험학습, 미래를 향한 첫걸음, 교육지원사업 'ONE드림' 등의 사업을 실시하고 있다. 특히 여성가족부는 탈북배경 청소년의 건강권 보장을 위해 건강검진 및 의료비 지원을 제공하고 있다(이주배경 청소년지원재단, 2022).

이와 같이 탈북청소년 지원사업은 통일부와 교육부, 여성가족부 각 산하기관에서 시행하고 있으며, 주로 학업지원, 진로진학지도, 심리적응 중심의 사업을 제공하고 있다. 일부에서는 탈북배경 청소년 지원정책이 체계적으로 통합되지 않고 각 부처 산하기관별로 분절적으로 운영되기 때문에 유사·중복사업이 많고, 지원 대상에서 배제되는 사각지대 청소년이 발생한다는 점을 지적한다. 또한 최근 제3국 출생 탈북 청소년의 입국 숫자가 급증하고 있지만 이들 청소년은 비보호로 규정되어 있어 법적으로 지원 혜택을 받지 못하고 있다(좌동훈, 이민영, 2016; 주승현, 2020). 이러한 상황을 고려한다면, 앞으로 탈북배경 청소년 지원정책은 청소년의 출생지와 이주에 따른 특수한 상황과 실태에 대한 철저한 검토를 토대로, 법적 근거마련과 각 부처 산하기관 간의 협력 및 조정체계 구축, 서비스 혜택 소외 대상 발생 방지를 위한 대책이 요구된다.

토의문제

1. 이주배경 청소년의 유형을 구분하고, 그 특성에 대해 토의해 보자.

2. 다문화청소년과 중도입국 청소년, 탈북배경 청소년의 최근 현황을 살펴볼 때, 주목해야 하는 변화 추이는 무엇인가? 이러한 추이와 관련해 현재 표출되거나 향후 예상되는 문제에 대해 토의해 보자.

3. 다문화청소년과 중도입국 청소년, 탈북배경 청소년 지원정책의 특징과 문제점에 관해 확인해 보자.

참고문헌

교육부(2022). 2022년 다문화교육 지원계획.

교육부(2023a). 교육통계서비스: 연도별, 학교급별 학생 수와 다문화학생 수.

교육부(2023b). 보도자료: 2023년 교육기본통계 주요 내용. 교육부 보도자료(2023. 8.).

김윤영(2022). 후기 청소년기 다문화청소년 지원정책의 방향과 과제. 제1회 이주배경 청소년 정책포럼 자료집. 세종: 한국청소년정책연구원.

김정원(2022). '탈북 청소년'이라는 범주화에 대한 비판적 검토. 통일교육연구, 19(1),

161-186.

김지혜, 김정원, 김지수, 이동엽, 조정아, 김윤영, 김선(2019). 2주기 탈북 청소년 교육종 단연구(Ⅳ). 충북: 한국교육개발원.

김진희(2022). 다문화청소년 교육의 방향과 과제: 평생교육 관점의 정책 접근. 제1회 이주배경 청소년 정책포럼: 후기 청소년기 다문화청소년 정책의 방향과 과제. 세종: 한 국청소년정책연구원.

김현숙(2021). 중도입국 청소년 현황과 과제. 이민정책 이슈브리프, 1-7.

남북하나재단(2022). 탈북청소년 실태조사. https://www.koreahana.or.kr/home/ kor/promotion Data/information/researchData/index.do?ptSignature=Qnrv tOekxiPklgsn74dfsVdhDHN3H2FGx2jZlh%2FvJBE%3D&menuPos=136(검색 일: 2023. 8. 25.).

박옥현, 오영섭(2022). 중도입국 청소년의 적응에 관한 국내 학술지 연구동향 탐색. 청 소년시설환경, 20(1), 17-27.

배상률(2017). 중도입국 청소년의 실태 및 자립지원방안: 진로 및 취업을 중심으로. 다 문화아동청소년연구, 2(3), 67-88.

배상률, 고은혜(2016). 중도입국 청소년 실태 및 자립지원 방안 연구. 세종: 한국청소년정 책연구원.

법무부(2020). 2019년 출입국 외국인정책본부 외국인 정책과 보도자료.

서덕희, 조은혜(2017). 중도입국 청소년의 진로성향과 그 생태학적 조건에 대한 탐색. 교육문화연구, 23(1), 217-247.

석희정, 하춘광(2015). 중도입국 청소년들의 가족생활적응경험에 대한 질적 연구. 학 교사회복지, 31, 1-35.

양계민, 김지연, 장윤선, 김사강, 김동진, 이탁건, 김주영(2020b). 포용사회구현을 위한 이주배경 아동·청소년 성장기회격차 해소방안 연구: 통계구축방안을 중심으로. 세종: 경제·인문사회연구회.

양계민, 이정민, 정윤미, 엄진섭, 장윤선, 전경숙(2022). 2022 다문화청소년 종단연구: 총 괄보고서. 세종: 한국청소년정책연구원.

양계민, 장윤선, 정윤미(2020a). 2020 다문화청소년 종단연구: 총괄보고서. 세종: 한국청 소년정책연구원.

양계민, 장윤선, 정윤미, 한지형(2021). 2021 다문화청소년 종단연구: 총괄보고서. 세종: 한국청소년정책연구원.

양계민, 정윤미, 장윤선(2019). 이주배경 청소년실태조사. 서울: 이주배경 청소년지원재단.

양계민, 조혜영(2011). 중도입국 청소년 실태조사. 서울: 서울무지개청소년센터.

여성가족부(2022a). 다문화가족 관련 연도별 통계. https://www.mogef.go.kr/mp/pcd/mp_pcd_s001d.do?mid=plc503&bbtSn=704742(검색일: 2023. 8. 25.).

여성가족부(2022b). 이주배경 청소년 지원사업 현황. 여성가족부 보도자료(2022. 8. 24.).

원미순, 유영림, 방진희(2015). 학교 밖 탈북 청소년의 탈북의 의미와 남한사회 삶에 대한 연구(생애사연구). 한국 사회복지질적연구, 9(1), 257-294.

윤인진, 한기덕(2022). 전체인구와 결혼이민자와 비교한 탈북민의 사회통합 수준. 현대사회와 다문화, 12(3), 65-103.

이기영, 김민경(2015). 한국거주 탈북배경 청소년의 다양성에 따른 지원정책의 분석과 함의. 동북아연구, 30(2), 93-129.

이민경, 이수정(2010). 정책용어로서 이주배경 청소년 제안과 정책 방향성 고찰. 다문화청소년의 한계와 대안 모색. 서울: 이주배경 청소년지원재단.

이수진, 김현주(2016). 중도입국 청소년의 가족경험에 대한 현상학적 연구. 청소년학연구, 23(5), 205-235.

이슬기(2022). 탈북학생 교육 지원 체계 개선을 위한 방향 모색: 탈북학생 재학 학교 현황 고찰을 중심으로. 2022년 제13차 탈북학생 교육포럼 자료집. 충북: 한국교육개발원.

이승미, 이해응, 이화용(2017). 서울시 중도입국 청소년 현황 및 지원방안 연구. 서울시여성가족재단 연구사업보고서.

이주배경 청소년지원재단(2022a). 2022년 탈북학생 교육통계 현황. https://www.rainbowyouth.or.kr/posts/board11/view.do?bbsSn=18437&pageIndex=1&ctgryNm=&searchCondition=&searchKeyword=(검색일: 2023. 9. 15.).

이주배경 청소년지원재단(2022b). 2022년 사업활동보고서. https://www.rainbowyouth.or.kr/posts/board17/list.do(검색일: 2023. 9. 15.).

이현심, 박주현, 최덕경(2011). 북한이탈청소년의 한국생활 적응에 관한 현상학적 연구. 청소년복지연구, 13(4), 309-341.

이희정(2018). 다문화가정 청소년의 정체성 변화과정과 학교적응. 한국 사회학, 52(1), 77-115.

임선일, 이용민, 한경은, 김기영(2020). 중도입국 청소년의 학교생활과 진로지원 방안: 고등학교 졸업생을 중심으로. 수원: 경기도교육연구원.

전경숙(2017). 다문화가정 중도입국 청소년의 진로준비와 정착계획에 관한 탐색적 연구. GRI연구논총, 19(1), 441-473.

좌동훈, 이민영(2016). 탈북 청소년 지원체계화 방안 연구: 탈북 청소년 역량 진단을 중심으로. 세종: 한국청소년정책연구원.

조윤영(2023). 다문화청소년 국가정체성과 자아존중감 종단적 변화양상 및 영향요인: 잠재전이 분석을 적용하여. 다문화아동청소년연구, 8(2), 65-91.

주승현(2020). 탈북 청소년의 사회적응과 효과적 지원방안 모색. 다문화와 평화, 14(3), 1-24.

진은영, 강명진, 엄태완(2013). 새터민청소년의 남한사회 적응 과정 연구. 청소년문화포럼, 34, 122-152.

차한솔(2021). 다문화가정 청소년의 문화스트레스, 사회적위축, 국가정체성이 학교적응에 미치는 종단적 영향. 한국청소년학회, 28(10), 489-523.

최윤정, 전기택, 김이선, 선보영, 동제연, 양계민, 최영미, 황정미(2022). 2021년 전국다문화가족실태조사. 서울: 여성가족부.

최인아, 이소연(2023). 북한이탈청소년의 문화변용유형의 결정요인: 개인적 특성, 가족요인, 친구요인을 중심으로. 한국청소년연구, 34(1), 151-177.

최정희, 김성운, 김정남(2014). 탈북 청소년들의 한국어 숙달도에 관여하는 변인분석 및 성공적 북한선교를 위한 제언. 선교신학, 35, 303-333.

탈북청소년교육지원센터(2023a). 탈북학생이란. https://www.hub4u.or.kr/webmdl/sub4uStudent/menuHtmlDetail.do?cmkey=11146(검색일: 2023. 9. 10.).

탈북청소년교육지원센터(2023b). 탈북학생현황. https://www.hub4u.or.kr/webmdl/sub4uStudentStatus/menuHtmlDetail.do?cmkey=11147DPTJ(검색일: 2023. 9. 10.).

탈북청소년교육지원센터(2023c). 단계별교육절차. https://www.hub4u.or.kr/webmdl/sub4uEduStep/menuHtmlDetail.do?cmkey=11148(검색일: 2023. 9. 10.).

탈북청소년교육지원센터(2023d). 지원사업안내. https://www.hub4u.or.kr/webmdl/sub4uSupportStudent/menuHtmlDetail.do?cmkey=11142D(검색일: 2023. 9. 10.).

통일부(2022). 북한이탈주민 정착지원 실무편람. https://lib.uniedu.go.kr/library/material/list?mGubun=1&method=KEYWORD&fields=SUBJECT&keywords=%EC%8B%A4%EB%AC%B4%ED%8E%B8%EB%9E%8C&page=1&sortField=title&sortDirection=DESCENDING&format=image(검색일: 2023. 8. 25.).

통일부(2023). 북한이탈주민정책: 최근현황. https://www.unikorea.go.kr/unikorea/business/NKDefectorsPolicy/status/lately/(검색일: 2023. 9. 15.).

행정안전부(2020). 외국인주민현황조사 통계. https://www.mois.go.kr/frt/bbs/type001/com monSelectBoardArticle.do?bbsId=BBSMSTR_000000000014&nttId=96092(검색일: 2023. 8. 10.).

Jones, M. D., & Galliher, R. V. (2007). Ethnic identity and psychologicla functioning in Navajo adolescents. *Journal of Research on Adolescence, 17*(4), 683–696.

Phinny, J. S., Horenczyk, G., Liebkind, K., & Vedder, P. (2001). Ethnic identity, immigration, and well-being: An interactional perspective. *Journal of Social Issues, 57*(3), 493–510.

「북한이탈주민의 보호 및 정착지원에 관한 법률」 법제처 국가법령정보센터 https://www.law.go.kr

「청소년복지 지원법」 법제처 국가법령정보센터 https://www.law.go.kr

제**14**장

청소년복지의 발전방향과 과제

지금까지 청소년복지의 기초, 청소년복지의 접근방법, 청소년복지의 다양한 실천영역에 대해 논의해 왔다. 이 장에서는 이러한 논의를 바탕으로 우리나라 의 청소년복지가 나아갈 방향과 이루어야 할 과제에 대해 논의하고자 한다.

1. 청소년복지의 발전방향

1) 보편적 복지의 확대 및 내실화

우리나라 청소년복지 발달과정에서 살펴보았듯이 우리나라 청소년복지는 선별주의적 청소년복지 시기(1960~1970년대), 보편주의적 청소년복지 도입기 (1980~1990년대), 보편주의적 청소년복지 확대기(2000년 이후)로 발달해 왔다. 즉, 요보호청소년의 복지증진과 일부 문제청소년의 선도와 보호에 초점을 두는 것에서 수련활동을 통한 모든 청소년의 건전육성과 「청소년활동 진흥법」
및 「청소년복지 지원법」 등의 제정을 통한 모든 청소년의 복지증진에 초점을
두는 것으로 변화되어 왔다. 그러나 모든 청소년이 실제적으로 도움이 되는
청소년복지서비스의 혜택을 누리고 있는가를 질문한다면 그에 대한 답변은
긍정적이지 못할 것이다. 제공되고 있는 보편적 서비스도 크게 제한되어 있을
뿐만 아니라 제공되고 있는 보편적 서비스에 대한 접근성도 상당히 낮은 편이
다. 모든 청소년이 실제적으로 도움을 받을 수 있도록 의무교육의 확대, 학교
사회복지 및 청소년활동의 제도화, 청소년 진로지도 및 자립지원 서비스의 제
도화 등 보편적 서비스를 확대하고 내실화하는 것이 필요하다.

　모든 청소년에게 복지서비스를 제공하는 보편적 복지의 중요성은 최근
에 논의되고 있는 사회투자국가의 관점에 의해 뒷받침된다. 선진국에서는
1990년대부터 인적자원 개발의 중요성을 감안하여 미래 국가성장동력에 대
한 사회적 투자를 아동·청소년정책으로 수렴해 나아가고 있다. 아동·청소
년에게 사회적 투자를 확대하는 정책방향은 전체 아동·청소년의 신체적·
정신적 건강과 기본역량을 향상시켜 궁극적으로 미래 성장동력으로서 사회
발전에 기여하게 할 것이다(이혜원, 김성천, 오승환, 이태수, 정익중, 2009).

2) 개발적 접근의 강화

　청소년복지의 발달과정을 살펴보면 세 가지 유형의 접근방식이 나타난다.
첫째는 청소년이 가지고 있거나 발생시키는 문제를 해결하는 데 초점을 맞추
는 문제 대응적 접근이고, 둘째는 문제가 발생하기 전에 예방에 초점을 맞추
는 예방적 접근이며, 셋째는 청소년의 긍정적인 발달에 초점을 맞추는 개발적
접근이다. 영국과 일본의 청소년복지 접근방식에 있어서의 최근 변화는 우리
나라 청소년복지에서 개발적 접근이 강화되어야 함을 시사한다.

　영국의 초기 청소년복지서비스는 비공식적 교육의 형태로 형성되어 왔는
데, 2000년대 들어 전반적인 청소년의 개인적·사회적 발달을 지원하는 총체

적 역할을 강조하면서 서비스의 범주를 확대하고 있다(이광호, 2012b). 즉, 청소년복지서비스는 '학교 밖' 청소년교육으로서의 기본적 성격을 유지하면서도, 기존의 여가시간 활용에 머무르지 않고 청소년의 자립을 위한 직업훈련 및 고용지원에 이르기까지 광범위하게 범주를 확대해 가고 있다. 이러한 맥락에서 영국의 NYA(National Youth Agency)는 청소년복지서비스의 주요목적을 지적·신체적·감성적·영적 차원에서의 청소년복지와 발달을 위하여 비공식적 교육기회 개발, 특별한 청소년을 위한 목적 지향적 지원, 청소년을 위한 긍정적 활동 기획 및 제공, 의사결정에의 청소년 참여 지원, 정보와 조언 및 생활지도 제공, 아웃리치 등 여섯 가지로 정리하고 있다(NYA, 2009b: 이광호, 2012b에서 재인용).

일본의 청소년복지 또한 초기의 청소년문제 대응 중심에서 여가 선용을 통한 청소년의 건전육성 단계를 거쳐 청소년의 사회적 자립 지향으로 변화하고 있다(이광호, 2012a). 이러한 변화를 구체적으로 살펴보면 다음과 같다. 1단계는 1949년에서 1966년까지의 청소년문제에 대한 대응 중심의 '긴급보호대책 시기'다. 이 시기에는 청소년비행 방지, 보호, 지도, 교정 등 문제 대응적 접근이 주가 되고 있다. 2단계는 1966년부터 2003년까지의 청소년 여가활동 증진과 비행방지를 통한 '건전육성을 위한 종합적 정책 시기'다. 3단계는 2003년부터 현재까지의 청소년 체험활동중심의 정책기조를 사회적 자립으로 전환한 '청소년의 사회적 자립지원 시기'다. 즉, 최근 일본은 취업, 부모 보호로부터의 탈피, 공공참여 및 사회 일원으로서의 자립 등 '사회적 자립지원'에 초점을 두고 청소년복지서비스를 제공하고 있으며, 이러한 맥락에서 청소년 자립지원을 위한 포괄적 상담·지원 창구를 정비하였고, 청소년 직업능력 개발을 위한 교육훈련을 실시하였으며, 청소년 무직자의 취업을 위한 전문적 지원활동 등을 전개하였다.

영국과 일본의 경우처럼 청소년복지 접근방식에 있어서 청소년의 사회적 자립을 지향하는 방향으로의 변화는 세계적 추세이며, 이러한 변화는 우리나라의 청소년복지에 개발적 접근이 강화되어야 함을 시사한다. 개발적 접근을 강화함으로써 청소년 문제를 적극적으로 해결하고 예방할 수 있을 뿐만 아니라 신체적·인지적·정서적·사회적으로 건강한 성장과 발달을 이룰 수 있을 것이다. 개발적 접근방식을 청소년복지 실천에 적용한다면 실천목표는 환경과의 관계에서 자신의 삶을 통제하고 경제적·사회적으로 자립할 수 있는 역량을 증진하여 궁극적으로는 사회의 복지증진에 기여하는 시민으로 성장하게 하는 것이 될 것이며, 실천의 초점은 긍정적인 심리사회적 요소의 개발, 청소년의 참여 확대를 통한 임파워먼트, 청소년의 진로지원 등을 통한 자립역량 강화가 될 수 있을 것이다(김선애, 2010).

긍정적인 심리사회적 요소의 개발은 최근 논의되고 있는 청소년기 핵심역량의 개발과 관련지어 생각할 수 있다. 청소년기 핵심역량은 개인적인 성공적 삶뿐만 아니라 사회에도 기여하는 삶을 살 수 있게 하는 능력 중 청소년기에 핵심적으로 요구되는 능력을 의미하며, 지적 도구 활용능력, 사회적 상호작용 능력, 자율적 행동능력 및 종합적 사고능력을 포함한다(OECD, 2005: 김기헌, 2008에서 재인용). 지적 도구 활용능력은 언어, 상징, 문자, 지식과 정보, 기술을 사용할 수 있는 능력을 의미하며, 사회적 상호작용 능력은 타인과 원만한 관계를 맺고, 협력하여 일할 수 있으며, 갈등을 관리하고 해결할 수 있는 능력을 말한다. 자율적 행동능력은 확대된 사회적 맥락 속에서 자리매김하고, 자신의 생애를 관리하며 자율적으로 생활하는 능력을 의미하고, 종합적 사고능력은 창조적·논리적 사고를 바탕으로 문제를 해결하고, 추론 및 의사결정을 하는 능력을 말한다. 청소년기에 갖추어야 할 핵심역량을 키우기 위해서는 학교교육과 학교 밖 활동을 역량 중심 학습체계로 개편할 필요가 있으며, 학교와 지역사회 간의 확고한 연계체계가 구축되어야 할 것이다(김기헌, 2008).

2. 청소년복지의 과제

1) 청소년복지정책 추진체계의 정비

청소년복지에 있어서 보편적 복지를 확대 및 내실화하고 개발적 접근을 강화하기 위해서는 청소년복지정책 추진체계가 정비되어야 한다. 특히 제한된 청소년 영역이 아니라 교육, 복지, 보건, 노동 등 청소년 관련 영역을 포괄하고 종합적으로 연계·조정하는 기능을 강화하는 것이 필요하다. 일본의 청소년 복지정책 추진체계에 있어서의 최근 변화는 우리나라 청소년복지 추진체계의 정비방향에 유용한 시사점을 제공한다.

일본에서는 통합적 청소년복지를 실시하기 위하여 청소년정책 추진 기능을 대폭 확대·강화하였다(이광호, 2012a). 2001년에 정부조직 개편과 함께 수상의 직접 관할을 강화하는 차원에서 내각부의 정책통괄관이 청소년정책의 기획·입안 및 종합·조정 업무를 담당하는 것으로 조정한 이후 기존에 각 부처의 국장급으로 구성된 청소년육성추진회의를 2003년 6월 수상이 직접 본부장을 맡고 청소년 관련 각 부처 장관들을 구성원으로 하는 '청소년육성추진본부'로 확대·개편하였다. 다음 시대를 담당할 청소년육성에 관한 정책에 대해 관계 행정기관 상호 간의 긴밀한 연락 확보와 종합적이고 효과적인 정책 추진을 목적으로 설치된 '청소년육성추진본부'의 본부장은 내각총리 대신(수상)이 맡고, 부본부장은 내각관방장관, 문부과학대신, 국가공안위원장, 법무대신, 후생노동대신, 본부장이 지명하는 국무대신 등 6명이 담당하며, 기타 모든 국무대신을 구성원으로 하고 있다. 또한 정부 부처 간의 실무적 협의를 강화하기 위해 추진본부 이외에 각 정책 사안별로 관련 부처 실무 과장으로 구성된 각종 '연락회의'를 설치·운영함으로써 통합성을 추구하고 있다. 이러한 변화는 청소년복지정책의 기획·입안 및 종합·조정 기능의 대폭 강화를 의미하는 것이며, 우리나라 청소년복지 추진체계의 정비에 있어서도 현재의 청소년

정책위원회의 기능보다 기획·입안 및 종합·조정 기능을 대폭 강화하는 것
이 필요하다.

2) 청소년 참여의 활성화

청소년을 대상으로 하는 청소년복지에서 청소년이 주체가 되는 청소년복
지로의 변화가 이루어지고 있으며, 이러한 맥락에서 청소년 참여의 중요성이
강조되고 있다. 유엔은 1985년을 '세계 청소년의 해'로 정하면서 청소년 참여
를 강조한 이후 지속적으로 청소년들의 적극적인 참여를 강조해 왔다. 2007년
'세계 청소년의 날'의 주제는 개발을 위한 청소년의 참여였으며, 청소년들의
참여를 위한 여섯 가지 구체적인 행동을 제안하였다(http://www.un.org/esa/
socdev/unyin/iyd.htm#previous: 이상희, 2008에서 재인용). 첫째는 청소년이 의
사결정에 참여할 수 있는 기회를 높이기 위해 정보에 대한 접근권을 향상시킬
것, 둘째는 청소년이 자신의 권리와 책임을 배울 수 있는 기회를 강화하고 사
회적·정치적·발달적·환경적 참여를 향상하며 완전한 참여를 방해하는 장
애물을 제거할 것, 셋째는 재정적·교육적·기술적 지원과 청소년활동 장려
를 통해 청소년 단체를 원조하고 활동을 촉진할 것, 넷째는 청소년의 관심사
에 영향을 주는 국가 정책과 계획을 수립하고 이행하고 평가하는 데 청소년의
기여를 고려할 것, 다섯째는 청소년 단체들 사이의 국가적·지역적·국제적
협력과 교류를 장려할 것, 여섯째는 국제적인 포럼에 청소년의 참여를 강화하
도록 정부에 요청할 것을 포함하고 있다.

우리나라에서도 1998년 제2차 '청소년육성 5개년 계획'을 통해 청소년 참여
가 정책적으로 다루어지기 시작한 이후 「청소년 기본법」 「청소년복지 지원법」
「청소년활동 진흥법」을 통해 청소년특별회의, 청소년참여위원회, 청소년운영
위원회를 설치하여 청소년의 참여 기회를 제공하고 있다. 그러나 여전히 청소
년 참여에 대한 사회적 인식 수준은 낮고, 소수의 청소년만이 대표의 자격으
로 참여하는 형태여서 한계를 지니고 있다. 청소년 참여를 활성화하기 위해서

는 형식상의 참여가 아닌 평범한 청소년들이 자신의 일상적인 삶에 영향을 주
는 과정에 의미 있게 참여할 수 있는 기회가 제공되어야 한다. 비록 청소년의
참여능력이 부족하더라도 참여의 과정이 가지는 교육적 가치를 고려하여 학
교와 지역사회에서부터 청소년들이 참여할 수 있는 기회를 적극적으로 마련
해야 할 것이다(이상희, 2008; 하승수, 2008).

3) 청소년 시민성의 증진

공동체 구성원으로서의 권리와 의무를 이해하고 사회에 적극적으로 참여
하며 공동체 이익에 기여하고자 하는 의식과 행동을 시민성이라고 하며, 시민
성을 함양하는 것은 청소년에게 요구되는 중요한 발달과업 중의 하나다. 그
러나 입시위주의 교육으로 인하여 우리나라 청소년의 시민성 지식수준은 낮
지 않지만 정의적이고 행동적인 영역에서의 발달로 연결되지 못하고 있다(김
위정, 2012). 기존 연구에 따르면 가정과 학교, 지역사회로 구성된 사회적 맥
락이 청소년의 시민성 형성에 영향을 미치는 것으로 나타나고 있다. 즉, 지지
적 · 수용적 가족관계, 친밀하고 상호 호혜적인 교우관계, 비교과 학교활동,
지역사회 참여활동 등이 청소년의 시민성 형성에 긍정적인 영향을 미치는 것
으로 나타나고 있다(김위정, 2012). 따라서 우리나라 청소년의 시민성을 증진
하기 위해서는 가족 및 교우와의 유대를 증진하는 프로그램을 실시하고 학교
의 학생회 활동, 동아리나 특별활동, 지역사회 봉사활동을 활성화하는 것이
필요하다.

4) 학교사회복지의 제도화

대부분의 청소년이 가장 많은 활동시간을 보내는 장소가 학교이므로 학교
사회복지는 가장 접근성이 뛰어난 청소년복지라고 할 수 있다. 또한 학교라는
안정적인 장에서 일시적으로 서비스를 제공하기보다는 지속적으로 서비스를

제공하므로 서비스의 효과성이 높은 것으로 평가되고 있다. 이러한 큰 장점을 지닌 학교사회복지를 제도화하기 위해 그동안 사회복지계뿐만 아니라 학생, 학부모, 교사 및 교육행정가, 입법관계자 등을 대상으로 학교사회복지에 대한 인식을 제고하고 학교사회복지를 법제화하려는 노력이 수행되어 왔다.

이러한 노력의 결과로 18대 국회와 19대 국회에서 학교사회복지법안이 발의되었으나 임기 만료로 자동 폐기되었다. 현 국회에서 학교사회복지법안이 다시 발의되고, 국회 상임위원회와 본회의를 통과하여 법제화될 수 있도록 적극적인 노력이 필요하다. 또한 법제화 이후 학교사회복지제도를 효과적으로 운영하기 위해서는 학교사회복지사의 역량강화를 위한 종합적인 교육 및 연수체계를 구비하여야 할 것이다.

5) 청소년을 위한 종합적 자립지원체계 구축

청소년복지의 궁극적 목표는 청소년의 사회적 자립이다. 부모와 보호자에 의존하지 않고 스스로 사회 구성원으로서의 건강한 삶을 살아갈 수 있게 하는 것이다. 현재 청소년의 사회적 자립을 위하여 다양한 서비스와 프로그램이 시행되고 있으나, 종합적인 체계를 갖추지 못한 채 단편적으로 시행되고 있는 상황이다. 청소년을 위한 종합적 자립지원체계를 구축하기 위해서는 진로탐색 및 진로준비를 위한 진로지원사업, 직업능력 향상을 위한 취업지원사업, 문화적 역량을 기르기 위한 문화사업 등을 주요 사업으로 하는 청소년진로지원센터를 설립하여 운영하는 것이 필요하다(정규석, 유순화, 장수한, 김서정, 2009).

서비스 전달체계로는 중앙청소년진로지원센터, 광역청소년진로지원센터, 지역청소년진로지원센터를 구상할 수 있다. 중앙청소년진로지원센터의 주요 역할은 청소년 진로지원을 위한 조사 · 연구 · 교육 및 홍보, 청소년진로지원을 위한 사업의 개발, 성과지표 개발 및 성과 평가, 청소년진로지원센터 평가, 청소년진로지원에 관한 정보시스템 구축과 운영이 될 것이며, 광역청소년진로지원센터의 주요 역할은 지역청소년진로지원센터 운영의 지도 및 지원, 광역 차원의 공동사업 및 지역청소년진로지원센터 간의 연계가 될 것이다.

6) 청소년을 위한 모델프로그램의 발굴과 보급

현재 우리 사회에 청소년을 위한 다양한 프로그램이 존재하고 있으나, 대부분의 프로그램은 효과성이 검증되지 않은 채 보급되고 반복 시행되고 있다. 청소년에게 실제적인 도움을 주기 위해서는 증거기반의 실천이 필요하다. 증거기반의 실천이라 함은 효과성이 검증된 프로그램을 기반으로 하는 실천을 말한다. 이러한 실천을 하기 위해서는 모델 프로그램의 발굴과 보급을 위한 체계가 필요하다. 미국에서는 국가 차원에서 청소년을 위한 모델 프로그램을 발굴하여 보급하는 체계를 갖추고 있다. 전국적으로 시행되고 있는 청소년 프로그램 중 효과성이 높은 프로그램을 발굴하여 모델 프로그램으로 분류하고, 국가 차원의 정보시스템에 정보를 저장하여 전국적으로 보급하고 있다. 우리나라에도 이러한 모델 프로그램의 발굴과 보급을 위한 체계가 갖추어져야 한다. 중앙정부 차원에서 현재 시행되고 있는 프로그램의 효과성이 평가될 수 있는 기반을 마련하고 평가된 프로그램 중 효과성이 높은 프로그램을 선정하여 공개된 정보시스템을 통해 프로그램을 보급해야 할 것이다.

7) 이주배경 청소년을 위한 서비스의 강화

외국인 노동자 및 결혼이주 여성과 탈북민의 증가로 인하여 우리 사회에 이주배경을 가진 청소년의 수가 점점 더 증가하고 있다. 이주배경 청소년을 우리 사회에 잘 통합시키는 것은 중요한 과제이며, 이러한 맥락에서 이주배경 청소년의 적응을 돕는 서비스가 강화될 필요가 있다. 조혜영(2011)은 이민 역사가 오래된 미국의 이주 아동·청소년 적응 지원서비스를 연구하면서 우리나라의 이주배경 청소년을 위한 서비스가 나아갈 방향에 대하여 네 가지 유용한 시사점을 제시한다.

첫째, 이주배경 청소년마다 처한 상황과 욕구가 다를 수 있음을 고려하여 그에 맞는 서비스를 제공하는 것이 바람직하다. 즉, 이주원인, 체류기간, 사회경제적 배경, 한국어능력, 학업성취 수준, 서비스 욕구 등을 고려하여 맞춤식 서비스를 제공할 필요가 있다.

둘째, 이주배경 청소년의 상황과 욕구에 맞는 다양한 서비스를 제공하기 위해서는 공공 및 민간 단체의 연계 협력이 활발히 이루어져야 한다. 심리적 안정을 위한 다양한 상담 프로그램, 자아존중감 향상 프로그램, 학교적응 프로그램, 진로지도 프로그램, 학습지원 프로그램, 주말 체험 프로그램, 학부모지원 프로그램 등의 다양한 서비스를 제공하기 위해서는 지역사회의 민간단체와 공공영역인 지방자치단체 및 학교와의 연계가 강화되어야 할 것이다.

셋째, 미국의 경우 한 민간단체가 보건복지부의 지원으로 전 미국의 이주아동과 청소년을 위한 프로그램에 대한 종합정보체계를 구축하고 체계적으로 관리하고 있다. 우리나라도 이주배경 청소년을 위한 서비스 및 프로그램에 대한 종합정보체계를 구축하고 관련 기관들이 이 정보체계를 잘 활용할 수 있도록 도와야 할 것이다.

넷째, 이주배경 청소년의 성장과 발달에 있어 언어 습득 및 학업성취는 매우 중요하다. 미국에서 이주 청소년들의 영어 습득 및 학업성취도 향상을 위하여 연방, 주, 교육청 및 학교의 체계적인 지원이 이루어지고 있는 것처럼, 우리나라에서도 이주배경 청소년의 한국어 습득과 학업성취도 향상을 위해서 교육부와 지역교육청 및 학교의 체계적 지원이 이루어져야 할 것이다.

8) 청소년복지 담당인력의 역량강화

청소년복지서비스의 전달에 있어 담당인력의 역량은 매우 중요하다. 이와 관련하여 영국의 청소년지도자 역량강화체계는 우리나라 청소년복지 담당인력의 역량강화에 유용한 함의를 제공한다(박선영, 2011).

첫째, 영국의 국가청소년위원회는 청소년지도자의 역량강화를 위해 전문가 검정제도를 운영하고 있다. 즉, 매년 청소년지도자 자격기준에 대한 심사를 통하여 청소년지도자들을 지속적으로 관리하고 있으며, 청소년지도자를 위하여 다양한 연수와 교육기회를 제공하고 있다. 우리나라에서도 영국의 국가청소년위원회와 같이 청소년복지 담당인력을 체계적으로 관리하는 국가적 차원의 조직을 신설하여 청소년복지 담당인력의 역량을 강화하여야 할 것이다.

둘째, 영국은 2007년 8월 청소년지도를 위한 새로운 국가직무기준을 발표하였으며, 국가직무기준에서 제시하는 청소년지도에 관한 주요 요소와 세부항목은 청소년지도자가 자신의 역량을 개발하는 데 주요한 지침이 되고 있다. 우리나라에서도 청소년복지 담당인력을 위한 직무기준을 개발하여, 이를 통해 청소년복지 담당인력이 자신의 업무를 보다 깊이 이해하고 역량개발의 중요한 지침으로 삼을 수 있도록 해야 할 것이다.

셋째, 영국에서는 청소년지도자를 학교교사와 비슷한 역할의 교육자로 인식하여 대학교 학력을 소지한 청소년지도자의 경우, 교사와 거의 같은 수준의 임금을 받는다. 또한 영국의 많은 청소년 관련 기관은 청소년지도자들의 학비를 지원하고 있다. 우리나라의 청소년복지 담당인력과 비교하면 현저히 높은 임금과 처우를 받는 것이다. 우리나라도 청소년복지 담당인력의 임금과 처우가 향상된다면 더 높은 수준의 역량을 갖춘 인력이 청소년복지에 종사하게 될 것이며, 기존 인력에 대한 사기진작을 통하여 역량강화가 이루어질 것이다.

토의문제 👥

1. 우리나라의 청소년복지가 나아가야 할 방향은 무엇인지 토의해 보자.

2. 청소년복지의 과제 중 가장 우선적으로 해결해야 할 과제는 무엇인지 토의해 보자.

3. 청소년복지의 과제로서 이 책에서 제시되지는 않았지만 이루어야 할 중요한 과제
   는 무엇인지 토의해 보자.

참고문헌

김기헌(2008). 아동청소년기 핵심역량 개념과 적용사례. 미래세대 리포트, RB08-03,
    1-16.

김선애(2010). 청소년복지의 실천적 정립을 위한 고찰: 아동복지실천과의 비교를 통
    한 청소년의 개발적 복지접근을 중심으로. 청소년복지연구, 12(4), 279-299.

김위정(2012). 가정환경과 학교경험이 청소년의 시민성 형성에 미치는 영향: 사회참
    여의식과 공동체 의식을 중심으로. 한국청소년연구, 23(1), 201-222.

박선영(2011). 청소년지도자 역량강화 및 양성 방안에 대한 고찰. 청소년학연구, 18(2),
    97-122.

이광호(2012a). 전후 일본 청소년정책의 단계적 변화과정과 특성에 관한 연구. 청소년
    학연구, 19(5), 319-343.

이광호(2012b). 청소년사업의 역사적 변천 과정과 개념적 특성에 관한 연구: 영국 청
    소년사업의 역사적 변화 과정을 중심으로. 청소년학연구, 19(3), 321-345.

이상희(2008). 청소년 참여와 인권교육. 이혜원, 이봉주, 김혜래, 오승환, 정익중, 하
    승수, 이지수, 하경희, 김성천, 이상희, 심한기, 최은미. 청소년권리와 청소년복지
    (pp. 105-139). 서울: 한울.

이혜원, 김성천, 오승환, 이태수, 정익중(2009). 아동청소년정책 패러다임의 전환. 한
    국아동복지학, 28, 73-100.

정규석, 유순화, 장수한, 김서정(2009). 청소년 자활서비스 모형 구축에 관한 연구. 사
    회과학연구, 25(2), 157-178.

조혜영(2011). 미국의 이주 아동·청소년 적응 지원 프로그램 및 시사점에 관한 연구.

청소년복지연구, 13(1), 1-25.

하승수(2008). 청소년권리의 개념과 발전 과정. 이혜원, 이봉주, 김혜래, 오승환, 정익
　　중, 하승수, 이지수, 하경희, 김성천, 이상희, 심한기, 최은미. 청소년권리와 청소
　　년복지(pp. 73-103). 서울: 한울.

찾아보기

저자 소개

정규석(Kyusuk Jung)
연세대학교 행정학과(행정학 학사)
연세대학교 일반대학원 행정학과(행정학 석사)
미국 The Ohio State University 사회사업대학(사회복지학 석사 및 박사)
현 경성대학교 사회복지학과 교수

주요 역서:『학교사회복지론』(5판, 공역, 시그마프레스, 2008)
주요 논문:「초등학생과 중학생의 학교폭력 영향요인 비교」
「청소년의 적응유연성과 안녕감 간의 관계」등 다수

김영미(Youngmi Kim)
경북대학교 사회학과(문학 학사)
경북대학교 일반대학원 사회복지학과(문학 석사)
미국 The University of Texas at Austin 사회사업대학(사회복지학 석사 및 박사)
현 동의대학교 사회복지학과 교수

주요 저 · 역서:『사회복지 성과측정 기법』(공저, 학지사, 2007)
『전문 사회복지실천기술』(공역, 시그마프레스, 2007)
주요 논문:「아동 놀 권리는 보장되고 있는가?: 아동놀이사업 관련 현장종사자 경험을 중심으로」
「다문화청소년의 진로장벽에 영향을 미치는 사회맥락요인: 가족 소득계층별 차이를
중심으로」
「청소년의 폭력피해경험과 인권의식: 우울과 자기인권평가의 매개효과」등 다수

김지연(Jiyon Kim)
부산대학교 사회복지학과(행정학 학사)
부산대학교 일반대학원 사회복지학과(행정학 석사)
부산대학교 일반대학원 사회복지학과(사회복지학 박사)
현 한국청소년정책연구원 선임연구위원

주요 저서:『청년종합연구 I : 정책소외계층 청년 실태 및 정책개발』(공저, 한국청소년정책연구
      원, 2022)
주요 논문:「청소년의 디지털매체 과몰입에 대한 보호요인 탐색: 초 · 중등학생 차이 검증을 중심
      으로」
      「형사절차단계에서 범죄피해청소년의 경험과 정책 개선방안: 인권관점을 중심으로」
      등 다수

현안나(Anna Hyun)
부산대학교 사회복지학과(행정학 학사)
부산대학교 일반대학원 사회복지학과(행정학 석사)
미국 The University of Texas at Austin 사회사업대학(사회복지학 석사)
미국 University of California, Los Angeles 사회복지학과(사회복지학 박사)
현 동아대학교 사회복지학과 교수

주요 저서:『학교 밖 청소년 자기계발 프로그램 운영모형 개발』(공저, 한국청소년상담복지개발
      원, 2015)
      『아동학대의 이해』(공저, 양서원, 2010)
주요 논문:「아동생활시설의 아동안전보호정책 실천 경험에 관한 연구」
      「청소년의 자원봉사활동이 자아존중감을 매개로 리더십생활기술에 미치는 영향: 교
      급차이」
      「청소년 음주의 보호요인과 위험요인: Jessor의 문제행동이론을 중심으로」 등 다수

청소년복지의 이해(3판)
Youth Welfare (3rd ed.)

2013년 9월 5일 1판 1쇄 발행
2016년 8월 20일 1판 5쇄 발행
2017년 9월 20일 2판 1쇄 발행
2022년 8월 10일 2판 5쇄 발행
2024년 6월 30일 3판 1쇄 발행

지은이 • 정규석 · 김영미 · 김지연 · 현안나
펴낸이 • 김진환
펴낸곳 • (주) 학지사
　　　　04031 서울특별시 마포구 양화로 15길 20 마인드월드빌딩
대표전화 • 02)330-5114　　　팩스 02)324-2345
등록번호 • 제313-2006-000265호

홈페이지 • http://www.hakjisa.co.kr
인스타그램 • https://www.instagram.com/hakjisabook

ISBN 978-89-997-3136-5 93330

정가 23,000원

출판미디어기업 학지사

간호보건의학출판 **학지사메디컬** www.hakjisamd.co.kr
심리검사연구소 **인싸이트** www.inpsyt.co.kr
학술논문서비스 **뉴논문** www.newnonmun.com
교육연수원 **카운피아** www.counpia.com
대학교재전자책플랫폼 **캠퍼스북** www.campusbook.co.kr